D1719330

Philippe Hofmann

Vo Adlike bis Zenzach

Wüstungsnamen im Bezirk Sissach

Quellen und Forschungen zur Geschichte und Landeskunde des Kantons Basel-Landschaft, Band 102

Philippe Hofmann

Vo Adlike bis Zenzach

Wüstungsnamen
im Bezirk Sissach

Dieses Buch erscheint als Band 102 der Reihe Quellen und Forschungen
zur Geschichte und Landeskunde des Kantons Basel-Landschaft

Kommission «Quellen und Forschungen»
Dr. Stephan Schneider (Präsident), Wenslingen
Dr. Martin Furter, Böckten
Dr. phil. des. Philippe Hofmann, Allschwil
Dr. Mireille Othenin-Girard, Zürich
lic. phil. Christoph Rácz, Muttenz
lic. phil. Saskia Klaassen Nägeli, Bern
Dr. Karl Martin Tanner, Seltisberg

Autor
Philippe Hofmann

Verlagsleitung
Mathias Naegelin, Liestal

Herstellung
Schwabe AG, Muttenz

Buchbinderei
Grollimund AG, Reinach

Diese Publikation wurde mit Mitteln
von Swisslos Basel-Landschaft ermöglicht.

Basel-Landschaft

ISBN 978-3-85673-801-3

6

**Teil III:
Synthese**

Vorwort und Dank

Es erscheint doch sehr exotisch, wenn in der Reihe *Quellen und Forschungen zur Geschichte und Landeskunde des Kantons Basel-Landschaft* ein Buch erscheint, dessen Titel der Leser instinktiv erstmal mit viel Sand, Sonne, Hitze, vielleicht Oasen und Karawanen in Verbindung bringt. Ungläubig wird man den Kopf schütteln, im Wissen, dass es dies im Baselbiet alles nicht gibt. Beim zweiten Lesen entdeckt man das Detail, dass es *Wüstungen* nicht *Wüsten* heisst, doch ist man damit schlauer, was gemeint sein soll?

Dieses Buch unternimmt den ambitionierten Versuch, eine mögliche Be- und auch Entsiedlunggeschichte im Bezirk Sissach seit der Spätantike bis zum Ende des Spätmittelalters aufzuzeigen. Denn das gegenwärtige Bild von 29 eigenständigen Siedlungen mit ihren jeweiligen Gemeindebännen täuscht. Diese Konstellation ist das vorläufige Endprodukt eines über tausendjährigen Entwicklungsprozesses. Untersucht wird die Auswirkung der Siedlungstätigkeit, die mit den Römern einsetzt und vor allem nach deren Verschwinden durch die grossflächige Prägung germanischer Stämme einen Höhepunkt einnimmt. Bis ins Spätmittelalter hinein entstanden so viele Kleinst- und Kleinsiedlungen, meist nur ein paar Höfe, nicht einmal das, was wir heute als einen Weiler bezeichnen würden. Wenige von Ihnen entwickelten sich, wurden grösser oder nahmen gar eine Zentrumsfunktion ein. Viele andere aber sind heute vollständig vom Erdboden verschwunden. An deren Existenz erinnert heute nur noch der einstige Name, der als Flurname an einer bestimmten Stelle in der Landschaft des Baselbiets haftet. Dabei handelt es sich um eine Wüstung, also um eine heute nicht mehr existierende Siedlung. Und davon gibt es nur schon im Bezirk Sissach viele. Es ist dabei aber kein spezielles Oberbaselbieter Phänomen. Dass über einen langen Zeitraum Siedlungen entstanden und aus den unterschiedlichsten Gründen wieder aufgegeben wurden, ist auf der ganzen Welt bis in die Gegenwart festzustellen. Alte Goldgräber- oder Diamantschürferdörfchen in den USA und Afrika, aufgelassene Eisenbahnversorgungsorte in Australien oder die Ruinen der Mayas in Mexiko: Unterschiedlich ist einzig der Grad des Zerfalls, alle aber sind sie Wüstungen. Während uns die Römer dank ihrer Steinbauweise in vielen Fällen noch etwas Gemäuer hinterlassen haben, müssen wir uns bei vielen frühmittelalterlichen Siedlungen mit den Pfostenlöchern ihrer aus Holz gebauten Gebäude begnügen, um Rückschlüsse über Beschaffenheit, Grösse und Aussehen zu ziehen. Und in manchen Fällen blieb nur der Name erhalten, ohne dass man weiss, wo die einstige Siedlung lag, die ihn trug.

Dass mit vorliegendem Buch die namenkundliche Entdeckungsreise durchs Baselbiet beginnen kann, ist der Verdienst vieler Menschen. Den Grundstein legten Dr. Markus Ramseiers Flurnamenforschungsstelle und seine persönliche Überzeugungskraft, die mich bewog, mich mit dem Thema der Wüstungsforschung zu beschäftigen. Für die Dissertation, auf der vorliegendes Buch beruht, sei Prof. Dr. Annelies Häcki Buhofer und Prof. Dr. Hans Bickel gedankt, die mich während meiner Zeit als Doktorand an der Universität Basel begleitet hatten. Ein grosser Dank geht an meine Kolleginnen und Kollegen der Herausgeberkommission Quellen und Forschungen, insbesondere an Dr. Stephan Schneider und Dr. Mireille Othenin-Girard für ihre kritisch-konstruktiven Anregungen zum Gelingen dieses Werks. Ebenso gebührt Guido Sutter und Thomas Lutz vom Schwabe Verlag grossen Dank für die professionelle Verlagsarbeit. Ferner danke ich meinen kompetenten Lektoren Andrea Bruderer und Christoph Bächtold für die kritische Durchsicht und vor allem meiner Frau Beatrice. Sie ist die Kraft, die mich stets antreibt.

Philippe Hofmann, im Juli 2017

Einleitung

Namenbücher der älteren Generation verfolgen vorwiegend eine konservatorische Konzeption. Sie beschränken sich auf die Darstellung einer alphabetisch geordneten Sammlung von Orts- und Flurnamen und verorten die noch lebendigen Namen in der Landschaft. Es fehlen jedoch weiterführende Fragestellungen, die die Zusammenhänge innerhalb der besprochenen Namenlandschaft erschliessen würden. Ebenso erweist sich die Beschränkung des Untersuchungsgebiets auf das Gebiet eines bestimmten Kantons als problematisch. Damit können überregionale sprachliche Zusammenhänge nicht erfasst werden, da die heutigen Kantone moderne, politisch definierte Räume sind, die sich nicht mit der Verbreitung dialektaler Merkmale in Einklang bringen lassen. Der Kanton Basel-Landschaft ist dafür bestes Beispiel: Dialektmuster aus dem Oberbaselbiet, dem Leimental und dem Laufental unterscheiden sich markant. Im Gegensatz dazu verläuft heute die Grenze zwischen den beiden Kantonen Solothurn und Bern im Gebiet zwischen Solothurn und Lyss aus sprachregionaler Sicht äusserst zufällig und trennt dabei einen eng zusammenhängenden Sprachraum.

Dass zurzeit in mehreren Kantonen der Schweiz Forschungsstellen bestrebt sind, das Namengut (immer noch nur) innerhalb ihres Territoriums aufzuarbeiten, ist einerseits den föderalen Strukturen unseres Landes geschuldet, andererseits bestätigte sich die Form der kantonal begrenzten Forschungsarbeiten als überschaubare Grösse zur Grundlagenforschung. Überkantonale Arbeiten zu Orts- und Flurnamen, die Problemstellungen einer sich über Kantonsgrenzen hinweg erstreckenden Sprachlandschaft behandeln, fehlen für die Schweiz vollständig.

Die Bearbeitung von Orts- und Flurnamen und die namenkundliche Analyse in Namenbücher erfuhr in den letzten Jahren eine ansteigende Wahrnehmung durch eine breite Öffentlichkeit

Das vorliegende Buch basiert daher auch auf einer Dissertation[1], die im Rahmen des Forschungsprojekts «Baselbieter Namenbuch. Die Orts- und Flurnamen des Kantons Basel-Landschaft»[2] entstanden ist und sich auf die Wüstungsnamen im Bezirk Sissach konzentriert. Es ist ein erster Anstoss zu einer neuen Beurteilung der Besiedlungsgeschichte des Baselbiets, die bis anhin vorwiegend auf den Erkenntnissen der Historiker und Archäologen basierte. Aus der Namenkunde floss lediglich das Wissen aus der Analyse der Siedlungsnamen ein, denn alle diese Namen tragen Information über den Entstehungszeitraum der Siedlung in sich. Die diesem Buch vorliegende Arbeit versteht sich daher als explorative Studie, die zusätzlich die Perspektive der Wüstungsnamenforschung einbringen kann. Sie konzentriert sich dabei auf die Auswahl, Diskussion, Lokalisierung und Abbildung möglicher Wüstungsnamen.

Im räumlichen Verbund mit weiteren Siedlungsnamen lassen sich so die verborgenen Spuren von einstigen Besiedlungsschichten herausarbeiten. Je dichter das Netz an entschlüsselbaren Siedlungsnamen ist, desto präzisere Aussagen können zur Besiedlungsgeschichte formuliert werden, denn Wüstungsnamen verweisen immer auf die einstige Existenz einer Siedlung. Dadurch wird der Zustand einer einstigen maximalen Besiedlungsdichte aufgezeigt.

Um dieses Ziel zu erreichen, wird auf einen interdisziplinären Ansatz zurückgegriffen. Das heisst, dass sich der Forschungsschwerpunkt auf die namenkundlichen Fragestellungen konzentriert, diese aber in einen direkten Zusammenhang mit Ergebnissen aus der Archäologie, Geographie und Hydrologie sowie Geschichte stellt.

Mit der Schichtung und Deutung der Namenlandschaft kann die Sprachwissenschaft eine Pionierarbeit leisten. In einem bestimmten Raum kann aufgezeigt werden, welche Stellen im Gelände mit einem siedlungsindizierenden Namen behaftet sind oder waren. Der Aufarbeitung der abgegangenen Namen ist eine grosse Bedeutung zuzumessen, da sie ungefähr zwei Drittel aller Namen ausmachen. Exemplarisch dafür steht das Beispiel der Funde zweier Saxe[3] aus Allschwil. Die Fundstelle ist bis heute durch den Beinamen *Neu-Allschwil* bezeichnet.[4] Tatsächlich liegen diese Funde zwar ausserhalb des historischen Dorfkerns und Einzugsgebiets von Allschwil, aber auch ausserhalb des einst eigenständigen Neu-Allschwil. Die Aufarbeitung des Namenbestands der Gemeinde Allschwil führte zur Lokalisierung des abgegangenen Namens *Giblingen*. Dieser liegt in unmittelbarer Nähe zur Fundstelle zweier Saxe, die auf ein mögliches frühmittelalterliches Gräberfeld und somit auf eine einstige Siedlung hindeuten. Die Aufarbeitung des Namens *Giblingen* zeigt, dass dieser sich aufgrund seines *-ingen*-Suffixes als frühmittelalterlicher Wüstungsname kategorisieren lässt. Somit stimmt das Alter des archäologischen Funds mit der Zeitstufe des *-ingen*-Namens überein. Der von MARTI angenommene Bezug zum frühmittelalterlichen Gräberfeld *Basel-Neuweilerstrasse* könnte somit korrigiert werden.[5]

Zur Bedeutung der Flurnamen im Kontext der Wüstungs- und Wüstungsnamenforschung

Flurnamen funktionieren als Informationsträger und unterteilen die Landschaft in einzelne sprachlich erfassbare Räume. Sie transportieren dabei für die unterschiedlichsten Fragestellungen Informationen aus der

Vergangenheit in die Gegenwart. «Sie sind Vergangenheit, die in der Gegenwart noch lebt»[6], stellte OTTO AUGUST MÜLLER schon 1941 treffend fest. Auf Flurnamen wird immer wieder zurückgegriffen, um bei siedlungsgeschichtlichen, sprachhistorischen oder dialektgeographischen Fragestellungen Klärung zu schaffen.[7] «Flurnamen geben aber Auskunft über alles, was den Ort betrifft, über seine Geschichte in Frühzeit, Mittelalter und Neuzeit, über kulturelle Eigenarten der Bevölkerung heute und einst, […] über die Beständigkeit von Familien oder ihr Verschwinden. Dabei kann von der Ortsgeschichte her manche strittige Frage in der Flurnamenklärung bereinigt werden, und umgekehrt kann der gesicherte Flurname manche Unklarheit im Urkundenmaterial für die Ortsgeschichte beseitigen. Flurnamenforschung und Ortgeschichte haben so beide von der Zusammenarbeit Gewinn.»[8] Neben Siedlungs- und Wüstungsnamen tragen Flurnamen also auch Informationen über wirtschaftliche, rechtliche, kirchliche, kulturelle oder soziale Aspekte eines bestimmten Raums.[9] «Deswegen ist die Flurnamenkunde keine isolierte Wissenschaft. Sie ist verkettet mit einer ganzen Anzahl anderer Disziplinen.»[10] Besonders die Agrargeschichte profitiert massgeblich von der Flurnamenforschung. Die bis ins 19. Jahrhundert praktizierte Dreizelgenwirtschaft[11] schlug sich besonders markant in der Namenlandschaft nieder. Viele Zelgnamen sind historisch gut dokumentiert. Aus dem Kontext zum Flurnamen ist in den meisten Fällen die Nutzung der Flur ersichtlich. Daraus erschliesst sich beispielsweise das Verhältnis zwischen Matt- und Ackerland, einem wichtigen Indikator zur Bestimmung der Bedeutung der Vieh- und Milchwirtschaft. Auch die Wüstungsforschung zieht einen Nutzen aus der Flurnamenforschung. Im deutschen Sprachraum konnte ein Grossteil der Wüstungen mit sprachwissenschaftlichen Mitteln gefunden werden.[12] Für das Untersuchungsgebiet muss diese Aussage relativiert werden. Gut die Hälfte aller möglichen Wüstungsnamen sind bereits vom Archäologen Reto Marti erfasst worden. Jedoch konnte nur gerade in acht Fällen ein entsprechender Fund gemacht werden, der mit der einstigen Siedlung in einen direkten Zusammenhang zu bringen ist.[13] Die andere Hälfte der Wüstungsnamen erbringt die vorliegende Arbeit. Von der Toponomastik darf also einiges erwartet werden. Auch wenn Flurnamen in der Regel jünger als Orts- und Gewässernamen sind, bleiben sie doch die Träger der Wüstungsnamen.[14] Flurnamen können «entweder durch ihre namentypologische Gestalt oder durch ihre etymologische Bedeutung wüstungsindizierend sein.»[15] HAUBRICHS forderte schon vor fast dreissig Jahren, «siedlungsnamenverdächtige Flurnamen zu integrieren»[16], um mit Hilfe der Flurnamen verborgene Wüstungen zu identifizieren. Dieses Postulat greift die vorliegende Arbeit auf. Damit wird im Bezirk Sissach vervollständigt, was BOESCHS onomastischer Beitrag zur Besiedlungsgeschichte der Region Basel auf der Ebene der Siedlungsnamenforschung angerissen hat.[17]

Teil I: Theorie

Wüstungsforschung und Wüstungsnamenforschung im Spannungsfeld

Die Wüstungsforschung vereint primär die Bereiche der Archäologie, vor allem der Archäologie des Mittelalters, und der allgemeinen Siedlungsarchäologie, der historischen Geographie und der Geschichte. Die Wüstungsnamenforschung hingegen ist ein Teil der Namenkunde und somit sprachwissenschaftlich geprägt. Beide Zweige liefern auf ihre eigene Art wertvolle Informationen, die nur vereint ein vollständiges Bild einer möglichen Geschichte der Besiedlung abbilden.

Viel zu wenig wurde bis anhin die Namenkunde beziehungsweise die Wüstungsnamenforschung als wertvolle Hilfsdisziplin zur Wüstungsforschung berücksichtigt. Während Archäologie und Geographie ihre Leistungen «draussen im Feld» erbringen und Tatsachenbeweise in Form von Fundstücken zu Tage fördern, sind es die Namenkundler und Historiker, die den ergänzenden Gegenpart «drinnen im Archiv» auf einer textlichen Ebene leisten. Die Zusammenarbeit zwischen Namenkunde und Archäologie kann zu möglichen neuen Fundstellenhinweisen führen. Umgekehrt ist es die Archäologie, die den Tatsachenbeweis zur sprachlichen Deutung eines Siedlungs- oder Wüstungsnamens erbringen kann.[18] Der Namenkunde gelingt es immer wieder, in Flurnamen mögliche Wüstungsnamen aufzuspüren. Das wird die vorliegende Untersuchung an späterer Stelle noch deutlich aufzeigen. Der Namenkunde obliegt die Deutungshoheit sowie die diachrone und synchrone Ordnung der Namen mittels Belegreihen. Dabei ist die interdisziplinäre Forschungsarbeit nichts weniger als eine erweiterte Erforschung der Besiedlungsgeschichte.

Aufgrund unterschiedlicher Arbeitsweisen und Fragestellungen werden im folgenden Überblick Wüstungs- und Wüstungsnamenforschung getrennt betrachtet. Die daraus gewonnenen Erkenntnisse werden in Bezug zur Forschungsarbeit in einem abschliessenden Fazit zusammengetragen.

Wüstungsforschung – von der Siedlung zur Wüstung[19]

«Fasst man die Summe der natürlichen Siedlungsbedingungen als eine komplexe Grösse auf und stellt man ihr die ebenfalls sehr vielgestaltigen Lösungsversuche, mit denen der landnehmende, siedelnde und wirtschaftende Mensch mit diesen Naturbedingungen fertigzuwerden versuchte, gegenüber, so ergibt sich von selbst eine nahezu unbegrenzte Vielfalt von Formen und Möglichkeiten, in denen sich menschliche Siedlung vollzogen haben könnte.»[20] Dieses Zitat macht damit auf ein zentrales Problem der

Siedlungsarchäologie aufmerksam: Es ist nicht möglich, allgemeingültige Aussagen über das einstige Aussehen einer spätantiken oder vor allem frühmittelalterlichen Siedlung zu machen. Es sind vor allem die einzelnen Grabungsfunde, die im konkreten Fall Erkenntnisse über die einzelne abgegangene Siedlung liefern können, aber auch nur für den vorliegenden Fall ihre Gültigkeit haben. So muss nicht jeder römische Mauerrest auf einen ausgedehnten Gutshof mit mehreren Gebäuden verweisen, wie auch die Anordnung und Anzahl der gefundenen Pfostenlöcher einer frühmittelalterlichen Holzbaute variieren kann. Archäologische Rekonstruktionsversuche sind daher in vielen Fällen mit Vorbehalten behaftet. Einerseits sind sie oft unvollständig, andererseits kann die Interpretation, wie oben angesprochen, so vielfältig ausfallen, dass abschliessende Deutungsansätze nicht erbracht werden können. Auch mit der Hilfe der Namenkunde kann keine Kongruenz[21] zwischen Siedlungsform, -lage und -name hergestellt werden.

Unterschiedliche Betrachtungen zum Begriff Siedlung

Bevor Überlegungen zum Begriff *Wüstung* angestellt werden können, muss sich der Fokus auf das richten, was immer vor einer Wüstung war – die Siedlung. Mit Blick auf die von der Archäologie geprägte Wüstungsforschung und die von der Namenkunde geprägte Wüstungs*namen*forschung bieten sich die Disziplinen Archäologie, Geographie und Sprachwissenschaft an.

Die Etymologie des Abstraktums nhd. *Siedlung* steht in direktem Bezug zum Verb *siedeln*, das aus mhd. *sidelen*, ahd. *sidalen* ‹sich niederlassen› hervorgeht. Eng damit verbunden ist ahd. *sidilo* ‹Ansässiger› und ahd. *sidil* ‹Sitz›.[22] Allen Wörtern immanent ist das Statische. Sie alle verlangen nach einem bestimmten Ort und einer damit verbundenen Aufenthaltsdauer, die nicht immer genau umrissen werden kann.[23] Eine Siedlung ist also «der Ort einer Niederlassung»[24]. Dieser ist in der Regel mit einem bestimmten Namen verbunden. Eine Siedlung kann verschiedene Ausprägungen annehmen, die sprachlich unterschiedliche Bezeichnungen erfordern. In Bezug auf ihre Grösse gehören in der Schweiz zur gängigen Terminologie die Begriffe *Stadt, Dorf, Weiler* oder *Hof.*[25]

Entscheidend ist, wie ein Begriff zur jeweiligen Zeit verstanden worden ist. «So kann z. B. der Ausdruck Hof, der bis in die althochdeutsche Zeit zurück reichte, in Karolingerzeit und in den folgenden Jahrhunderten etwas völlig anderes als heute bedeutet haben.»[26] Gleiches gilt für die Begriffe *Dorf, Weiler* und *Stadt.*[27] «Im Bereich der germanischen Sprachen können Dorf oder seine sprachlichen Entsprechungen sowohl den Einzelhof wie Gruppensiedlungen (Weiler, Dorf) bezeichnen, auch Hof kommt als Benennung für einen Einzelhof eines Bauern, eines Herren oder für Gruppensiedlungen vor.»[28] Terminologische Schwierigkeiten wiegen für die vorliegende Arbeit jedoch weniger schwer, als zu erwarten wäre. Der sprachwissenschaftliche beziehungsweise namenkundliche Ansatz zur Besiedlungsgeschichte konzentriert sich darauf, aus der Menge aller Flurnamen die möglichen Wüstungsnamen herauszufiltern, diese nach ihrem Namenbildungsmuster aufzuschlüsseln, zu kategorisieren und gegebenenfalls zu lokalisieren.

Komplementär sind dazu die archäologischen Funde, die auf Siedlungsreste schliessen lassen. Sie können das einstige Aussehen und die Grösse einer Siedlung aber immer nur bedingt erklären. Ihnen haftet oft der Makel des Exemplarischen an, da sie nicht immer in einen übergreifenden Kontext der vollständigen Siedlung eingebunden werden können. Ein weiteres Problem birgt die Tatsache, dass «Grabungsergebnisse zunächst ausschliesslich für den einen Ort gültig sind»[29]. Erst wenn aus einem bestimmten Gebiet mehrere vergleichbare Daten vorliegen, können Ergebnisse allgemeiner interpretiert werden. Selten sind vollständig ausgegrabene Siedlungen. Ist ein Siedlungsplatz nicht vollständig ausgegraben, so gestaltet sich auch die Diskussion zur Grösse problematisch.[30] Entscheidend ist ebenso die Qualität der Grabung. «Nicht die Not- oder Rettungsgrabung, sondern die auf eine bestimmte Fragestellung hin angelegte Problemgrabung führt weiter.»[31] Dies ist insbesondere im dicht besiedelten und dadurch stark überbauten Gebiet problematisch. Der Archäologie bleibt meist nur noch die Rettungsgrabung, die oft in Verbindung mit Neubau- beziehungsweise Umbauarbeiten erfolgt.

Für die römische Zeit sieht Marti vor allem kleinere Bauten vor: «As far as we know, there were no large estates in those marginal areas. These homesteads were considerably smaller, and were neither built in the style, nor equipped in the same way as the classic Gallo-Roman villa.»[32] Fest steht, dass der gemörtelte Steinbau der Römer von den germanischstämmigen[33] Siedlern durch eine Holzbauweise ersetzt worden ist, was den archäologischen Nachweis erschwert. Diese ebenerdigen Pfostenbauten können teilweise gar nicht mehr erfasst werden.[34] Darüber hinaus bleibt «die Kenntnis des spätantiken ländlichen Siedlungswesens im Schweizer Mittelland […] episodenhaft!»[35] Marti hält dazu auch fest, dass das Ausmass der frühmittelalterlichen Zuwanderung allgemein nur schwer abzuschätzen ist.[36]

Guyan stellt fest, dass aufgrund seiner archäologischen Erkenntnisse die -ingen-Siedlungen, also diejenigen der ältesten germanischen Besiedlungszeit, die im 6. Jahrhundert einzusetzen scheint, einst lockere Gehöftgruppen bildeten.[37] Auch Tesdorpf berechnete für die -ingen-Siedlungen des Hegaus (D), die gemäss archäologischen Funden dort ebenfalls nicht als Dörfer, sondern als Einzelgehöfte und kleine Weiler[38] konzipiert waren, eine durchschnittliche Grösse von 10 bis 20 Bewohnern. Diese Berechnungen decken sich beinahe mit den Zahlen, die aus den archäologischen Funden der Wüstung *Berslingen* hervorgehen.[39] RÖSENER errechnete, dass «kleine und mittlere Siedlungseinheiten [...] oft nur aus drei bis vier Höfen mit etwa 20 bis 30 Bewohnern bestanden»[40] haben können. Trotzdem: Die Erkenntnisse von GUYAN, TESDORPF und RÖSENER beanspruchen keine allgemeine Gültigkeit und können nicht ohne Vorbehalte auf die vorliegenden Untersuchungen zum Bezirk Sissach übertragen werden. Archäologisch getätigte Aussagen zur Siedlungsgrösse können jedoch kaum mit den Namenbildungsmustern untermauert werden. Dafür fehlen vergleichbare Ergebnisse für andere Siedlungsformen, beispielsweise eine Relation zwischen archäologischen Funden und der Namenschicht der -*wil*-Wüstungsnamen. Nur so liesse sich die These stützen, dass aufgrund des Bildungsmusters des Siedlungsnamens auf die Grösse einer Siedlung geschlossen werden könne.[41]

Die moderne Siedlungsforschung untersucht nach formalen und funktionalen Gesichtspunkten. Die Deutung der möglichen Form einer Siedlung orientiert sich an der noch im Boden vorhandenen Strukturen.[42] Anhand der Anzahl, Art, Anordnung und Dimension der Funde wird versucht eine Siedlung zu rekonstruieren. Für das mögliche Aussehen ehemaliger Holzbauten bezieht sich die Archäologie dabei auf die Auswertung der noch vorhandenen Pfostenlöcher. Dabei bereitet die Interpretation zuweilen Schwierigkeiten. Ohne grosse Probleme sind Aussagen zu den der Archäologie bekannten Regelformen bestimmter Haustypen zu machen. Schwieriger und teilweise ungelöst bleibt die Interpretation komplexer Bauten, besonders dann, wenn mehrere Kulturschichten sich überlagern.[43] Zur Funktionsbestimmung muss sowohl das Gebäude als Einzelbau als auch die ganze Siedlung als Menge aller Bauten in Relation zur bewirtschafteten Umgebung gestellt werden. Daraus ergeben sich die aus der Landwirtschaft entstehenden möglichen Anforderungen an die Gebäudefunktionalität. Beispielsweise verlangt der Kornanbau nach Gebäuden zur Lagerung, Trocknung und Verarbeitung von Getreide, Viehzucht bedingt Einstallungen oder zumindest Einzäunungen, um das Vieh zu schützen, und schliesslich kann aus der Grösse der möglichen Landwirtschaftsfläche die zur Bewirtschaftung benötigte Anzahl Personen erschlossen werden, die ihrerseits wieder eine bestimmte Anzahl Wohngebäude bedingt. Dies verlangt aber nach weiträumigen Untersuchungen, die nicht immer erbracht werden können. Entstehen Abgrenzungsprobleme, so behilft sich die archäologische Wüstungsforschung mit einem zweistufigen Modell. Siedlungen ohne erkennbare Häuseranordnung werden von Siedlungen mit einem offensichtlich geplanten, regelmässigen Grundriss unterschieden.[44] Nicht immer lässt sich aber eine Gruppierung einzelner Höfe von einer Streusiedlung deutlich unterscheiden. «Auch ein[en] Haupthof einer Villikation[45] mit Nebenhöfen wird man nicht immer aufgrund archäologischer Befunde von einem Dorfe mit eigenständigen Familienhöfen unterscheiden können.»[46] Diese Unterscheidung kann auch im Untersuchungsgebiet nicht abschliessend erbracht werden.[47]

Ebenso problematisch sind Siedlungsfunde, «die von der Erdoberfläche, vor allem von gepflügten Äckern, aufgelesen werden.»[48] Zwingend sind Abklärungen zur Lokalisierung, ob das Fundstück durch nachträgliche Verlagerung oder gar von Menschenhand an den Fundort gelangt ist. Der letzte Punkt ist für die vorliegende Arbeit nicht unerheblich. Besonders dann, wenn ein möglicher Wüstungsname mit einem archäologischen Fundort in Verbindung werden kann. Ob der Fund auf eine einstige Siedlung hinweist oder durch Verlagerung an diese Stelle gebracht worden ist, muss jeweils im Einzelfall entschieden werden.

Lagetypen – die Beschaffenheit des Untersuchungsgebiets unter spezieller Betrachtung der Faktoren Boden und Wasser

Grösse und Lage einer Siedlung sind eng miteinander verbunden, wobei die Lage durch die natürliche Topographie bestimmt wird. Zentrale Elemente sind dabei die Bodenbeschaffenheit und das Wasservorkommen. Zur Bestimmung von sogenannt günstigen Siedlungslagen ergeben sich folgende Fragestellungen:

1. Wie kann für eine spätantike und frühmittelalterliche Zeit bestimmt werden, welche Bodeneigenschaften besonders günstig beziehungsweise ungünstig sind?

2. Welches Wasservorkommen ist zur Etablierung und erfolgreichen Bewirtschaftung einer Siedlung und ihres Umlands ausreichend?

Der Boden muss sich als Standort der Siedlungsbauten eignen, aber auch als Anbaufläche für Kulturpflanzen sowie als Fläche zur Viehhaltung.[49] Für die römische Zeit und für alle jüngeren Siedlungen, die im Untersuchungsgebiet in einem räumlichen Zusammenhang mit dem römischen Altsiedelland entstanden sind, darf eine ungefähre Siedlungsobergrenze von 600 m ü. M. angenommen werden.[50] Vereinzelt kann diese Grenze um einige Meter durchbrochen werden, wie höher gelegene römische Siedlungsspuren belegen.[51] Die landwirtschaftlichen Erträge in höher gelegenen Lagen dürften jedoch zu gering gewesen sein. Bodenprofile und geologische Karten sind dabei bedeutende Informationsträger.[52]

So unterschiedlich die Lagetypen der Siedlungen auch sind, ihnen allen eigen ist der räumliche Bezug zu einem Wasservorkommen.[53] Neben Siedlungen, die nahe am Wasser liegen, ist ebenso «die bachferne Lage von Siedlungen auf Ebenen oder Hochflächen»[54] belegt. Für die römische Zeit muss auch die Möglichkeit von Aquädukten und Wasserleitungen über grössere Strecken in Betracht gezogen werden, wie beispielsweise bei der Wasserversorgung von *Augusta Raurica*.[55] Dadurch erreichten römische Siedlungen einen entscheidenden Wachstums- und Standortvorteil, weil sie nicht in erster Linie an die räumliche Nähe zum Wasservorkommen gebunden waren. Diese reduzierte räumliche Abhängigkeit ermöglichte es, bei der Wahl des Siedlungsorts andere, meist geo- oder militärstrategische Kriterien zu berücksichtigen. Nach den Römern angelegte Siedlungen nutzten diesen Vorteil nicht mehr. Nebst den Wasserläufen und Quellen an der Erdoberfläche sind Brunnen oder Zisternen Alternativen zur Wasserversorgung. Bei der Frage, ob ausreichendes Wasservorkommen für eine Siedlung vorgelegen habe, muss ebenso der Grundwasserspiegel in Betracht gezogen werden.[56]

Der Logik nach müssten Plätze mit den günstigsten Voraussetzungen in Bezug auf Wasservorkommen und Bodenbeschaffenheit zuerst besiedelt worden sein, bevor man auf Lagen mit weniger günstigen Bedingungen ausgewichen ist. Daraus wäre abzuleiten, dass die ältesten Siedlungen in den günstigsten Lagen zu finden sein müssten.[57] Als älteste bis heute existierende Siedlungen im Untersuchungsgebiet gelten solche mit keltischem beziehungsweise galloromanischem Nachweis, bei denen Siedlungskontinuität angenommen werden kann oder darf. Fehlt dieser Nachweis, ist von einer Ruinenkontinuität[58] auszugehen. Als älteste primäre Siedlungsnamen einer nachrömischen Zeit gelten diejenigen mit -*ingen*-Suffix. Liegt Ruinenkontinuität vor, so basierte die Wahl des Standorts nicht ausschliesslich auf der Qualität der Bodenfaktoren. Die Tatsache, dass bereits an gleicher oder in unmittelbarer Nähe einst eine Siedlung bestand, überwog. Denn es darf angenommen werden, dass einerseits einst urbarisiertes und bestelltes Land ungleich einfacher zurückzugewinnen war als bisher unberührtes Land. Dieses dürfte im Untersuchungsgebiet vorwiegend als Wald, Sumpf oder Buschland zur Verfügung gestanden haben und musste zuerst gerodet oder trockengelegt werden. Andererseits wurde bereits auf die Überlegungen der römerzeitlichen Siedlungsplatzierung verwiesen, die abgesehen von naturräumlichen Bedingungen auch strategische Aspekte in die Wahl des Siedlungsorts einfliessen lassen konnten. Mit anderen Worten: Sozialhistorische und strategische Faktoren wurden in diesen Fällen stärker als die naturräumlichen Faktoren gewichtet.

Die gleiche Gewichtung dürfte auch die Lage von Siedlungen mit -*ingen*-Suffix auf Hochebenen oder an Randlage begründen, wie beispielsweise Känerkinden. Betrachtet man das erweiterte Untersuchungsgebiet zwischen dem Laufental und den östlichsten Gemeinden des Oberen Baselbiets, so stellt man eine stark heterogene Landschaft fest. «Die Bandbreite der Landschaftsformen reicht von weiten Flussebenen über sanfte Hügel bis hin zu engen Tälern und schroffen Felswänden.»[59] Die Bodenbeschaffenheit wird bestimmt durch Löss- und Lehmböden. Der grösste Teil des Kantons, und vor allem des Untersuchungsgebiets, wird aber durch die einzelnen Juraformen dominiert, vorwiegend durch den Tafeljura.[60] Die typische Landschaftsform der weiten, fruchtbaren Hochflächen mit tief eingeschnittenen Tälern lässt sich besonders in den Gemeinden Zeglingen, Wenslingen und Rünenberg feststellen. «Als siedlungsgünstig erweisen sich die Talgründe, besonders das Hauptal der Ergolz und seine von Süden her einmündenden Seitentäler.»[61] Der Wassermangel im Tafeljura erschwert die Besiedlung ausserhalb der Täler. Trotzdem liegen Rünenberg und Wenslingen nicht in Tallage, sondern auf einer Hochebene. Diese Beispiele zeigen deutlich auf, dass die Besiedlungsfaktoren im Einzelfall unterschiedlich gewichtet und im Verhältnis zu anderen Siedlungen weniger günstige Begebenheiten in Kauf genommen worden sind. In Bezug auf die Faktoren Wasser und Boden erweisen sich die Gebiete des Faltenjuras zur Besiedlung als eher ungünstig. Trotzdem ist der Faltenjura nicht siedlungsleer. Mit Eptingen und Läufelfingen befinden sich zwei Siedlungen im Gebiet, die aufgrund ihres Namenbildungsmusters [Personenname + -*ingen*-Suffix] zu den ältesten zu zählen sind. Ihre Lage ist insofern speziell, als sie jeweils am Ende eines Tals an einem Passübergang liegen. Die naturräumlichen Bedingungen können in diesem Fall nicht alleine ausschlaggebend gewesen sein. Vielmehr dürfte die strategische Lage am Juraübergang *Unterer Hauenstein*[62] von Bedeutung gewesen sein. Ansonsten wäre zu erwarten, diese ältesten -*ingen*-Siedlungen nur in weit nördlicherer Tallage zu finden.

Es zeigt sich also, dass naturräumliche Gegebenheiten für die Wahl eines Siedlungsstandorts zwar wichtig, aber nicht alleine entscheidend waren.[63] Dies gilt sowohl für die Besiedlung innerhalb der gleichen Zeitstufe als auch für die Frage nach Siedlungs- oder Ruinenkontinuität. Gerade im Hinblick auf die germanischstämmige Besiedlung des Untersuchungsraums muss beachtet werden, dass sich einerseits die romanische Bevölkerung noch länger als an anderen Orten halten konnte und somit erste germanische Siedler mindestens teilweise einen bereits von der ortsansässigen Bevölkerung gegliederten Raum vorfanden. Andererseits orientierte sich die Besiedlung vorwiegend an landwirtschaftlich günstigen Plätzen.[64] Es ist davon auszugehen, dass zur Zeit der grössten Siedlungsausdehnung «praktisch alle landwirtschaftlich gut nutzbaren Siedlungsanlagen erschlossen [waren]»[65]. Zusätzlich gilt es, das römische Weg- und Strassennetz zu beachten, das sich an mehreren Juraübergängen orientierte.[66] Vergleicht man die Fundstellen, die römische Siedlungsreste aufweisen, mit den heutigen Standorten von Siedlungen und Wüstungen, so zeigt sich deutlich, dass die meisten der einstigen römischen Siedlungsplätze von der späteren germanischstämmigen Besiedlung bevorzugt und genutzt worden sind. Diese Platzkontinuität ist im Untersuchungsgebiet exemplarisch in den heutigen Siedlungen Diepflingen, Läufelfingen oder Ormalingen, in den Wüstungen *Stückligen* (Wenslingen), *Wolhusen* (Ormalingen) oder bei der Fundstelle *Zytglogge/Mur* (Sissach) zu erkennen.[67] Entsteht also eine Siedlung in einem «bereits anthropogen gegliederten Raum»[68], so müssen diese vom Menschen geschaffenen Variablen, wie beispielsweise Verkehrswege oder Abstände zur nächsten Siedlung[69], weit stärker berücksichtigt werden, als naturräumliche Vorgaben den idealen Siedlungsplatz bestimmen können. Untersuchungen im Zürcher Weinland zeigen, dass die Wüstungen abgegangener Kleinstsiedlungen am häufigsten in nächster Nähe überdauernder grösserer Orte zu finden sind.[70] Für das Untersuchungsgebiet muss das Gewicht von naturräumlichen und sozialhistorischen Faktoren für die Standortwahl geprüft werden. Allgemein lässt sich für das 7. bis 12. Jahrhundert feststellen: «Die Überprüfung des archäologischen Materials von Wüstungsgrabungen zwingt zu dem Schluss, dass sich vor allem wirtschaftliche Faktoren in der Platzwahl bei der Gründung von Siedlungen niederschlugen.»[71] Wenn also ökonomische – vorwiegend landwirtschaftliche – Faktoren bei der Platzwahl bevorzugt werden, resultiert daraus, dass der Lagetyp einer Siedlung sich der jeweiligen topographischen Beschaffenheit der Landschaft anpassen muss. Beispielsweise unterscheidet sich die Anordnung einer Siedlung auf einem flachen Plateau zu jeder Zeit von einer in einem Tal mit steil abfallenden Hangseiten.

Wüstungen

Der Begriff *Wüstung* kann im Hinblick auf den Landschaftszustand zweierlei bedeuten. Einerseits das unkultivierbare, unbebaute Land, das dem Zustand der Naturlandschaft entspricht und oft dem Menschen nur schwer zugänglich ist. Andererseits ist damit Land gemeint, das, einst kultiviert, wieder in den naturlandschaftlichen Zustand zurückgefallen ist, weil der Mensch es verlassen hat.[72] Darauf aufbauend beschreiben bisherige Definitionen den Geltungsbereich des Begriffs *Wüstung*, wie er in der Forschung verwendet wird. Als eine der ältesten Definitionen gilt, dass als Wüstungen «nur eigentliche Ortschaften […], die vom Erdboden verschwunden sind»[73] zu verstehen sind.

In der Folge wurde der Begriff unterteilt: «Wüstungen sind im engeren Sinne die verschwundenen oder geräumten Wohnplätze»[74]; im weitesten Sinn jeder «über einen längeren Zeitraum hinweg bewohnte und dann wieder aufgegebene Platz […], in erster Linie natürlich eine dörfliche Siedlung, gleichgültig, ob ur- bzw. frühgeschichtlich, mittelalterlich oder auch neuzeitlich.»[75] Schliesslich weitete sich die Definition auf einen ganzheitlichen Ansatz: «Unter einer W[üstung] versteht man eine aufgegebene Siedlung (insbesondere Orts-W[üstung], auch Stadt-W[üstung], Hof-W[üstung]), agrarische Nutzfläche (Flur-W[üstung]) oder industrielle Anlage (Industrie-W[üstung]), die jeweils teilweise (partiell) oder vollständig (total) aufgelassen worden sein kann.»[76] Alle Definitionen umfassen eine ehemalige Siedlung, die aufgelassen worden ist. Die vorliegende Forschungsarbeit verwendet GUYANS Begriff des Wohnplatzes, weil er den älteren, allgemein gehaltenen Begriff der Ortschaft präzisiert. Ohne dass sich GUYAN genauer äussert, darf unter einem *Wohnplatz* die Gesamtheit aller vom Menschen bewohnten Bauten und genutzten Flächen verstanden werden. Darin eingeschlossen sind auch (bereits) verlassene Gebäude und nicht (dauerhaft) bewohnte Ökonomiegebäude. Diese Erweiterung basiert auf SCHARLAUS Wüstungsschema,[77] das die totale Wüstung als Kombination aus einer totalen Orts- und einer totalen Flurwüstung darstellt. Dieses Schema bezieht sich sowohl auf die Nutzung der Bauten als auch der Flächen. Ebenso lässt sich sein Modell nicht nur auf die spätmittelalterliche Wüstungsperiode, sondern auch auf die vor- und frühgeschichtliche Zeit übertragen.[78] Die archäologische Forschung verwendet den Wüstungsbegriff zum Teil differenziert: «Hier sollte man erst von dem Zeitpunkt an von einer W[üstung] sprechen, wenn die Siedlung insgesamt ortsfest geworden ist, was in Europa, zeitl[ich] gestaffelt, durchweg seit dem frühen M[ittelalter] der Fall war.»[79]

Der wichtigste Beitrag der Archäologie zur Wüstungsforschung besteht in der «Feststellung schriftl[ich] nicht überlieferter W[üstung]en»[80] und «der Aufstellung von W[üstungs]perioden.»[81] Des Weiteren kann die Archäologie Aufschlüsse über Grösse, Aussehen, Bedeutung und Struktur der Wüstung, in einzelnen Fällen auch über Ursachen für die Aufgabe der Siedlung geben, wenn beispielsweise eine Brandschicht vorliegt.[82] Im Zusammenspiel mit der Namenforschung ergeben sich spezifische Muster, beispielsweise wenn in einem bestimmten Raum eine signifikante Häufigkeit eines bestimmten Wüstungsnamenstyps auftritt, andere Namentypen jedoch davon nicht betroffen sind oder nicht vorkommen.

Die vorliegende Arbeit wird zeigen, dass sich in vielen Fällen aussersprachliche Merkmale, also archäologische Befunde nicht mit namenkundlichen Hinweisen auf eine Wüstung in Einklang bringen lassen. Sei es, dass archäologische Funde vorliegen, jedoch der einstige Siedlungsname sich nicht halten konnte oder, umgekehrt und viel öfter, dass der Name nur noch als Sprachrelikt in einem Flurnamen vorhanden ist, ohne dass archäologische Funde vorliegen.

Das Wüstungsschema nach Scharlau

Scharlau entwarf 1933 als erster Forscher ein Wüstungsschema. Aus diesem geht hervor, dass Wüstungen nicht nur aus Wohn- und Wirtschaftsgebäuden bestehen, sondern immer auch mit Flurflächen verbunden sind. Dies führte zu folgender Erweiterung des bisherigen Wüstungsbegriffs:[83]

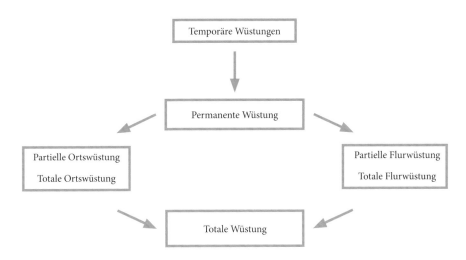

Abbildung 1: Wüstungsschema nach Scharlau[84]

Scharlau spricht von Temporärwüstungen, wenn der Vorgang der Entsiedlung im Zuge der Zeit wieder ausgeglichen werden konnte.[85] Born verwendet dafür auch den Begriff der «Interimswüstungen»[86], ohne die dazwischen liegenden Zeitspanne zu definieren. Ebenso äussert sich Abel zum Begriff der Temporärwüstung: «Das sind die ‹ganz kurz› nur verödeten Orte, bei denen die Neubesiedlung nicht nur auf dem früheren Wohnplatz und der dazugehörigen Flur erfolgte, sondern auch die alte Orts- und Flurform in ihrem Grundgefüge wieder herstellte.»[87] Eine präzisere Eingrenzung der Zeitangabe «ganz kurz» wird auch hier nicht geleistet. Die Tatsache, dass bei einer Siedlung, die über eine bestimmte Zeitspanne nicht besiedelt war, bei einer erneuten Wiederbesiedlung das bestehende Inventar an Bauten und Flurflächen reaktiviert wurde, muss genügen.[88] Die Schwierigkeit liegt im Nachweis solcher temporärer Wüstungen. Im Namenkorpus des Untersuchungsgebiets sind keine Quellen zu einer temporären Wüstung belegt.

Wird eine temporäre Wüstung nicht wiederbesiedelt, so wird sie zur permanenten Wüstung. Dabei wird unterschieden, ob die Flur oder die Siedlung partiell oder total wüst geworden ist.[89] Oftmals fällt nur die Siedlung im engeren Sinn, also der bewohnte Ort, wüst. Die Flurflächen werden von den umliegenden Siedlungen weiter genutzt. Nicht auszuschliessen ist, dass in einer späteren Zeit am selben Ort eine neue Siedlung entstehen kann. Einerseits können durch einen Bevölkerungsrückgang bedingt nur noch Restteile einer Siedlung gehalten werden, andererseits – und vielfach damit verbunden – spricht man von partiellen Flurwüstungen, wenn nur noch Teile der gesamten Dorfflur bewirtschaftet werden.[90] In der Regel geht die partielle Wüstung der totalen Wüstung vor, jedoch kann eine Siedlung auch direkt zur totalen Wüstung werden. Unabhängig voneinander können sowohl Ortschaften als auch Fluren total wüst werden. Grundsätzlich besteht jedoch eine Abhängigkeit zwischen Siedlung und Flur als Wirtschaftsfläche.[91]

Entscheidend in der terminologischen Abgrenzung zu einer temporären Wüstung ist, dass dabei weder die alte Orts- noch die alte Flurform wieder in Stand gestellt wird. Ausschliesslich den gleichen Siedlungsplatz zu wählen, bezeugt nur Ruinenkontinuität.

Eine totale Ortswüstung bei Beibehaltung der Flurnutzungsformen liegt bei einer Ortsverlagerung vor. Der umgekehrte Fall, dass unter Beibehaltung des Orts die damit verbundene Flur wüst fällt, existiert nur theoretisch.[92] Fallen die beiden Wüstungstypen zusammen, so ist die Siedlung als Einheit zwischen Wohnplatz und Wirtschaftsfläche wüst geworden. Es liegt eine totale Wüstung vor. Beide Formen sind in einem Endstadium angelangt und können in ihrer ursprünglichen Form und Beziehung zueinander nicht mehr reaktiviert werden.[93]

Nicht in SCHARLAUS Modell enthalten sind Scheinwüstungen. Diese sind keine Wüstungen im eigentlichen Sinn, da in diesem Zusammenhang nicht von einer Aufgabe eines Siedlungsplatzes gesprochen wird. Sie sind also von echten Wüstungen zu trennen.[94] Scheinwüstungen sind sprachliche Phänomene und bezeichnen Ortschaften, die nur den Namen gewechselt haben oder unter Aufgabe des Siedlungsnamens mit einer anderen Ortschaft verschmolzen sind, in sich jedoch noch bestehen.[95] Solche Namenswechsel lassen sich nur nachvollziehen, wenn in der Belegreihe konkrete Hinweise vorliegen.

Eine gewisse Problematik kommt den Scheinwüstungen zu, wenn diese in Wüstungsverzeichnisse aufgenommen werden und dadurch den Wüstungsquotienten[96] verzerren, da in Wirklichkeit keine Siedlungen aufgelassen worden sind. Nicht ausgeschlossen sind damit verbundene partielle Wüstungsvorgänge, insbesondere was Flurwüstungen betrifft. Auch wenn sich ABEL nicht explizit dazu äussert, wird implizit für die Scheinwüstung Siedlungskontinuität vorausgesetzt, da sich nur der Name der Siedlung und die Nutzung des Umlandes ändert. Scheinwüstungen sind in der Nähe des Untersuchungsgebiets angenommen für das solothurnische St. Pantaleon und für den Weiler *Steffen* in Himmelried SO.[97] Für das Untersuchungsgebiet sind keine Scheinwüstungen auszumachen. Weder die dem heutigen Rothenfluh zu Grunde liegende Wüstung *Logligen* noch die Wüstung *Hendschikon, auf der der spätere Weiler *Nieder-Rothenfluh* aufgebaut wurde, dürften als Scheinwüstungen in Betracht zu ziehen sein. In beiden Fällen darf aufgrund der Beleglage davon ausgegangen werden, dass keine Siedlungskontinuität besteht und somit auch keine Scheinwüstungen vorliegen.[98]

Wüstungsprozesse – Theorien zur Wüstungsbildung und ihre Gültigkeit für das Untersuchungsgebiet[99]

Bereits in BESCHORNERS Wüstungsverzeichnissen des frühen 20. Jahrhunderts finden sich Entstehungstheorien zu Wüstungen. GRUND bemühte sich, eine einheitliche Erklärung zum Wüstungsphänomen zu leisten.[100] Sein Werk leitete die theoretische Phase und Richtung ein und wirkt bis in die heutige Zeit nach. Daneben arbeitete in den 1930er Jahren auch SCHARLAU an einer Erklärung der Wüstungen des Spätmittelalters.[101]

Agrarkrisentheorie des Spätmittelalters

ABEL gilt als Begründer der Agrarkrisentheorie.[102] Seine These fusst auf der Annahme, dass Veränderungen in der wirtschaftlichen Gesamtstruktur während einer bestimmten Zeit in einem bestimmten Raum die Bildung von Wüstungen hervorrufen können. Bei einer Agrarkrise handelt es sich um ein «langfristiges Missverhältnis zwischen den Erlös- und Kostenpreisen des Landbaues, den Rückgang des Getreideanbaus und den Abfall der Grundrenten, verbunden mit einem verstärkten Anstieg leer werdender Dörfer und unbewirtschafteter Fluren (Wüstungen)»[103]. Der Begriff *Agrarkrise* wurde in der Fachliteratur zum *Terminus technicus*, auch wenn ABEL ihn wenige Jahre später zu «Agrardepression» änderte.[104] Der Anstoss zu ABELS Theorie erfolgte bereits vierzig Jahre zuvor. Alfred

GRUND befasste sich ausführlich mit den klimatischen, topographischen und landwirtschaftlichen Begebenheiten und kam zum Schluss, dass die primäre Ursache der Verödung nicht in der Form von Kriegen zu suchen ist.[105]

Dazu hält ABEL fest, «dass seine [GRUNDS] Ausführungen weder im Bereich der Tatsachen so fest fundiert waren, wie es zu wünschen gewesen wäre, noch auf dem Felde der ursächlichen Verknüpfung bis in die entscheidenden Zusammenhänge führten»[106].

Die Agrarkrisentheorie galt lange als «die umfassendste, in ihrer Geschlossenheit und Begründung überzeugende Erklärung des spätmittelalterlichen Wüstungsvorganges in Mitteleuropa»[107]. Trotzdem blieb sie nicht frei von Kritik, da «der eigentliche Härtetest für diese Theorie, die Bestätigung durch Untersuchungen kleiner Räume, in der sich Agrardepression oder Umbruch der Agrarlandschaft hätte widerspiegeln müssen, noch ausstand und weitgehend noch aussteht. Wo einschlägige Untersuchungen bisher vorliegen, haben sie keine Bestätigung der Abelschen Annahmen gebracht, hingegen – was allerdings bei der noch geringen Zahl der Untersuchungen nichts Endgültiges aussagt – mehrfach völlig andere Entwicklungen nachgewiesen.»[108]

Die heutige Forschung betrachtet den Kerngehalt der Agrarkrisentheorie als etabliert[109], wenn auch ABELS Theorie trotz vieler Forschungsanstrengungen nicht frei von Anfälligkeiten ist: Es sind kaum urkundliche Belege vorhanden, die auf eine Entstehung von Wüstungen durch eine Agrarkrise hinweisen.

Für die vorliegende Arbeit bleibt zu bedenken, dass die Theorie auf Ergebnissen aus dem (nord-)deutschen Raum beruht. Neue Untersuchungen zu historischen klimatischen Bedingungen stützen die Agrarkrisentheorie. Interessant ist, dass bis heute der Umkehrschluss nicht gezogen worden ist. Wenn sich ABELS Agrarkrise für den Wüstungsprozess als ursächlich erweisen soll, so darf auch angenommen werden, dass günstigeres Klima auf Besiedlungsphasen einen positiven Effekt ausgeübt hat. Tatsächlich spricht die Klimaforschung von einem «mittelalterlichen Wärmeoptimum»[110] im Hochmittelalter. Folgerichtig ist die Zeit des Hochmittelalters auch als eine Aufschwungepoche anzusehen.[111] Bedingt durch die Warmzeit konnte in Europa und sehr wahrscheinlich auch im Untersuchungsgebiet[112] ein Bevölkerungsanstieg entstehen, der danach, als sich das Klima zu Beginn des 14. Jahrhunderts veränderte[113], wieder korrigiert wurde.[114] Dazu kamen technische Fortschritte, die nicht zuletzt der Agrarrevolution zum Durchbruch verhalfen.[115] Während dieser Zeit vollzog sich der hochmittelalterliche Landesausbau, der das Siedlungsbild durch den Urbanisierungsprozess grundlegend veränderte.[116] Viele Städte wurden im 12. und 13. Jahrhundert gegründet, was eine Umstellung des landwirtschaftlichen Bodennutzungssystems vom «voll recyclierenden autarken Bauernbetrieb zum exportierenden […] Betrieb»[117] zur Folge hatte, da die zunehmende Urbanisierung eine Erhöhung des Grads der Fremdversorgung durch exportorientierte Betriebe verlangte. Diese urbane Veränderung und der landwirtschaftliche Wandel sind für die spätmittelalterliche Wüstungsperiode mitentscheidend. Im 14. und 15. Jahrhundert setzte eine Phase der Agrardepression ein. Klimatisch bedingte Missernten hatten Hungersnöte zur Folge und leiteten zusammen mit den Auswirkungen der Pest einen Bevölkerungsrückgang ein. Dadurch mussten Siedlungen, nicht nur solche in weniger günstig gelegenen Gebieten, aufgegeben werden. Das Klima ist für die landwirtschaftliche Entwicklung ursächlich, jedoch nur einer von vielen Faktoren, die den Erhalt oder die Wüstlegung einer Siedlung beeinflussen.[118]

GRUNDS Untersuchungen zu spätmittelalterlichen Wüstungen in Weinbaugebieten zeigen auf, dass dort Wüstungen relativ selten sind, da sich die Agrarkrise vor allem als Getreidekrise offenbarte.[119] Dies erstaunt, da eine merkliche Klimaverschlechterung – auszugehen ist von einer Absenkung der Temperatur – sowohl den Getreideanbau als auch den noch viel sensibleren Weinbau gleichzeitig betroffen haben müsste.[120] Zu erwarten gewesen wäre vielmehr eine gegenteilige Schlussfolgerung. Da der Weinbau grösseren Risiken ausgesetzt war, hätten im Vergleich zum Getreideanbau grössere quantitative und qualitative Ertragsschwankungen resultieren müssen.[121] Die kalkhaltigen Böden und Hanglagen des Tafel- und Faltenjuras bieten für den Rebbau eine gute Ausgangslage. Im Bezirk Sissach ist Weinanbau im Spätmittelalter in Zinsverzeichnissen gut belegt.[122] Für Sissach ist spätestens 1485 eine Trotte belegt[123], Flurnamen, die auf Rebbau hinweisen, sind zahlreich. Fünf Nennungen für die Gemeinden Rothenfluh, Itingen, Rünenberg und Tecknau können ins 14. Jahrhundert zurückdatiert werden, neun Nennungen in den Gemeinden Böckten, Sissach, Hemmiken und Gelterkinden sind für das 15. Jahrhundert belegt.[124] Keine sichere Aussage kann über die Grösse der Anbauflächen gemacht werden. Hinsichtlich der ökonomischen Ausrichtung dürfen «Mischbetriebe mit Schwerpunkt im Ackerbau»[125] angenommen werden. Die spätmittelalterliche Agrarkrise sollte somit in diesen Orten, in denen Betriebe ihr Risiko breiter durch Investitionen in Ackerbau und Weinbau verteilen konnten, weniger zum Tragen gekommen sein.[126] Somit wären in diesen Orten weniger Wüstungen zu erwarten als in jenen ohne oder mit nur geringem Weinbau. Die Agrarkrise darf jedoch nicht allein als Wüstungsursache betrachtet werden.[127]

Konzentrationstheorie

Unter dem Begriff *Synoikismus* ist eine Theorie zu verstehen, die besagt, dass viele Wüstungen als Folge einer Siedungskonzentration entstanden sind.[128] Der Hauptgrund liege im Bedürfnis der Landbewohner nach Schutz und Sicherheit.[129] Innerhalb der Konzentrationstheorie werden zwei Aspekte differenziert: einerseits ein früh- und hochmittelalterlicher Konzentrationsprozess und andererseits die spätmittelalterliche Entsiedlung als Folge eines Bevölkerungsrückgangs.

Für das Untersuchungsgebiet darf für den Zeitraum des Spätmittelalters jedoch ein kontinuierliches Machtgefüge angenommen werden. Anlass zu Siedlungskonzentrationen könnte allenfalls in (früh-)mittelalterlichen Zeiten gegeben sein. Mehrere Epidemien und Hungersnöte, aber vor allem das Erdbeben von Basel vom 18. Oktober 1356 und die St. Jakobkriege Mitte des 15. Jahrhunderts markieren eine Zäsur in mancher Hinsicht. Die Beeinträchtigung von Landschaft und Bevölkerung war stark, auch wenn für den Agrarsektor nur kurzfristige Folgen des Erdbebens angenommen werden müssen.[130] Für die Bevölkerung der Stadt und Landschaft Basel wurde ein Rückgang um 15% im Laufe des 15. Jahrhunderts errechnet.[131]

Ebenso wird eine Konzentration bei gleichbleibender Bevölkerung von einem Zusammensiedelungsprozess bei sich verringernder Bevölkerungszahl unterschieden.[132] Seit der Etablierung der Agrarkrisentheorie verlor die Konzentrationstheorie jedoch an Bedeutung.

Als eine veränderte und erweiterte Auflage der Konzentrationstheorie wird die Ballungstheorie verstanden.[133] Sie basiert auf dem später kritisierten Ansatz, dass die Einführung der Dreizelgenwirtschaft als Anlass zum Zusammensiedeln gewirkt habe. Die Ballungstheorie ist auch nur unter dem Aspekt einer sich verringernden Bevölkerung nachvollziehbar. Sämtliche angedachten Argumente, die für eine Siedlungsballung ins Feld geführt – Landgewinn, obrigkeitlicher Zwang, Anziehungskraft der Kirchen, Geselligkeit –, sind entweder abzulehnen oder können argumentativ entkräftet werden.[134] Aus namenkundlicher Betrachtung lassen sich beide Theorien nicht aufs Untersuchungsgebiet übertragen.

Kriegstheorie

Vereinfachend zusammengefasst sucht diese ältere Theorie in Fehden, Kriegen, Raubzügen, Plünderungen und Brandschatzung die Erklärung für die Abwanderung. Sie wird von der jüngeren Forschung zu Recht auch abgelehnt. Die Annahme, dass die Vernichtung der Existenzgrundlage jeweils zur Landflucht geführt hätte, ist nicht grundsätzlich falsch, greift aber zu kurz. Gerade im Falle von Plünderungen und Brandschatzungen sind Siedlungen betroffen, die in einem ökonomisch erfolgreichen Umfeld anzutreffen sind. Nur wo günstige Böden zu bestellen sind, lassen sich auch Felderträge vernichten, nur wo ausreichend Weidegrund vorliegt, können Viehbestände der Bauern geraubt und vertrieben werden.[135] Eine grosse Anzahl Wüstungen liegt jedoch in Gebieten mit weniger günstigen Boden- oder Klimabedingungen. Somit wird zu Recht bezweifelt, dass die Kriegstheorie die Ursache der meisten Wüstungen erklären kann.[136]

Fehlsiedlungstheorie

Diese schon lange bestehende Theorie basiert auf der Annahme, dass die Ursache zahlreicher Wüstungen in einer unzureichenden geographischen Lage, insbesondere in nachteiligem Klima und Boden zu suchen ist.[137] Diesem sogenannten «geographischen Milieu»[138] ist bei einer Erstbesiedlung eines bestimmten Raums eine bedeutende Rolle zuzumessen. Die hemmende Wirkung dieses Milieus ist desto grösser, je geringer der Entwicklungsstand der besiedelnden Kräfte ist.[139] Mit dem Entwicklungsstand verbunden ist der davon abhängige Wirkungsgrad: Soll also ein bisher noch unbesiedeltes Gebiet erschlossen und urbarisiert werden, müssen dafür überdurchschnittliche Anstrengungen unternommen werden, weil es dem (früh-)mittelalterlichen Menschen an geeigneten technischen Hilfsmittel zur Arbeitserleichterung fehlte.

Als Fehlsiedlungen sind Etablierungsversuche zu bezeichnen, die beispielsweise aufgrund eines Bergsturzes, einer überaus steilen Hanglage, in Folge von Wassermangel oder wiederkehrender Überschwemmungen aufgegeben werden mussten. Aufgrund der Bauweise dürfte dieser Vorgang nicht unüblich gewesen sein. «So verlegte man kurzentschlossen das nur aus wenigen, leichten Holzhütten bestehende Dorf von der ungünstigen Stelle an einen günstigeren Punkt in der Nähe.»[140]

Diese rein geographische Betrachtungsweise reicht jedoch nicht aus, um speziell die Wüstungshäufungen im ausgehenden Mittelalter zu erklären. Zu allen Zeiten können sich aufgrund einer nicht ausreichend durchdachten Standortwahl solche Fehlsiedlungen ereignen.[141] Folgerichtig kann die Wirkung natürlicher Faktoren wie Mikroklima, Bodenbeschaffenheit oder Grundwassersituation nicht alleine ursächlich sein.[142] Vielmehr ist der Einfluss geographischer Faktoren mit einem Bevölkerungsrückgang zu verbinden, da diese ihre Wirkung nur dann entfalten können, wenn sich die Bevölkerungsdichte bereits markant verringert hatte. Andernfalls besteht auch weiterhin ein grosser Druck zur Bewirtschaftung von schlechteren Lagen.[143]

Eine eigenständige Betrachtung der Fehlsiedlungstheorie hat keinen Bestand.[144] Sie kann lediglich als Teil anderer Theorien Anwendung finden, insbesondere wenn geographisch-klimatische und demographisch-soziale Aspekte verknüpft werden.[145]

Sie lässt sich auch nur bedingt auf die Namenlandschaft im Bezirk Sissach anwenden. Hinweise zur Bodenbeschaffenheit oder zum Wasserhaushalt eines Gebiets finden sich zwar häufig in Flurnamen, jedoch stehen diese in keinem direkten Bezug zur Siedlungsgeschichte.[146] Sie vermögen die Wüstlegung einer Siedlung im entsprechenden Gebiet nicht erklären.

Allen Theorien eigen ist, dass sie sich grundsätzlich nur auf die spätmittelalterliche Wüstungsperiode beziehen und für ein bestimmtes Untersuchungsgebiet Gültigkeit haben. Lokale und regionale Einflüsse sind dabei schwer zu gewichten, was eine vorbehaltlose Übertragung auf ein anderes Untersuchungsgebiet stark eingrenzt. Zudem ist von monokausalen Erklärungsversuchen abzusehen. Sie sind selten richtig und ganzheitlich befriedigend erklärend.

Bei der Beurteilung, ob ein Wüstungsname vorliegt, ist aber weder der Zeitpunkt der Wüstlegung noch die Ursache der Auflassung von Bedeutung. Vielmehr wird mit sprachwissenschaftlichen Mitteln ein Korpus an möglichen Wüstungsnamen zu erstellen sein, das anschliessend mit interdisziplinären Ansätzen ausgewertet wird.

Wüstungsquotient

Im Hinblick auf die Wüstungsperioden des Spätmittelalters entwickelte sich in der Forschung mit dem sogenannten Wüstungsquotienten ein Parameter zur Feststellung der Wüstungsdichte. Darunter ist der «Anteil der Wüstungen an der Gesamtzahl der nachgewiesenen, also der bestehenden und der abgegangenen Orte»[147] zu verstehen. Mit diesem Quotienten wird versucht, die Wüstungsanfälligkeit für ein bestimmtes, meist grösseres Gebiet darzustellen. Der Quotient berechnet sich aus dem Verhältnis «von maximaler Wohnplatzzahl vor Beginn einer Wüstungsperiode und der dezimierten Wohnplatzzahl am Ende einer Periode.»[148] Problematisch ist die Grundlage der Berechnung. Einerseits stützt sie sich auf urkundlich nachweisbare Siedlungen und impliziert somit die Annahme, dass damit alle Wüstungen erfassbar sind. Dies ist keinesfalls als gesichert anzunehmen.[149] So dürften sich weitere Wüstungen in der Erde verbergen, die weder archäologisch-geographisch noch sprachwissenschaftlich-urkundlich festgestellt werden können. Andererseits birgt die Konzentration auf urkundlich erfassbare Namen das Risiko, dass über Jahre stark entstellte Namen nicht als eine, sondern als mehrere Wüstungen interpretiert werden, wenn beispielsweise Belegreihen lückenhaft sind und so zwischen den einzelnen Namen keine gesicherten Zusammenhänge hergestellt werden können. Der Quotient wird dadurch verfälscht. Die daraus gewonnene Zahl ist zudem sehr abstrakt und vermag nur bedingt auf kleinräumige Abweichungen eingehen. Zudem zeigt sie nur die totalen Ortswüstungen. Partielle oder temporäre Wüstungen werden nicht erfasst. In der Schweiz fehlen Untersuchungen, die mit diesem Quotienten arbeiten, und für die Namenkunde sind weder die Wüstungsdichte noch der Wüstungsquotient bedeutend.[150]

Wüstungsnamenforschung

Wüstungsnamen sind als Untergruppe der Flurnamen zu verstehen. NÜBLING spricht auch von Wüstungsflurnamen, da die Wüstungen nur noch in Form von Flurnamen transportiert werden.[151] Wüstungsnamenforschung ist also ein Desiderat der Flurnamenforschung. Deren Ergebnisse werden in Bezug zur Besiedlungsforschung gestellt. Bei dieser Verschränkung der Namenkunde mit der Wüstungsforschung wird die «sprachliche Wirklichkeit» auf eine «aussersprachliche Realität» bezogen. Das heisst, dass Ergebnisse der Wüstungsnamenforschung Erkenntnissen aus Archäologie, Geographie und Geschichte gegenübergestellt werden.[152] «Der heutige Stand der Wüstungs- und damit auch der W[üstungsnamen]-Forsch[ung] erscheint als interdisziplinäres Unternehmen, an dem neben der Namenkunde auch Geschichte, Siedlungsarch[äologie] und Geogr[aphie] als Basiswiss[enschaften] beteiligt sind. Was die W[üstungsnamen]-Forsch[ung] betrifft, wird in der einschlägigen Forsch[ung] die enge Verbindung mit der Wüstungsforsch[ung] bes[onders] betont: die Namen wüster Siedlungen müssten in den Namenbüchern genannt und sollten in die Analyse einer Namenlandschaft einbezogen werden.»[153] Allerdings finden sich im untersuchten Datenmaterial nur wenige sprachliche Hinweise, die einen Namen direkt als Wüstungsnamen erscheinen lassen. Lateinische Formulierungen wie *desolatio*, *desertum*, *vacat* usw. fehlen im Analysekorpus konsequent. Ebenso fehlen die Schreibungen mhd. *wüeste*, *wuoste* oder ahd. *wuosti*, *wuasti*.[154] Aus dem Korpus der Datenbank FLUNA können nur mögliche Wüstungsnamen herausgearbeitet werden, die aufgrund des Namenbildungsmusters und der Schreibung als solche erkennbar sind. Im Einzelfall lässt sich aus einem erweiterten Kontext herauslesen, dass und wann ein Name wüst gefallen ist. Innerhalb einer Belegreihe zeigt sich so der Wandel von einem Siedlungs- zu einem Flur- beziehungsweise Wüstungsnamen. Beispielsweise zeigt der vollständige Kontext eines Beleges zu Ikten mit dem Zusatz *bann*, dass Ikten zu dieser Zeit noch immer als Siedlung mit eigenem Bann zu verstehen ist: *Jtem von einer juchart. mit Reben vnd litt oben an gieliberg vnd oben veldis aker in ytteken bann* (1500).[155] Ungefähr hundert Jahre später ist aus dem Kontext – das einstige Gebiet *Ikten* scheint neu in den Geltungsbereich eines anderen Flurnamens übergegangen zu sein – eindeutig zu erkennen, dass Ikten nur noch ein Flurname ist: *Jtem ein Bletz Zu Jtkhen. Jetz inn der nideren Brumatt genannt* (1605).[156]

Was ist ein Wüstungsname? Ein Definitionsversuch

«Im weitesten Sinne sind mit dem Terminus W[üstungsnamen] Siedlungsnamen und Fl[urnamen] von Orten gemeint, die heute verlassen und ungenutzt sind […].»[157] So lautet ein gängiger Lexikoneintrag, der es aber unterlässt, eine Definition im engeren Sinne anzugeben. In einem pragmatischeren Ansatz werden Wüstungsnamen in einem engeren Sinn als «Namen von heute verlassenen und unbewohnten ehemaligen Siedlungen»[158] definiert. In einem erweiterten Sinn sind darunter auch «Namen aufgegebener Industrieanlagen, Wehranlagen, kirchlicher Einrichtungen oder abgegangener Mühlen»[159] zu verstehen.[160] Für die vorliegende Arbeit ist die Definition in einem engeren Sinn weiterführend.

In der Namenforschung sind diese Definitionen unbestritten. Allerdings vermögen sie nur erklären, *was* unter dem Terminus zu verstehen ist. Eine theoretische Grundlage, auf deren Basis eruiert werden kann, *welche* Namen als Wüstungsnamen beziehungsweise *wie* solche zu bestimmen sind, fehlt jedoch. Dafür werden die beiden theoretischen Ansätze von Schuh und Nübling herangezogen. Mit Hilfe einer Typologisierung und der Untersuchung möglicher Namenbildungsmuster von Wüstungsnamen wird erklärt, *welche* Namen als Wüstungsnamen beziehungsweise *wie* solche zu bestimmen sind.

Typologisierung nach Schuh

In heutigen Flurnamen können Wüstungsnamen nach folgenden möglichen Mustern erscheinen.[161]

1. Direkte Übernahme des vollständigen Wüstungsnamens als Flurname: «Hier wird der Name einer totalen Ortswüstung ohne Veränderung seiner formalen Bestandteile als Flurname übernommen.»[162] Der Siedlungsname erfährt nur eine Funktionsverlagerung. Dabei ist von einer Homophonie[163] zwischen Wüstungsname und Flurname auszugehen. In den untersuchten Dokumenten erscheinen Flurnamen mehrheitlich[164] eingebunden in einen Satz oder ein Syntagma[165] und sind dabei mit einem Artikel oder einer Präposition verbunden. Die Homophonie beschränkt sich dabei nur auf den Namen, nicht auf das Syntagma oder den Satz.[166] Nur selten werden Siedlungsnamen von einem Artikel

begleitet, wie beispielsweise noch in der heutigen Mundart *dr Nusshof* geläufig ist. SCHUH erbringt den Nachweis mit diachronen Belegreihen. Liegen nur Flurnamenbelege vor, so darf vor allem bei einem patronymischen Bestimmungswort[167] und einem siedlungsindizierenden Grundwort auf einen einstigen Wüstungsnamen geschlossen werden.[168] Andernfalls hilft nur der archäologische Tatsachenbeweis weiter. Ein Beispiel für eine direkte Übernahme zeigt sich im möglichen Wüstungsnamen *Wirbligen*.[169]

2. Der Wüstungsname als Bestimmungswort eines Flurnamens:

   In lebendigen oder abgegangenen Flurnamen besteht das Bestimmungswort aus dem alten Wüstungsnamen. Ein solches Kompositum ist beispielsweise im Flurnamen *Bettenachfeld*[170] bezeugt.

3. Bestimmungswort des Wüstungsnamens als Bestimmungswort eines Flurnamens (bei verändertem Grundwort):

   Dieser Typus ist im Untersuchungsgebiet nicht belegt. SCHUH beschreibt einen Vorgang, wie wenn älteres **Erisingen* abgegangen wäre und an gleicher Stelle der Flurname **Erishausen* haftengeblieben wäre.[171]

4. Elliptische Flurnamen aus Wüstungsnamen:

   Elliptische Flurnamen, bei denen das siedlungsindizierende Grundwort abgefallen ist, finden sich im Untersuchungsgebiet nicht.

5. Derivat eines Wüstungsnamens (oder dessen Bestimmungswort) als Flurname oder als Teil eines Flurnamens:

   «Dieser Typus umfasst vor allem Fl[urnamen], bei welchen zu einer Flurbezeichnung (Weg, Acker, Wiese et cetera) ein von einem Wüstungsnamen oder von dessen B[estimmungswort] mit Suff[ix] abgeleitetes Adj[ektiv] als nähere Bestimmung tritt, so dass (auch oder nur) in letzterem der Name einer Ortswüstung erhalten bleibt. Beispiel: *Buttlinger Weg*, Ableitung mit -er-Suff[ix].»[172] Im Untersuchungsgebiet ist dieser Typus mehrfach belegt, allerdings nicht exakt in obigem Sinne, da der Wüstungsname als Simplex ebenfalls dokumentiert ist, beispielsweise in *Adlikenrank* und *Adlikenmatt* zum Wüstungsnamen *Adliken* oder in *Iktenweg* zum Wüstungsnamen *Ikten*.

6. Flurnamen mit Bezug auf eine Wüstung:

   Darunter fallen neben allen Flurnamen, die den Typen 1–5 zugeordnet werden können, «auch Flurnamen, welche durch ihre etymologische bzw.

lexikalische Bedeutung auf das Vorhandensein einer Ortswüstung hindeuten, ohne an einen Wüstungsnamen lautlich-formal anzuknüpfen»[173]. Im Untersuchungsgebiet verweist *Buchs* auf mögliche einstige römische Ansiedlungen. Ebenso in diese Gruppe fällt der Flurname *Östergäu*.[174] Etymologisch verweist das Grundwort *-gau/-gäu* ‹bestimmtes politisches-geografisches Gebiet›[175] nicht auf eine einzelne Siedlung. Es darf jedoch davon ausgegangen werden, dass der bestimmte Raum besiedelt gewesen war, da entsprechende archäologische Funde vorliegen.

Namenbildungsmuster nach Nübling

Nübling zeigt neun mögliche Muster auf, wie Siedlungs- beziehungsweise Wüstungsnamen gebildet werden können.[176] Für die vorliegende Arbeit werden nur die möglichen Namenbildungsmuster besprochen, die im (erweiterten) Untersuchungsgebiet belegt sind.

1. [Galloromanischer Personenname + *-dunum/-durun*-Grundwort]

    Dieses Bildungsmuster ist im Untersuchungsgebiet nicht belegt. Im Baselbiet zeigt der Siedlungsname *Titterten*, der sich auf die Grundform **Tituridunum* zurückführen lässt, dieses Bildungsmuster.[177]

2. [Galloromanischer Gentilname + *-acum*-Suffix]

    Diese Namen sind heute mehrheitlich mit einem *-ach*-Suffix belegt. Ein für das Untersuchungsgebiet wichtiger und nach diesem Bildungsmuster gebildeter Siedlungsname ist beispielsweise *Sissach*. Jedoch fehlen lateinische Schreibungen aus einer romanischen Besiedlungszeit, die den Namen möglichst nahe an der originalen Schreibweise wiedergeben könnten. Die einzigen in Latein verfassten Schriftstücke entstammen dem Mittelalter. Meistens sind dabei die Flur- und Siedlungsamen aber bereits in deutscher Sprache abgefasst, während der Fliesstext in Latein erscheint, wie ein Beispiel zu Sissach illustriert: «*abbati et conventui sancti Urbani, ordinis Cysterciensis, redditus trium librarum et duorum solidorum communis monete sitos Syssach de possessionibus* […].»[178]
    Zuweilen schwierig bis unmöglich ist die Rekonstruktion des im Bestimmungswort verborgenen Personennamens, was nicht zuletzt auf die ungenügende Überlieferung möglicher römischer Namen und die lautliche Abschleifung im Laufe der Jahrhunderte zurückzuführen ist. Gelegentlich entstellen parasitäre Konsonantenanfügungen das Suffix, wie beispielsweise in *Bisnacht*. Das *t* im Auslaut ist nicht etymologisch. Diese Anfügung ans *-ach*-Suffix wird als parasitär bezeichnet.

Ebenso kann das Suffix abgeschliffen in der Schreibung -*ech* erscheinen, wie beispielsweise im Namen *Wisechen* (Diegten)[179].

Dazu stellt sich das gleichlautende -*ach*-Grundwort, das einerseits auf ahd. *aha* ‹Fluss, Wasser› beruht, andererseits auf ahd. -*ahi* zurückgehen kann. Das -*ahi*-Suffix hat die Funktion einer Stellenbezeichnung in Verbindung mit Baum- und Pflanzennamen in Namen mit sächlichem Genus[180], z. B. *Dornach* mit der Deutung ‹der Ort, an dem viele Dornengewächse vorkommen›.[181] Namen, die auf ahd. *aha* oder -*ahi* zurückgehen, bilden jedoch keine primären Siedlungsnamen.[182]

2.1 Lateinische Siedlungsnamen

Nebst den galloromanischen Siedlungsnamen finden sich in den einst römischen Gebieten auch solche lateinischen Ursprungs.[183] Im erweiterten Untersuchungsgebiet liegen beispielsweise Augst oder Basel.[184] Der Name *Augst* ist auf die Grundform *Augusta Rauracum* beziehungsweise *Augusta Rauracorum* zurückzuführen. Er ist nach demselben Muster wie beispielsweise *Augusta Treverorum*, dem heutigen Trier (Deutschland), gebildet worden. Allerdings festigte sich hier durch die Betonung der ersten Silbe nicht die eigentliche «Ortsbezeichnung» *Rauracum*, die auf den damals dort ansässigen Stamm der Rauriker oder Rauracher verweist.[185] Dazu stellen sich mehrere Flurnamen mit dem Element *Kastel*, schwzdt. *Chastel*, zu lat. *castellum* ‹Schloss, Burg, Festung›, die aber im Untersuchungsgebiet fehlen. Sie lassen sich beispielsweise in Arboldswil, Augst, Blauen, Dittingen, Pratteln und Titterten nachweisen und dürften sich auf eine einstige römische Anlage beziehen. Der Nachweis muss jedoch im Einzelfall noch erbracht werden. Ebenso finden sich im erweiterten Untersuchungsgebiet sekundäre Siedlungsnamen lateinischen Ursprungs, beispielsweise Gempen SO, Nuglar SO oder Pratteln.

3. [Ahd. Personenname + siedlungsindizierendes Suffix oder Grundwort]

Wüstungs- beziehungsweise siedlungsindizierend sind Namen, deren Grundwort oder Suffix auf eine Siedlungsform hinweist. Im Untersuchungsgebiet sind dies die Suffixe -*ingen*, -*inghofen* und die Grundwörter -*heim*, -*dorf*, -*stadt*/-*stätten* beziehungsweise -*statt*/-*stetten*, -*wil* und -*burg*/-*berg*.[186] Streng genommen sind -*ingen*-Namen keine siedlungsindizierende Namen, da sie nicht direkt auf eine Siedlung hinweisen, sondern ihrer Deutung entsprechend (‹bei den Leuten des XY›) als «suffigierte Insassenbezeichnungsnamen»[187] zu werten sind. Das Grundwort -*hausen* erscheint im Untersuchungsgebiet nur im möglichen Wüstungsnamen *Wolhusen*[188], für das Grundwort *-hofen* beziehungsweise das Element *Hof* sind ebenfalls nur zwei Namen belegt.[189]

4. [Personenname + rodungsindizierendes Grundwort]

    Noch vor der einschneidenden spätmittelalterlichen Wüstungsperiode verlangte der starke Bevölkerungsanstieg nach neuen Siedlungsflächen, die durch grossflächige Rodungen gewonnen worden sind. Dementsprechend ergaben sich typische Rodungsnamen mit dem Grundwort *-ried* zu schwzdt. *Ried* ‹Rodung›, aber auch mit den Grundwörtern *-rüti* oder *-schwand* beziehungsweise *-schwendi*. Dieses Bildungsmuster ist im Bezirk Sissach mehrfach belegt, beispielsweise in *Balmisried* (Wintersingen), *Bunzenried* (Gelterkinden) oder *Hottenried* (Zeglingen). «Solche Flurnamen sind aber nicht unbedingt Hinweise auf abgegangene Siedlungen, wenn auch die Möglichkeit besteht, dass auf Rodungen einstmals Höfe standen.»[190] Da dieses Bildungsmuster bei den Siedungsnamen des erweiterten Untersuchungsgebiets fehlt, wird angenommen, dass Flurnamen mit diesem Bildungsmuster nicht als Wüstungsnamen zu betrachten sind.

5. [Personenname + makrotoponymisches Grundwort]

    Makrotoponyme sind sogenannte Grossraumnamen. Ihnen eigen ist, dass sie im Gegensatz zu Mikrotoponymen, also Kleinraumnamen, weitläufige Geländeformationen bezeichnen. Nicht selten finden sich makrotoponymische Grundwörter auch in Namenbildungsmustern von Flurnamen. Als makrotoponymische Grundwörter eigenen sich beispielsweise die Elemente *Berg*, *Tal*, *Bach*, *Wald* oder *Egg* und deren Ableitungen. Ausgehend von der Menge der möglichen Bildungsmuster bestehender Siedlungsnamen, dürfen die gleichen Muster auch für Wüstungsnamen angenommen werden. Ohne aussersprachliche Hilfsmittel sind die nach dem gleichen Muster gebildeten Namen *Hersberg* und *Bettenberg* nicht als Siedlungs- beziehungsweise Flurname zu unterscheiden. Gleiches gilt für den Flurnamen *Metzental* (Hemmiken) und den sekundären, ebenfalls aus einem Flurnamen motivierten Siedlungsnamen *Liestal*, die beide keinen Personennamen im Bestimmungswort aufweisen.

6. Zwei- und mehrgliederige Komposita mit siedlungsindizierenden Bestandteilen

    Darunter sind die Namen zu zählen, die im Bestimmungs- oder im Grundwort Hinweise auf eine Siedlung enthalten, beispielsweise

Bettenachfeld (Lausen). Diese sind dann besonders wichtig, wenn der darin enthaltene Siedlungsname als solcher nicht überliefert worden ist, wie dies im oben genannten Beispielen der Fall ist. Ein eigenständig belegtes Simplex *Bettenach* ist nicht vorhanden. Ebenso darunter fallen Komposita mit dem Grundwort *-stal* ‹Stelle, Ort› und dessen Abschwächungen, beispielsweise *Atlisten* (Itingen).[191]

7. Einteilige und aus einem siedlungsindizierenden Bestandteil geformte Namen

Hierzu sind alle Appellative[192] zu zählen, die direkt auf eine Siedlungsform hinweisen, wie beispielsweise *Hof, Burg, Burgstall, Haus, Wüstung, Ödung* usw. In der vorliegenden Arbeit wird nur das Appellativ *Hof* berücksichtigt. Nennungen wie *Ödung* und *Wüstung* fehlen ganz, Burg- und Ruinennamen sind von der Analysemenge ausgeschlossen, so dass die beiden Appellative *Burg* und *Burgstall* wegfallen.[193]

8. [Personenname, Hydronym, Flurname, Siedlungsname, Richtungsangabe + -gau/-gäu]

Im Untersuchungsgebiet ist nur der rezente Flurname *Östergäu* belegt.

Diese Bildungsmuster erfassen einen Grossteil aller möglichen Wüstungsnamen. Nicht mit diesen Mustern fassbar sind die zu Wüstungsnamen gewordenen sekundären Siedlungsnamen, die auf einem ehemaligen Flurnamen beruhen, da grundsätzlich jeder Flurname zum Siedlungsnamen ummotiviert werden kann.[194] Allerdings sind solche Namen selten. Ebenso nicht fassbar sind stark verschliffene Flurnamen. Sie bilden eine Restmenge an potentiellen Wüstungsnamen, die mit einem speziellen Verfahren gefunden werden müssen.[195]

Kontinuitätsprobleme

Sowohl in der Wüstungsforschung als auch in der Wüstungsnamenforschung liegen Kontinuitätsprobleme vor. Aus der Siedlungsarchäologie stammen die beiden Begriffe *Siedlungskontinuität*[196] und *Ruinenkontinuität*.[197] Insbesondere in Bezug auf den Übergang von einer vorwiegend romanisch geprägten zu einer fränkisch-alemannischen Bevölkerungsschicht kann die Kontinuitätsfrage aufschlussreich sein.

Als eines der ältesten Beispiele zeigt der Siedlungsname *Titterten*, der als *-dunum*-Name in eine keltische Entstehungszeit zurückdatiert werden kann, dass er die ahd. *t*-Verschiebung nicht mitgemacht hat, ansonsten der Ort heute *Zitzerten* o. ä. heissen müsste. Zugleich zeigt der Name aber die

Merkmale der Medienverschiebung. Älteste Belege zeigen die Schreibungen *Driritum* (1152)[198] und *Ditritun* (1152)[199]. Der Name wurde demnach «erst zwischen dem 7. und 9. Jh. ins Deutsche übernommen»[200]. Daraus lässt sich ableiten, dass der Ort noch lange nach dem Abzug der Römer von einer romanischsprechenden Bevölkerung besiedelt geblieben ist, was wiederum «gut ins gesamte Siedlungsbild der Nordwestschweiz»[201] passt, denkt man beispielsweise an die weiteren galloromanischen Siedlungsnamen *Gempen* SO, *Nuglar* SO oder Pratteln. Abschliessend sei bemerkt, dass für Titterten keine konkreten Hinweise auf eine römerzeitliche Besiedlung vorliegen und frühmittelalterliche Grabfunde «erst» in eine merowingische Zeit datiert werden können.[202] Die Annahme einer Siedlungskontinuität basiert hier ausschliesslich auf sprachwissenschaftlichen Ergebnissen. In vielen anderen Fällen, beispielsweise im Fall der Wüstung *Bettenach*, ist es jedoch die Archäologie, die durch Funde die kontinuierliche Belegung eines Siedlungsraums weit über eine spätantike Zeit hinaus beweist.[203]

Wenn über mehrere Zeiträume hindurch betrachtet keine durchgehende Besiedlung nachgewiesen werden kann, liegt Ruinenkontinuität vor. Im Untersuchungsgebiet kann dies exemplarisch an der Wüstung *Stückligen* gezeigt werden. Stückligen dürfte als ursprünglicher -*inghofen*-Namen auf eine mögliche Grundform *Stuchilinghovun zurückzuführen und in einer Zeit zwischen dem 6. und dem 8. Jahrhundert entstanden sein. Römerzeitliche Funde sind wenige hundert Meter von Stückligen entfernt belegt, die auf eine einstige *villa rustica* hinweisen. Archäologische Hinweise auf den Auflassungszeitpunkt dieses römischen Gehöfts liegen zwar keine vor, doch darf angenommen werden, dass mit dem Abzug der Römer im 5. Jahrhundert eine Vielzahl dieser Villen verlassen worden sind. Somit klafft in der Besiedlungszeit dieses Raums eine Lücke von mindestens einem Jahrhundert, möglicherweise sogar mehr.

Um einen Namen mit grösster Sicherheit deuten zu können, ist eine möglichst lückenlose Rückschreibung zur Grundform nötig. Alle Siedlungsgründungen im Untersuchungsraum sind aber älter als deren ältesten schriftlichen Belege. Wenn Kontinuität als «die ununterbrochene Weitergabe durch grössere Zeiträume hindurch»[204] verstanden wird, so zeigt sich die Kontinuitätsproblematik bereits beim Erstellen von Belegreihen, weil eine älteste Zeitspanne der Namenschreibung nicht abgedeckt werden kann. Einst geschaffene Namen wandeln sich, werden neumotiviert oder gehen unter, da sich Sprache und Schreibung in den letzten tausend Jahren markant verändert haben.[205] Indem Wüstungsnamen in rezenten und abgegangenen Flurnamen weiterleben, darf von einer gewissen Namenkontinuität gesprochen werden, die im Einzelfall jedoch zu differenzieren ist.

Eine mittelbare Kontinuität liegt vor, wenn der Siedlungsname nach totalem Wüstfallen vollständig oder teilweise in einem Flurnamen überlebt.[206] Eine unmittelbare Kontinuität liegt vor, wenn nur der Name als solcher für eine abgegangene Siedlung erhalten geblieben ist, wie dies im Fall des sagenumwobenen antiken Atlantis der Fall ist. In Frage gestellt ist diese Kontinuität bei überaus starken Verformungen des Namens und der Lautung wie auch bei Volksetymologien.[207]

Die Kontinuität, wie sie oben angenommen ist, bezieht sich ausschliesslich auf einzelne formale Elemente des Namens selbst. Sie muss nicht mit einer räumlichen Kontinuität einhergehen. «Der Flurname kann die Stelle bezeichnen, an der sich die wüstgefallene Siedlung befand. Er kann aber auch an einer Flur haften, die grösser ist als die eigentliche Ortsstelle.»[208] Entscheidend ist, dass der Name «historisch überhaupt einmal in irgendeiner Form mikrotoponymisch wirksam geworden ist.»[209] Eine räumliche Verschiebung zeigt das Beispiel der Wüstung *Ängsten* (Ormalingen/Rothenfluh). Die räumliche Ausdehnung eines Gebiets, das mit einem Flurnamen bezeichnet wird, deckt sich nicht mit dem Ort der Ausgrabung. Oder der Flurname haftet an einem Gebiet, das nur an die Fundstelle angrenzt, wie beispielsweise bei der Wüstung *Wärligen* (Rothenfluh). Das grösste Problem der Kontinuität liegt jedoch in der Zufälligkeit der Überlieferung. Faktoren wie beispielsweise das Palimpsestieren[210] und weitere Wiederverwendungen von älteren Urkunden markieren wie Naturereignisse, beispielsweise Erdbeben oder Feuersbrünste, eine Zäsur in der Überlieferung.

In der vorliegenden Datenmenge des Korpus fehlen oft früheste Belege, so dass der Übergang vom Siedlungs- zum Wüstungsnamen und zum Flurnamen nur selten erfasst werden kann. Die ältesten schriftlichen Nachweise für das Untersuchungsgebiet lassen sich ins 12. Jahrhundert[211] zurückdatieren. Eine erste Wüstungsperiode dürfte darin bereits ihre Spuren hinterlassen haben.[212] Ebenso bleiben für das Untersuchungsgebiet das 9. und vor allem das 10. Jahrhundert aus archäologischer Sicht *dark ages*.[213] Nur in wenigen Fällen ist eine Kontinuität des Wüstungsnamens als Flurname seit seinem Entstehen bis heute belegt. Eine wertvolle Ausnahme bildet dabei der Wüstungsname *Ikten*.[214]

Literatur zur Wüstungsnamenforschung – eine Auswahl[215]

Nur die wenigsten Werke befassen sich ausschliesslich mit der Wüstungsnamenforschung. Mehrheitlich zeigt sich eine enge thematische Verbundenheit zur Toponomastik und zur Wüstungsforschung.

1932 erscheint GAUSS' *Geschichte der Landschaft Basel und des Kantons Basel-Landschaft*.[216] Das Werk umfasst die Zeitspanne zwischen der Urzeit und dem Bauernkrieg. Die historisch-chronologische Geschichtsbetrachtung umfasst viele detaillierte Angaben und nennt dabei viele Flurnamen. Wüstungsnamen erscheinen vorwiegend in Verbindung mit archäologischen Fundstellen, ohne näher behandelt zu werden. Im Rahmen der *Baselbieter Heimatblätter* befassen sich GESSLER und HÄNGER mit der Namenlandschaft im Baselbiet.[217] 1989 publiziert SUTER in einer Zusammenfassung früherer kleinerer Schriften einen breit abgestützten Überblick zur Besiedlungsgeschichte des Kantons Baselland.[218]

1995 ist nach Vorarbeiten in den Jahren 1988 bis 1993 die systematische Wüstungsnamenforschung für das Untersuchungsgebiet durch die Gründung der Stiftung für Orts- und Flurnamenforschung Basel-Landschaft unter der Leitung von RAMSEIER ins Leben gerufen worden. Ebenso in die 1990er Jahre fallen drei namenkundliche Arbeiten. SCHNEIDER behandelt im Rahmen seiner Dissertation[219] die Flurnamen der Gemeinde Bubendorf und äussert sich partiell zu vermuteten Wüstungen, z. B. *Battmanns Holden* oder *Fieleten*. Während JOCHUM-SCHAFFNER[220] sich einer Kommentierung möglicher Wüstungsnamen enthält, finden sich bei GOY[221] wenigstens in den Wüstungsnamen *Entschgen* oder *Wärligen* Ansätze einer Suffix-orientierten Abhandlung zu Wüstungsnamen und zur Besiedlungsgeschichte. STÖCKLI trägt 1999 eine fundierte Flurnamensammlung zur Gemeinde Tenniken zusammen, ohne jedoch einen Wüstungsnamendiskurs zu führen.[222] MISCHKE und SIEGFRIED haben 2013 und 2016 das Namenbuch des Kantons Basel-Stadt publiziert und gehen dabei auf belegte Wüstungsnamen ein.[223] Zu den Wüstungen *Oberbasel* (*basilea superior*) und *Niederbasel* (*basilea inferior*) äussert sich bis jetzt nur HUCK auf wenigen Seiten.[224] Die Siedlungsnamen des Kantons Aargau hat ZEHNDER aufgearbeitet, eine Namenbuchpublikation zu den Flurnamen fehlt bis heute. Seit der zweiten Hälfte des 19. Jahrhunderts liegen einzelne Flurnamenpublikationen vor, die sich jedoch in unterschiedlicher Qualität der Wüstungsproblematik widmen und nur lokal ausgerichtet sind. Die meisten beschränken sich aufs Fricktal[225] und bestehen vorwiegend aus Namensammlungen. Eine methodisch-theoretische Auseinandersetzung bleibt aus. Für den Kanton Solothurn liegen drei Werke vor: 2003 hat KULLY die Deutungen der Bezirks- und Gemeindenamen publiziert[226], GASSER und SCHNEIDER haben 2010 die *Flur- und Siedlungsnamen der Amtei Dorneck-Thierstein* herausgegeben.[227] Im theoretischen Teil wird der Fachausdruck *Wüstung* kurz erläutert, ein gesondertes Kapitel zur Wüstungsproblematik fehlt jedoch.[228] Auch im ersten Band wird der Begriff *Wüstung* nur kurz definiert.[229] Der Hinweis auf eine abgegangene Siedlung findet sich hingegen bei der Besprechung des einzelnen Namens. Als jüngstes Werk der

Solothurner Reihe ist 2014 REBERS Publikation der *Flur- und Siedlungs-namen der Amtei Olten-Gösgen*[230] erschienen. KULLY befasst sich in der dritten Ausgabe einer fünfteiligen Serie im *Schwarzbueb* ausführlich mit der Wüstungsnamenproblematik.[231] Eine methodisch-theoretische Bearbei-tung der Wüstungsnamen ist jedoch nach wie vor ausstehend. Mit der Besiedlungsgeschichte eines Teils des Schwarzbubenlandes, des Beinwiler-tals, befasst sich GASSER in seiner Dissertation.[232] Ohne selbst mit dem Begriff *Wüstungsnamen* zu operieren, verwendet er auf Siedlungen hinweisende Sprachrelikte aus Flurnamen in einem historisch-archäologischen Zusam-menhang, um in der Verbindung mit der Siedlungsnamenanalyse Rück-schlüsse über die Besiedlung zu gewinnen.[233] Mit dem Phänomen der Exonyme beschäftigte sich jüngst KULLY. Er versteht Exonyme als Sied-lungsnamen in Sprachgrenzregionen, die in mehreren Idiomen enthalten sind, einerseits in demjenigen der Einwohner, andererseits in denjenigen der Nachbarn.[234] Seine Abhandlung befasst sich zwar ausschliesslich mit rezenten Siedlungsnamen. Diese sind jedoch für die Besiedlungsgeschichte besonders wertvoll, da sie den heute frankophonisierten Namen ein deutschsprachiges Äquivalent gegenüberstellen. Somit kann die Verbrei-tung der einzelnen Namenschichten besser dokumentiert werden.

Kurzer Abriss zur *Franken-Frage* im Raum Basel

Die so genannte «Franken-Frage» beschäftigt sich mit dem Verhältnis zwischen den Franken und den Alemannen, besonders in Bezug zur Be-siedlung der Nordwestschweiz. Dieser Diskurs ist jedoch so umfangreich, dass nur wenige Aspekte chronologisch eingereiht werden können. Nicht diskutiert werden können die vielschichtigen Fragen der Historiker zur genauen Datierung einzelner Ereignisse[235] sowie die Rechtsgeschichte der Spätantike und des Frühmittelalters, wie auch die Position der Archäo-logie im Hinblick auf ihren Aussagewert zur Besiedlungsgeschichte nicht hinterfragt werden kann.

Erste Erwähnungen der Alemannen und der Franken datieren zurück ins 3. Jahrhundert.[236] Die Alemannen befinden sich noch immer auf rechts-rheinischem Gebiet, und der Begriff *gens Alamannica* dient als Sammel-begriff für viele weitere Stämme.[237] Ebenso ins 3. Jahrhundert datieren erste Alemanneneinfälle ins linksrheinische Gebiet, die *Augusta Raurica* schliess-lich den Niedergang bringen werden.[238] Diese Einfälle wurden nicht zuletzt durch die Aufgabe des Limes zwischen Rhein und Donau um 260 n. Chr.

ermöglicht.[239] Als direkte Folge befestigten die Römer die Rheingrenze. In diesem Zusammenhang steht auch der Kastellbau von *Augusta Raurica*, der zu Beginn des 4. Jahrhunderts wieder «militärisch und verwaltungstechnisch geordnete Verhältnisse»[240] bringt, allerdings nur für eine kurze Zeit. 401/02 n. Chr. wird die Rheingrenze durch römische Truppenrückzüge stark entblösst und damit besonders anfällig für weitere Einfälle.[241]

Die ältere Forschung datiert die frühesten Besiedlungen der Nordschweiz nach den Römern bereits ins 5. Jahrhundert.[242] Wohl sind fürs späte 5. Jahrhundert alemannische Übergriffe auf linksrheinisches Gebiet belegt, die aber nicht mit einer «Landnahme» gleichgesetzt werden können.[243] Historische Quellen mögen «vage Indizien für alamannische Übergriffe in Richtung Burgunderpforte in der zweiten Hälfte des 5. Jahrhunderts [bezeugen], aber keinen einzigen verlässlichen Hinweis für eine linksrheinische ‹Landnahme› alamannischer Bevölkerungsgruppen»[244]. Die Frage nach alemannischer Präsenz ist insbesondere im Hinblick auf eine allfällige Beantwortung der Frage nach fränkischen beziehungsweise alemannischen Eigenheiten in Siedlungs- und Wüstungsnamen von zentraler Bedeutung. MARTIN äussert die Vermutung «die alamannische Besiedlung der Nordschweiz und des Mittellandes hätte vor oder um die Mitte des 6. Jahrhundert auf reichsfränkische Initiative und als rein kolonisatorischer Vorgang eingesetzt.»[245] Somit hätte jegliche alemannische Handschrift auch zwangsläufig einen übergeordneten fränkischen Charakter. Eine alemannische Landnahme lehnt auch MARTI ab, da es «vor dem 7. Jahrhundert weder klare schriftliche noch archäologische Hinweise»[246] dazu gibt. Historisch fassbar ist, dass sich 496/97 n. Chr. die Alemannen dem Frankenkönig *Chlodwig* unterwerfen. Weitere Kämpfe zwischen Franken und Alemannen zu Beginn des 6. Jahrhundert belegen die instabile Lage zwischen den beiden Lagern. Die komplizierten kriegerischen Auseinandersetzungen der Ost- und Westgoten erschweren eine scharfe Trennung zusätzlich, zumal der Ostgotenkönig «einen Teil der Alemannen in seinen Schutz»[247] nimmt. MOOSBRUGGER vermutet jedoch, dass sich diese Schutzherrschaft kaum bis in den Raum Basel erstreckt haben dürfte. Ist somit für das Untersuchungsgebiet eine fränkische Herrschaft über eine alemannische Siedlungsschicht (nebst der bereits ansässigen romanischen Bevölkerung) anzunehmen?[248] Aufgrund jüngster archäologischer Funde sind die Alemannen, wohl als Siedler, nicht als Eroberer, erst im 7. Jahrhundert diesseits des Rheins belegbar. HAAS nimmt dabei an, dass besonders im 7. Jahrhundert die alemannische Bevölkerung stark zunimmt,[249] wobei das Untersuchungsgebiet dabei längst fränkisches Territorium ist. Allerdings besteht auch seit Langem ein Kontakt der heimischen romanischen Bevölkerung entlang des Rheins zu den benachbarten Alemannen.[250] Auszugehen ist daher von einer Vermischung und Akkulturation, wobei sich wohl eher die Franken den Romanen angeglichen haben als umgekehrt. Vor allem die Oberschicht dürfte sich rasch romanisiert haben.[251] Ins zweite Viertel des 6. Jahrhunderts datiert die Belegung des südlichsten fränkischen Gräberfelds *Basel-Bernerring.*[252] Weitere archäologische Befunde lassen den Schluss zu, dass der Raum Basel «wahrscheinlich in den Jahrzehnten um 500»[253] von Alemannen aus einer nördlichen Stossrichtung besiedelt worden sein dürfte. Und dies geschah «als langsame Infiltration»[254] oder als eine durch die Franken gesteuerte Kolonisation, wobei Stämme der Alemannen bewusst in einem bestimmten Gebiet angesiedelt worden waren.[255] Seit der zweiten Hälfte des 6. Jahrhunderts ist von einer fränkischen Dauersiedlung in Basel, fürs 7. beziehungsweise 8. Jahrhundert ist aufgrund archäologischer Grabuntersuchungen von «einer fränkischen oder fränkisch beeinflussten Bevölkerung mit dauerndem Wohnsitz auf dem Münsterhügel»[256] auszugehen. Damit sind wir bereits in der Zeit der ältesten deutschen Namen, der sogenannten -ingen-Namen angelangt, die für das 6. und 7. Jahrhundert charakteristisch sind.

Zusammenfassend lässt sich festhalten, dass der fränkische Einfluss im linksrheinischen Raum Basel weit grösser gewesen sein dürfte, als dies eine alemannisch geprägte Geschichtsschreibung bisher wahrhaben wollte. Archäologische Funde zeigen deutlich, dass eine allfällige alemannische Besiedlung im Grossraum Basel nicht ohne fränkische Einflussnahme verstanden werden darf. Historische Quellen, die eine alemannische Landnahme belegen könnten, fehlen. Aus sprachwissenschaftlicher Perspektive muss festgehalten werden, dass es zur Sprache der Alemannen vor 500 n. Chr. keinerlei Zeugnis gibt.[257] Vielmehr setzt die schriftliche Überlieferung erst im Laufe des 8. Jahrhunderts ein, nicht zuletzt dank dem Ausbau der Klöster St. Gallen, Reichenau und Murbach.[258] Dazu stellt sich jedoch das Problem, dass oftmals die Mönche der Klöster nicht aus der Umgebung stammten, so dass «sich in der schriftlichen Überlieferung des Althochdeutschen zwar gewisse landschaftliche Sprachunterschiede erkennen lassen, jedoch unklar ist, ob diese Differenzierungen auf den sprachlichen Verhältnissen ganzer Bevölkerungsgruppen (Alemannen, Franken usw.) beruhten oder nur [solche] der klösterliche Schreibsprachen […] darstellten.»[259] Dazu passt, dass das älteste Buch im Kloster St. Gallen ein deutsch-lateinisches Wörterbuch ist, das wesentlich in bairischer Mundart verfasst worden ist.[260]

Wie bereits erwähnt, werden jedoch erste Besiedlungen, verbunden mit der Schicht der -ingen-Namen, bereits ins 6. Jahrhundert datiert, doch dann sind die Alemannen bereits Teil des fränkischen Reichs.

Trotzdem belegt die einschlägige Literatur, dass in grosser Zahl Alemannen eingewandert sind. Die Franken dürften sich als kleine, aber herrschende Oberschicht nur auf wenige Siedlungsstandorte konzentriert haben. Sie sind ab der Mitte des 6. Jahrhunderts die Beherrscher des Raums Basel, aber es sind die Alemannen, die vorwiegend siedeln oder angesiedelt werden und somit auch ihre Kultur und damit wohl auch ihre Sprache verbreitet haben, auch wenn nochmals betont werden muss, dass entsprechende (sprachliche) Beweise nicht vorliegen.

746 n. Chr. ist das Herzogtum *Alemannien* aufgelöst und ins fränkische Reich integriert.[261] Auch wenn die Franken die Alemannen besiegt haben, im Untersuchungsgebiet dürfte im Alltag nebst den sich auflösenden romanischen Sprachinseln weiterhin eine vorherrschend alemannische Sprache gesprochen worden sein. Bemerkenswert ist, dass für das 6. und 7. Jahrhundert archäologische Funde vorwiegend in Form von Grabbeigaben eine fränkische Provenienz nahelegen.[262]

In wie weit diese jedoch auf eine Besiedlung durch die Franken schliessen lassen, ist fraglich. Ebenso kann angenommen werden, dass diese Dichte an Grabbeigaben «fränkischer Art» auf eine kultische Assimilierung der Alemannen an die sie beherrschende fränkische Oberschicht zurückzuführen ist. Ansonsten hätte sich der alemannische Sprachraum nicht so stark etablieren können, wie er sich heute anhand der Verbreitung der vielen alemannischen Dialekte belegen lässt.

Die Frage nach dem Verhältnis zwischen Franken und Alemannen ist nicht unerheblich. Für die Interpretation der möglichen Besiedlungsmuster ist es von zentraler Bedeutung, nach welchen Faktoren der Raum besiedelt worden ist. Am Beispiel der Positionierung der *-ingen*-Namen entlang der Jurakette lässt sich aufzeigen, wie sich das Machtverhältnis dieser Ethnien zueinander auf die Interpretation der Lage der Namen auswirken kann. Liegt ein kolonisatorischer, von den Franken kontrollierter Vorgang vor, so muss die Anordnung der Siedlungen und der Wüstungen als bewusst vollzogener Akt verstanden werden. Die Deutung einer solchen Besiedlungsgeschichte ergibt ein anderes Resultat, als wenn eine Besiedlung «aus freien Stücken» angenommen wird. Es stellt sich die Frage, ob die Franken ein Gebiet planmässig besiedeln liessen, dabei aber billigten, dass die Sprachgebung und somit die Benennung und dadurch die Orientierung im Raum den Alemannen beziehungsweise dem Alemannischen überlassen wurde. Eine mögliche Antwort kann darin gefunden werden, dass die Unterschiede zwischen gesprochenem Fränkisch und Alemannisch nur marginal gewesen sind, beispielsweise wird im Fränkischen *Bruder* gesprochen, im Alemannischen aber *Brueder*. Die fehlende neuhochdeutsche

Monophthongierung[263], also die Entwicklung von *ue* zu *u*, ist nur ein Beispiel. Des Weiteren ist es für das Herrschaftsgefüge weitgehend bedeutungslos, welche Sprache die Untergebenen sprechen. Schliesslich beherrschten auch die Römer weitläufige Territorien, ohne der ansässigen Bevölkerung eine neue Sprache aufgezwungen zu haben. Die schweizerische Fachliteratur äussert sich bezüglich der Trennung zwischen möglichen fränkischen und alemannischen Namentypen folgendermassen:

ZEHNDER liefert eine Einteilung, die bei den deutschen Namen eine Unschärfe aufweist, indem nur von unterschiedlichen alemannischen Siedlungsphasen gesprochen wird. Auf das Verhältnis zu den Franken geht er nicht ein.[264] Ebenso weicht KULLY dieser Fragestellung in seiner Chronologie aus, indem er einer «sog. fränk.-alem. Landnahmezeit»[265] die Namen des früh- beziehungsweise hoch- und spätmittelalterlichen Landesausbaus folgen lässt, ohne jedoch die einzelnen Grundwörter und Suffixe explizit einer Zeitstufe zuzuteilen.[266] NYFFENEGGER teilt die Namenlandschaft in drei Schichten: Den vorromanischen Namen folgen die römischen beziehungsweise galloromanischen Namen. Die folgende Schicht der alemannischen Namen wird in vier Ausbaustufen eingeteilt. Einer ersten ältesten alemannischen Besiedlung im 5./6. Jahrhundert folgen eine erste, zweite und dritte Ausbaustufe. Auf das Verhältnis zu den Franken geht auch er nicht ein.[267] BOESCHS Annahme, den Einfluss der Franken auf die Namengebung erst dem 8. Jahrhundert zuzuschreiben, bezeichnet einen älteren Forschungsstand, wie ihn unter anderem auch ZINSLI vertritt. Er spricht von einem «alemannisch-deutschen Namenbestand» und übergeht «absichtlich die Frage nach [...] der Einwirkung [...] fränkischer Volks- und Sprachelemente».[268] Zusammenfassend lässt sich also sagen, dass je jünger der Forschungsstand ist, desto unschärfer die Ränder zwischen Franken und Alemannen werden, so dass man sich mit dem Terminus *fränkisch-alemannisch* behilft. Dies führt zur Annahme, dass im Hinblick auf die Besiedlungsgeschichte die «Franken-Frage», also das Verhältnis der Alemannen zu den Franken, auf zwei Ebenen diskutiert werden muss. Einerseits besteht die rechtliche Beziehung zwischen Alemannen und Franken, die durch ein Abhängigkeitsverhältnis charakterisiert ist, andererseits muss trotz der Unterwerfung der Alemannen[269] eine kulturelle Ebene berücksichtigt werden, die es den alemannischstämmigen Bewohnern des Untersuchungsgebiets erlaubte, weiterhin mindestens Teile ihrer Kultur, ihrer Sitten und Gebräuche und damit auch ihre Sprache zu benutzen. Ansonsten hätte sich das Alemannische nicht verbreiten beziehungsweise halten können. Eine Unterscheidung der möglichen Wüstungsnamen in fränkische beziehungsweise alemannische Namen wird im Rahmen der vorliegenden Arbeit nicht geleistet.

Stand und Bedeutung der Theorie

Fürs grundlegende Verständnis der allgemeinen Thematik sind nach wie vor SCHARLAUS Wüstungsmodell[270] und seine weiteren Ausführungen zur Wüstungsforschung[271] sowie ABELS spätmittelalterliche Agrarkrisentheorie zum Wüstlegungsprozess von zentraler Bedeutung.[272] Die Problematik dieser Modelle erweist sich aber im konkreten Bezug zum vorliegenden Datenbestand. Dieser gibt weder Auskunft über die Ausprägung der einstigen Siedlungen, noch können daraus Informationen zum exakten Zeitpunkt der Wüstlegung gewonnen werden. Dies liegt mitunter an der Zusammensetzung der Daten. Einerseits fehlt für den Untersuchungsraum eine genügend grosse Anzahl an verwertbaren schriftlichen Belegen aus der Entstehungszeit. Nur ungefähr 6000 der rund 122 000 schriftlichen Namenbelege des Untersuchungsraums entstammen einer Zeitspanne bis zum Ende des Spätmittelalters. Andererseits setzen die Belegreihen[273] in den allermeisten Fällen erst zu einem Zeitpunkt ein, in dem der Name bereits die Funktion eines Flurnamens angenommen hat. Die Zeit zwischen der Auflassung einer Siedlung und dem Einsetzen der ersten Belege kann mitunter zur Veränderung der Schreibweise des Namens geführt haben. Dies erschwert die Auffindbarkeit innerhalb der Menge der Flurnamen.

Abhilfe schafft ein «Rückgrat» an sprachwissenschaftlichen Nachschlagewerken, bestehend aus der Typologisierung nach SCHUH[274], den von NÜBLING zusammengestellten Namenbildungsmustern[275], die SONDEREGGERS Wortbildungslehre[276] auf die schweizerische, appenzellische Namenlandschaft überträgt, dem IDIOTIKON[277] und dem Kartenmaterial des SDS[278]. Sie liefern eine übergeordnete Darstellung, in welcher Form Wüstungsnamen in die Gegenwart transportiert werden können beziehungsweise wie und wo Namenbildungsmuster im Wortschatz der schweizerischen Mundart überliefert sein können. Hilfreich sind des Weiteren SCHLÄPFERS Beschreibung der Baselbieter Mundart[279]; für das (erweiterte) Untersuchungsgebiet bedeutend ist KULLY.[280]

Die Erkenntnisse über die chronologische Einteilung der Siedlungsnamen entstammen vorwiegend der Archäologie, weil verwertbare schriftliche Quellen oft fehlen.[281] MARTIS archäologische Forschungen sind für das Untersuchungsgebiet schlicht unverzichtbar.[282] Gewisse methodische Vorbehalte bleiben, weil die einzelnen Ergebnisse selten einer auf eine Frage hin angelegten Grabung, sondern Notgrabungen[283] entstammen und grundsätzlich «zunächst ausschliesslich für den einen Ort gültig»[284] sind. Trotzdem: Dank MARTIS Arbeit konnten bereits im Vorfeld dieser Arbeit in acht Fällen möglichen Wüstungsnamen archäologische Funde zugewiesen werden.[285] Weiterhin steht den vielen Funden aber eine ungleich grössere Anzahl möglicher Wüstungsnamen gegenüber, die (noch) nicht mit einem archäologischen «Beweis» versehen werden konnten.

Hingegen muss für (das Untersuchungsgebiet) die allgemein erhoffte Möglichkeit aufgegeben werden, dass eine bestimmte Siedlungs- und Lageform einer bestimmten Namenschicht und somit einer bestimmten Entstehungszeit zugeordnet werden kann. Exemplarisch für diese Unzulänglichkeit steht die *Franken-Frage*. Weder die sprachwissenschaftliche noch die archäologische oder historische Literatur liefern bis heute einen auf das Untersuchungsgebiet adäquat anwendbaren Ansatz zum Verhältnis der Franken und Alemannen. Versuche, im Untersuchungsgebiet aufgrund der Suffixe und Grundwörter einen bestimmten Namentyp den Franken beziehungsweise den Alemannen zuzuordnen, sind bis heute gescheitert.

Die Methode

Mit der sprachwissenschaftlichen Aufarbeitung der Wüstungsnamen wird nördlich des Juras Neuland betreten. Bis heute liegt noch keine wissenschaftliche Arbeit vor, die basierend auf Erkenntnissen aus der Wüstungsnamenforschung die Besiedlungsgeschichte des Landkantons präzisiert. Der vorliegenden Arbeit zum Ziel gesetzt ist die systematische Suche nach allen möglichen Wüstungsnamen im Bezirk Sissach. Die Methode der Suche ist dabei von zentraler Bedeutung, da sie das Resultat entscheidend beeinflussen kann. Aus namenkundlicher Perspektive basiert die heutige Besiedlungsgeschichte auf Ergebnissen der Siedlungsnamenanalyse. Die dabei angewandte Methode, aufgrund der Suffixe und Grundwörter der Namen eine Chronologie der Besiedlung zu erstellen, ist akzeptierter wissenschaftlicher Konsens. So können aus dem Verbreitungsmuster bestimmter Suffixe und Grundwörter Besiedlungszeiträume herausgearbeitet werden. Wichtig dabei ist die diachrone[286] Betrachtung der Entwicklung der Namenschreibungen in sogenannten Belegreihen.

Darunter ist eine chronologische Aneinanderreihung von Einzelnachweisen eines bestimmten Namens aus unterschiedlichen Quellen zu verstehen.

Um die in den mehreren tausend Flurnamen des Bezirks Sissach verborgenen Wüstungsnamen zu finden, wird primär auf die Methode der Aufschlüsselung der Namen nach Bildungsmustern zurückgegriffen.[287] Jeder zwei oder mehrsilbige Name ist nach einem bestimmten Muster zusammengesetzt. Er besteht somit im Erstglied aus einem Bestimmungswort und im Zweitglied aus einem siedlungsindizierenden Grundwort beziehungsweise einem Suffix, also einem sprachlichen Element, das direkt oder auch indirekt auf die Existenz von Menschen beziehungsweise einer Siedlung hinweist. Dabei gibt es eine endliche Möglichkeit der Kombinationen, wie damit Siedlungsnamen gebildet sein können, und nahezu jedes dieser Grundwörter und Suffixe lässt Rückschlüsse auf die Entstehungszeit der mit diesem Namen benannten Siedlung zu.

Entscheidend ist eine möglichst genaue Rückschreibung des jeweiligen Namens zu einer angenommenen Grundform. Auch in der vorliegenden Arbeit wird mit der Suffix- und Grundwortanalyse nach möglichen Wüstungsnamen gesucht. Darüber hinaus finden sich in vielen Flurnamen «versteckte» Wüstungsnamen, die mit diesem Ansatz nicht gefunden werden können. Dies verlangt nach einer zusätzlichen Einzeluntersuchung aller 11 798 Types.[288] Zugleich finden sich Namen, die auf den ersten Blick aufgrund des Bildungsmusters eindeutig als mögliche Wüstungsnamen erscheinen, in einer genaueren Analyse aber als Flurnamen ausscheiden.[289] Zusätzlich zur Betrachtung der Suffixe und Grundwörter kann die Analyse der verwendeten Präpositionen ergänzend helfen, einen Namen als Wüstungs- oder Flurnamen zu bestimmen. Insbesondere bei den mit dem Grundwort -stal gebildeten Namen lässt sich eine signifikante Häufung der Präposition in feststellen, die im Gegensatz zu mit der Präposition im eingeleiteten Namen überwiegend einen Wüstungsnamen anzeigt. Die Belegreihen der Namen Bulsten und Dagersten zeigen beispielsweise diese Merkmale.[290] Allerdings ist Vorsicht geboten. Beispielsweise kann eine jüngere Schreibung Jnn auf einer älteren, ursprünglichen Schreibung Jm beruhen. Verschriebe, Interpretationen oder Erweiterungen sind ebenso wie unterschiedliche Schreibungen des gleichen Namens im gleichen Werk keine Seltenheit.[291] Darüber hinaus erweist sich eine fehlende Orthographie für die überwiegende Zeitspanne der Belegreihen als zusätzliches Problem. Nicht selten ist auch die heutige Aussprache ein wichtiger Indikator. Wie beim Einbezug der Präposition ist auch die Genusangabe für die Suche nach Wüstungsnamen bedeutend. Daher wird bei allen lebendigen Namen die heutige Lautung in einer phonetischen Schrift angegeben.

Die ausschliessliche Berücksichtigung sprachlicher Aspekte ist zu einseitig. In vielen Fällen kann keine eindeutige Entscheidung zu Gunsten oder gegen die Annahme eines Wüstungsnamens gefällt werden. Sei es, dass schriftliche Belege zu wenig aussagekräftig sind beziehungsweise zu wenig Belege vorhanden sind oder dass die Namendeutung einen Interpretationsspielraum zulässt, der sowohl einen Wüstungsnamen als auch einen

Flurnamen zulässt. Aus diesen Gründen werden den Namen aussersprachliche Aspekte gegenübergestellt,[292] es sei denn, dass der Name nicht lokalisierbar ist. In diesem Fall muss aufgrund der sprachlichen Aspekte eine Entscheidung gegen oder zu Gunsten eines Wüstungsnamens formuliert werden. Um diesem Ungleichgewicht entgegenzuwirken, werden zu dieser Beurteilung zwei weitere Abstufungen dazwischen eingeführt. Einem Namen kann daher eine der fünf folgenden Qualitäten zugewiesen werden:

Als *möglicher Wüstungsname*[293] gilt ein Name, wenn sowohl sprachliche wie auch aussersprachliche Aspekte für die Annahme eines Wüstungsnamens sprechen. Insbesondere wenn ein archäologischer Fund vorliegt, der mit der Lage und der historischen Schichtung des Namens in Einklang gebracht werden kann. Als *tendenziell möglicher Wüstungsname*[294] wird ein Name qualifiziert, bei dem die Mehrheit der diskutierten sprachlichen und aussersprachlichen Aspekte dafür spricht, dass ein Wüstungsname vorliegt. Hingegen ist *tendenziell kein möglicher Wüstungsname*[295] als Qualität einem Namen zuzuweisen, wenn die Mehrheit, aber nicht alle der vorliegenden sprachlichen und aussersprachlichen Aspekte gegen einen Wüstungsnamen spricht. Als vierte Qualität muss die Option berücksichtigt werden, dass der vorhandenen Datenlage keine verbindliche Auskunft entnommen werden kann. Diesen Namen wird die Qualität *Unsichere Faktenlage*[296] zugewiesen. Die Qualität *Kein Wüstungsname*[297] liegt vor, wenn die diskutierten Aspekte gegen die Annahme eines möglichen Wüstungsnamens sprechen.

Trotz dieser Stufung kann nicht in jedem Fall am Ende der Diskussion ein eindeutiges Urteil für oder gegen einen Wüstungsnamen gefällt werden. Hingegen wird damit dem Umstand Rechnung getragen, dass eine unterschiedliche Faktenlage jeweils auch unterschiedlich ausgewertet werden kann.

Ein Grundproblem kann jedoch nicht vollständig gelöst werden: Der heterogene Datenbestand hat auf die Qualität der Belegreihe erheblichen Einfluss. Erstens setzen die Belegreihen zu den einzelnen Namen jeweils zu unterschiedlichen Zeitpunkten ein und enden teilweise weit vor der Gegenwart. Selbst wenn einzelne Reihen bereits im 13. Jahrhundert beginnen, so geschieht dies in einer Zeit, in der die Besiedlung des Untersuchungsraums bereits abgeschlossen sein dürfte.[298]

Zweitens muss auch in Kauf genommen werden, dass einzelne Reihen erst zu einem Zeitpunkt einsetzen, als die spätmittelalterliche Wüstungsperiode bereits begonnen hatte oder schon vorbei war. Die Beurteilung, ob ein Wüstungsname vorliegt oder nicht, geschieht also vielfach aus einer Perspektive *post mortem*.

Drittens fehlen im Gebiet der Nordwestschweiz im Allgemeinen ausreichende sprachliche Belege, die in die Besiedlungszeit zurückreichen. Dieses Problem korreliert teilweise mit der Archäologie, wenn MARTI bei der Besprechung der archäologischen Funde aus dem 9. und 10. Jahrhundert von «dark ages»[299] spricht.

Viertens ist jede Belegreihe unterschiedlich, sowohl in Bezug auf die Zeitspanne als auch auf die Belegdichte innerhalb dieses Zeitraums. Dieser Umstand relativiert die Aussagekraft der sprachlichen Aspekte, weil nicht jeder Belegreihe die gleichen Informationen entzogen werden können. Dieses Ungleichgewicht kann zur abschliessenden Urteilsfindung durch den konsequenten Einbezug aussersprachlicher Aspekte ausgeglichen werden, da so die Beurteilungsgrundlage auf unterschiedlichen Erkenntnissen beruht.

Sechs Selektionsschritte zum Wüstungsnamenkorpus

Die Menge des Analysekorpus des Bezirks Sissach umfasst 17 157 Namen (Tokens) bei 11 798 Normalnamen (Types).[300] Aus der Menge aller Types gilt es die Menge der Wüstungsnamen herauszufiltern.

Phase 1:

Mit einer Analysemaske werden in der FLUNA alle für den Bezirk Sissach belegten Flurnamen bearbeitet. Dabei wird nach allen Namen mit einem bestimmten Suffix oder Grundwort gesucht. Dieser erste Filter umfasst die «klassischen» Suffixe und Grundwörter der galloromanischen und fränkisch-alemannischen Besiedlungsphasen. Also die Suffixe *-akos, -ingen und -inghofen sowie die Grundwörter -heim, -dorf, -hof, -hausen, -statt/ stetten/stätten und -wil. Vielfach erscheinen diese Elemente jedoch abgeschwächt, entstellt, gekürzt oder erweitert. Beispielsweise kann das Suffix -inghofen als -igen, -ige, -ike, -iken oder -ikon erscheinen, wobei bei jeder Variante zusätzlich k durch ch oder durch die Konsonantenfolgen ck beziehungsweise ckh ersetzt werden kann. Der Filter muss daher bewusst grobmaschig angesetzt werden. Dies erhöht zwar einerseits die Trefferzahl, andererseits wird auch eine bestimmte Anzahl Namen erfasst, die später wieder ausgeschieden werden müssen. Beispielsweise sind bei der Suche nach Namen mit einem *-akos-Suffix, das mehrheitlich in der Schreibung -ach belegt ist, auch die damit verbundene Schreibungen -acher oder -bach erfasst worden. Trotzdem ist auch die Chance am grössten, bei dieser ersten Auswahl einen Wüstungsnamen zu finden.

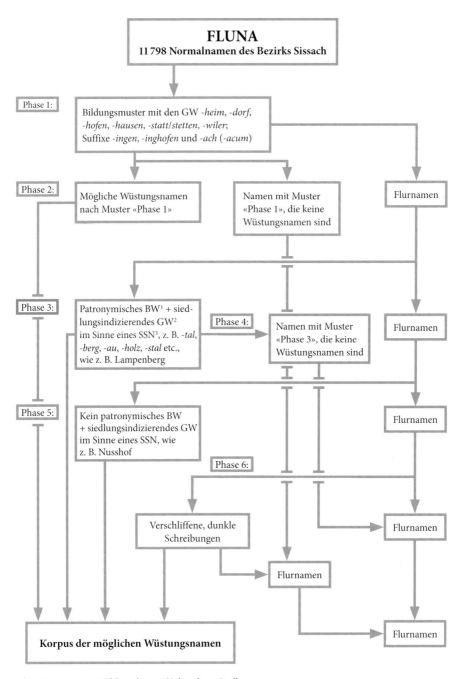

FLUNA
11 798 Normalnamen des Bezirks Sissach

Phase 1:
Bildungsmuster mit den GW *-heim, -dorf,
-hofen, -hausen, -statt/stetten, -wiler*;
Suffixe *-ingen, -inghofen* und *-ach* (*-acum*)

Phase 2:
Mögliche Wüstungsnamen
nach Muster «Phase 1»

Namen mit Muster
«Phase 1», die keine
Wüstungsnamen sind

Flurnamen

Phase 3:
Patronymisches BW[1] + siedlungsindizierendes GW[2]
im Sinne eines SSN[3], z. B. *-tal,
-berg, -au, -holz, -stal* etc.,
wie z. B. Lampenberg

Phase 4:
Namen mit Muster
«Phase 3», die keine
Wüstungsnamen sind

Flurnamen

Phase 5:
Kein patronymisches BW
+ siedlungsindizierendes GW
im Sinne eines SSN, wie
z. B. Nusshof

Flurnamen

Phase 6:
Verschliffene, dunkle
Schreibungen

Flurnamen

Flurnamen

Korpus der möglichen Wüstungsnamen

Flurnamen

[1] Bestimmungswort / [2] Grundwort / [3] Sekundärer Siedlungsname

Abbildung 2: Schematische Darstellung der sechs Selektionsschritte (vereinfacht)

Phase 2:

Alle in der Phase 1 gefundenen Namen werden in Einzelbearbeitung behandelt. Von der Menge der möglichen Wüstungsnamen müssen nun alle Flurnamen getrennt werden. Somit entstehen drei unterschiedlich zusammengesetzte Gruppen:

a) **Die möglichen Wüstungsnamen**, bestehend aus den Namen mit siedlungsindizierenden Suffixen und Grundwörtern, beispielsweise *Wirbligen*, *Leinach* oder *Wärligen*.

b) Die nach dem Bildungsmuster in der Phase 1 gebildeten Namen, die jedoch **keine möglichen Wüstungsnamen** sind, beispielsweise *Schopfheim* oder *Ramsach*.

c) Alle anderen Namen des Bezirks Sissach; in der Grafik unter dem Begriff *Flurnamen* subsumiert.

In der Folge haben alle weiteren Selektionsschritte das Ziel, diejenigen Namen der Gruppe a) zuzufügen, die sich als mögliche Wüstungsnamen herausstellen. Alle Namen, die sich dabei nicht als mögliche Wüstungsnamen erweisen, werden also ausscheiden und jeweils der Gruppe *Flurnamen* zugefügt.

Phase 3:

Die in der Phase 2 in der Gruppe c) *Flurnamen* sich befindenden Namen werden erneut durchsucht. In der Analysemaske wird nach den Merkmalen [patronymisches[301] Bestimmungswort + siedlungsindizierendes Grundwort im Sinne eines sekundären Siedlungsnamens[302]] gesucht. Darunter fallen alle Namen, die mit den Elementen *-au*, *-berg*, *-bühl*, *-egg*, *-holz*, *-ried*, *-stein*, *-stal* und *-tal* gebildet sind. Im Untersuchungsgebiet werden einige Siedlungsnamen nach diesem Muster gebildet, beispielsweise *Rickenbach* oder *Rothenfluh*.

Entsprechend dem Selektionsschritt in der Phase 1 muss auch bei diesem Vorgang berücksichtigt werden, dass oben genannte Grundwörter in entstellter, abgeschwächter, gekürzter oder erweiterter Schreibung belegt sein können. Beispielsweise kann die Schreibung *-stal* als *-sten* erscheinen. Der Filter ist somit erneut bewusst sehr grob. Dieser Selektionsvorgang bringt zwar eine grosse Anzahl Namen, im Gegensatz zur Phase 1 aber eine kleinere Menge an möglichen Wüstungsnamen, da sich ein Grossteil der *-berg-*, *-stein-* und *-tal*-Namen als Makrotoponyme[303] erweisen werden, beispielsweise *Bettenberg* oder *Wöflistein* oder *Metzental*.

Phase 4:

Die in der Phase 3 gewonnenen Namen müssen erneut bearbeitet werden, um die Namen auszuscheiden, die keine möglichen Wüstungsnamen sind. Das sind:

Eindeutig identifizierbare Makrotoponyme, wie zum Beispiel oben genanntes *Bettenberg,* und eindeutig identifizierbare Flurnamen, beispielsweise *Eblissmatt* oder *Allerseg.*

Nach vier Selektionsschritten bestehen drei Gruppen mit unterschiedlichen Namen:

Die **möglichen Wüstungsnamen** werden in der Gruppe a) zusammengefasst. Sie umfasst alle Namen, die einerseits mit den «klassischen» Suffixen und Grundwörtern und andererseits mit dem Bildungsmuster [patronymisches Bestimmungswort + siedlungsindizierendes Grundwort im Sinne eines sekundären Siedlungsnamens] gebildet sind.

Die Gruppe b) umfasst alle Namen, die durch die bisherigen Selektionsschritte als **keine möglichen Wüstungsnamen** bestimmt werden konnten.

Die Gruppe c) setzt sich aus den bis jetzt noch nicht untersuchten Namen zusammen. Sie sind weiterhin unter dem Begriff ***Flurnamen*** zusammengefasst.

Phase 5:

Dieser Selektionsschritt gestaltet sich ungleich komplizierter und aufwendiger. Es besteht das Problem, dass grundsätzlich jeder Flurname zu jeder Zeit zu einem Siedlungsnamen werden kann, wie die Beispiele *Egg* ZH, *Seewen* SO oder *Matt* GL zeigen. Ebenso existieren Siedlungsnamen, die nach dem Bildungsmuster [kein patronymisches Bestimmungswort + siedlungsindizierendes Grundwort im Sinne eines sekundären Siedlungsnamens] gebildet sind, wie beispielsweise *Mühletal* AG. In dieser Phase 5 wird versucht, diese möglichen Wüstungsnamen zu finden. Zu diesem Zweck wird für die noch unter dem Begriff ***Flurnamen*** zusammengefassten Namen eine neue Analysemaske erstellt. Gesucht wird nach Namen mit dem Bildungsmuster [kein patronymisches Bestimmungswort + siedlungsindizierendes Grundwort im Sinne eines sekundären Siedlungsnamens]. Auch dieser Filter wird sich als zu grob erweisen. Namenbildungen wie beispielsweise *Grossholz, Murenegg* oder *Eital* werden miterfasst, jedoch kann ausschliesslich aufgrund des Namenbildungsmusters in diesen Fällen nicht restlos geklärt werden kann, ob ein Wüstungsname vorliegt oder nicht. Daher muss jeder Name einzeln geprüft und müssen zusätzliche aussersprachliche Informationen miteinbezogen werden. Bei diesem Schritt sind nur wenige mögliche Wüstungsnamen zu erwarten. Werden die heutigen Siedlungsnamen als Vergleich hinzugezogen, so fällt im Bezirk Sissach auf, dass nur wenige Namen mit dem Bildungsmuster [kein patronymisches Bestimmungswort + siedlungsindizierendes Grundwort im Sinne eines sekundären Siedlungsnamens] gebildet sind. Ähnliche Verhältnisse weisen die anderen Bezirke des Kantons Basel-Landschaft auf. Somit ist zu erwarten, dass sich dieses Verhältnis auch in der Menge der möglichen Wüstungsnamen abbildet.

Vor der letzten, sechsten Phase bestehen noch drei Gruppen mit unterschiedlichen Namen: Die Gruppe a) fasst alle **möglichen Wüstungsnamen** zusammen, und die Gruppe b) enthält alle Namen, die in den Phasen 2, 4 und 5 als **keine möglichen Wüstungsnamen** haben bestimmt werden können. Sie werden in der Grafik nicht mehr als eigene Gruppe aufgeführt und fallen am Schluss wieder der übrig bleibenden Menge an Namen zu, die unter den Begriff *Flurnamen* zusammengefasst sind.

Die Gruppe c) besteht aus allen bis jetzt noch nicht behandelten Namen der Datenbank FLUNA, zusammengefasst unter dem Begriff *Flurnamen*.

Phase 6:

In aufwendiger Einzelbearbeitung werden alle restlichen Namen der Gruppe c) untersucht. Die Schwierigkeit besteht darin, dass in der Datenbank die Namen jeweils in ihrer jüngsten Schreibform abgebildet sind. Längst nicht alle überlieferten Namen zeigen im jüngsten Beleg aber ein neuhochdeutsches Schriftbild, sondern auch eigenwillige, verschliffene Schreibungen. Bei rezenten Namen ist die Analyse der gesprochenen Form vielfach hilfreich. Beispielsweise zeigt die mundartliche Aussprache des Siedlungsnamens *Wisen* SO [wīsə], dass kein Bezug zu nhd. *Wiese* ‹Wiese, Grasland› besteht, da in der örtlichen Mundart für nhd. Wiese *Matte* [matə] gesprochen wird.[304]

Bei abgegangenen Namen fehlt diese gesprochene Form. Trotzdem sind diese historischen Schreibungen nicht frei von Einflüssen aus der gesprochenen Form der damaligen Mundart beziehungsweise der Mundart des Schreibers. Ohne Konsultation der Belegreihe – sofern eine solche vorliegt – können diese Namen nicht an ein bekanntes Mundartwort, Grundwort oder Suffix angeschlossen werden. Ebenso tragen sprachliche Phänomene wie Hyperkorrektur, beispielsweise im Wandel *Gelterkingen*[305] zu *Gelterkinden,* oder Metathese[306], beispielsweise im Wandel *totken*[307] zu *Dockhten*[308] zu Schreibungen bei, die nur in einem Einzelbearbeitungsverfahren gefunden werden können. Diese Schreibungen können nicht mit einem bestimmten Raster erfasst werden, da sie keine gemeinsamen Merkmale aufweisen. Trotzdem kann nicht ausgeschlossen werden, dass ein Wüstungsname vorliegt. Gerade weil die Bedeutung dieses einstigen Siedlungsnamens verloren gegangen ist, besteht die Möglichkeit, dass Verschriebe und Neumotivierungen nur noch einzelne Bestandteile des einstigen Namens in den Flurnamen transportiert haben.[309] Ebenso berücksichtigt werden muss, dass ein Bestandteil eines einstigen Siedlungsnamens nicht nur im Grundwort, sondern auch im Bestimmungswort enthalten sein kann.[310] Beispielsweise kann im Namen *Wilimatt* das Bildungsmuster [siedlungsindizierendes Element *wil* ‹Weiler› + *matt* ‹Matte, Grasland›] angenommen werden. Dies hat zur Konsequenz, dass bei sämtlichen übrigen Namen auch das Bestimmungswort nach siedlungsindizierenden Bestandteilen untersucht werden muss.

Dem Namenkorpus werden abschliessend jene Namen zugefügt, die möglicherweise mit einem Wüstungsnamen in Verbindung gebracht werden können. Diese Selektion basiert auf einer diachronen Betrachtung der Belegreihe eines jeden Namens. Zu erwarten sind überhaupt nur wenige Namen, einzelne davon dürften als Wüstungsname in Frage kommen. Somit wurden alle in der Datenbank FLUNA vorhandenen Namen des Bezirks Sissach geprüft. Erstellt wurde ein vorläufiges **Korpus der möglichen Wüstungsnamen**. Alle die darin enthaltenen Namen werden im Teil II analysiert, ob sie als Wüstungsname in Frage kommen oder als Flurnamen ausscheiden werden. Die unter dem ganz unten rechts in der Grafik zusammengefassten Begriff ***Flurnamen*** sind für den weiteren Verlauf dieser Arbeit nicht mehr von Bedeutung.

Die heterogene Zusammenstellung dieses Korpus ist Stärke und Schwäche zugleich. Einerseits ist das Korpus umfangreich und wird dem Anspruch nach grösstmöglicher Vollständigkeit gerecht. Andererseits ist die Heterogenität aber für die spätere Gegenüberstellung mit aussersprachlichen Parametern[311] eine Herausforderung.

Der interdisziplinäre Ansatz – der Bezug zur aussersprachlichen Realität

Nach sprachlich-formalen Kriterien können alle Namen des Untersuchungskorpus Wüstungsnamen sein. Wüstungsnamen sind Reliktnamen, die in Flurnamen in die Gegenwart transportiert worden sind. Dabei ergeben sich zwei Gruppen: Nicht lokalisierbare Namen, die nur aufgrund der Sprache beurteilt, und lokalisierbare Namen, die mit aussersprachlichen Ergebnissen verglichen werden können.

Bei den lokalisierbaren Namen stellt sich die Frage nach der Gewichtung der Kriterien. Der namenkundliche Fokus der Arbeit könnte ein Grund sein, sprachliche Aspekte in den Vordergrund zu heben. Allerdings bietet sich eine stärkere Gewichtung nicht an. Nicht in jedem Fall ist die Belegreihe so aufschlussreich, dass der Name sprachlich aufbereitet und ein Bezug zu einer Wüstung als sicher oder ausgeschlossen angenommen werden kann. Daher bietet sich eine Arbeitsweise an, die aussersprachliche Informationen mit in die Beurteilung einbezieht. Dieser interdisziplinäre Ansatz bietet also die Chance, dass Ergebnisse aus den Disziplinen Archäologie, Geographie und Hydrologie[312] sowie Geschichte zusätzlich zu den sprachwissenschaftlichen Aspekten ausgewertet werden können. Als Mittel dafür wird auf die Methode der Realprobe zurückgegriffen. Dabei wird bei einer Begehung im Gelände die oberflächliche Beschaffenheit der jeweiligen Flur untersucht, deren Name auf eine mögliche Wüstung verweist. Nur in den wenigsten Fällen ist aber ein konkreter Bezug zur einstigen Siedlung ersichtlich, beispielsweise wenn noch Grabhügel bestehen oder die Oberfläche Reste von Mauerverläufen im Relief abbildet. In den meisten Fällen können allenfalls in der Erde verborgene archäologische Funde zur Klärung herangezogen werden. Nicht unerheblich ist auch die Bodenbeschaffenheit einer Flur. «Die Zusammensetzung und Qualität der Böden war ein wesentlicher Standortfaktor bei der Wahl der Siedlungsplätze, da die Landnutzung zur eigenen Versorgung bis in die frühe Neuzeit wirtschaftlich im Vordergrund stand.»[313] So weit möglich werden daher Informationen zur Bodenbeschaffenheit in die Beurteilung miteinbezogen. Nicht zuletzt können historische Dokumente existieren, die nicht als primäre namenkundliche Quellen behandelt wurden, die über die Existenz einer Siedlung an einem bestimmten Ort Auskunft geben können. Die Frage nach der Gewichtung stellt sich ebenso bei den aussersprachlichen Parametern. Daraus ergibt sich:

Am stärksten zu gewichten sind archäologische Funde. Auch wenn für das Untersuchungsgebiet keine vollständig ausgegrabenen Siedlungen vorliegen, so liefern die Fragmente doch entscheidende Hinweise. Jedoch ist die Qualität der Funde entscheidend. Lesefunde sind grundsätzlich weniger stark zu gewichten als Funde von Mauern, Pfostenlöchern oder Gräbern. Letztere weisen deutlich auf einstige Besiedlungsspuren hin. Schwieriger zu gewichten sind hydrogeologische Parameter und Aspekte der Bodenbeschaffenheit. Einerseits ist ein ausreichendes Wasservorkommen bedingende Lebensgrundlage, andererseits muss der die Siedlung umgebende Boden genügend ertragreich sein, um die sich ansiedelnden Menschen ernähren zu können. Diese abstrakte Formel greift jedoch viel zu kurz. Im

Einzelfall sind die Beziehungen der jeweiligen Faktoren zueinander vielschichtiger und voneinander nur schwer zu trennen. Dies bedingt, dass die Aspekte *Wasservorkommen* und *Bodenbeschaffenheit* gleichwertig zu behandeln sind. Darüber hinaus können im Einzelfall auch anthropogene Faktoren alle naturräumlichen Faktoren beeinflussen oder in ihrer Bedeutung gar überlagern, beispielsweise dann, wenn strategische Überlegungen bei der Platzwahl die entscheidende Rolle spielen. Dies könnte möglicherweise für heutige Siedlungen in weniger günstigen, höherliegenden Teilen des (karstigen) Faltenjuras gelten.[314] Die geringste Bedeutung kommt historischen Aspekten zu, die nicht aus der Belegreihe gewonnen werden können, da sie als weiteres sprachbasiertes Quellenmaterial auch nur in geringem Masse berücksichtigt werden konnten.

Über die Daten – der Aufbau der Datenbank FLUNA

Die Deutung eines Namens ist das erfolgreiche Ende eines mehrstufigen Prozesses, der einst mit der Datenerhebung begann und entscheidend durch die Verarbeitung geprägt wird. Integraler Bestandteil ist das Anlegen von Belegreihen. Sie zeigen alle relevanten Namenschreibungen, mögliche Varianten und Veränderungen in der Lautung in einer chronologischen Abfolge auf. Aus der Rückschreibung der ältesten Belege kann eine mögliche Grundform erschlossen werden, die zur historischen Einordnung der Namen wichtige Informationen erbringt. Diese Arbeitsschritte wurden in der Datenbank FLUNA, dem gemeinsamen Arbeitsinstrument der Namenforschungsstellen Basel-Landschaft, Basel-Stadt, Bern und Solothurn geleistet. Die Datenbank besteht in ihren Hauptzügen aus sechs Ebenen. Auf einer ersten Ebene sind alle Quellen erfasst, aus denen Bezugsdatensätze generiert worden sind. Dies sind zum grössten Teil Primärquellen, die Sekundärliteratur nimmt einen weit kleineren Teil ein. Die den Quellen entnommenen Bezugsdatensätze werden auf einer weiteren Ebene, der Kontextebene, gesammelt. Sie werden mit dem jeweiligen Belegdatum und der Gemeindezugehörigkeit versehen. Damit können die Kontexte für jede einzelne Gemeinde des Untersuchungsgebiets sortiert und die Belege chronologisch gereiht werden. Dabei sind die einzelnen Namen (Siedlungsnamen, Flurnamen, Strassennamen, etc.) nach Möglichkeit alle in einen sprachlichen Kontext eingebunden, der für die nächste Ebene, die Belegebene, aufbereitet wird. Um einen Beleg für eine Belegreihe eines Namens zu generieren, wird der weit gefasste Kontext so weit eingekürzt, dass der interessierende Name im Zentrum steht. Gegebenenfalls umfasst der Beleg zusätzliche Informationen über Besitzer, Anstösser, die Lage und andere Faktoren, die helfen können, den Namen genauer zu verorten. Dies ist dann notwendig, wenn innerhalb eines bestimmten Gebiets mehrere gleichlautende Namen belegt sind, die jedoch an unterschiedlichen Orten liegen. Klärung liefert die fünfte Ebene, die Locus-Ebene. Hier erscheinen die einzelnen Belege in historisch-chronologischen Belegreihen, die zur Erklärung und Deutung einem Lemma zugeordnet werden. Rezente Flurnamen werden nach den Angaben von Gewährspersonen verortet. Das heisst, sie werden mit einer Koordinatenangabe und einer Geländebeschreibung versehen. Abgegangene Namen werden aufgrund von Informationen aus dem Kontext zu lokalisieren versucht. Nicht in jedem Fall sind die vorhandenen Daten genügend aufschlussreich. Ein Grossteil der Namen – und damit einige Wüstungsnamen eingeschlossen – können nicht präzise in der Landschaft verortet werden. Das Forschungsprojekt des Kantons Basel-Landschaft orientiert sich am Territorialprinzip. Das heisst, dass die Namen jeweils nach Gemeinden sortiert und behandelt werden. Dies ist für die vorliegende Arbeit insofern wichtig, als so abgegangene Wüstungsnamen mindestens einer bestimmten Gemeinde zugeteilt werden, sofern sie nicht noch genauer lokalisierbar sind.

Die Lemma-Ebene vervollständigt mit der Schlagwort-Erläuterung die anderen Ebenen. Sie ist für die vorliegende Arbeit jedoch nicht relevant und wird nicht weiter vertieft dargestellt. In der vorliegenden Arbeit werden vorwiegend die Daten der Locus-Ebene verarbeitet. Diese umfasst eine Datenmenge von insgesamt 222 559 Loci für die Kantone Basel-Stadt, Basel-Landschaft, Solothurn und Bern. Dabei fallen 62 930 Loci auf den Kanton Baselland und davon 17 157 Loci auf den Bezirk Sissach, der sowohl in Bezug auf die Fläche als auch die Datenmenge den grössten Bezirk des Kantons darstellt.[315]

Quantitätsprobleme

In der folgenden Einzelnamendiskussion wird jeweils angegeben, wie oft ein bestimmter Name belegt ist. Die Häufigkeit der Nennung über eine bestimmte Zeitspanne steht in Zusammenhang mit der Namenkontinuität, die für den einzelnen Wüstungsnamen von Bedeutung ist.[316] Die Qualität der Quantität steigt in der diachronen Betrachtung mit der Ausdehnung der Zeitspanne, in der die Belege eines bestimmten Namens vorkommen.

In der diachronen Betrachtung steigt die Qualität der Belegreihe mit der Anzahl Belege mit unterschiedlicher Datierung. Je weiter ein Name zu seinem Ursprung zurückverfolgt werden kann, desto präziser kann er (als Wüstungsname) identifiziert und gedeutet werden.

Für die Datenmenge der Datenbank FLUNA muss einschränkend festgehalten werden: Die zu bearbeitende Anzahl an Quellen übersteigt die
finanziellen und personellen Ressourcen, die notwendig wären, um in
der vorgegebenen Zeit eine vollständige Bearbeitung zu garantieren. Dies
führte bei der Quellenexzerption dazu, dass pro Quelle ein Name, der
mehrmals Erwähnung findet, maximal dreimal aufgenommen worden ist.
Dadurch konnten zwar mehr Quellen aufgenommen werden, jedoch
wurde darauf verzichtet, die quantitative Nennung der Namen korrekt
abzubilden. Dies relativiert die Aussagekraft über die Häufigkeit eines
einzelnen Namens, was die vorliegende Arbeit jedoch nicht weiter tangiert.
Es ist ausreichend, dass der jeweilige Name pro bestimmte Zeiteinheit einmal belegt ist. Allerdings reicht auch diese Einschränkung nicht, um alle
zur Verfügung stehenden Quellen auszuziehen. Dies kann in der Datenbank dazu führen, dass Namen ab dem 19. Jahrhundert weniger stark belegt sind, unter Umständen verbunden mit der Konsequenz, dass die Zeit-
achse eines Namens nicht bis in seine jüngste Zeit abgebildet werden
kann.[317] Dem Namen kann aber mehr Gewicht beigemessen werden, wenn
er in möglichst kleinen Zeitabständen wiederkehrend erscheint. Zudem
sind Mehrfachnennungen innerhalb einer Quelle meist eine Konsequenz
aus der Nutzung und der Grösse der Flur. Daraus ergibt sich eine Abfolge
von Verknüpfungen:

1. Je grösser die Ausdehnung einer Flur ist, desto grösser ist die Wahr-
    scheinlichkeit, dass sie auf mehrere Träger aufgeteilt worden ist.[318]
2. Je mehr Träger Rechte und Pflichte an einer Flur haben, desto mehr
    Belege sind zu diesem Flurnamen zu erwarten.
3. Je weiter ein möglicher (Wüstungs-)Name zurückgeführt werden
    kann, desto präzisere Aussagen zur ursprünglichen Grundform kön-
    nen den Schreibungen entnommen werden.[319]

Diese Folgerungen beruhen auf dem gesichteten Umfang der bekannten
und zugänglichen Quellen. Auffällig ist jedoch das Fehlen besonders alter
Quellen. Für das Untersuchungsgebiet liegt ein einziger Nachweis aus dem
11. Jahrhundert vor, ältere Belege fehlen ganz. Es ist daher anzunehmen,
dass eine nicht näher bezifferbare Menge an historischen Quellen im Laufe
der Zeit verloren gegangen ist. Die Ursachen dafür sind vielfältig. Beispielsweise markiert das Erdbeben von Basel im Jahr 1356 und der damit verbundene Stadtbrand eine Zäsur in der Stadtgeschichte, bei der viele Dokumente
ein Raub der Flammen geworden sein dürften.

Qualitätsprobleme

Die Zusammenstellung der Quellen in der Datenbank ist sehr heterogen. Dies liegt vor allem daran, dass der Fokus vorwiegend darauf gelegt wurde, die ältesten Schriftstücke zu bearbeiten. Diese Priorisierung hatte zur Folge, dass jüngere Quellen ab dem 19. Jahrhundert vermehrt zurückgestellt werden mussten. Da bereits im vorangehenden Kapitel ausgeführt worden ist, dass für die Namendeutung die ältesten Belege weitaus bedeutender sind als jüngere Quellen, darf diese Einschränkung in Kauf genommen werden. Bei der Datenaufnahme wurde auf eine Unterscheidung zwischen *Original*, *Vidimus* und *Copia* verzichtet.[320] Nicht zuletzt musste diese Quellenkritik ausbleiben, da in vielen Fällen eine genaue Bestimmung nicht möglich war. Dieser Umstand dürfte jedoch ohne bedeutende Auswirkungen auf die Arbeit mit Wüstungsnamen bleiben. Abschriften und Kopien sind wie Originale in gleichem Masse anfällig für Verschriebe des Namens, was die Namendeutung massiv erschweren kann. Auf weitere Diskussionen qualitativer Merkmale einer Quelle kann verzichtet werden, da dadurch die Bestimmung eines Wüstungsnamens nicht beeinflusst wird. Die konsequente Arbeit am Original oder dem davon erstellten Mikrofilm garantiert die präzise Transkription der Namen.

Eingrenzungen im Untersuchungsgebiet

Bevor zum Kern der Analyse, der eigentlichen Diskussion der möglichen Wüstungsnamen vorgestossen werden kann, muss zuerst das Untersuchungsgebiet räumlich und zeitlich näher eingegrenzt werden. Insbesondere wird zwischen dem Untersuchungsgebiet und einem erweiterten Untersuchungsgebiet unterschieden. Während Ersteres den Bezirk Sissach umfasst, erstreckt sich der zweite Raum über das deutschsprachige Gebiet der Schweiz zwischen Aare und Rhein. Diese Unterteilung ist nötig, weil der Bezirks Sissach auf modernen politischen Grenzen beruht und in sich relativ klein ist. Die Grenzen richten sich nicht nach sprachlichen Differenzierungen und das zur Verfügung stehende Datenmaterial kann in Einzelfällen nicht ausreichen, um die Frage nach einem Wüstungsnamen abschliessend zu beantworten. In diesen Fällen ist es sinnvoll, Daten aus dem erweiterten Sprachraum als Vergleichsbasis zu konsultieren. Weitere Beispiele aus der ganzen Deutschschweiz ergänzen die Namendiskussionen situativ.

Das Untersuchungsgebiet war seit dem Altpaläolithikum besiedelt. Der älteste archäologische Fund im Kantons Basel-Landschaft, ein Faustkeil, stammt aus Pratteln und dürfte zwischen 120 000 und 300 000 Jahre alt sein.[321] Für den oberen Kantonsteil sind Levallois-Abschläge aus dem Bärenloch bei Tecknau respektive Wenslingen belegt, die zwischen 150 000 und 200 000 Jahre alt sein dürften.[322] Auch Silexabsplisse auf der Sissacher Flue[323] und mesolithische Fundstellen in Rümlingen, Oltingen und Läufelfingen[324] zeugen von früher menschlicher Anwesenheit. Hingegen sind uns keine verwertbaren sprachlichen Quellen aus dieser Zeit überliefert. Die Sprache dieser ersten Besiedler ist uns unbekannt. Im Hinblick auf die Kernaufgabe dieser Arbeit, die Ausarbeitung eines Beitrages zur sprachlichen Analyse von Wüstungsnamen zur Präzisierung der Besiedlungsgeschichte, können nur sprachliche Elemente zum Untersuchungsgegenstand werden. Der Zeitraum einer ersten Besiedlung wird daher ausgeklammert. Älteste, noch in Stein gehauene schriftliche Überlieferungen sind in lateinischer Sprache abgefasst und stammen aus der römischen Zeit. Auf Pergament oder Papier hinterlassene Schriftstücke datieren für den Bezirk Sissach frühestens ins 11. Jahrhundert.[325] Sie sind teils in deutscher, teils in lateinischer Sprache abgefasst. Damit ist aber nur deren Entstehungszeitraum bestimmt. Sie können Namen enthalten, die Elemente einer älteren Sprache enthalten, beispielsweise des Keltischen. Im erweiterten Untersuchungsgebiet finden sich die beiden Siedlungsnamen *Magden* AG und *Titterten* BL, die mit einem keltischen -*dunum*-Grundwort gebildet worden sind, sowie die Gewässernamen *Rhein*, der auf keltisches *renos zurückzuführen ist, und die für das Untersuchungsgebiet wichtige *Ergolz*.[326] Sprachliche Elemente der Kelten wurden von den Römern lateinisiert und bilden die älteste fassbare Sprachschicht. Sie werden im Begriff des Galloromanischen[327] zusammengefasst. Der Untersuchungszeitraum setzt daher mit möglichen Wüstungsnamen ein, die sich auf einen galloromanischen Zeitraum beziehen. Das Ende des Untersuchungszeitraums wird mit dem beginnenden 17. Jahrhundert festgelegt. Einerseits ist damit die «zentrale Phase»[328] der spätmittelalterlichen Wüstungsperioden zwischen dem 13. und 16. Jahrhundert vollumfänglich eingeschlossen.[329] Andererseits datiert die jüngste Ersterwähnung eines Siedlungsnamens – Nusshof – erst in die ersten Jahre des 16. Jahrhunderts.[330] Aufgrund der Urkundenlage ist damit zu rechnen, dass im Untersuchungsgebiet bis in diese Zeit noch Siedlungsgründungen erfolgten. Somit ergeben sich zwei Siedlungsepochen. Eine vordeutsche, von einer vorwiegend römischen Kulturschicht beeinflusste Besiedlung, die chronologisch deutlich abgetrennt wird von einer folgenden germanischstämmigen Besiedlung, in die die meisten Siedlungsgründungen und -auflassungen fallen. Da für keine der Wüstungen eine Gründungsurkunde und in den seltensten Fällen ein Hinweis vorliegt, der auf das Ende der Siedlung schliessen lässt, muss auf die Festlegung einer «Lebensdauer» einer Siedlung verzichtet werden.

Um vorwiegend diejenigen Daten aus der Datenbank FLUNA[331] zu verwenden, die der Verfasser auch selbst bearbeitet hat, fokussiert sich der räumliche Untersuchungsraum auf den Bezirk Sissach des Kantons Basel-Landschaft.[332] Die Datenbank bietet mit über 11 500 unterschiedlichen Namen das grösste heute zugängliche Namenkorpus für den Untersuchungsraum. Eine Ausdehnung des Untersuchungsraums wäre zwar durchaus wünschenswert gewesen, wäre aber mit einem erheblichen zeitlichen Mehraufwand verbunden gewesen, da viele Quellen zuerst transkribiert und eingearbeitet beziehungsweise die vorhandenen Daten der angrenzenden Bezirke auf die Fragestellung hin hätten umgearbeitet werden müssen. Der Bezirk Sissach ist mit rund 14 100 ha der grösste der fünf Baselbieter Bezirke. Er umfasst die Gemeinden Anwil, Böckten, Buckten, Buus, Diepflingen, Gelterkinden, Häfelfingen, Itingen, Känerkinden, Kilchberg, Läufelfingen, Maisprach, Nusshof, Oltingen, Ormalingen, Rickenbach, Rothenfluh, Rümlingen, Rünenberg, Sissach, Tecknau, Tenniken, Thürnen, Wenslingen, Wintersingen, Wittinsburg, Zeglingen und Zunzgen. Mit 1093 ha ist Rothenfluh die flächenmässig grösste und Diepflingen mit 144 ha die kleinste Gemeinde. Mit 1286 Namen konnten am meisten Namen der Gemeinde Sissach zugewiesen werden, während Känerkinden mit nur 255 Namen den geringsten Namenbestand aufweist.

Abbildung 3: Bezirk Sissach, Kanton Basel-Landschaft[333]

Die Beschränkung auf den Bezirk Sissach birgt das Problem, dass diese neu-zeitliche Grenzziehung den weitaus umfangreicheren römischen und früh-mittelalterlichen territorialen Verhältnissen und Verwaltungseinheiten nicht gerecht wird. Bis heute konnte mit der vorliegenden Arbeit erst dieser eine Bezirk flächendeckend und systematisch auf mögliche Wüstungs-namen untersucht werden. Für andere Bezirke des Kantons Basel-Landschaft sind solche Auswertungen erst bedingt möglich.[334]

Untersucht werden nur Namen, deren Bildungsmuster auf einen mög-lichen Siedlungsnamen hinweist. Namen, die auf einzelne Bauten hinwei-sen, wie beispielsweise Mühlen, Scheunen, Schleifen oder Knochenstamp-fen und andere Ökonomiegebäude, werden ausgeschlossen.[335] Ebenso wenig Gegenstand der Untersuchung sind Namen von Burgen, Ruinen und abge-gangenen Sakralbauten.[336] Aus Namen von Ökonomiegebäuden können in der Regel keine Rückschlüsse auf die Entstehungszeit der Siedlung gewon-nen werden. Eine Benennung erfolgte gewöhnlich erst bei Bedarf zur sprachlichen Unterscheidung. Dies setzt jedoch bereits eine erfolgreiche Etablierung der Siedlung und einen Bezug zu weiteren, gleichen oder ähn-lichen Einrichtungen voraus.[337] Somit müssten diese Namen jüngeren Datums sein. Ähnlich verhält es sich mit den Burg- und Ruinennamen des Unter-suchungsgebiets, da sie keine sprachwissenschaftlich verwertbaren Hinweise auf die Besiedlungszeit enthalten. Namen von Sakralbauten, vor allem die Patrozinien, bergen ein Potential zur Klärung von siedlungsgeschichtlichen Fragen. Für das 7. Jahrhundert ist eine «eigentliche Gründungswelle von Kirchen in ländlichen Regionen festzustellen.»[338] Allerdings zeigt das Bei-spiel von Buus exemplarisch, dass aufgrund des Namens keine verbindli-chen Rückschlüsse gezogen werden können. Die heutige Michaelskirche steht auf dem Fundament eines viel älteren Gebäudes[339], über dessen Name kein Zeugnis vorhanden ist. Spätestens mit der Reformation erfuhr das Untersuchungsgebiet eine Zäsur. Um sprachwissenschaftlich relevante Hin-weise zur Besiedlungsgeschichte zu gewinnen, müsste die Patroziniumsge-schichte erst gründlich aufgearbeitet werden, so dass darauf verzichtet wer-den musste.

Ebenso schwierig gestaltet sich der Ausblick in die benachbarten Kan-tone Aargau und Solothurn. Für das nördliche Fricktal sind einzelne Pu-blikationen zu Orts- und Flurnamen vorhanden, die jedoch in Bezug auf Korpus und methodische Datenerhebung mit Vorbehalten behaftet sind. Weitere und überkommunale Forschungsarbeiten stehen noch aus. Die angrenzenden Solothurner Gemeinden Kienberg, Lostorf, Erlinsbach, Rohr, Wisen, Hauenstein-Ifenthal und Trimbach verfügen in der Datenbank FLUNA über ein Namenkorpus.[340] Eine Ausweitung des Untersuchungsgebiets kann somit nur punktuell erfolgen. Insbesondere für die älteste greifbare Namenschicht ist sie aber zwingend. Erste keltische Einflüsse auf die Region lassen sich ohne Einbezug des Raums Basel-Stadt nicht verstehen.[341] Gleiches gilt auch für die römische Zeit mit *Augusta Raurica*, dem heutigen Augst beziehungsweise Kaiseraugst, als wichtige Provinzstadt. Nur so ist der Bezirk Sissach als damaliges Hinterland zu verstehen. Ausserdem liegen mit Liestal-Munzach und Lausen-Bettenach zwei bedeutende römische Ausgrabungsstätten in unmittelbarer Nähe der heutigen Bezirksgrenze.

Teil II: Analyse

Gliederung und Aufbau der Einzelnamenartikel

Für die Gliederung der zu diskutierenden Namen bieten sich mehrere Optionen mit unterschiedlichen Vorteilen an. In der einschlägigen Fachliteratur werden die Namentypen unterschiedlich getrennt beziehungsweise zusammengefasst. Chronologische, aber auch thematisch orientierte Ordnungen, beispielsweise nach sprachlichen, archäologischen oder historischen Gesichtspunkten, sind bei dieser interdisziplinären Arbeit in Betracht zu ziehen.

Es wurde versucht, die Typen der möglichen Wüstungsnamen sprachwissenschaftlich-chronologisch zu ordnen, soweit dies der aktuelle Wissensstand zulässt. Dabei werden drei Schichten unterschieden, deren Abfolge innerhalb des deutschen Sprachraums aber nicht an allen Orten zur selben Zeit so verlaufen sein muss:[342]

1. Vordeutsche Namen, die vor dem 5./6. Jahrhundert entstanden sind: Diese Gruppe umfasst die Namen mit dem Suffix *-akos.
2. Die Namen der Landnahmezeit aus dem Zeitraum des 5. bis 7. Jahrhunderts: Der Beginn der Landnahme ist umstritten und regional unterschiedlich. Eine erste alemannische Präsenz kann für die Nordschweiz ins 5. Jahrhundert datiert werden.[343] Die Landnahmezeit dürfte in der Nordwestschweiz jedoch erst im 6. Jahrhundert im Zug der Eroberung der alemannischen Gebiete durch die Franken eingesetzt haben.[344] Diese Gruppe umfasst die Namen mit einem -ingen-Suffix. Moderne Literatur subsumiert ebenso die Namen mit einem Grundwort -dorf darunter.[345] BICKEL hingegen datiert die -dorf-Namen des Kantons Basel-Landschaft erst in die Zeit des frühmittelalterlichen Landesausbaus.[346]
3. Die Namen der Landesausbauzeit, die sich über die Zeitspanne vom 6. bis ins 14./15. Jahrhundert erstreckt: In der Forschung wird diese Gruppe in drei Untergruppen unterteilt. Eine Gruppe des ersten (frühmittelalterlichen) Landesausbaus (6. bis 8. Jahrhundert) umfasst die Namen, die auf -inghofen, -hofen, -dorf und -statt/-stetten enden. Eine zweite Gruppe, die des hochmittelalterlichen Landesausbaus (8. bis 11. Jahrhundert), umfasst die Gruppe der -wil-Namen, und die dritte Gruppe schliesst die Namen des spätmittelalterlichen Landesausbaus ein.[347] Darin eingeschlossen sind im Kanton Basel-Landschaft die Namen, die auf -berg/-burg, -tal, -stein oder -brunn enden, ebenso der im Untersuchungsgebiet belegte Siedlungsname Rothenfluh.
   Unklar ist die (präzise) Einordnung der -stal-Namen. Möglicherweise sind sie den Namen der Landesausbauzeit zuzuschreiben.

In der Folge werden diese drei Schichten in vordeutsche und deutsche Namen unterteilt, wobei vordeutsche Namen aus denjenigen der ersten galloromanisch-spätantiken Schicht bestehen und deutsche Namen die fränkisch-alemannische Landnahme- und Landesausbauzeit umfassen. Innerhalb dieser zwei grossen Namengruppen werden vierzehn Grundwörter und Suffixe herausgearbeitet, denen die einzelnen Namen zugeteilt werden. Für die Zuordnung der Namen sind die historischen Schreibungen ebenso massgebend, da heutige Schreibungen verschliffen oder entstellt erscheinen können. Innerhalb einer Belegreihe müssen daher immer alle Schreibungen betrachtet werden. Und trotzdem kann eine eindeutige Zuordnung zuweilen ausbleiben, weil die Beleglage mehrere Schlussfolgerungen zulässt. Dies kann insbesondere bei der Zuordnung der *-ingen*- beziehungsweise *-inghofen*-Namen geschehen. Innerhalb einer Gruppe werden die Namen alphabetisch geordnet. Abschliessend bildet eine kartographische Übersicht so weit als möglich die exakte Lage und die jeweilige Qualität[348] des einzelnen Namens ab.

Die Einzelnamenartikel sind schematisch aufgebaut. Im Titel steht der mögliche Wüstungsname in der jüngsten belegten Schreibung. Auf der gleichen Zeile folgt bei lebendigen Namen die heutige Aussprache in phonetischer Schrift. Die Phonetik kann wichtige Hinweise zur Namendeutung liefern.[349] Es folgen im Telegrammstil Angaben zu Gemeindezugehörigkeit[350], Zeitspanne, in der der Name belegt ist, Anzahl der Namenbelege und Lokalisierbarkeit. Beispielsweise:

Einach [ǽynaχ]
Maisprach/Wintersingen, 1277 – heute, 100 Belege, lokalisierbar

Fehlende Angaben sind mit einem Gedankenstrich vermerkt, nicht belegte Schreibformen sind mit einem * gekennzeichnet. Beispielsweise:

*Grunach
Sissach, –, –, nicht lokalisierbar

Anschliessend werden in einem Block in chronologischer Reihenfolge ausgewählte Schreibungen abgebildet.[351] Diese Belegauswahl zeigt die Entwicklung der schriftlichen Abbildung des Namens. Im Anschluss daran folgt eine ausführliche Diskussion des Namens unter Einbezug sprachlicher und aussersprachlicher Aspekte. Daraus resultiert die qualifizierende Schlussfolgerung, ob ein Wüstungsname angenommen werden kann, ob tendenziell ein Wüstungsname angenommen werden kann oder nicht, ob ein Flurname vorliegt oder ob die Datenlage sich als zu unsicher erweist, so dass kein Ergebnis ausgewiesen werden kann. Erlaubt es die Datenlage, so wird versucht, eine mögliche Grundform des Namens anzugeben. Homonyme werden zwar unter einem Titel zusammengefasst, aber getrennt behandelt, wenn sie unterschiedliche, nicht zusammenhängende Gebiete bezeichnen.

Aufbau der kartographischen Abbildungen

Anschliessend an jeden Namentyp werden auf einer oder zwei Karten die diskutierten Namen[352] abgebildet. Dabei werden unterschiedliche geometrische Figuren und Farben verwendet. Die Figuren dienen zur Veranschaulichung der einzelnen Qualitäten, die den Namen aufgrund der Diskussion zugewiesen werden können. Folgende Figuren werden verwendet:

Grosse Kreise: rezente Siedlungsnamen
Kleine Kreise: mögliche Wüstungsnamen
Pentagone: tendenziell Wüstungsnamen
Dreiecke: tendenziell keine Wüstungsnamen
Quadrate: unsichere Faktenlage
Rauten: archäologische Fundstellen[353]
Sterne: Nur wenig belegte Namengruppen

Jeder Namentyp wird mit einer bestimmten Farbe gekennzeichnet:
Rot: galloromanische Namen mit einem -*ach*-Suffix
Grün: Namen mit einem -*ingen*-Suffix
Gelb: Namen mit einem -*inghofen*-Suffix
Blau: Namen mit dem Element *Wil*
Orange: Namen mit einem Grundwort -*stal*
Violett: Namen mit einem Grundwort -*tal*
Braun: Namen weiterer Namentypen:
1. Grosse Kreise: Namen mit dem Grundwörtern -*berg* oder -*dorf*
2. Braune Sterne: Namen mit den Grundwörtern -*husen*, -*statt*/-*stetten* und -*gäu* sowie der Name *Buchs*

Diese Kombination aus Farben und Formen erlaubt eine präzise Abbildung der Qualität und Quantität der einzelnen Namenschichten.

Vordeutsche Namen

Wie auch in anderen Gebieten der Deutschschweiz finden sich im Kanton Basel-Landschaft Relikte einer vordeutschen Sprachlandschaft. Einerseits in sehr alten Hydronymen wie *Ergolz*[354] und *Birs*[355], andererseits in Siedlungsnamen wie *Titterten*[356] oder *Sissach*[357] zeigen sich Spuren einer keltischen beziehungsweise galloromanischen Zeit. Dazu kommt eine beachtliche Anzahl Flurnamen wie *Einach, Grunach, Zenzach* oder *Leinach.*

Das Suffix *-akos*

Im Untersuchungsgebiet ist Sissach heute der bedeutendste der mit dem Suffix *-akos* gebildeten Siedlungsamen. Dieses vorwiegend in der Schreibung *-ach* belegte Suffix findet sich nicht nur häufig im erweiterten Untersuchungsgebiet, sondern zieht sich durch weite Teile der Deutsch- und Westschweiz.[358] «Die Silbe *-ach* ist von einem älteren gallorom[anischen] *-acum* herzuleiten, das auf kelt. *-akos* zurückgeht. Die damit gebildeten ON[359] werden auf röm. Gutsbetriebe zurückgeführt. Man fasst sie als ursprüngliche Adjektive[360] auf, die vom Namen des Besitzers abgeleitet sind und in der Regel zu einem Grundwort lat. *fundus* ‹Liegenschaft› oder lat. *prædium* ‹Grundstück› gestellt werden.»[361] Demnach wurde der Gutshof oder das Landstück eines Sissius *fundus siss(i)acus* oder *prædium sis(s)iacum* ‹sissianischer Hof› oder ‹sissianisches Grundstück› genannt.[362] Mit der Zeit entwickelte sich das Personennamen-Adjektiv zum Lokalitätsnamen, das einstige Grundwort *fundus* oder *praedium* wurde selbstverständlich und somit weggelassen. Sissach war bereits in vorrömischer Zeit besiedelt, Funde aus der Spätlatènezeit bezeugen eine grössere Siedlung.[363] Die Frage einer keltisch-römischen Siedlungskontinuität ist bereits in den 1970er Jahren diskutiert worden, jüngst hat sich TAUBER damit befasst.[364] Die Analyse konzentriert sich auf die spätantike-frühmittelalterliche Zeit. «Nach dem Abzug der begüterten galloröm[ischen] Schichten in der Folge der Rücknahme der Reichsgrenzen seit der Mitte des 3. Jahrhunderts[365], wobei sicher ein Teil der Domestiken zurückblieb, und der Wiederbesiedlung des Landes durch die fränk[isch]-alem[annischen] Kolonisten im 6./7. Jahrhundert[366], ging in einigen Fällen der traditionelle Name des alten Gutes auf den in seiner Nähe neu entstehenden Hof über, wobei sich das Suffix *-acum* im Deutschen zu *-ach* […] entwickelte.»[367] Für das Untersuchungsgebiet trifft diese Situation wohl am besten auf Sissach zu. Sissach und der gleichnamige Bezirk, überhaupt der ganze obere Teil des Kantons Basel-Landschaft, die Gebiete des solothurnischen Bezirks Dorneck wie auch weite Teile des aargauischen Fricktals und

Gebiete bis zum Bözberg gehörten zum Hinterland der *Colonia (Augusta) Raurica*. Was in Augst zu römischer Zeit passierte, hatte Auswirkungen bis zu den Juraübergängen, denn *Augusta Raurica*[368] ist bereits seit vorchristlicher Zeit der Knotenpunkt zwischen *Vindonissa* (Windisch) und *Basilia* (Basel) sowie der Oberrheinischen Tiefebene und der Südroute über den Hauensteinpass mit Verlängerung über die Alpen nach Italien gewesen.[369] Im Untersuchungsgebiet belegte Namen mit einem *-ach*-Suffix verweisen daher auf die Anwesenheit einer galloromanischen Schicht. Während *Augusta Raurica* als *colonia*[370] konzipiert war, dürfte der Mehrzahl der galloromanischen Wüstungsnamen eine *villa rustica*[371] zu Grunde liegen. Eine landwirtschaftliche Nutzung stand im Vordergrund.

Allbach

Buus, 1702–1835, 12 Belege, nicht lokalisierbar

Ein stückhlin Beünden beym Albach (1701)[372]
ein Viertel Matten bey alppach […] obsich ans Mühlinwuhr stossendt (1702)[373]
ein halb Jucharten Maten in Alpach (1702)[374]
½ J. M. in der Zuben, jezt auf dem Alp bach […] obsich […] Müschlj Wuhr(1782)[375]
Ein Stücklj Matten im Alpach, […] neben dem Mühliwuhr gelegen (1794)[376]
auf dem albach (1802)[377]
bünten Auf dem Allbach (1835)[378]

....

Der Name ist erst spät belegt, was eine sichere Deutung erschwert. Möglich sind folgende Deutungsansätze:

1. Im Erstglied findet sich der stark verkürzte Rest des galloromanischen Personennamens **Albius, Albinius.*[379] Der Name wäre auf die Grundform **(prædium) Albi(n)acum* zurückzuführen und als ‹das Landgut des Albi(ni)us› zu deuten.

2. Kompositum aus den Bestandteilen mhd. *albe*, nhd. *Alp* ‹Berg, Bergweide, Senntum›[380] im Bestimmungswort und *-bach* ‹Fliessgewässer› im Grundwort. Für die Annahme eines Kompositums aus schwzdt. *älb, elb* ‹fahl, weissgelb, braugelb›[381] und dem Grundwort *-bach* fehlen Belege. Auch scheidet ein Kompositum mit dem Suffix ahd. *-ahi* als Kollektivstellenbezeichnung aus, weil dem Bestimmungswort kein entsprechender Pflanzen- oder Baumname zu Grunde liegt.[382]

3. Ein Kompositum aus den Bestandteilen schwzdt. Adv. *all* ‹immer, ganz› im Bestimmungswort und dem Substantiv *Bach* ist nicht anzunehmen, allenfalls adjektivisches *all* ‹ganz›, das attributiv vor Substantiven Verwendung findet.[383]

4. Kompositum aus den Bestandteilen *alt* zum Adjektiv *alt* und dem Substantiv *Bach*.

5. Kompositum aus dem Appellativ schwzdt., nhd. *Alp*, mhd. *albe* ‹Bergweide›[384] und dem Suffix *-ach* zu ahd. *aha* ‹Fluss, Strom›, mhd. *ahe* ‹Wasser, Fluss›.

Die Annahme eines Wüstungsnamens wird durch die lautliche Ähnlichkeit zum Namen *Albech* m. (Liesberg) gestützt, der als möglicher Wüstungsname gedeutet wird.[385] Die Belegreihe zu *Albech* reicht jedoch viel weiter zurück und zeigt die Schreibungen *Jm Allpach* (1585), *im Albach* (1625), *in Albach* (1701), *Jm Albach* (1780), *Jm Albach* (1848) und *Im Albech* (1995). Die Lage der beiden Fluren unterscheidet sich stark. *Allbach* kann zwar nur ungenau am südlichen Dorfrand von Buus deutlich unter der spätantiken Siedlungsobergrenze von 600 m ü. M.[386] verortet werden. *Albech* liegt hingegen weit von Liesberg entfernt auf einer Hochebene, über einem steil abfallenden Waldhang über dem Gebiet *Tal*. Archäologisch belegte Funde, die direkt mit dem Namen beziehungsweise der Lage der Flur in Verbindung gebracht werden können, fehlen sowohl für *Albech* als auch für *Allbach*. Die in Buus belegten «römische[n] Streufunde […] aus dem Umkreis der Kirche»[387] sind nicht direkt mit der Flur *Allbach* in Verbindung zu bringen; die archäologische Fundstelle bei Liesberg, die römerzeitliche Funde im Gebiet *Chilagger* zu Tage förderte[388], liegt zu weit von *Albech* entfernt. Zudem muss berücksichtigt werden, dass die Überlieferung des Buuser Namens *Albach* erst im 18. Jahrhundert einsetzt und bereits Mitte des 19. Jahrhunderts endet, was die Annahme eines Wüstungsnamens nicht stützt.

Die Nennung des im 18. Jahrhundert belegten Anstössers *Müliwuer* verlangt nach einem Bach, der die Mühle antreibt. Die seit 1459 belegte Buuser Mühle[389] wird vom Wasser des *Cherbächli* betrieben. In der Umgebung des Verlaufs des *Cherbächli* fehlt sowohl ein Flurname *Alp* als auch ein Hinweis auf einen Sennhof. Ein Bestimmungswort *Alp* erscheint somit nur in appellativer Bedeutung im Sinne von ‹Berg, Bergweide› nachvollziehbar, das sich auf den weit vom Dorf entfernten Ursprung des Bachs bezieht und namenmotivierend in den Namen einging. Tatsächlich liegen südlich und südöstlich des Bachverlaufs die Fluren *Matt* und *Mettli*, wobei Letztere nicht als Diminutiv zu schwzdt. *Matte* ‹Wiese›, sondern als Diminutiv zu schwzdt. *Mettlen* ‹kleineres, urbar gemachtes, auf zwei oder drei Seiten von Wald umgebenes und damit meist schattiges, feuchtes und wenig ertragreiches Landstück›[390] zu deuten ist. Somit ist für *Mettli* nicht vorbehaltlos ein Bezug zu einer Nutzung als Mattland beziehungsweise Weideland gegeben. Gleiches gilt für *Matt*, da Weideland im Namenbestand des Untersuchungsgebiets gewöhnlicherweise als *Weid* bezeichnet wird.[391] Allerdings ist das Bedeutungsspektrum der in der Deutschschweiz verbreiteten *Mettlen*-Namen noch nicht abschliessend geklärt. Ebenso möglich bleibt ein Bezug zu ahd. *mëtal*, *mittil*, mhd. *mittel* ‹mittler, in der Mitte befindlich› mit der Deutung: ‹Das in der Mitte liegende (Matt-)Landstück›.[392]

In Relation zur Lage des Dorfes Buus können die beiden an einem Nordhang liegenden Gebiete durchaus als Bergweidegebiete verstanden werden, was den ersten Deutungsansatz stützen würde. Allerdings erklärt dies nicht den Bezug zum Namenbestandteil *Alp*, der als Simplex und Komposita sowohl im Untersuchungsgebiet als auch im Kanton Basel-Landschaft und in angrenzenden Gemeinden des Kantons Solothurn mehrfach belegt ist.[393] Zu erwarten wäre in diesem Fall, dass sich der Erstteil in *Allbach* auf den Ursprung des Bachs in einem Gebiet **Alp* bezieht, was jedoch nicht belegt ist. Folglich muss dieser Ansatz zurückgestellt und für *Mettli* die Deutung: ‹Das in der Mitte liegende (Matt-)Landstück› in Erwägung gezogen werden. Schliesslich liegt die Flur *Mettli* auf einem Hügelrücken in der Mitte zwischen dem *Cherbächli* und dem *Talbächli*. Ein Hydronym *Alpbach* ist zudem im (erweiterten) Untersuchungsgebiet nicht belegt.[394]

Das Erstglied *All* als adjektivisches *all* ‹ganz› zu verstehen, wäre zwar sprachlich möglich, jedoch ist ein entsprechendes Bildungsmuster mit einem Bestimmungswort *All* im Untersuchungsgebiet nicht belegt beziehungsweise lässt sich in den beiden Namen *Allen Grefften* und *Allen Graben* nicht deuten.[395] Zudem ergibt die nähere Beschreibung des Grundworts *-bach* durch das Adjektiv *all* mit der Bedeutung ‹ganz› keinen nachvollziehbaren Sinn.

Vielmehr muss die Möglichkeit in Betracht gezogen werden, dass *Allbach* über die Zwischenform **Altbach* entstanden ist und sich auf einen alten (ehemaligen) Kanal oder Bach bezieht, der zur Mühle geflossen ist. Der entscheidende Hinweis liegt im Beleg aus dem Jahr 1702, der explizit den Anstösser *Müliwuer* (‹Die Stauvorrichtung bei der Mühle› oder ‹Die Stauvorrichtung, die Wasser (in einen Kanal) zum Betrieb des Mühlerads ableitet›) nennt. Möglicherweise bezeichnet *Müliwuer* eine neu erstellte Stauvorrichtung in der Nähe der Mühle, die von nun an das Wasser aus dem (alten) Bach zum Betrieb der Mühle ableitete. Diesen Ansatz stützt auch der älteste Beleg, der ausweist, dass *Ein stückhlin Beünden*[396], also Bünten zu schwzdt. *Bünte*, mhd. *biunde*, *biunde*, *biunt*, ahd. *biunta*, *biunda* ‹eingehegtes Grundstück, Gehege zu besonderem Anbau›[397], beim *Allbach* liegt. Diese speziell ausgesonderten Anbauflächen lagen vielmals in Dorf- beziehungsweise Hausnähe.[398] Demnach ist die Flur *Allbach* mit grosser Wahrscheinlichkeit auch in der Nähe des Dorfs, nicht am Oberlauf des Bachs zu lokalisieren. Somit kann auch ein Kompositum aus dem Appellativ schwzdt., nhd. *Alp*, mhd. *albe* ‹Bergweide›[399] und dem Suffix -*ach* zu ahd. *aha* ‹Fluss, Strom›, mhd. *ahe* ‹Wasser, Fluss› ausgeschlossen werden, da Bergweiden nicht in Dorfnähe liegen. Auch wenn dafür explizite schriftliche Belege fehlen, so scheint dieser Ansatz im Vergleich zu den vorher diskutierten nachvollziehbar. Zudem ist das Bildungsmuster [Adjektiv Alt + Substantiv Bach] im Untersuchungsgebiet und in der Deutschschweiz mehrfach belegt.[400] *Allbach* ist folglich als ‹das am alten, ehemaligen Bachlauf gelegene Landstück› zu deuten. Von einem Wüstungsnamen ist abzusehen.

Altach

Sowohl in Zunzgen als auch in Tecknau ist der mögliche Wüstungsname *Altach* belegt. Da beide Flurnamen unterschiedliche Gebiete bezeichnen, werden sie getrennt voneinander behandelt.

1. Zunzgen, 1406–1766, 17 Belege, vage lokalisierbar
in Olttach 1 Juchart matten (1413)[401]
½ Juchart zu alttach (1413)[402]
1 Juch Jm altach ob der wyden (1485)[403]
ein iuchrt matten Zur oltach (1534)[404]
ein iuchrt matten Jm altach ob der Wyden (1534)[405]
ein halbe Jucharten im Altach (1605)[406]
Eine Jucharten Matten, jetz Acker im Altach (1766)[407]

Mehrere Deutungsansätze sind möglich:[408]

1. Kompositum mit dem galloromanischen Personennamen **Altius* im Bestimmungswort. Als Grundform dürfte **(prædium) Altiacum* angesetzt werden. Der Name wäre als ‹das Landgut des Altius› zu deuten.

2. Kompositum aus dem Adjektiv *alt* im Bestimmungswort und dem Suffix -*ach* zu einem ursprünglichen Grundwort ahd. *aha* ‹Fluss, Strom›[409], mhd. *ahe* ‹Fluss, Wasser›[410] mit der Deutung: ‹Das Landstück am alten, ehemaligen oder schon lange bekannten Gewässer›. Die Verdumpfung *alt* zu *olt*, wie sie die Schreibung *Olttach* des ältesten Belegs zeigt, kann ebenfalls in anderen Belegen aus dem 15. Jahrhundert nachgewiesen werden. Beispielsweise in *oltenbach* (Böckten 1467)[411] oder als aspirierte Form mit Ausfall des *t*-Auslauts im Adjektiv *hohl* in *holberg* (Tenniken 1485).[412] Weitere, heute mit Verdumpfung ausgesprochene Namen setzen später ein.[413]

3. Kompositum mit dem ahd. Personennamen *Alto*[414] im Bestimmungswort und dem Grundwort -*ach*, zu ahd. *aha*. Der Name wäre demnach als ‹das Landstück am Wasser im Besitz des Alto› zu deuten. Jedoch ist dieses Namenbildungsmuster [Personenname + Grundwort -*ach* aus ahd. *aha*] weder im

Untersuchungsgebiet belegt,[415] noch kann ein so zusammengesetzter Name auf einen galloromanischen Wüstungsnamen verweisen. Demzufolge muss dieser Ansatz aus grundsätzlichen Überlegungen zurückgestellt werden.[416]

Die Kontexte der Belege *1 Juch Jm altach ob der wyden* (1485)[417] und *ein iuchrt matten Jm altach ob der Wyden* (1534)[418] bestätigen Martis Lokalisierung auf einer gleichmässig abfallenden Osthangseite der *Zunzgerhard*, südlich angrenzend der Flur *Epberg*, am oberen Ende eines feinen Geländeeinschnittes, dessen Wasserlauf heute nicht mehr sichtbar ist.[419] Für Zunzgen sind bis heute römische Funde nur aus dem Raum *Hefleten* belegt.[420] Ein archäologischer Bezug zu einem galloromanischen Wüstungsnamen scheint daher nicht gegeben. Ebenfalls ist der mögliche galloromanische Personenname **Altius* nicht belegt. Im Vergleich mit der Lage mehrerer anderer archäologischer Fundstellen römischer Villas zeigt lediglich die nach Südosten exponierte Hanglage unter 600 m ü. M. eine Analogie.[421] Der Grossraum *Epberg-Hardhöf* ist (noch heute) von stauwasserbeeinflussten Böden umgeben. Am Waldrand östlich der Flur liegen zwei Quellen.[422] Zudem verweist der Flurname *Oberwiden* auf einen Bezug zu einem Wasser liebenden Baumbestand (Weiden, lat. *salix*).[423] Im erweiterten Untersuchungsgebiet und im Namenbestand des Kantons Basel-Landschaft sind Flurnamen mit dem Bildungsmuster mit einem ursprünglichen *-ach*-Grundwort zu ahd. *aha* ‹Fluss, Strom› äusserst selten, beispielsweise im Hydronym *Lützel* (*wider die lutzela*, 1290)[424]. Als Simplex oder in Zusammensetzungen tritt das Element schwzdt. *Aa* als Grundwort in Innerschweizer Hydronymen auf, beispielsweise in *Steiner Aa* (Schwyz), als Simplex *Aa* (Zug) oder als Bestimmungswort in *Aahus* (Küssnacht SZ). Für eine abschliessende Beurteilung muss berücksichtigt werden, dass einerseits die Namenbildung zu ahd. *aha* im Untersuchungsgebiet höchst selten ist, andererseits die Lage der Flur in einem wasserreichen Gebiet den sprachlichen Bezug jedoch zu stützen vermag. Darüber hinaus erweisen sich die teilweise zur Vernässung neigenden Böden als ungünstiges Agrarland, wie auch die Lage an einem Osthang weniger günstig ist. Schwerer in der Beurteilung wiegen jedoch fehlende archäologische Funde und der nicht belegte Gentilname **Altius*. In der Tendenz ist daher von einem Wüstungsnamen abzusehen.

2. Tecknau, 1534, 1 Beleg, nicht lokalisierbar
ein iuchrt am altach (1534)[425]

Als Grundlage werden die gleichen drei Deutungsansätze wie bei der Diskussion von *Altach* in Zunzgen verwendet.

1. Gegen einen Deutungsansatz mit dem nicht belegten galloromanischen Personennamen **Altius* sprechen die dünne Beleglage in Form eines

Einzelbelegs aus dem 16. Jahrhundert und die Tatsache, dass für Tecknau bis heute keine römerzeitlichen Funde[426] belegt sind.

2. Ein Bezug zu einem ursprünglichen Grundwort *-ach*, zu ahd. *aha* ‹Fluss, Strom›, ist sprachlich zwar möglich. Da die Flur aber nicht lokalisierbar ist, finden sich für den zweiten Deutungsansatz keine entsprechenden aussersprachlichen Argumente.

3. Ebenfalls aus grundsätzlichen Überlegungen ausgeschlossen werden kann ein Kompositum mit dem ahd. Personennamen *Alto*[427] im Bestimmungswort und dem Grundwort *-ach*, zu ahd. *aha*.

Nicht ganz auszuschliessen ist jedoch ein Verschrieb zum ebenfalls nur einmal belegten Flurnamen *altegk*.[428]

Die Beleglage lässt keine klare Schlussfolgerung zu. Ob ein Wüstungsname vorliegt, ist unsicher und muss offenbleiben.

Bettemach

Oltingen[429], 1501[430]–1613, 5 Belege, nicht lokalisierbar
2 quartalia speltarum de bonis In bettenbach (1501)[431]
de agro sito in bettenbach qui fuerat Conrado Jeggi (1501)[432]
1 quartalium plebano, de prato in bettenbach (1501)[433]
anderthalb Jucharten in Bettenach (1609)[434]
½ Jucharten Jn Bettemach (1613)[435]

Mehrere Deutungsansätze sind möglich:

1. Kompositum mit dem galloromanischen Personennamen **Battanius*.[436] Als Grundform dürfte **(prædium) Battaniacum* anzusetzen sein. Der Name wäre als ‹das Landgut des Battanius› zu deuten. Das Grundwort *-bach* der ältesten Belege kann erweitert und neu motiviert aus einem *-ach*-Suffix entstanden sein, basierend auf einem ursprünglichen *-acum*-Suffix. Allerdings erstreckt sich die dünne Belegreihe nur über eine sehr kurze Dauer und entstammt lediglich drei Quellen. Die Datenlage ist damit zu unsicher, um auf einer sprachlichen Ebene vorbehaltlos Argumente für einen galloromanischen Wüstungsnamen zu finden. Für Oltingen liegen mehrere «Spuren römerzeitlicher Besiedlung»[437] vor, zu denen jedoch kein direkter Bezug hergestellt werden kann. Ebenfalls bleibt anzumerken, dass Oltingen und der Schafmattübergang in römischer Zeit in einem siedlungsarmen und verkehrsgeographisch abgelegenen Gebiet lagen.[438] Diese Faktoren lassen an der Annahme eines Wüstungsnamens Zweifel aufkommen.

2. Kompositum mit dem Element *Betten* zu schwzdt. *Bett* ‹Abteilung im Weinberg oder in der Flur›, mhd. *bette* ‹Bett, Ruhebett, Feld- und Garten-

beet›, ahd. *betti* ‹Bett, Polster, Gartenbeet›[439] und dem Grundwort *-bach* ‹Bach, Wasserlauf›. Der Name wäre demnach als ‹der Bach bei den Abteilungen, Beeten› oder ‹der Bach im Gebiet *Betten*› zu deuten. Ähnliche Bildungen finden sich im Kanton Basel-Landschaft in *Bettenagger* (Allschwil, *Vna celga … In dem bette ij iugera*, 1200; Therwil, *Jm Betten Akher*, 1575) oder ausserhalb unserer Region im nur einmal und spät belegten *Bettenbach* (Urnäsch AR, *Bettenbach*, 1820) sowie in *bettenbach* (St. Gallen, *an Bettenbach*, 1526)[440].

In Oltingen ist allerdings weder ein entsprechender Gewässername belegt, obwohl Hydronyme in der Regel eine lange Kontinuität aufweisen, noch liegen Belege für einen Flurnamen *Bett(en)* vor. Die jüngeren Schreibungen *Bettenach* und *Bettemach* sind Verschriebe, die darauf hinweisen können, dass der Name nicht mehr verstanden worden ist. Vom Deutungsansatz hin zu einem Fliessgewässer ist Abstand zu nehmen, ausser der benannte Bach wäre in der Zwischenzeit versiegt.

3. Kompositum mit dem ahd. Personennamen *Batto*[441] im Bestimmungswort und dem Grundwort *-bach*. Der Name wäre als ‹der Bach im Besitz des Batto› zu deuten. Der Personenname *Batto* ist gleich in mehreren Namen im Untersuchungsgebiet enthalten, z. B. in *Bettenberg* (Gelterkinden, *2 Jucharten under dem bettenberge im bann ze geltrichingen*, 1467) oder im Siedlungsnamen *Böckten* (*in Bettinchon*, 1246). Das Namenbildungsmuster [Personenname + Grundwort *Bach*] ist im Kanton Basel-Landschaft nur sehr selten und vorwiegend in jungen Namen belegt, beispielsweise in *Ämlisbach* (Lauwil), *Chuenibach* (Langenbruck), *Rümelinbach* (Binningen). Wie bereits oben erwähnt, fehlt jedoch ein Fliessgewässer.

4. Für ein Kompositum mit einem Suffix ahd. *-aha* oder *-ahi* fehlen entsprechende Belege. Eine Erweiterung des Suffix *-ach* zu *-bach* basierend auf ahd. *aha* wäre zwar grundsätzlich möglich, ist aber insbesondere in Verbindung mit einem Personennamen im Bestimmungswort im Namenbestand des erweiterten Untersuchungsgebiets nicht belegt.[442] Gleiches gilt für ein mögliches Suffix ahd. *-ahi* im Sinne einer Kollektivstellenbezeichnung.[443]. Auch wenn Bach erweiternd festhält, dass ein *ahi*-Suffix zur Bezeichnung eines Ortes dienen kann, an dem etwas in grösserer Menge zu finden ist[444], hier beispielsweise in Beete parzelliertes Land, muss hervorgehoben werden, dass solche Bildungen sehr selten sind und vorwiegend Kollektiva in Verbindung mit Pflanzen- oder Baumnamen zum Bildungsmuster zu zählen sind. Im Element *Betten* lässt sich ein solcher aber nicht finden.

Synthese: Alle vier Deutungsansätze vermögen nicht vollständig zu überzeugen, so dass eine abschliessende Deutung vorerst ausbleiben muss.

Hingegen lässt sich festhalten, dass kein galloromanischer Wüstungsname anzunehmen ist. Dafür fehlen sowohl die sprachliche Evidenz als auch archäologische Funde aus der Römerzeit.

Bisnacht [bī̆snəχd]

Tenniken, 15. Jahrhundert – heute, 55 Belege, lokalisierbar

im bissach 1 acker (1406)[445]
im bisacht ein bletz (1406)[446]
1 aker Jm bissach (1485)[447]
1 bletz Jm bisacht (1485)[448]
ein acker Jm Bysach (1534)[449]
ein pletz Jm bysacht (1534)[450]
ij Jucharten uff Biseckh (1569)[451]
1 Juchart uff Bisnech (1569)[452]
Zwo Jucharten Zuo Bißmet (1605)[453]
Zwo Jucharten im Biset (1605)[454]
drey Jucharten vf Bisecht (1605)[455]
Drey Jucharten ackher auff Bißnacht (1704)[456]
Bisnacht (1994)[457]

Abbildung 4: Der Hof *Bisnacht* auf der sanften Kuppe fügt sich ins malerische Landschaftsbild ein. Am Waldrand gelegen, eingebettet in fruchtbares Kulturland, erscheint die Annahme, dass bereits die Römer hier lebten, als romantisch-friedliche Vorstellung.

Die Belegreihe zeigt stark wechselnde Schreibungen. Dies lässt auf einen sehr alten, mit der Zeit nicht mehr verstandenen Namen schliessen.

Mehrere Deutungsansätze sind möglich:[458]

1. Kompositum aus dem galloromanischen Personennamen *Bisius*[459] und einem *-ach*-Suffix, basierend auf urspr. *-acum*, so dass von einem Hinweis auf eine abgegangene galloromanische Siedlung auszugehen ist.[460] Als mögliche Grundform dürfte **(prædium) Bisiacum* angenommen werden; *Bisnacht* wäre demnach als ‹das dem Bisius gehörende Landgut› zu deuten. Das urspr. *-ach*-Suffix dürfte nach dem Verschwinden der Siedlung zwar übernommen, aber schliesslich nicht mehr verstanden und vielfach neu motiviert worden sein. Dies zeigen die Schreibungen *ij Jucharten uff Biseckh* (1569) mit dem Wechsel *-ach* zu *-egg* zu schwzdt. *Egg* ‹Geländekante›, aber ohne feminines oder neutrales Genus, jedoch mit Wechsel der Präposition *im* zu *uff* ‹auf›, *Zwo Jucharten Zuo Bißmet* (1605) mit dem Wechsel *-ach* zu *-met* zu schwzdt. *Matt* ‹Mattland, Wiese› und schliesslich *Drey Jucharten ackher auff Bißnacht* (1704), wobei schliesslich das Element ahd., mhd. *naht*, nhd. *Nacht* ‹Nacht, Gegenteil zu Tag›[461] eingesetzt wurde, das wohl volksetymologisch besser erklärbar und als richtig empfunden bis in die heutige Zeit transportiert wurde. Anders lässt sich das nicht etymologische *n* nicht erklären.

Sekundäres, parasitäres *t* bei Schreibungen mit etymologischem *n* finden sich hingegen mehrere: *Einacht Hübel* (1698, Maisprach), *Pfärnacht* (Liedertswil, Bezirk Waldenburg, *in Fernach*, 1680) oder die möglichen Wüstungsnamen *Gibenacht* (Oberdorf BL, *an kebenach*, 1467) und *Holznacht* (Langenbruck) beziehungsweise älteres *Holznech* (Waldenburg, *iuxta montem, qui vulgo Alcenacho dicitur*, 1145). Gleiche Erweiterungen mit sekundärem *t* finden sich auch in den galloroman. Siedlungsnamen *Küssnacht* SZ (*Kussenach*, 1030), Küsnacht ZH (*Kussenacho*, <970), nicht aber in den schriftlichen Belegen zu Alpnach OW (*Alpenacho*, <840); Alpnacht [*alpnaxt*] ist nur mündlich belegt.[462]

Spuren römischer Siedlungen sind westlich der *Tenniker Flue*, in den Gebieten *Zelgli*, *Mettelen* und *Hefleten* – einem ins Gebiet *Lägerts/Bisnacht* führenden Tälchen – belegt.

Ungefähr einen Kilometer südlich von *Bisnacht* liegt die Flur *Wisechen* (Diegten, Bezirk Waldenburg). Unweit davon entfernt, in südlicher Richtung, finden sich im Gebiet *Langgarben* gesicherte archäologische römerzeitliche Funde.[463] Nördlich von *Wisechen* haftet auf der Hügelkuppe der Flurname *Heidenkapelle* (Diegten, Bezirk Waldenburg), der gedeutet wird als ‹das Sakralgebäude der Heiden›.[464] Der Name ist zwar erst seit Anfang des 17. Jahrhunderts belegt, ein Bezug auf die heidnischen Römer er-

Abbildung 5: Im Vordergrund wurde das Getreidefeld bereits gemäht, was dem goldenen Band unterhalb des Hofs *Unter Wisechen* noch bevorsteht. Dahinter zieht sich grünes Mattland bis zum Waldrand. Hier haftet der Name *Wisechen*, der an die einstige römische Siedlung im angrenzenden Gebiet *Langgarben* (nicht im Bild) erinnert.

scheint jedoch äusserst plausibel. Die Anzahl an verstreuten römerzeitlichen Fundstellen und Namen in der näheren Umgebung lässt jedoch ein Vorkommen auch im Raum *Bisnacht* vermuten. Im weiteren Umfeld von *Wisechen* und *Bisnacht* finden sich mehrere Quellen, so dass ein gesichertes Wasservorkommen angenommen werden darf.[465] Die Lage in einem sanften Geländesattel zwischen Hölstein und Tenniken, leicht unterhalb der spätantiken Siedlungsobergrenze von 600 m ü. M.[466], weist eine Ähnlichkeit zur Lage der möglichen Wüstung *Einach* (Maisprach) auf. Zudem liegt die Flur am Weg zum Juraübergang *Ober Hauenstein* beziehungsweise im Hinterland von Sissach. Dies zeigt eine verkehrsgeographische Anbindung.

2. Variante zum Flurnamen *Wisechen* mit grammatikalischen Wechsel *w* zu *b* und *-e(n)*-Endsilbenausfall. Auffällig ist die räumliche Nähe von *Bisnacht* zur nur ungefähr einen Kilometer weiter südlich in Diegten gelegenen Flur *Wisechen* (*an Wissachen drie jucharten*, 1371). Möglicherweise zeigt die älteste Schreibung *im bissach* eine sprachliche Variante zu älterem, nicht mehr verstandenem *Wisechen* mit *-en*-Endsilbenschwund und stellt somit keinen eigenständigen Flurname dar. Dafür sprechen mehrere Aspekte:

Die Reihe der Belege zu *Wisechen* setzt früher ein, zeigt eine Lücke im 15. Jahrhundert und weist im 16. Jahrhundert nur einen einzigen Beleg aus. Erst ab dem 17. Jahrhundert ist der Name regelmässig und mehrfach belegt. Abgesehen vom ältesten Beleg wird konsequent die Präposition *uff* ‹auf› verwendet.

Hingegen setzt die Belegreihe von *Bisnacht* erst im 15. Jahrhundert ein und zeigt für das 16. Jahrhundert mehrere Nachweise. Im Gegensatz zu *Wisechen* werden die Präpositionen *in*, *im* und ebenso *uff* ‹auf› in unregelmässiger Abfolge und ohne erkennbaren Bezug zur Namenschreibung verwendet.

Ein Konsonantenwechsel *w* zu *b* ist nicht ungewöhnlich, wie die *Wielstein-/Bilstein*-Namen[467] zeigen. Hingegen ist für Mikrotoponyme ein ursprünglicher Geltungsbereich von über einem Kilometer und über mehrere Geländekammern eher ungewöhnlich. Ebenso dürfte eine Verschiebung des Geltungsbereichs über diese Distanz sehr selten sein. Daraus könnte aber abzuleiten sein, dass der ursprüngliche Geltungsbereich zwischen beiden Fluren gelegen haben muss. Die oben aufgeführten sprachlichen Aspekte lassen diese Möglichkeit wenigstens als plausibel erscheinen.

3. Ein Kompositum mit einem *-ach*-Suffix zu ahd. *aha* ‹Fluss, Strom›, mhd. *ahe* ‹Wasser, Fluss›[468] erscheint dann möglich, wenn der ursprüngliche Geltungsbereich der Flur tatsächlich zwischen der Lage von *Wisechen* und *Bisnacht* zu suchen ist, so dass die ursprüngliche Namenmotivation in einem Gewässernamen zu suchen ist. Ungefähr in der Mitte der beiden Fluren liegen mehrere Quellen und ein markanter Geländeeinschnitt, der vom *Dangerenbächli* (Diegten, Bezirk Waldenburg) entwässert wird. Allerdings werden in der Regel grössere und mittlere Gewässer mit dem Suffix *-aha* bezeichnet, kleinere jedoch mit dem Grundwort *-bach* beziehungsweise *-bächli*.[469] Im Untersuchungsgebiet und im Kanton Basel-Landschaft finden sich keine schriftlichen Belege zu Hydronymen, deren Bildung auf ein ursprüngliches ahd. *-aha*-Suffix zurückzuführen ist. Die grössten Gewässer im Kanton Baselland, Rhein, Ergolz, Birs und Birsig, zeigen im Namen alteuropäisches beziehungsweise keltisches Substrat[470], die Mehrheit der weiteren Gewässer trägt Namen mit dem Grundwort *-bach* beziehungsweise dem Diminutiv *-bächli* und ist erst seit einer jüngeren Zeit belegt. Ausnahmen bilden die *Frenke*[471] (Bubendorf, Bezirk Liestal; *fluvium, qui dicitur Frenchina*, 1146), die *Fer*[472] (Wintersingen; *von dem acker an der ferren*, 1530), der *Violenbach* (Arisdorf, Bezirk Liestal; *Fielenen*, 1355), der *Orisbach* (Liestal, Bezirk Liestal; *des wassers so man nempt die Orusz*, 1436) sowie die *Lüssel*[473] (Brislach, Bezirk Laufen; *an der lusselen*, 1406). Jedoch ist auch keiner dieser Namen mit einem *-aha-*

Suffix gebildet worden. Im erweiterten Untersuchungsgebiet finden sich als grössere Gewässer die *Aare* (*supra Arulam flumen*, 2. Viertel 5. Jahrhundert)[474], die *Dünneren* (*bi der Dunron*, 1384)[475], der *Möhlinbach*[476], in Anlehnung an den Siedlungsnamen *Möhlin* (*ad villam Melina*, 794) sowie rechtsrheinisch beispielsweise die *Wehra* (*werra* 1256). Auch alle diese Namen sind nicht mit einem *-aha*-Suffix gebildet worden. Aufgrund der fehlenden Nachweise innerhalb der Belegreihe zu *Bisnacht* und dem im weiten Umkreis nicht belegten Bildungsmuster [Bestimmungswort + ahd. *aha*-Suffix] ist *Bisnacht* nicht als ursprüngliches Hydronym mit einem *-aha*-Suffix zu verstehen.

Synthese: Abschliessend erscheint ein Kompositum mit einem Suffix ahd. *aha* am wenigstens wahrscheinlich. Sprachliche, hydrologische und geographische Aspekte lassen für *Bisnacht* ein Bildungsmuster mit einem ursprünglichen *-acum*-Suffix als möglich erscheinen. Eine sprachliche Variante zu *Wisechen* erscheint dann gegeben, wenn man eine Verschiebung des ursprünglichen Geltungsbereichs um nahezu 1,5 Kilometer[477] in Erwägung zieht. Dieser Ansatz wird dadurch gestützt, dass die archäologische Fundstelle wenige hundert Meter südwestlich von *Wisechen* liegt, hingegen die Flur *Heidenkapelle*, deren Name direkten Bezug auf die einstige römische Villa nimmt, bereits mehrere hundert Meter nördlich der Flur *Wisechen* zu lokalisieren ist. Eine Verschiebung des Geltungsbereichs erscheint unter diesen Aspekten zwar gegeben, kann bis ins Gebiet *Bisnacht* jedoch nicht nachgewiesen werden. Ob für *Bisnacht* ein eigenständiger Name oder eine Variante vorliegt, muss offenbleiben. Hingegen ist für *Wisechen* sicher ein Wüstungsname anzunehmen.

Einach [ǽynaχ]

Maisprach/Wintersingen grenzübergreifend, 1277 – heute, 100 Belege, lokalisierbar

in sex iugeribus sitis in loco, qui dicitur Einach (1277),[478]
1 iuchart by der first liget vor heynach (1447)[479]
ein iuchrt vf Heinach (1534)[480]
Zwo Jucharten vffm Einich (1593)[481]
Hannß Rohrer gibt vorn der Rüte vff Heynoch Zureüben (1606)[482]
ein Jauchardten Ackher aufem einach (1703)[483]
Ein Jucharten Ackher auff Eynacht (1704)[484]
Einach (1880)[485]
Einach (1992)[486]

Abbildung 6: Im Hintergrund steht der kahle Winterwald, die *Einachholde*, am Abhang des grossen Plateaus und markiert damit die natürliche Begrenzung der Flur *Einach*.

In den Belegen von 1277 und 1534 erscheint der Name bereits in der heutigen Schreibweise.[487] In der Belegreihe von *Einach* (Wintersingen) sind bis ins 17. Jahrhundert Schreibungen mit vorangestelltem *h* belegt. Dabei dürfte es sich um eine volksetymologische Umdeutung handeln, weil der Name sehr alt und wohl schon früh nicht mehr verstanden worden ist.

Möglich sind drei Deutungsansätze:[488]

1. Möglicherweise verbirgt sich im Erstglied der galloromanische Personenname *En(n)ius*[489]. Das *-ach*-Suffix dürfte auf galloromanisch *-acum* zurückgehen und einen ursprünglichen Grundbesitz bezeichnen. Diese Deutung wird durch die gefundenen römischen Siedlungsspuren[490] in Form von Bauschutt und Keramik in der angrenzenden Flur *Breitfeld* erhärtet. Lesefunde zeigen zudem eine Münze des Maximianus (286–305 n. Chr.). Als mögliche Grundform dürfte **(prædium) En(n)iacum* anzunehmen sein, der Name wäre als ‹das dem En(n)ius gehörende Landgut› zu deuten. Bereits die Kelten bezeichneten Liegenschaften bedeutender Persönlichkeiten mit deren Namen und hängten dem Namen ein *-akos*-Suffix an. *Einach* und die Fundstelle im Gebiet *Breitfeld* liegen ungefähr 570 m ü. M. und somit noch unter der angenommenen spätantiken Siedlungsobergrenze von 600 m ü. M.[491] Die Fundstelle befindet sich in einem sanften Geländesattel am Rande einer Hochebene, eine Quelle findet sich in unmittelbarer Nähe zur Fundstelle,[492] südlich von *Einach* entspringt das *Güetlistebächli*. Der Geltungsbereich

dürfte sich stark in nordwestliche Richtung verschoben haben. Auf der Hochebene wurde *Einach* vom geläufigeren *Breitfeld* verdrängt, wie die Karten von ca. 1660 und 1880 deutlich aufzeigen.[493] Ungefähr zwei Kilometer nordöstlich, auf der gegenüberliegenden Talseite, befindet sich die Flur *Leinach*. Dort wird ebenfalls eine mögliche galloromanische Wüstung vermutet.

2. Ein Kompositum mit einem Suffix ahd. *-aha* ‹Fluss, Strom›, mhd. *ahe* ‹Fluss, Wasser›[494] erscheint zwar ebenso möglich, allerdings sprechen topographische Gründe entschieden dagegen. Die Bodenbeschaffenheit zeigt günstiges Agrarland mit normal durchlässigen Böden (Kalkbraunerde).[495] Diese lassen das Wasser schnell versickern. Zudem legt BACH nahe, dass mit dem ahd. *-aha*-Suffix gebildete Namen mit femininem Genus sich vorwiegend auf grössere Gewässer beziehen.[496] Ein solches fehlt jedoch im Umkreis von *Einach*. Zudem sind keine Nachweise in der Belegreihe mit femininem Genus versehen. Mehrfach weist die verwendete Verschmelzung der Präposition *auf* mit dem Artikel *dem* zu *uffm* darauf hin, dass der Name (mindestens) zwischenzeitlich als Maskulinum oder Neutrum verstanden worden ist.

Dies führt dazu, in einem dritten Ansatz *Einach* auf ein mögliches Suffix ahd. *-ahi* zu untersuchen, das zur Ableitung von Namen mit neutralem Genus als Kollektiva von Pflanzen- und Baumnamen dient. Allerdings lässt sich ein Bestimmungswort *Ein* an kein geeignetes Wort der Mundart anbinden,[497] so dass dieser Ansatz nicht weiterverfolgt werden muss.

Synthese: Ganz im Gegensatz zum ersten vermögen der zweite und dritte Ansatz aus sprachlicher und aussersprachlicher Hinsicht nicht zu überzeugen. Daher ist von einem Wüstungsnamen auszugehen.

Firmach [fịrməχ]

Wintersingen, 1437 – heute, 45 Belege, lokalisierbar

1 manwerck matten lit Jm firmbach (1437)[498]
1 matblez Zum sew stosst […] an Sigristen matt litt an furbach (1485)[499]
1 mattbletz Jn firmbach (1485)[500]
ein iuchrt ob firmmach (1534)[501]
ein Juchert neben Furmenbach (1625)[502]
ein bletzlin Matten in Firmach (1702)[503]
Ein halb Jucharten Reben in Firmech (1703)[504]
ein Halb Viertel Reeben in Fürmäch (1703)[505]
Firmach (1802)[506]
ein Stück Reben im Firmich (1843)[507]
Firmach (1991)[508]

Abbildung 7: Am Fuss des *Wid*, wenige hundert Meter vor der *Rickenbacher Höchi*, liegen eine baumbestandene Weide und angrenzendes Mattland vor dem mit Büschen gesäumten Wald. Dies ist das Gebiet *Firmach*, am Oberlauf der *Fer*.

Drei Deutungsansätze sind möglich:

1. Kompositum mit dem Grundwort -*bach*. Die Schreibungen der ältesten Belege *firmbach* und *furbach* legen ein Kompositum mit einem Grundwort -*bach* nahe, wobei das Bestimmungswort noch zu klären wäre. Möglicherweise besteht ein Bezug zur in der Nähe vorbeifliessenden *Fer* (*Eines halben Mädetawen matten under der Feren*, 1681).[509] RAMSEIER schlägt vor, *Firm* beziehungsweise *Firn*, entstanden durch Dissimilation *rr* zu *rm*, zu mhd. *vërre*, ahd. *fer* ‹fern, weit entfernt› zu stellen.[510] *Firmbach* wäre demnach als ‹das Land beim fernen, weit entfernt entspringenden Bach› zu deuten. Die Nähe der Flur zur *Fer* und die Lage an einem Hang, der einst auf beiden Seiten von Wasser umflossen gewesen zu sein scheint, lässt diese Deutung plausibel erscheinen.[511] Das Element *Fer* ist in mehreren Namen des erweiterten Untersuchungsgebiets belegt, z. B. in *Ferenacker* (Oberdorf BL, *ein Juchart vnder ferrenacker*, 1468) oder *Feberech* (Brislach, *vf dem ferberg*, 1439). In Kienberg SO ist einmal *Ferrach* belegt: *die Roßmatt genant, ſtoßt an die ferrach* (1540). Aufgrund des Anstössers kann dieses Gebiet grob lokalisiert werden. Es bezeichnet eine weite Hangwanne, die von vielen kleinen Bächen entwässert wird, die zusammen den Dorfbach bilden. *Ferrach* erscheint als Name mit femininem Genus, so dass ein Kompositum mit

einem -*ach*-Suffix zu ahd. -*aha* anzunehmen wäre.[512] Dies zeigt, dass das Adjektiv *fer* eine Verbindung mit dem Suffix ahd. -*aha* eingehen kann.

2. Kompositum mit einem Grundwort -*ach* zu ahd. -*aha*. Namenbildungsmuster mit einem Grundwort -*ach* zu ahd. *aha* ‹Fluss, Strom›, mhd. *ahe* ‹Fluss, Wasser›[513] erscheinen als Feminina, z. B. die *Schwarzach* (Unterschlatt TG)[514]. Die vorhandenen Belege lassen allerdings nicht auf einen Namen mit femininem Genus schliessen, auch wenn in historischen Belegen das Grundwort -*bach* mitunter mit femininem Genus verwendet werden konnte. Alle Schreibungen deuten auf maskulines oder neutrales Genus hin. Zudem bezeichnet das Suffix -*aha* in der Regel Hauptgewässer.[515] Möglicherweise kann in der *Fer* ein solches gesehen werden. Die ältesten Schreibungen *Firmbach* und *Furbach* könnten auf eine mit dem *aha*-Suffix gebildete Verdeutlichung zum Gewässernamen *Fer* hinweisen, so wie dies BOESCH vorschlägt.[516]

3. Ein Kompositum mit dem galloromanischen Personennamen *Firmius*[517] zur Grundform *(prædium) Firmiacum* mit der Deutung ‹das Landgut des Firmius›. Der Personenname *Firminus* zur Grundform *(prædium) Firminiacum* würde zur Schreibung *Firmenach* führen, was zwar nicht undenkbar wäre, aber den -*en*-Silbenausfall nicht erklären könnte.

In beiden Fällen lässt sich aber das in den ältesten Belegen eingeschobene *b* zum Suffix -*ach* nicht erklären. Die Flur liegt unter 600 m ü. M. an einem teilweise steil abfallenden Südhang, vergleichbar mit der Lage der möglichen Wüstung *Leinach*.[518] Wenige hundert Meter östlich davon liegt der Sattel *Höhi*, der Gipfelpunkt der lokalen Verbindung Wintersingen – Rickenbach.[519] Verglichen mit der Lage anderer archäologischer römerzeitlicher Fundstellen fällt auf, dass einige davon in einem Sattel oder in unmittelbarer Nähe liegen.[520] Im vorliegenden Fall stützt dies die Annahme einer einstigen Siedlung. Römerzeitliche Bodenfunde sind aber keine dokumentiert. Nebst der Nähe zur *Fer* sorgt eine Quelle auf der Flur für eine ausreichende Wasserversorgung. Das Fehlen archäologischer Funde und die Problematik des etymologisch nicht erklärbaren *b* sprechen gegen die Annahme eines Wüstungsnamens.

*Grunach

Sissach, -, -, nicht lokalisierbar. Ein Simplex *Grunach* fehlt. Einzig ein Kompositum *Gruonnoch Matten* ist zwischen 1447 und 1767 in Sissach 16 Mal belegt.

ein vierteyl matten Jn gruonach matten (1447)[521]
1 Juch matt Jn grimach matten (1485)[522]

1 Juch vnnder steinegk Zuo stig stost an Grünen matten (1485)[523]
ab einem stuck matten gelegen In grünachmatt zü yttken (1496)[524]
Ein Stuckh Matten, so ietz Ackher, Jnn gruonach Matt Jm ytkher Zelglj (1610)[525]
von drey Juch Ackher in Grünach Matt (1692)[526]
Ein Halbe Mäderthauen Matten [...] im Gruonnoch Matten, im Jckter Zelglin
(1767)[527]

Abbildung 8: Obwohl die Ackerfrucht schon in kräftigem Grün das Iktentälchen färbt,
zeugen die kahlen Bäume und die langen Schatten von einem sonnigen Wintertag
unterhalb der *Sissacher Flue*. Die Flur *Gruonnoch Matten* liegt leicht erhöht, wo sich eine
schilfartige Bepflanzung in die Bildmitte zieht.

Mehrere Deutungsansätze sind in Betracht zu ziehen:

1. Entsprechend der Typologisierung nach Schuh[528] ist in der Schreibung *gruonach matten* ein Kompositum anzunehmen, das im Bestimmungswort auf einen einstigen Wüstungsnamen **Grunach* verweist. Möglicherweise geht das Erstglied *gruon* in *gruonach* auf den römischen
Personennamen **Grun(n)ius* zurück. Als Grundform wäre **(prædium)
Grun(n)iacum* anzusetzen, der Name als ‹das dem Grun(n)ius gehörende
Landgut› zu deuten. Nach dem gleichen Muster ist auch der einzige historische Nachweis zur römischen Siedlung *Bettenach* (*vor dem heidenloche an
Bettenachvelde*, 1329) gebildet. Abgesehen vom Umstand, dass der römi-
sche Personenname nicht belegt ist, kann der Diphthong *uo* im ältesten
Beleg (*Jn gruonach*) nur unzureichend durch die grosse Zeitspanne zwischen

dem Abzug der Römer, verbunden mit dem Rückzug der romanischen Bevölkerung, und der Besiedlung durch die ersten germanischstämmigen Siedler erklärt werden.

Die Schreibung *gruonach matten* ist nicht verschoben, weil der Anlaut keinen Wandel *g/k* zu *(k)ch/ch* zeigt und heute auch keine entsprechende Form **chruonach* vorliegt.[529] Eine einstige Siedlung namens **Grunach* – oder zumindest deren Name – müsste daher bis ins 8./9. Jahrhundert erhalten geblieben sein. Die ursprünglichen galloromanischen Namen wurden jedoch erst nach Abschluss der hochdeutschen Lautverschiebung, also im 9. Jahrhundert, ins Deutsche übernommen. Ursprüngliches romanisches *c* wird danach als *g* entlehnt. Doch ist auch der Personenname **Crun(n)ius* nicht belegt. Auch sprechen logische Aspekte der Besiedlungsgeschichte gegen die Annahme eines Wüstungsnamens: Die Flur *Gruonnoch Matten* liegt an einem Südhang auf ungefähr 460 m ü. M. und somit unter der spätantiken Siedlungsobergrenze von 600 m ü. M.,[530] angrenzend an *Ikten*, einem gut belegten Wüstungsnamen mit ursprünglichem *-inghofen*-Suffix, der während des ersten frühmittelalterlichen Landesausbaus (6. bis 8. Jahrhundert) entstand.[531] Die Annahme der Koexistenz einer galloromanischen Siedlung **Grunach* in unmittelbarer Nähe zum jüngeren, germanisch geprägten *Ikten* erscheint wenig plausibel, auch wenn man *Ikten* als Nachfolgesiedlung interpretiert. Zudem lässt sich weder die römische noch die frühmittelalterliche Präsenz archäologisch nachweisen,[532] jedoch liegen schriftliche Belege vor, die *Ikten* als eigenständigen Ort mit eigenem Bann ausweisen.[533] Im Untersuchungsgebiet sind noch die Namen *Gruonacher* (Rümlingen, 1623) und *Gruenachmatten* (Rümlingen, 1731) belegt.

2. **Gruonach* ist als Kompositum aus den Bestandteilen *gruon* zum Farbadjektiv schwzdt. *grüen, grien*, mhd. *grüne, grien* ‹grün, neu, lebenskräftig›[534] im Bestimmungswort und einem *-ach*-Suffix, zu mhd. *ahe* ‹Fluss, Wasser›, ahd. *-aha* ‹Fluss, Strom›[535] zu verstehen. Der Name wäre als ‹das grüne Gewässer› oder ‹das Landstück am grünen Gewässer› zu deuten und würde sich auf ein bedeutendes Fliessgewässer in der Umgebung beziehen, wobei als einziges Fliessgewässer das *Iktenbächli* die Geländekammer durchfliesst. Lautlich wäre diese Deutung am naheliegendsten.

Jedoch fehlen Hydronyme mit dem Farbadjektiv *grün* im Bestimmungswort im erweiterten Untersuchungsgebiet, im Gegensatz zu Bildungen mit den Farbadjektiven schwzdt. *wyss* ‹weiss› und *schwarz* ‹schwarz›, wie beispielsweise *Wissbächli* (Grenchen SO, *am wyssen bächlin*, 1523) oder *Schwarzbach* (Lostorf SO, *Schwarzbach*, 1957), die allerdings mit dem Grundwort *-bach* beziehungsweise dem Diminutiv *-bächli* gebildet sind. Auch wenn BOESCH darauf hinweist, dass die Bedeutung von ahd. *-aha* im frühen Mittelalter schon etwas verdunkelt war, was zur Anfügung von -*bach* führte[536], fehlen in den oben genannten Beispielen entsprechende historische Belege zu einem -*aha*-Suffix. Ausserhalb des erweiterten Untersuchungsgebiets sind beispielsweise die *Schwarza* (St. Blasien, Deutschland)[537] oder die *Schwarzach* (Unterschlatt TG)[538] belegt. Die in Deutschland gelegenen Gewässernamen *Gronach*[539], ein Zufluss zur Jagst (zwischen Stuttgart und Nürnberg, Landkreis Schwäbisch Hall, Baden-Württemberg), und *Kronach*, ein Zufluss zur Haslach (zwischen Coburg und Bayreuth, Oberfranken, Landkreis Kronach), zeigen das Bildungsmuster [Farbadjektiv *grün* + -*aha*-Suffix]. Allerdings bezeichnen beide mit dem -*aha*-Suffix gebildeten Namen ein vergleichsweise grosses Gewässer, das vor seiner Mündung mehrere weitere Bäche in sich aufnimmt. Bach weist richtigerweise darauf hin, dass mit dem -*aha*-Suffix gebildete Hydronyme in der Regel Hauptgewässer bezeichnen.[540] Auf das Gewässersystem im Untersuchungsgebiet übertragen zeigt sich deutlich, dass dem heute *Iktenbächli* genannten Gewässer diese Bedeutung nicht zukommt. Zudem fehlen Belege für die Annahme, in **Gruonach* ein älteres Hydronym für das heutige *Iktenbächli* zu sehen. Ein Kompositum mit einem Suffix ahd. -*aha* dürfte daher nicht vorliegen.

3. Demnach muss auch auf das theoretisch mögliche Kompositum mit dem Bildungsmuster ahd. Personenname *Grunilo*, *Gruna*[541] und dem Suffix -*ach* zu ahd. *aha* nicht näher eingegangen werden. Interessant wäre dieser Ansatz insofern, als in den beiden Personennamen *Gruonilo* beziehungsweise *Gruna* das Farbadjektiv ahd. *grouni* ‹grün› steckt.[542]

Gruonilo würde zwar den Diphthong erklären, könnte aber aufgrund der Silbenfolge -*ilo* nicht ohne Schwierigkeiten zur Namendeutung herangezogen werden. Zudem wäre mit *Gruna* ein Frauenname genannt, ein Umstand, der in Namenbildungsmustern nur sehr selten vorkommt. Im erweiterten Untersuchungsgebiet ist kein Hydronym mit diesem Bildungsmuster [Personenname + Suffix ahd. -*aha*] belegt,[543] Für die Ostschweiz hingegen sind die Siedlungsnamen *Balgach* SG, *Uznach* SG, *Egnach* TG zu nennen.[544]

4. Komposita mit dem Suffix ahd. -*ahi* erscheinen nicht mit Adjektiven,[545] sondern nur in Verbindung mit Substantiven, so dass das Farbadjektiv *grün* im Bestimmungswort ausgeschlossen werden kann. Grundsätzlich möglich sind zwar Bildungen mit Eigennamen, so dass im Bestimmungswort ein Personenname vorliegen kann, allerdings sind dafür nur wenige Beispiele bekannt, die als historische Zwischenformen später in «Reviernamen»[546] aufgegangen sind. Bach erwägt beispielsweise, den Namen *Lahngau* auf ahd. *loganahi* zurückzuführen.[547] Da **Gruonach* aber im Sisgau liegt, keine Belege für einen allfälligen Namen **Gruongau* vorliegen und die

-*gau*-Namen[548] im Untersuchungsgebiet mehrheitlich nicht auf Gewässernamen fussen, kann dieser Ansatz ausgeschlossen werden. Die einzige Ausnahme, der *Aargau*, beruht auf einem Gewässernamen, der einerseits aufgrund seiner Bedeutung in keinem Fall mit dem *Iktenbächli* verglichen werden kann und andererseits nicht mit einem Personennamen gebildet worden ist.

Bildungen mit dem -*ahi*-Suffix im Sinne einer Kollektivstellenbezeichnung treten mehrheitlich bei Baum- und Pflanzennamen auf. Im Element *gruon* kann aber keine entsprechende Bezeichnung gefunden werden. Weitere Appellativa, die sich zur Bildung von Kollektiva eignen, die darauf hinweisen, dass an einem bestimmten Ort etwas in grosser Menge zu finden ist beziehungsweise etwas gewohnheitsmässig geschieht, sind keine mit dem Element *groun* in Verbindung zu bringen. Zudem fehlen Belege, die **Gruonach* als Substantiv mit sächlichem Genus zeigen, so wie es für eine Bildung mit dem -*ahi*-Suffix anzunehmen ist, so dass dieses Bildungsmuster ebenfalls ausscheidet.

5. Weiter oben wurde bereits auf die Existenz der ähnlichen Flurnamen *Gruonacher* (Rümlingen, 1623) und *Gruenachmatten* (Rümlingen, 1731) verwiesen.[549] Der Einzelbeleg *Gruenachmatten* gibt nahezu die identische Lautung wie im Beleg von 1447 wieder (*ein vierteyl matten Jn gruonach matten*), wird aber als Variante oder Verschrieb zu *Grüenmatt* zu zählen sein (Rümlingen, *Ein halb Manwerckh Matten auf der Grüenmatt*, 1731). Der Wechsel zischen den Schreibungen *uo – ue – ie* ist häufig, z. B. in *gruonhag* (Duggingen, *vmbhaget mit einem grien häg*, 1558; *vmbhaget mit eim gruenen hag* 1586, *mit einem gruonhag vmbhaget*, 1720) oder in *Laim Grueben* (Thürnen, *bey der Leimgruoben*, 1616, *bey der Laim Grueben*, 1759). *Grüenmatt* wird als ‹das Mattland mit sandig-kiesigem, mergeligem Boden› gedeutet. Nicht mehr verstandenes schwdt. *Grien* ‹Kies, feines Geröll, grober Sand›[550] erscheint im Namenbestand des Untersuchungsgebiets mehrfach in der Schreibung *gruen*, *grü(e)n*, z. B. *Grüenler* (Zeglingen, *im Grienler*, 1702; *im Grüenler*, 1757). Die -*ach*-Endung liesse sich als adjektivische -*ig*-Endung zu *grienig* erklären, die sich auf die Bodenbeschaffenheit der Flur bezieht. Allerdings ist der Wandel -*ig* zu -*ach* im Namenbestand nicht belegt. *Gruonacher* (Rümlingen, *in gruonacher*, 1623) kann als Ellipse auf die Lage des Ackers bei einem Gruenacherapfelbaum[551] hinweisen. Ebenfalls gründet die Namenmotivation der Flurnamen *Aeugstler* (Tecknau, *am Eügstler*, 1595) oder *Schibler* (Rünenberg, *jm Schibler*, 1702) in einer alten Obstsorte.[552] Dementsprechend zeigt das Kompositum *Gruonnoch Matten* den Wegfall der unbetonten -*er*-Silbe und wäre demnach als ‹das Mattland bei oder mit dem Gruenacherapfelbaum› zu deuten. Ein Wüstungsname liegt nicht vor.

Häspech [*dər hę́ßbəχ*]

Itingen/Lausen grenzübergreifend, 1464 – heute, 118 Belege, lokalisierbar

weg so gen hegspach gat (1464)[553]
von hägspach (1466)[554]
von dem hegkspach (1479)[555]
2 mäderthauwen matten am Haesperg (1531)[556]
ein iuchrt matt Zu Hägspach (1534)[557]
ein Juchrt glegen Jn Vtinger feld, oben am Häspell (1534)[558]
Jm Hespach 1 Jucharten (1572)[559]
ein Jucharten Matten Zuo Hegspach (1605)[560]
Ein Starcken Mäder Tauwen im Häschbach (1733)[561]
im Häschbach (1802)[562]
1 Juch. 57 Rh. 19 Schr. Matten Hespach (1853)[563]
Häspech (2012)[564]

Abbildung 6: Die Flur *Häspech* liegt zum grössten Teil auf Lausener Boden. Nur ein schmaler Streifen vor den blauen und roten Gewerbebauten liegt in Itingen und somit im Untersuchungsgebiet. Die Landschaft zeigt sich in vielen Belangen kontrovers: Der Mais steht geordnet in Reih und Glied, daneben werden die Kartoffeln von Grünzeug überwuchert oder sind schon geerntet worden.

Die ältesten Schreibungen legen ein Kompositum aus den Bestandteilen *häg* beziehungsweise *heg* zu schwzdt. *Hag* ‹Hecke›[565] im Erstglied und einem Zweitglied *-pach* zu schwzdt., nhd. *Bach* ‹Wasserlauf›[566] nahe. Die jüngste Schreibung zeigt die in der Mundart mehrfach auftretende Verhärtung von *b* zu *p* und Abschwächung *a* zu *e*, wie beispielsweise auch in *Tschupech* (Maisprach/Rünenberg). Ebenso ist diese Veränderung in Riehen BS im Flurnamen *Ufem Humpech*[567] und in der Mundart des Schwarzbubenlandes[568] zu sehen, beispielsweise in *Trumpech* (Beinwil SO), *Illpech* (Erschwil SO) oder *Mittler Mööschpech* (Meltingen SO).[569] Tatsächlich liegt die Flur an der Grenze zu Lausen (Bezirk Liestal) und an der Ergolz. Südlich und nördlich der Flur münden noch zwei weitere Bäche in die Ergolz. Auf welches Fliessgewässer der Name Bezug nimmt, ist nicht zu bestimmen. Dass sich das Element *Hag* auf einen einstigen Grenzzaun zwischen Lausen und Itingen bezieht, ist durchaus nachvollziehbar. Die Namenmotivation liegt demnach in der Lage der Flur.

Die Annahme, das Suffix *-ech*, die mundartnahe Verschriftlichung zu *-ach*, auf ursprüngliches *-acum* zurückzuführen, ist abzulehnen. Weder lässt sich für das Erstglied *Hegs* ein galloromanischer Personenname rekonstruieren, noch sind für Itingen gesicherte römerzeitliche Siedlungsreste oder gar frühmittelalterliche Funde belegt.[570]

Von einem Wüstungsnamen ist daher abzusehen.

Leinach [lǽynəχ]

Maisprach, 1393 – heute, 32 Belege, lokalisierbar

vor lenwach ein juchart (1393)[571]
ein Juchrt vor Lewa (1534)[572]
ein Juchrt vor Lewach (1534)[573]
dry Jucharten vff Lewen (1534)[574]
Zwo Juchrten vffem Halt […] stost vf die Lew (1534)[575]
drey Jucharten […] Stossen […] vßhin gegen Leüwach (1593)[576]
Ein Jucharten vor Lebach (1595)[577]
Zwo Jucharten in der Leimenach (1625)[578]
ein halb Jucharten Vor Leimach (1702)[579]
Leinach (1884)[580]
Leinach (1992)[581]

Abbildung 10: Steil ist der Abhang am langgezogenen *Schönenberg.* Der Weg führt zum Hof *Leinach* hinauf. Römische Siedlungsspuren im Umkreis des Hofs bestätigen, dass hier schon vor vielen hundert Jahren Menschen wohnten.

Der Erstbeleg zeigt als einziger die Schreibung *vor lenwach*, danach fällt das *n* aus. Erst zu Beginn des 18. Jahrhunderts erscheint die Form *Leynach* mit *n*-Schreibung und *ei*-Diphthong. Schreibungen mit *w* sind bis ins 16. Jahrhundert belegt. Dem SCHALLER Berein entstammen mehrere Belege mit unterschiedlichen Schreibungen: *vor Lewa, vff Lewen, vor Lewach* und mit Artikel *vf die Lew.*[582] Im ausgehenden 16. Jahrhundert ist die Schreibung *Lebach* belegt. Ihr liegt kein Kompositum mit einem Grundwort -*bach* zugrunde. Vielmehr ist ein grammatischer Wechsel *w* zu *b* anzunehmen. Diese Aspekte legen nahe, dass es sich um einen alten, schon früh nicht mehr verstandenen Namen handelt. Erschwerend kommt hinzu, dass die Flur *Leinach* im Süden direkt ans Gebiet *Laig* (Maisprach, Buus) anstösst, dessen Geltungsbereich sich bis an den Südfuss des Schönenbergs erstreckt, der dem Dorf Buus gegenüberliegt. Älteste Belege zeigen die Schreibungen *Jn Leweg*, 1534; *Jnn lewig, einsit vff dem mattennholtz*, 1564; *Jnn Leiwig*, 1566; *Jn Leüwig [...] oben an dem Mettenholtz*, 1593; *im Löwig*, 1698; *Reeben in Löwig*, 1702; *Laig hat Laubholtz*, 1742; *Reben in Leück*, 1794; *Laig*, 1880. Eine Deutung für *Laig* liegt zurzeit nicht vor.[583]

Mehrere Deutungsansätze sind möglich:

1. Als Bestimmungswort ist ein galloromanischer Personenname, wohl *Leonius*, zu einer möglichen Grundform *(prædium) Leoniacum* anzunehmen.[584] Der Name wäre als ‹das Landgut des Leonius› zu deuten und würde auf einen ehemaligen römischen Gutshof verweisen. Dieser Ansatz ist jedoch nicht unproblematisch, weil damit inlautendes *w* in den ältesten Belegen nicht etymologisch erklärt werden kann.[585] Die Flur *Leinach* liegt ungefähr einen Kilometer südöstlich von Maisprach am Westabhang des Schönenbergs auf ungefähr 470 m ü. M. und somit deutlich unter der angenommenen spätantiken Besiedlungsobergrenze von 600 m ü. M.[586] Ungefähr 350 Meter südwestlich davon liegt die archäologische Fundstelle *Metteholz*. Bei den gefundenen Mauerresten handelt es sich höchstwahrscheinlich um Teile einer römischen Villa, weitere Reste werden vermutet.[587] 400 m nördlich von Leinach befindet sich die archäologische Fundstelle *Mettli*. Verschiedene Bodeneingriffe brachten ebenfalls römischen Abbruchschutt, Leistenziegel, Tuffsteine und Keramik hervor. Dies weist offensichtlich auf ein einstiges römisches Gebäude in unmittelbarer Nähe hin. Weitere Reste werden vermutet.[588] Verkehrsgeographisch liegt Leinach zwischen Buus und Maisprach im hinteren Teil eines nach Rheinfelden und Augst (*Augusta Raurica*) führenden Tals. Während Buus mit an Sicherheit grenzender Wahrscheinlichkeit auf eine römerzeitliche Gründung zurückzuführen ist,[589] sind für Maisprach zumindest römerzeitliche Funde belegt.[590] Eine mögliche galloromanische Wüstung *Leinach* reihte sich daher nahtlos in die Besiedlungsstruktur des römischen Hinterlands ein. Mehrere Quellen im Raum *Leinach* sichern ein ausreichendes Wasservorkommen und führen zu den Überlegungen des zweiten Ansatzes.

2. Das Erstglied *Len* (*Leu*?)[591] beziehungsweise *Lew*, *Lei* zeigt einen Bezug zu schwzdt. *lew* ‹kleiner Hügel, Anhöhe›[592], ahd. *(h)leo*, mhd. *lê*, *lêwer* ‹Hügel›[593], das Zweitglied *-ach* zu ahd. *aha* ‹Fluss, Strom›, mhd. *ahe* ‹Fluss, Wasser›.[594] Daraus resultieren die Deutungen ‹die rundliche(n) Erhebung(en) mit oder bei dem (reichlichen) Wasservorkommen› oder ‹die rundliche(n) Erhebung(en) am Wasser›. Allerdings müssen diese beiden Deutungen aufgrund der Topographie in Frage gestellt werden: Die Flur *Leinach* befindet sich zwar am Schönenberg, einem langgezogenen, gerade verlaufenden Bergrücken mit steil abfallenden, bewaldeten Seiten, dessen rundliche Kuppe jedoch liegt ungefähr einen Kilometer weiter nördlich. Ein Bezug dazu erscheint unwahrscheinlich. Abgesehen vom weit entfernt in der Talsohle fliessenden Buuserbach, fehlt ein anderes Fliessgewässer, auf das der Name *Leinach* Bezug nehmen könnte. Einzig der historisch belegte Name *Leinachbrunnen* legt nahe, das Suffix *-ach* als ursprüngliches Grundwort

zu ahd. -*aha* zu verstehen.[595] Das Grundwort -*brunnen* bezeichnet in diesem Fall die Quelle des Gewässers. Tatsächlich liegen mehrere Quellen im Gebiet *Mettli* – *Leinach*.[596] Allerdings sind Komposita mit einem Suffix -*ach* aus ahd. -*aha* im Datenmaterial der FLUNA sehr selten, Hydronyme sind im Untersuchungsgebiet keine belegt. Zudem erscheint das Suffix ahd. -*aha* vorwiegend bei grösseren oder mittleren Gewässern.[597] Dies dürfte weder für das heute nicht mehr sichtbare, aus dem *Leinachbrunnen* entsprungene Bächlein zutreffen, noch existieren Hinweise, dass damit der Buuserbach gemeint sein könnte.

Im Namenbestand des Untersuchungsgebiets und des ganzen Kantons Basel-Landschaft tritt das Element schwzdt. *lew* ‹kleiner Hügel, Anhöhe› im Bestimmungswort und auch als Simplex mehrheitlich flektiert oder mit -*ere(n)*-Suffix als Dativ Plural auf. Ebenfalls weit verbreitet sind entrundete *Leibere(n)*-Schreibungen.[598] Solche Schreibungen fehlen in der Belegreihe für *Leinach*. Diese Überlegungen führen zum Schluss, dass kein Kompositum mit einem Bestimmungswort zu schwzdt. *lew* und dem Suffix -*ach* zu ahd. *aha* vorliegt.

3. Kompositum mit dem Bestimmungswort *Leim*. Namen, die auf lehmhaltigen Boden verweisen, sind im Kanton Baselland vielfach vertreten. Aufgrund der ältesten Schreibungen *lenwach*, *Lewach* ist ein Deutungsansatz in Bezug zur Bodenbeschaffenheit zu prüfen, wenn im Erstglied *lenw* beziehungsweise *Lew* ein Verschrieb zu schwzdt. *Leu*, einer Nebenform zu schwzdt. *Lei*, *Leim* ‹Lehm›,[599] angenommen wird. Historisch belegt ist diese Form in der Belegreihe in *vor Leüwach* (1593, 1595) oder in *Zwische Lei* (Reinach BL, *zwuschent dem leymen*, 1414; *Gestrüpp Z. dem Leüw*, 1658), *leigrabe* (Reinach BL, *uf den Leüw graben*, 1658), *Lei* (Reinach BL, *i Juch. vor uff dem Leüw*, 1650), *Laimacker*, (Lausen, Zwo Jucharten im Leü Acker, 1770), *Leimet* (Rothenfluh, *Jn Leümatt*, 1678) oder *Laihölzli* (Trenniken, *beim Leüerhöltzlin*, 1645). Ebenfalls sind *Lew*-Schreibungen in Bezug zu schwzdt. *Leim* ‹Lehm› belegt, z. B. in *Hinder Leimet* (Rothenfluh, *Reben und Feld hinder Lewmat*, 1765) oder *Laihölzli* (Tenniken, *lew höltzli*, 1678). Die scheinbar grosse Auswahl an Belegen darf jedoch nicht darüber hinwegtäuschen, dass die *Leu*-Formen verglichen mit anderen möglichen Schreibungen nur einen marginalen Bestandteil ausmachen. Sie erscheinen zudem nie im ältesten Beleg, sondern zeigen Varianten. Überdies beschränken sich die Nachweise auf einige wenige Belege innerhalb einer Reihe oder treten als Schreibphänomen innerhalb eines Namennestes gehäuft auf, wie dies in Reinach BL bei *Lei*, *vorder Lei*, *Zwische Lei* und weiteren Namen der Fall ist. Ausserdem muss berücksichtig werden, dass die Form *Leu* nicht der Baselbieter Mundart entspricht.[600]

Ein Bestimmungswort *Leim* liesse sich sprachlich sowohl mit dem Suffix ahd. *-aha* als auch mit ahd. *-ahi* in Verbindung bringen. Aufgrund der verwendeten Präpositionen *vff* ‹auf› und *vor* ‹vor› geht das Genus von *Leinach* nicht hervor. Aus den beiden stark von der Belegreihe abweichenden Namenschreibungen *Zwo Juchrten vffem Halt [...] stost vf die Lew* (1534) und *Zwo Jucharten in der Leimenach* (1625) feminines Genus abzuleiten, überzeugt nicht, weil schwzdt. *lew* ‹Hügel› maskulines Genus verlangt und schwzdt. *Leim* ‹Lehm› sowohl mit femininem als auch maskulinem Genus[601] belegt ist. Vielmehr ist die isolierte (und falsche) Verwendung des Genus Ausdruck dafür, dass der Name nicht mehr richtig verstanden worden ist. Tatsächlich zeigen die Böden teilweise Vernässung im Unterboden oder eine Gefährdung durch Staunässe, was den Eindruck feuchter, lehmhaltiger Böden erwecken könnte, auch wenn ein expliziter Hinweis auf eine lehmhaltige Bodenbeschaffenheit fehlt.[602] Ein Bestimmungswort *Leim* erscheint daher nicht ausgeschlossen. Bereits im zweiten Deutungsansatz wurde erwähnt, dass ein entsprechendes Gewässer fehlt, das die Annahme des Suffixes ahd. *-aha* rechtfertigen würde. Der vierte Ansatz bespricht daher die Deutungsmöglichkeiten in Bezug zu einem Suffix ahd. *-ahi*.

4. Komposita mit dem Suffix ahd. *-ahi* im Sinne einer Kollektivstellenbezeichnung treten mehrheitlich bei Baum- und Pflanzennamen auf.[603] Dabei könnte das Erstglied im ältesten Beleg *len* zu schwzdt. *Lîn* ‹Lein, Flachs›, mhd., ahd. *lîn*[604] zurückzuführen sein. REBER führt beispielsweise den nur grob lokalisierbaren gleichlautenden Namen *Leinech* in Trimbach SO[605] auf dieses Bildungsmuster zurück. Diese Belegreihe zeigt die Schreibungen *Zu linach* 1528; *j manwerch Limen genempt*, 1562; *zuo Lynach*, 1612; *Ein Manwerch lÿnen genembt*, 1632; *Jm Leinech* 1682; *Zue Leinachen*, 1799. REBER unterlässt die Diskussion alternativer Deutungen mit einem Suffix ahd. *-aha* beziehungsweise galloromanisch *-acum*, obwohl eine archäologische Fundstelle[606], Münzstreufunde[607] und der Flurname *Meierhof*[608] in unmittelbarer Umgebung liegen. Zudem verlaufen zwei historische Verkehrswege durch dieses Gebiet, die teilweise bereits zur Römerzeit begangen worden sind[609], so dass die von REBER formulierte Deutung in Frage gestellt werden muss. Umso mehr, als Staunässe und schwere Böden für den Flachsanbau ungeeignet sind. Zwar liegen keine amtlichen Informationen zur Bodenbeschaffenheit vor, die Flurnamen *Ei*, *Eimatt*, *Duntelen*, *Graben* und weiter entfernt *Mieseren* weisen neben mehreren Bächen jedoch auf ein sehr wasserreiches Gebiet hin, das sich kaum zum Flachsanbau eignet beziehungsweise geeignet haben dürfte.[610] Weitere *L(e)inach*-Namen sind in der Deutschschweiz keine belegt.[611]

Im Gebiet *Leinach* in Maisprach befinden sich ebenfalls mehrere Quellen, und die Böden sind teilweise durch Staunässe gefährdet[612], so dass auch hier ein Flachsanbau nicht in Erwägung gezogen werden kann. Ebenfalls fehlen entsprechende Schreibungen in der Belegreihe, die im Bestimmungswort ein Bezug zu schwzdt. *Lîn* ‹Lein, Flachs› vermuten liessen. Im Namenbildungsmuster des Untersuchungsgebiets und des ganzen Kantons Baselland ist kein Element schwzdt. *Lîn* ‹Lein, Flachs› belegt. Namen in Bezug mit Leinanbau werden mit den Elementen *Flachs*, *Har* und *Hanf* gebildet.[613] Ein Kompositum mit dem Element schwzdt. *Lîn* ‹Lein, Flachs› im Bestimmungswort und dem Suffix ahd. *-ahi* ist daher ebenfalls auszuschliessen.

Im dritten Ansatz konnte eine Etymologisierung mit einem Bestimmungswort *Leim* nicht ausgeschlossen werden. Bach hält fest, dass das Suffix ahd. *-ahi* neutrale «Kollektiva der Vegetation und Bodenbildung»[614] bezeichnet, und gibt nebst den Pflanzen- und Baumnamen auch Beispiele zu den Appellativa *Stein* oder *Sulch* ‹Morast, Pfütze›[615] an. Somit erscheint auch für *Leinach* ein Kompositum mit dem Bestimmungswort *Leim* und dem Suffix ahd. *-ahi* möglich. Allerdings weist Bach[616] auf die Seltenheit dieser Bildungen hin, und kein *Leinach*-Beleg enthält den nötigen Hinweis, den Namen als Neutrum, mundartl. *s Leinach*, zu interpretieren.

Synthese: Sprachliche Aspekte können in keinem der vier Deutungsansätze restlos überzeugen. Unter der Berücksichtigung der mehrfach belegten archäologischen Funde, die eine römische Villa nachweisen, wird die Annahme eines galloromanischen Wüstungsnamens dennoch bevorzugt.

Zenzach [*dsḗndsaχ*]

Wintersingen, 1437 – heute, 16 Belege, lokalisierbar

aber 1 Jucherten lyt vff zenzach ob der grossen zyl (1437)[617]
½ Juch Jm Sentzach (1485)[618]
Jtem Jn Zentzach 1 stukacker (1485)[619]
Jnn Zentzach ein stuck acker (1534)[620]
ein iuchrt Zentzbach oben an der grosen Zil (1534)[621]
auff Zehenzach (1678)[622]
Zenzach (1802)[623]
Zenzach (1991)[624]

Abbildung 11: Am östlichen Ende von Wintersingen steigt der Weg steil an. Die Siedlung geht in Kulturland über. An diesem Südhang liegt die Flur *Zenzach*.

Unterschiedliche Schreibungen und die Verwendung mehrerer Präpositionen sind Indizien für einen alten, bereits früh nicht mehr verstandenen Namen *Zenzach*, auch wenn die Schreibung des ältesten Belegs mit der heutigen übereinstimmt. Für die Namendeutung bieten sich mehrere Aufschlüsselungen des Bildungsmusters an. Das Suffix *-ach* kann auf ursprünglich galloromanisch *-acum*, ahd. *-aha* oder ahd. *-ahi* zurückgeführt werden. Nur im ersten Fall liegt ein Wüstungsname vor. Schwierig ist bereits die Aufschlüsselung des Erstglieds, da sich *Zenz* an kein bekanntes Wort der Baselbieter Mundart anschliessen lässt.[625] Daraus ergeben sich folgende mögliche Deutungsansätze:

1. Kompositum mit dem Bestimmungswort *Enz* zum Personennamen **Encius*, **Ancius* und dem Suffix *-ach* zu galloromanisch *-acum*, zurückzuführen auf die Grundform **(prædium) Enciacum*. Der Name *Zenzach* wäre als ‹das Landgut des Encius, Ancius› zu deuten. Heute wird *Zenzach* mit langem geschlossenem *e* ausgesprochen. Dies schliesst eigentlich einen Anschluss an vordeutsches *e* aus. Allerdings beruht die heutige mündliche Aussprache *Zeenzach* [*dsēndsaჯ*] auf einem einzigen Nachweis einer Gewährsperson. Es kann daher nicht ausgeschlossen werden, dass sich die Aussprache des schon früh nicht mehr verstandenen Namens im Laufe der Zeit verändert hat. Zu erwartendes *Zänzach* [*dsęndsaჯ*] ist

immerhin in Belegen zum Zelgnamen *Zelg zu Zönzach* belegt: *1 Juchart auff Einach beym Gibl liggt in der Zelg zu Zänzach* (1699)[626] und *Zelg Zu Zähnzach* (1702).[627]

Das *z* im Anlaut von *Zenzach* entstand wohl durch Agglutination der Präposition *ze* ‹zu›. Aufschlussreich dafür sind erneut Schreibungen in der Belegreihe des Zelgnamens: *Zelg Z'Entzach und Zum Berg* (1702)[628] und *Zelg zu Önzach und Berg* (1763).[629] Für die Annahme eines Wüstungsnamens sprechen Belege, die die Anstösser *Grossen Zil* ‹das grosse, an der Grenze gelegene Grundstück› und *Cleinen Zil* ‹das kleine, an der Grenze gelegene Grundstück› nennen, die sich auf eine alte Grenze beziehen. Das Gebiet rund um *Zenzach* liegt heute nicht an einer Grenze. Die räumliche Nähe zwischen *Zenzach – Cleinen Zil – Grossen Zil* ergibt sich aus den drei Belegen: *aber 1 Jucherten lyt vff zenzach ob der grossen zyl* (1437)[630], *Zentzach 1 Juch Zuom schiblacher drettet vff der Thuomherren guot* (1485)[631] und *aber 2 jucht. ackers gelegen zer cleinen zyt genant die schybach* (1447)[632], wobei sich die Schreibungen *schiblacher* und *Schybach* auf die gleiche Flur beziehen. Die Lage der Flur östlich eines sanften Geländesattels auf 480 m ü. M. und somit deutlich unter der spätantiken Siedlungsobergrenze von 600 m ü. M.[633] ist vergleichbar mit jener der Wüstung *Einach* beziehungsweise der archäologischen Fundstelle *Breitfeld*.[634] Allerdings fehlen am Ort selbst archäologisch gesicherte römerzeitliche Funde sowie eine Quelle zur Sicherung des Wasserbedarfs.[635]

2. Möglich erscheint auch ein Kompositum mit dem Suffix *-ach* zu ahd. *-ahi* im Sinne einer Kollektivstellenbezeichnung mit sächlichem Genus, die vorwiegend bei Baum- und Pflanzennamen auftritt.[636] Allerdings lässt sich *Zenz* weder an einen Pflanzen- oder Baumnamen noch an ein Appellativ davon anschliessen.[637] Kein Bezug besteht zu schwzdt. *Senz*, *Sänz* ‹Herr›, *Sënz* ‹Zuckeressenz, Kurzform zum Personennamen *Crescens*›[638], *Sënd* ‹weltliches Gericht›[639], *Sënt* ‹Centim›[640] beziehungsweise *sänt* im Sinne von *ze End*, *zänt* ‹Zu Ende›.[641] Anlautendes *z* in *Zenzach* liesse sich dann nur durch Verschmelzung mit dem Anlaut *d* eines einstigen bestimmten Artikels *die* erklären. Das Suffix ahd. *-ahi* verlangt aber nach einem Substantiv mit neutralem Genus. Dafür kommen die oben genannten femininen und maskulinen Substantive nicht in Frage. Sprachlich möglich wäre ebenfalls eine Aufschlüsselung von *sänts* in die Bestandteile *ze End*, *zänt* ‹Zu Ende› und ein Genitiv-*s* sowie dem Suffix ahd. *-ahi* als Bezeichnung für ein markantes Vorkommen an einem bestimmten Ort[642], also *z + änt + s + ach* mit der Deutung ‹(das Landstück) bei der/ den Grenze(n)›. Die homophone Aussprache von *z* und *ts* begünstigte

dabei die Verschriftlichung des Namens mit inlautendem *z*. Die oben genannten Anstösser *Cleinen Zil* und *Grossen Zil* könnten dabei auf mehrere Grenzverläufe oder -abschnitte verweisen, die in diesem Raum aufeinandertreffen. Allerdings sind Komposita mit einem Bestimmungswort *End* im erweiterten Untersuchungsgebiet nicht belegt. *Enden Rohr* (Rickenbach, 1802) ist mit grosser Wahrscheinlichkeit ein Verschrieb. Namenbezeichnungen für Grenzen und die Lage bestimmter Grundstücke in Grenznähe werden ausschliesslich mit den Elementen schwzdt. *Zil,* zu mhd. *zil* ‹Ziel des Laufens, Schiessens, Angreifens; Grenze, abgegrenzter Raum›, ahd. *zil* ‹Grenze, Ende›[643] und schwzdt. *March* ‹Grenze, Grenzzeichen, Grenzland›, zu mhd. *marke, march* ‹Grenze, Grenzland, Gau, Bezirk›, ahd. *marca, marc* ‹Grenzscheide, Grenze, Zeichen› gebildet.[644] Ein Bestimmungswort *End* ‹Ende, Grenze› in *Zenzach* kann somit ausgeschlossen werden.

Möglicherweise ist daher der Bestandteil *Zenz* in ein Substantiv *Enz* mit agglutiniertem *z* aus der Präposition *ze* ‹zu› oder dem Auslaut des bestimmten neutralen Artikels *das* zu unterteilen. Für die Präposition *ze* ‹zu› sprechen mehrere bereits weiter oben erwähnte Schreibungen, hingegen entspricht die Verschmelzung mit dem Auslaut des Artikels *das* dem Bildungsmuster mit -*ahi*-Suffix für Kollektivstellenbezeichnungen im Neutrum. Im ältesten Beleg wird die Präposition *vff* ‹auf› verwendet (*lyt vff zenzach*), zu lesen wäre *uff (da)s Enzach*. Allerdings lässt sich dabei die Anlautverschiebung *s* zu *z* nicht erklären. Diese tritt vor allem bei Verschmelzungen mit dem bestimmten femininen Artikel *die*, mundartlich *d*, und anlautendem *s* ein, z. B. *Saffholdere* (Arisdorf): *drey Juchart Ackhers Vngefährlich Jn Zaffaltern* (1593)[645]. Zu erwarten wäre also die Schreibung **Senzach*.

Entscheidender dürfte jedoch die Deutung von *Enz* sein. Nicht in Frage kommen die im Untersuchungsgebiet nicht belegten Kurzformen zu den Personennamen *Lorenz*[646] und *Emerentia*[647]. Sie vertragen sich nicht mit der Funktion des Suffixes ahd. -*ahi*. Auch *Enzi* ‹oberste Kuppe eines Grenzbergs› ist nur in wenigen Flurnamen im Entlebuch als Grundwort belegt.[648] Lediglich die bereits genannten Anstösser *Cleinen Zil* und *Grossen Zil* sowie die Hanglage von *Zenzach* rechtfertigen einen möglichen Bezug. WASER argumentiert, *Enzi* sei als «jüngere Form, die sich in Analogie zu Kollektivbildungen mit dem Suffix ahd. -*ahi* > -*i* entwickelt hat»[649], zu verstehen, wie beispielsweise die Entwicklung von *Arnen* zu *Arni* und *Hasle* zu *Hasli* aufzeigt.[650] Dies ist zweifellos richtig, allerdings scheint dabei vergessen zu gehen, dass es sich in beiden Fällen um Baumnamen (Ahorn und Hasel) handelt, was einzig der allgemeinen Interpretation der Suffixfunktion in Bezug zu *Konkreta* entspricht, nicht aber eine weitere mögliche Produktivität und schon gar nicht eine Erweiterung auf *Abstrakta* zu erklären vermag.[651]

Im Namenbestand des Untersuchungsgebiets und des ganzen Kantons Basel-Landschaft ist die Suffixentwicklung *-ahi* zu *-i* ausschliesslich in Verbindung mit Pflanzen- und Baumnamen bezeugt, z. B. in *Erli* (Rothenfluh, *in dem erly ij manwerk matten*, 1397).[652] Es ist also nicht ersichtlich, wieso das isoliert im Entlebuch belegte Element *Enzi* in *Zenzach* belegt sein soll. Das Element *Enz* in *Zenzach* kann auch nicht in Verbindung mit einem Pflanzen- oder Baumnamen gebracht werden. *Enz* als apokopierte Form zu *Enzen*, Nebenform zu *Enziane,* zu verstehen, dürfte ausgeschlossen sein. Der Enzian ist vorwiegend im Alpenraum anzutreffen. Einzig in der Belegreihe von *Änziane* (Waldenburg, *auff der entzionen*, 1678) ist der Pflanzenname belegt, nicht aber die Nebenform *Enzen*.

Darüber hinaus ist *Enz* im benachbarten Fricktal als «Erz, das frisch aus den Minen gekommen ist»[653], belegt. Weiter wird ein Bezug von *Enz* zu *Enzi* angenommen und dabei auf *Enz(i)loch* verwiesen, das wiederum als «Name von Höhlen, an die sich verschiedene Sagen knüpfen»[654] erklärt wird. Ein Bezug zu Erzabbau ist damit aber nicht gegeben. Auch kann *Enzknapp*, lediglich als *Bergknapp* ‹Bergarbeiter› erklärt und auch einzig im Fricktal belegt, keinen Bezug zu *Erz* herstellen.[655] *Enzi* seinerseits wird als «oberste Kuppe eines Grenzberges» gedeutet, so dass auch hier ein Erzabbau oder -vorkommen nicht ersichtlich ist, zumal Erzminen nicht auf Bergkuppen, sondern vielmehr an Bergflanken errichtet und die Stollen horizontal in den Berg hineingetrieben werden.[656]

Es fällt daher schwer, im Element *Enz* in *Zenzach* in Verbindung mit dem Suffix ahd. *-ahi* einen Bezug zu Erz beziehungsweise einem Erzvorkommen zu sehen.

Zu Erz besteht nur dann ein Bezug, wenn für *Enz* ein Verschrieb angenommen wird. Schriftliche Belege liegen jedoch keine vor. Ungefähr zwei Kilometer nordöstlich von *Zenzach* liegt in Buus die Flur *Erzmatt*. Anhand von Schlacken- und Holzkohlefunden wurde nachgewiesen, dass hier einst Eisenerz verhüttet wurde.[657] Unklar ist jedoch, wo das Erz abgebaut worden ist. Ein Kompositum mit einem Suffix ahd. *-ahi* erscheint daher nicht gegeben.

3. Ein Kompositum mit dem Suffix ahd. *-aha* ‹Fluss, Wasser› ist zunächst aus topographischen Gründen abzulehnen, da im näheren und weiteren Umfeld von *Zenzach* weder eine Quelle noch ein Fliessgewässer auszumachen ist.[658] *Zenzach* liegt erhöht gelegen in der Mitte zwischen *Fer* und *Brunnbächli*. Namen mit *-aha*-Suffix bezeichnen grundsätzlich die Haupt-

gewässer, während die Namen kleiner Wasserläufe mit dem Grundwort -*bach* gebildet werden.[659] Weder die *Fer* noch das *Brunnbächli* sind aber grössere oder Hauptgewässer. Selbst die hypothetische Annahme eines einstigen, heute versiegten Bachs aus dem Gebiet *Zenzach* scheitert an der anzunehmenden Grösse dieses Fliessgewässers, das aufgrund der Topographie vielmehr eine geringere Wassermenge als diejenige der Fer vermuten lässt.

Ebenfalls gegen ein Kompositum mit einem -*aha*-Suffix spricht die Verwendung der Präposition *vff* ‹auf› im ältesten Beleg. In der Diskussion des anlautenden *z* im Erstglied *Zenz* wurde bereits die Verschmelzung mit dem bestimmten Artikel *die*, mundartlich *d*, und anlautendem *s* in Erwägung gezogen. *Zenzach* wäre demnach im ältesten Beleg als **vff d(ie) Senzach* zu lesen. Die einzig belegte weibliche Form *Sänz* ‹Zuckeressenz›[660] kann aber in Verbindung mit einem Suffix ahd. -*aha* nicht zur Namendeutung herbeigezogen werden.

Ebenso wenig weiterführend ist die Suche nach dem ahd. Personennamen **Senzo, Sanzo*[661] o. ä. im Bestimmungswort, da das Suffix ahd. -*aha* «in der Regel»[662] keine Verbindung mit Personennamen eingeht. Aus sprachlichen, hydrologischen und topographischen Aspekten muss auch dieser Ansatz verworfen werden.

Synthese: Die Deutung von *Zenzach* gestaltet sich äusserst schwierig, da sämtliche in Erwägung gezogene Bildungsmuster keine zufriedenstellenden Antworten zu geben vermögen. Insbesondere fehlt eine überzeugende sprachliche Aufschlüsselung. Deutlich zeigt sich hier die Problematik der spät einsetzenden Belegreihe, auch wenn im Vergleich zu anderen möglichen Wüstungsnamen Ersterwähnungen aus der ersten Hälfte des 15. Jahrhunderts noch zu den früheren Belegen zu zählen sind. Nimmt man einen galloromanischen Wüstungsnamen an, so liegt zwischen dem Abzug der Römer im 5. Jahrhundert und der einsetzenden Belegreihe nahezu ein ganzes Jahrtausend. Hier wären ältere Namenschreibungen zwingend nötig, um die Rückschreibung des Namens nach den oben dargestellten Argumentationen präziser diskutieren zu können. Ob ein galloromanischer Wüstungsname vorliegt, muss offenbleiben.

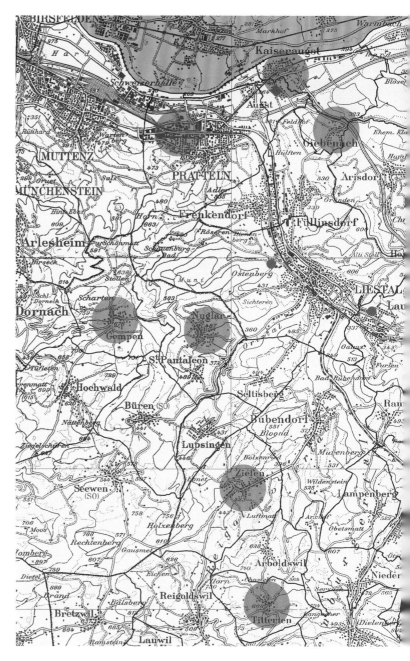

Galloromanische Fundstellen, Siedlungs- und mögliche
Wüstungsnamen mit dem Suffix *-akos

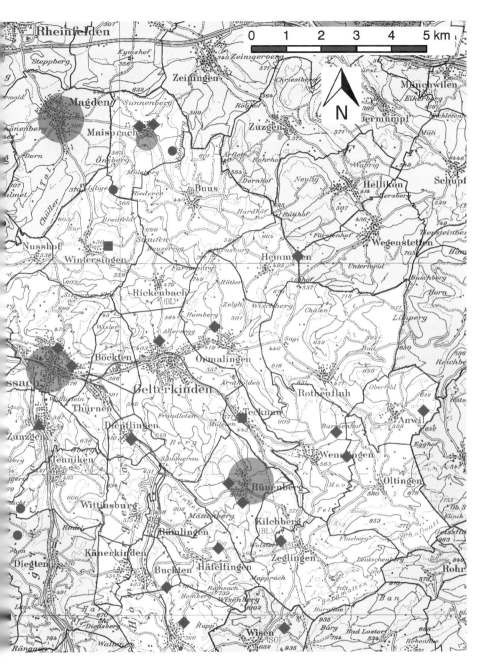

Karte 1: Galloromanische Fundstellen, Siedlungs- und mögliche Wüstungsnamen mit dem Suffix*-*akos*

Legende:
Grosse Kreise: Rezente Siedlungsnamen, v. l. n. r. Gempen SO, Pratteln, Nuglar SO, Ziefen, Titterten, Augst, Giebenach, Sissach, Magden AG, Rünenberg[663] **Mittelgrosser Kreis:** Magden AG[664]
Kleine Kreise: Mögliche Wüstungsnamen, v. l. n. r. Munzach, Bettenach, Bisnacht, Einach, Leinach **Dreiecke:** Tendenziell kein Wüstungsname, Altach (Zunzgen) **Quadrate:** Unsichere Faktenlage, v. l. n. r. Altach (Tecknau), Zenzach **Rauten:** Archäologische Fundstellen[665]

Spuren einer galloromanischen Besiedlung finden sich im gesamten Untersuchungsgebiet. Archäologische Funde in der Umgebung der Passübergänge *Oberer* und *Unterer Hauenstein* zeigen, dass die beiden Übergänge bereits von den Römern begangen worden sind,[666] ganz im Gegensatz zum Gebiet nördlich der Schafmatt. Hier fehlen sowohl Fundstellen als auch lebendige oder abgegangene Siedlungsnamen, die auf eine römische Präsenz hinweisen.[667] Die Strassenverbindung über die Schafmatt (Oltingen) wird mit Funden von scheinbar römischen Karrgeleisen in Verbindung gebracht. Allerdings fehlt bis heute der Nachweis, dass diese tatsächlich aus dieser Zeit stammen.[668] MARTI bemerkt zu Recht, dass der Schafmattübergang in einer siedlungsarmen und verkehrsgeographisch abgeschiedenen Zone liegt,[669] was gegen die Annahme eines ausgebauten römischen Wegs spricht, aber auch, dass für Oltingen «Spuren römerzeitlicher Besiedlung»[670] vorliegen. Im Gegensatz zu den zahlreichen archäologischen Fundstellen sind nur wenige mögliche Wüstungsnamen bekannt. Auffällig ist die Verteilung der möglichen Wüstungsnamen im Untersuchungsgebiet. *Bisnacht* (Tenniken)/ *Wisechen* (Diegten) liegt isoliert im Diegtertal, *Einach* und *Leinach* liegen um Maisprach herum und somit weit nördlich der Ergolz und auch nördlich einer weiteren, von Westen nach Osten verlaufenden Hügelkette.

Die grossen roten Kreise zeigen die heute lebendigen Siedlungsnamen, die aus einer vordeutschen Zeit stammen. Diese befinden sich vorwiegend ausserhalb des Untersuchungsgebiets und skizzieren ansatzweise die einstige Ausdehnung der Romania[671] am Übergang von der Spätantike zum Frühmittelalter.[672] Im Untersuchungsgebiet finden sich nur drei Kreise: Sissach, Rünenberg und Maisprach. Sissach liegt in der Niederung des Ergolztals und markiert die logische Fortsetzung der Ausdehnung östlich von Munzach, um die beiden wichtigen Talgabelungen mit den Verzweigungen zu den beiden Juraübergängen *Oberer* und *Unterer Hauenstein* besetzen zu können. Damit liegt Sissach nur scheinbar exponiert. Berücksichtigt werden muss die direkte Verbindung über Wintersingen ins ebenfalls aus galloromanischer Zeit stammende Magden AG.[673] Im Magden zweigt die «wohl seit der römischen Epoche»[674] bestehende Ost-West-Verbindung via Olsberg – Giebenach nach Augst (*Augusta Raurica*) ab. Die logische Fortsetzung führt nach Maisprach und Buus beziehungsweise in die hintersten Geländekammern der zum Rhein hin verlaufenden Täler. Problemlos lässt sich diese Strecke über Hemmiken – Rothenfluh bis zum Juraübergang Schafmatt weiter skizzieren. Obwohl damit die Existenz eines galloromanischen Ursprungs Maisprachs nicht bewiesen wird, so erscheint ein solcher Ansatz jedoch mehr als nur nachvollziehbar. Exponiert liegt Rünenberg auf einem Hochplateau und damit auch weit abseits der nächsten galloromanischen Siedlung. Die Lage ist vergleichbar mit Titterten.

Deutsche Namen

Die gesamte Namenlandschaft des (erweiterten) Untersuchungsgebiets wird am stärksten von deutschen Namen geprägt. Dabei sind Namentypen aus mehreren Besiedlungsstufen belegt. Im Untersuchungsgebiet sind dies vor allem Namen aus einer fränkisch-alemannischen Landnahmezeit und der einzelnen Landesausbaustufen.[675] Davon zeugen die Siedlungsnamen *Häfelfingen*[676], *Buckten*[677], *Anwil*[678] oder *Rothenfluh*.[679] Dazu stellt sich eine beachtliche Anzahl Flurnamen, die als mögliche Wüstungsnamen näher besprochen werden müssen, wie beispielsweise *Bilisingen, Ikten, Logligen, Wohlhusen, Dagersten* oder *Brunniswil.* Der Schwerpunkt der deutschen Namen liegt im Bildungsmuster der Namen mit *-ingen-* beziehungsweise *-inghofen*-Suffix. Eine Herausforderung stellt die Sammlung, Einordnung und Diskussion zahlreicher möglicher Wüstungsnamen mit einem Grundwort *-stal* dar.[680] Damit wird die Sammlung möglicher Namenbildungsmuster erweitert und zugleich onomastisches Neuland betreten.

Das Suffix *-ingen*

Die mit *-ingen* gebildeten Namen der ersten germanischen Besiedlungsstufe, der sogenannten «Landnahmezeit», zählen zu den ältesten deutschen primären Siedlungs- und Wüstungsnamen, deren früheste Entstehung ins 6. und 7. Jahrhundert zu datieren ist.[681] Sie zeichnen sich aus durch das Bildungsmuster [ahd. Personenname + siedlungsindizierendes Suffix *-ingen*][682] und sind von Flurnamen mit einem *-ingen*-Suffix abzugrenzen, die im Sinne einer maskulinen singularischen Stellenbezeichnung zu deuten sind, beispielsweise *Neuligen* (Anwil) oder *Rüchlig* (Oltingen).[683] ZINSLI spricht von «Insassennamen als kennzeichnender Typ des ersten germanischen Kolonialstils der Landnahmezeit in verstreuten Grosshöfen»[684], ohne jedoch die Namen mit *-ingen*-Suffix zu datieren und sie weder einem alemannischen noch fränkischen Ursprung zuzuschreiben. FÖRSTEMANN spricht dem Suffix *-ing* eine besitzanzeigende Bedeutung zu, die sich «später zu einer patronymischen spezialisiert»[685]. Eine semantische Betrachtung beleuchtet die besiedlungsgeschichtliche Bedeutung der *-ingen*-Namen. «Das ehemalige Grundwort *-ing*, Pl[ural] Nom[inativ] *-inga*, das, erweitert um ein *l*-Infix, noch heute appellativisch in Wörtern wie […] *Schreiberling* weiterlebt, scheint ursprünglich eine adjektivische Ableitung gewesen zu sein, die eine Zugehörigkeit im weitesten Sinn und […] eine persönliche Verbindung verwandtschaftlicher oder rechtlicher Art ausdrückte.»[686] Streng genommen weisen diese Namen in erster Linie nur auf einen Personenbund, erst in zweiter Linie, unter der Annahme einer Niederlassung, auf eine Siedlung hin.[687] «Die Form -ingum ist formal ein Dativ Pl[ural], semantisch ein Lokativ.»[688] BOESCH weist darauf hin, «dass für das Suffix -ing nur eine sehr weite Fassung von ‹Sippe› in Frage kommt, nämlich eine über Blutsverwandtschaft hinausreichende Gruppe von Angehörigen, Zugehörigen und Hofgenossen.»[689] Eine Zahl dazu nennt BOESCH aber nicht. Das Untersuchungsgebiet weist eine hohe Dichte an -ingen-Namen auf, die interessanterweise nicht nur in privilegierter Tallage, sondern auch in höheren Lagen am Jurakamm vorkommen, wie im Fall von Läufelfingen, Häfelfingen, Zeglingen oder Oltingen. «Alles deutet darauf hin, dass die Alemannen ihre ersten Niederlassungen in respektvollem Abstand von den Kastellen der Romanen, aber doch in deren Nachbarschaft gegründet haben.»[690] Dies zeigt sich deutlich im Umkreis von *Augusta Raurica*: Mit ungefähr neun Kilometer Luftlinie Distanz ist Wintersingen (beziehungsweise Iglingen) die am nächsten liegende Siedlung mit einem -ingen-Name. Siedlungsnamen mit -ingen-Suffix bilden im Untersuchungsgebiet die grösste Gruppe, unter den möglichen Wüstungsnamen die zweitgrösste Namengruppe. Die räumliche Ausbreitung dieser Namen ist bedeutend.

Bilisingen   [*d bilisiŋə*]

Oltingen, 1613 – heute, 38 Belege, lokalisierbar

2 Jucharten in Billsingen (1613)[691]
dreyer Mädertauwen matten in der Bilisingen (1622)[692]
in halbe Thawen Matten in der Billinsingen (1702)[693]
Anderthalb Viertel Matten in Billichsingen (1764)[694]
drey Viertel Acker ob Billsingen (1768)[695]
Eine halbe Jucharten aker auf Billisingen (1782)[696]
Eine Halbe Thauen Matten in der Billisingen (1782)[697]
ob Bilisingen (1802)[698]
Bilisinge (1988)[699]

Auszugehen ist von einem frühmittelalterlichen Personennamen als ursprünglichem Bestimmungswort. Möglich erscheint ein Name zum Stamm *Bili*, wohl *Billing*, oder *Biliso* zum Stamm *Belis*.[700] Als mögliche Grundform wäre *Bilisingun* anzusetzen, der Name demnach als ‹bei den Leuten des Billing oder Biliso› zu deuten. Das Element *Bil(l)i* erscheint im Namenbestand des erweiterten Untersuchungsgebiets einzig im vorliegenden Namen und in damit gebildeten Komposita. Ebenfalls auf einen Wüstungsnamen verweisen die beiden nebeneinander gelegenen *Bilikon* (Illnau-Efretikon

Abbildung 12: Es ist ein kalter Wintertag. Oltingen im rechten Bildhintergrund liegt im Schatten, die Hänge sind weiss vom Raureif. Der steile, mit einzelnen Bäumen versehene Abhang oberhalb der Strasse von Oltingen nach Anwil heisst *Bilisingen*; im markanten Einschnitt im Bildvordergrund fliesst das *Bilisingenbächli*.

ZH, *Billikon*, 1525; Kyburg ZH, *Pichilinchova*, 858).[701] Allerdings ist der Personenname im Bestimmungswort zu *Bikilo* dem Stamm *Bic* zuzurechnen. Aufgrund der jungen Belege in der Reihe zu *Bilisingen* kann eine ähnliche Entwicklung nicht ausgeschlossen werden. Bemerkenswert ist das Genus: *Bilisingen* erscheint als einziger möglicher deutscher Wüstungsname[702] als Femininum. Nur selten sind in der Belegreihe Schreibungen ohne Genus mit den Präpositionen *in* und *ob* enthalten. Die Belegreihe setzt erst spät, nach der spätmittelalterlichen Wüstungsperiode, ein, so dass daraus nur schwerlich ein Anzeichen für oder gegen einen Wüstungsnamen abgeleitet werden kann. Die Schreibungen mit bestimmtem femininem Artikel lassen darauf schliessen, dass die Bedeutung des Namens bereits früh nicht mehr verstanden wurde, was auf ein hohes Alter schliessen lässt. Die Flur liegt auf einer Terrasse oberhalb des Ergolztales in Quellennähe, am Rande einer sanften Hangmulde nördlich von Oltingen. Die Böden sind normaldurchlässig und von Kalkbraunerde dominiert, so dass gutes Agrarland vorliegt.[703] Frühmittelalterliche Funde fehlen jedoch.

Alternativ können Komposita mit dem Element *-ing* auch als Stellenbezeichnungen verstanden werden.[704] Allerdings lässt sich das Bestimmungswort an kein bekanntes Wort der Mundart anschliessen[705], so dass dieser Ansatz im vorliegenden Fall ausgeschlossen werden kann.

Für Bilisingen ist daher ein Wüstungsname anzunehmen.

Eglingen

Läufelfingen, 1496–1569, 6 Belege, vage lokalisierbar

ein matt in eglingen (1496)[706]
von einer matten Jm Ramsow vnd Jn Deglingen (1499)[707]
ein matt Jn eglingen hinder Koler matten Zuo leymen (1530)[708]
1 Manwerckh matten Jnn Eglingen (1569)[709]

Das Namenbildungsmuster lässt ein Kompositum mit dem Personennamen *Agil(in)*[710] und einem *-ingen*-Suffix zur Grundform **Agilingun* vermuten.[711] Der Name wäre als ‹bei den Leuten des Agil(in)› zu deuten. Alle Belege zeigen die Präposition *in*, was als ein Indiz für einen Wüstungsnamen gewertet werden kann. Auffallend ist die lautliche Nähe zum Siedlungsnamen *Zeglingen*, der durch Verschmelzung aus **ze Eginingun* / **ze Egilingun* beziehungsweise **ze Aginingun* / **ze Agilingun* entstanden ist. Ein direkter Bezug kann aufgrund des genannten Anstössers *Leimen* jedoch ausgeschlossen werden. Trotzdem lässt sich die Lage der Flur nur ungenau bestimmen, so dass aussersprachliche Aspekte nicht ausgewertet werden können. Ebenso existieren ein Siedlungsname *Eglingen* bei Altkrich im Elsass und ein Ortsteil der heutigen Gemeinde *Hohenstein* (Landkreis Reutlingen, Deutschland). Für *Eglingen* ist ein Wüstungsname anzunehmen, jedoch fehlen gesicherte archäologische frühmittelalterliche Funde. Ein solcher fügt sich in die umliegende Namenlandschaft mit den Siedlungen *Eptingen*, *Läufelfingen*, *Oltingen* und *Zeglingen* bestens ein.

Firsli [*s vīrslī*]

Anwil, 1584 – heute, 26 Belege, lokalisierbar

vier Jucharten vff dem Berg, im furßli (1584)[712]
drey Viertel Ackher im Füeslin (1702)[713]
eine halbe Jucharten Ackher im Fürßlin (1702)[714]
Vier Jucharten Acker auf dem Berg im Füeßlein (1768)[715]
anderthalber Fiertel Acker im Fürßlin samt dem Anthaubt (1779)[716]
Fünff Fiertel Acker im Füeßlingen (1779)[717]
Ein Jucharten Acker ob der Straaß im Ferßlin (1779)[718]
Eine halbe Juch. Aker im Färslin (1837)[719]
Eine halbe Juch. Aker, im Firslin (1837)[720]
Firsli (1992)[721]

Abbildung 13: Das abgemähte Feld hinterlässt eine leuchtende gelbe Ebene, die die beiden Bäume wie in einem Sandstreifen stehend erscheinen lassen. Hier liegt das Gebiet *Firsli*.

Einzig eine Schreibung *Füeßlingen* im ausgehenden 18. Jahrhundert bringt Firsli in die Nähe eines möglichen -*ingen*-Namens. Älteste Belege legen einen Bezug zum Diminutiv zu schwzdt. *Fuess* ‹Fuss› nahe. Ebenso die konsequente Verwendung der Präposition *im*. Die heutige Aussprache des Namens legt ebenfalls die Verkleinerungsform nahe. Die graphologische Nähe zwischen *e* und *r* erklärt den Wandel der Schreibungen. Möglicherweise liegt daher auch im Erstbeleg ein Verschrieb vor, so dass *fueßli* anstelle von *furßli* zu lesen wäre. Jüngste Schreibungen *Ferßlin* und *Färslin* sind Neumotivationen. MARTIS Ansatz, Firsli als mögliche Schwundform zu *Fürslingen* zu interpretieren, kann nicht bestätigt werden.[722] Möglicherweise ist der Name als ‹das Landstück im Form eines kleinen Fusses› zu deuten. Von einem Wüstungsnamen ist abzusehen.

Gastwingen

Rothenfluh, 1492–1768, 2 Belege, nicht lokalisierbar[723]

1 Juchart am Rütten acker Jn gast wingen (1492)[724]
Eine Jucharten Acker und Matten im Rütten-Acker, im Gastwingen (1768)[725]

Die Beleglage ist sehr dünn und der Name lässt sich nicht sicher deuten. Im Erstglied könnte der Personenname *Gasto*, *Cast* oder *Castwid*[726] zu vermuten sein. Diese sind für unsere Gegend nicht aber belegt. *Cast* wäre im weit entfernt gelegenen Siedlungsnamen *Castrop* (Nordrhein-Westfalen) enthalten.[727] Allenfalls liegt ein stark abgeschliffener zweigliedriger Personenname vor, der nicht mehr vollständig rekonstruiert werden kann.[728] Der Personenname *Gasto* erklärt zudem inlautendes *w* nicht. Ein um einen Sprossvokal *w* erweitertes ursprüngliches *-ingen*-Suffix zur Spracherleichterung von **Gastingen* ist nahezu unwahrscheinlich. Nimmt man für inlautendes *w* die Vokalqualität *u* beziehungsweise doppeltes *u* an, wie dies für schwzdt. *Au* ‹Mattland am Wasser› mehrfach belegt ist, so fehlt auch dafür ein möglicher Personenname. Wohl liegt kein Name nach dem Bildungsmuster [Personenname + *-ingen*-Suffix] vor. Auf die Rückschreibung zu einer möglichen Grundform muss daher verzichtet werden. Möglicherweise zeigen die beiden Belege ein Suffix *-wingen*. Im Untersuchungsraum sind nur wenige weitere Namen und Schreibungen mit inlautendem *w* belegt, z. B. *Holingen*[729] (*Jn Halwingen*, 1489) und das bis heute ungedeutete *Bettewer* (*Jn bettewer*, 1397).[730] *Wingen* könnte zu *Wengen* als Dativ Plural von *Wang* ‹Feld, Mattland› interpretiert werden. Allerdings ist die Hebung von *ë* zu *i* nicht üblich. RIPPMANN nimmt für *Gastwingen* vorbehaltlos eine Wüstung an.[731] Dies überzeugt jedoch nicht. Vielmehr muss bei der Schreibung *Gast* von einem Verschrieb ausgegangen werden. Der Name bleibt vorerst ungedeutet, ob ein Wüstungsname anzunehmen ist, muss offenbleiben.

Häberlingen [$h\underset{\sim}{e}b\partial rl\underline{\underline{\imath}}\underset{\sim}{\eta}\partial$]

Häfelfingen, 1569 – heute, 13 Belege, lokalisierbar

meher 2 Jucharten ackhers vnder der flu, stoss vmbher an Kurtzen weg an hëberling (1569)[732]

1. Jucharten Ackher im Häberling (1680)[733]

Ein Jucherten Acker im Häberling (1758)[734]

Häberlingen (1802)[735]

Häberlinge (1989)[736]

Der älteste Beleg legt ein Kompositum mit einem Bestimmungswort *Häber* nahe. Im Gegensatz zu allen anderen möglichen Wüstungsnamen mit *-ingen*-Suffix erscheint hier das Suffix apokopiert ohne *-en*-Endung. Dies führt zur Annahme, das erweiterte Suffix *-ling* im Sinne einer singularischen Stellenbezeichnung zu verstehen.[737] Das Bestimmungswort *Häber* wäre demnach zu schwzdt. *Haber* ‹Hafer›[738] zu stellen, der Name bezeich-

Abbildung 14: Die beiden Baumreihen, die oberhalb der letzten Häuser von Häfelfingen das Land segmentieren, fassen links das Gebiet *Schibli*, rechts *Häberlingen* ein. Die Baumreihe am linken unteren Bildrand säumt das *Händschenmattbächli*.

net damit einen gesonderten Haferanbau. Im Baselbiet war der Anbau von Hafer und Dinkel weit verbreitet.[739] RAMSEIER hingegen vermutet im Bestimmungswort einen Bezug zum Familienname *Häberli, Häberling*[740] und nimmt somit ein Besitzverhältnis an. Allerdings sind beide Familiennamen weder für Häfelfingen noch für den Kanton BL als alte Bürgergeschlechter belegt.[741] Der Name ist demnach als ‹das Landstück im Besitz eines Mannes namens *Häberli*› oder ‹das mit Hafer angebaute Landstück› zu deuten. Für die Annahme einer maskulinen singularischen Stellenbezeichnung spricht auch die mehrfach belegte Präposition *im*. Die Flur *Häberlingen* liegt nur wenige hundert Meter vom heutigen Dorfkern entfernt leicht erhöht an einem Nordhang in der Nähe einer Quelle. Auffallend ist die räumliche und lautliche Nähe zwischen *Häfelfingen* und *Häberlingen*. Es fällt daher schwer, eine eigenständige Siedlung *Häberlingen* in unmittelbarer Nähe zu *Häfelfingen* anzunehmen. Von einem Wüstungsnamen ist abzusehen.

Holingen [dər hǫ́liŋə]

Rothenfluh, 1489 – heute, 33 Belege, lokalisierbar

2 manwerch matten Jn Halwingen (1489)[742]
1 Juchart Jn Haldwingen (1489)[743]
½ Juchart Jn Haltwingen oben Jm boden (1492)[744]
1 Juchart Jnn Holwengen (1570)[745]
In halwengen (1667)[746]
ein Jaucharten Jn Hollwingen (1687)[747]
ein Jucharten an Holwingen (1699)[748]
Ein Jucharten Ackher in Hellwingen (1704)[749]
Ein Jaucharten Ackher in Holwingen (1704)[750]
¾ tels Jucharten Einschlag in Howingen (1835)[751]
Hohlwingen (1880)[752]
Holinge (1987)[753]

Abbildung 15: Ein schmaler abgeernteter Ackerstreifen zieht sich in die Geländemulde tief ins Gebiet *Holingen* hinein. Wie eine Piste ist er leer, während das umliegende Mattland mit vielen einzelnen Obstbäumen durchsetzt ist.

Zunächst stellt sich die Frage nach der Aufschlüsselung des Namens. Ein Grundwort *-wingen* ist im Namenbestand des Untersuchungsgebiets allenfalls in *Gastwingen*[754] und im Kanton Basel-Landschaft möglicherweise in

Morwingen (Dittingen, *ze Marwingen*, 1290)[755], ebenfalls ein möglicher Wüstungsname, belegt.[756] In der Deutschschweiz finden sich nur wenige Namen mit dem Element *Wingen*: Nur einmal belegt sind *Hürwingen* (Tägerwilen SG, *ze Hurwingen*, 1375) und *Schouwingen* (Bubikon ZH, *von einer Wisen genannt Schouwinge*, 1563).[757] Beide Namen bieten jedoch mehrfache Deutungsansätze an, die zurzeit noch nicht ausgewertet sind.[758] Ein Siedlungsname *Halingen* ist als Weiler der Gemeinde Matzingen TG belegt. Er basiert auf einem ursprünglichen Grundwort *-wang* ‹steiler Abhang›, das sich über die Zwischenformen *-nang* zu *-ing(en)* wandelte. Ein ursprüngliches Grundwort *-wang* ist als siedlungsindizierendes Element in mehreren Siedlungsnamen des Kantons Thurgau, z. B. *Dussnang* oder *Gachnang*, enthalten, nicht aber im Untersuchungsgebiet. Ein Grundwort *-wingen* in Bezug zu *Wengen*, erstarrter Dativ Plural zu schwzdt. *Wang* ‹begraster, oft stark geneigter Hang›[759], aus ahd. *wang* ‹Wiese›[760], wäre zwar durch die Hebung von *ë* zu *i* möglich, ist aber in der Baselbieter Mundart nicht üblich. Topographisch liesse die Hanglage der Flur diesen Schluss zu. Das Bestimmungswort *Hal* wäre demnach auf das Adjektiv schwzdt. *hohl* ‹ausgehöhlt, nach innen gekrümmt, muldenförmig vertieft› oder schwzdt. *Halde, Holde, Halde* ‹Anhang›[761] zurückzuführen. *Holingen* wäre demnach als ‹das Mattland in der Geländemulde oder am Hang› zu deuten.

Alternativ ist inlautendes *w* als Auslaut eines Bestimmungsworts *Halw* zu verstehen. Dieses entstand entweder durch den grammatischen Wechsel *b* zu *w* aus ursprünglichem *halb* zu ahd. *halba* ‹Seite, Richtung, Gegend›.[762] Das gleiche Bestimmungswort liegt auch für den entfernt gelegenen Siedlungsnamen *Halberstat* (Landkreis Harz, Sachsen-Anhalt) vor. Mehrere Belege zeigen den Wechsel *b* zu *v* beziehungsweise zu *u* auf.[763] Ebenfalls ist für den Siedlungsnamen *Hailfingen* (Landkreis Tübingen, Baden-Württemberg) ein Beleg mit der Schreibung *Halvingen* vorhanden, der auf ahd. *halba* zurückzuführen ist.[764] Das Suffix *-ing(en)* wäre dementsprechend als maskuline Stellenbezeichnung zu verstehen.[765] Die heutige Aussprache *dr Holinge* [dər hólịŋə] stützt diesen Deutungsansatz. *Holingen* wäre demnach «als Träger einer bestimmten Eigenschaft»[766], als ‹die Seite, Flanke› zu deuten. Allerdings erscheint diese Deutung merkwürdig. Berg- und Abhangseiten werden in der Mundart üblicherweise mit schwzdt. *Halde, Rain* oder *Bord* bezeichnet, selten mit nhd. *Lanke* ‹Seite, Flanke› aus mhd. *lanche, lanke* ‹Hüfte, Lende, Weiche›, ahd. *(h)lanca, lanka* ‹Lende, Weiche›[767].

Eine weitere Erklärung basiert darauf, das Erstglied *Halw* auf einen stark verkürzten, nicht mehr vollständig rekonstruierbaren Personennamen zum Stamm *Hal*[768] zurückzuführen. Dann aber müsste dem auslautenden *w* die Vokalqualität *u* beziehungsweise doppeltes *u* zukommen, was den sprachökonomischen Ausfall erklären könnte. Ebenfalls in Betracht zu ziehen wären Personennamen ohne aspiriertes *h* zum Stamm *Ala*[769], auch wenn dafür entsprechende Belege in der vorhandenen Reihe fehlen. Die Verdumpfung *a* zu *o* geschieht zu Beginn des 16. Jahrhunderts und ist typisch für Teile der Oberbaselbieter Mundart, wie z. B. in *Salz* zu *Solz*.[770] Wohl ausgeschlossen werden kann ein Bezug zu einer alten Kirschensorte *Späte Holinger*.[771] Für *Holingen* wäre demnach ein Wüstungsname mit -*ingen*-Suffix anzunehmen.

Synthese: Üppige Wasservorkommen im Gebiet der Flur wären zwar als Lebensgrundlage ideal, jedoch fehlen gesicherte archäologische frühmittelalterliche Funde einer einstigen Siedlung. Aufgrund der Geländeform bietet sich am ehesten ein ursprüngliches Kompositum mit den Bestandteilen *hohl* oder *Halde, Holde* ‹Abhang› an, auch wenn das Zweitglied *wingen* nicht vorbehaltlos zu *Wengen* gestellt werden kann. Von einem Wüstungsnamen mit -*ingen*-Suffix ist abzusehen.[772] Der Name dürfte als ‹das Mattland in der Geländemulde oder am Hang› zu deuten sein.

Iglingen[773]

Wintersingen, 1400–1834, 13 Belege, lokalisierbar[774]

In villa Igelingen (1255)[775]
in villa et banno ville Igelingen (1348)[776]
usser Einach gen Iglingen (1400)[777]
in dem bruoderhuse zuo Iggelingen (1437)[778]
biss zu dem brunnen under Iglingen by dem eschbom (1504)[779]
Ein Dreyangelstein im Eckhen gegen Jglingen in dem Closterguth (1742)[780]
Anderthalb Viertel im Grab ob Jglingen (1763)[781]
Obiglinen (1802)[782]
Cira ⅛ Juch. ob Iglingen (1834)[783]

Das Namenbildungsmuster legt ein Kompositum zum ahd. Personennamen *Ig(g)o, Igil*[784] mit einer Grundform **Igilingun*[785] nahe. Der Name wäre als ‹bei den Leuten des Ig(g)o, Igil› zu deuten. In den beiden ältesten Belegen wird der Name *Ig(e)lingen* im Kontext jeweils mit *villa* beziehungsweise *villa et banno* ergänzt, so dass unmissverständlich ist, dass Iglingen noch im 14. Jahrhundert als Siedlung mit eigenem Bann zu verstehen ist. Hingegen ist das Auflassungsdatum unbekannt. *Iglingen* liegt im Tal am Wintersingerbach zwischen Wintersingen und Magden AG, jedoch fehlen archäologisch gesicherte frühmittelalterliche Funde. Nordöstlich von Iglingen, am

Abbildung 16: Die angebaute Kapelle wertet den Scheunentrakt zu einem einzigartigen Baukörper auf, der weit herum seinesgleichen sucht. Er zeugt vom einstigen Kloster, das im Gebiet *Iglingen* stand.

Fuss des Önsberg, kamen römische Keramik und Ziegel zum Vorschein.[786] Im Umkreis vom spätrömischen Zentrum *Augusta Raurica* ist Iglingen in südöstlicher Richtung der am nächsten liegende *-ingen*-Name. Ein Wüstungsname ist anzunehmen.

Logligen

Rothenfluh, 1492–1834, 22 Belege, lokalisierbar

2 Juchart vor longingen (1492)[787]
eines Jùchardten Ackhers in Merlingen (1665)[788]
Under Loglingen (1667)[789]
under logligen (1678)[790]
ein Halb Jaucharten Ackher vor Loglingen (1704)[791]
die hintere Jucharten Zu besagtem Loglingen (1768)[792]
¼ tels Jucharten Einschlag unter Logligen (1834)[793]

Abbildung 17: Mitten im schmucken Dorfteil von Rothenfluh, am linken Bildrand fliesst die Ergolz noch schmal und zur einstigen Mühle hin kanalisiert. Nichts erinnert mehr daran, dass bereits vor Rothenfluh an dieser Stelle die Siedlung *Logligen* gestanden haben könnte.

Das Namenbildungsmuster legt ein Kompositum mit einem stark verschliffenen und nicht mehr vollständig rekonstruierbaren ahd. Personennamen im Bestimmungswort – möglicherweise zum Stamm *Hloda*[794] – und einem *-ingen*-Suffix nahe. Ein Stamm *Lauga* wie ihn KAUFMANN für *Log*-Namen annimmt, kann ausgeschlossen werden, da der Stamm ursprünglich nur Feminina bildete, für *Logligen* jedoch keine Anzeichen für einen Namen mit weiblichem Genus vorliegen.[795] Eine Rückschreibung zu einer möglichen Grundform muss dennoch ausbleiben.

Die Schreibungen wandeln sich stark. Der älteste Beleg zeigt ein Erstglied *long*, das in der Folge nur noch verkürzt in der Schreibung *Log* abgebildet wird. Der Einzelbeleg *Merlingen* ist als Verschrieb zu werten, dessen Bestimmungswort nicht weiter beachtet werden muss. Allerdings erscheint das Suffix in der Folge zu *-lingen* erweitert beziehungsweise mit *-n*-Ausfall in der Schreibung *-ligen*. Das *-ingen*-Suffix ist nicht als singularische Stellenbezeichnung zu verstehen. Dagegen spricht einerseits die Verwendung der Präpositionen *vor* und *unter*, die einen räumlichen Bezug aufzeigen, und andererseits fehlt für das Bestimmungswort ein bekanntes Mundartwort, das sich auf die nähere Beschaffenheit des Ortes beziehen könnte. MARTI betrachtet *Logligen* als eine mögliche Vorläufersiedlung des heutigen Dorfs

Rothenfluh,[796] Goy lokalisiert *Logligen* auf dem Plateau südlich der Ringen-flue.[797] Eine abschliessende Beurteilung kann nicht vorgenommen werden, da entsprechende archäologische frühmittelalterliche Funde fehlen. Aus-sersprachliche Aspekte stützen eine mögliche Siedlung *Logligen* ausschliess-lich im Ergolztal. Der Zusammenfluss zweier Bäche, die Lage am Verkehrs-weg zum Juraübergang *Schafmatt* sowie landwirtschaftlich nutzbare Böden bilden günstige Siedlungsvoraussetzungen. Hingegen zeigt sich die Ebene oberhalb der Ringenflue ohne Fliessgewässer und Quellen. Ein Wüstungs-name ist anzunehmen.

Russingen

Läufelfingen, 1485–1501, zehn Belege, nicht lokalisierbar[798]

on einer bund Litt wider das dorff vffhin Zuo Russingen (1485)[799]
Ist ein armer bettler erschlagen worden zuo ruossingen von eim andren bettler (1491)[800]
8 ad lumen de bonis molitoris in roessingen (1496)[801]
Hans müller. von Russingen 1 verteil dinkl. vnd 2 huenr (1499)[802]
git 2 huoner von einer sägen lit hinder der muli ze Rossingen (1499)[803]
Margreten müllerin de russingen (1501)[804]

Der älteste Beleg legt eine Bildung mit dem ahd. Personennamen *Hrozo, Ruozo* zum Stamm *Hrothi* im Bestimmungswort nahe.[805] Als mögliche Grundform wäre *Russingun anzusetzen, der Name demnach als ‹bei den Leuten des Ruozo› zu deuten. Die explizite Nennung einer Mühle und Säge im erweiterten Kontext sowie die mehrheitliche Verwendung der Präposi-tionen *zu* und *von* legen nahe, dass zur Zeit der Abfassung dieser Belege *Russingen* noch eine intakte Siedlung gewesen sein muss.[806] Merkwürdig ist, dass *Russingen* trotz der Erwähnung der beiden Gewerbebauten nicht lokalisierbar und bis heute archäologisch nicht fassbar ist. Irritierend wirkt ausserdem die äusserst kurze Dauer der Belegreihe von weniger als 16 Jah-ren! In der Regel weisen Siedlungsnamen eine schriftliche Kontinuität über mehrere Jahrzehnte oder Jahrhunderte auf. Trotzdem kann ausgeschlossen werden, dass sich die Belege auf einen anderen Wüstungs- oder Siedlungs-namen in der Umgebung beziehen. Im Namenbestand des erweiterten Untersuchungsgebiets und der ganzen Deutschschweiz findet sich kein zweiter Siedlungs- oder Wüstungsname *Russingen*. Auch im benachbarten Deutschland oder dem Elsass findet sich im zugänglichen Datenmaterial kein entsprechender Name.[807] Lautlich am ähnlichsten ist Russikon ZH. Allerdings zeigt der Erstbeleg (*Rusinkon*, 1101)[808] wohl einen anderen Per-sonennamen im Bestimmungswort als im vorliegenden *Russingen*.

Soll das -ingen-Suffix im Sinne einer Stellenbezeichnung verstanden werden, so erscheint im Erstglied *Russ* ein Bezug zu schwzdt. *Runs, Russ, Raus* ‹(starke) Strömung eines Flusses, Baches; Wasserlauf, Bach, Fluss; Rinnsal; Bett eines Baches, Flusses; tiefe, wilde Schlucht, Tobel; Rinne, Wasserrinne auf Wiesen; Flussgeschiebe›[809], aus mhd. *runs, runst, runse* ‹Rinnen, Fliessen, Quell, Fluss, Flussbett, Rinnsal, Wassergraben, Wasserleitung›, ahd. *runsa* ‹Flussbett, Strömung, Wassergang›[810] möglich. Das Element schwzdt. *Runs* ist im Namenbestand weitverbreitet. Allerdings kann dieser Ansatz nicht geprüft werden, weil *Russingen* nicht lokalisiert werden kann. Somit kann kein Bezug zu einem namengebenden Wasserlauf hergestellt werden. Zudem sprechen die in den Belegen verwendeten Präpositionen und der erweiterte Kontext deutlich für die Annahme eines Wüstungsnamens.

Schwarzligen[811]   [*šwārdslị̆gə*]

Anwil, 1702 – heute, 37 Belege, lokalisierbar[812]

ein Jucharten Ackher auff Schwartzlingen (1702)[813]
drey Viertell Ackher auff Schwarttzligen (1702)[814]
drey Viertel Holtz auff Schwärtzlingen (1703)[815]
Drey Viertel Acker in Schwarzlin (1764)[816]
Drey Fiertel Acker auf Schwärzlingen (1779)[817]
Eine halbe Jucharten Holtz auf Schwarzligen (1779)[818]
Ein Viertel Matten, jetzt Rüttin, auf Schwärzlingen (1837)[819]
Auf Schwarzligen (1877)[820]
Schwarzlige (1992)[821]

Mehrere Deutungsansätze sind möglich:

1. Zunächst ist eine Ableitung mit patronymischem Erstglied, ein Kompositum mit einem ahd. Personennamen zum Stamm *Svarta*[822] zu diskutieren.[823] Anzunehmen sind die möglichen Formen **Swarzo* oder *Suarzo*[824] zu einer Grundform **Swarzilingun* beziehungsweise *Suarzilingun*. Der Name wäre als ‹bei den Leuten des *Swarzo, Suarzo*› zu deuten. Allerdings erscheinen diese Eigennamen in den belegten Siedlungs- und Wüstungsnamen nie in der Verbindung mit einem -ingen-Suffix. Es dominieren Schreibungen mit dem Adjektiv *schwarz*.[825] Zu berücksichtigen ist zudem die spät einsetzende Belegreihe.[826] Die Ursache, dass weniger als 30%[827] aller Namen vor dem 17. Jahrhundert belegt sind, dürfte in der bewegten Dorfgeschichte liegen.[828] Für Siedlungs- und auch Wüstungsnamen ist aufgrund ihrer Kontinuität in der Namenlandschaft eine längere beziehungsweise früher einsetzende Belegreihe zu erwarten.

Abbildung 18: *Schwarzligen* liegt heute vollumfänglich im Wald in der Bildmitte. Aus den Nutzungsangaben der älteren Belege geht jedoch deutlich hervor, dass dieses Gebiet so wie im Bildvordergrund einst auch als Acker genutzt wurde.

Die mehrheitliche Verwendung der Präposition *auf* kann die Annahme eines Wüstungsnamens stützen. Untrügliches Zeichen einer frühmittelalterlichen Besiedlung ist jedoch ein merowingischer Gräberfund in unmittelbarer Nähe der heutigen Flur *Schwarzligen*.[829] Weiter verweist der angrenzende Flurname *Äschbrunnen* auf eine heute versiegte Quelle,[830] und *Im Hof*[831] nimmt direkten Bezug auf die Existenz eines einstigen Gehöfts. Ob sich letzterer Name jedoch auf eine mögliche frühmittelalterliche Siedlung *Schwarzligen* oder allenfalls auf die römischen Funde in der südlich angrenzenden Flur *Buchsmet*[832] bezieht, muss offenbleiben. Auffallend ist jedoch, dass mehrere frühmittelalterliche Nachfolgesiedlungen im Umkreis einstiger römischer Siedlungen zu finden sind.[833] Ein Wüstungsname mit einem *-ingen*-Suffix ist auch in Bezug zur umliegenden Namenlandschaft durchaus vorstellbar. Auf der nördlichen Seite der Juraübergänge und auf den sich nordwärts erstreckenden Hochplateaus liegen heute mit den Siedlungsnamen *Läufelfingen*, *Zeglingen*, *Oltingen* oder *Wenslingen* weitere Namen des gleichen Typs. Zudem wäre *Schwarzligen* älter als das heutige mit jüngerem *-wil*-Grundwort gebildete Anwil.

2. Ein Kompositum mit dem Farbadjektiv *schwarz* im Bestimmungswort erscheint, wie eingangs des Artikels erläutert, in vielen Siedlungs-, Wüstungs-, Flur- und Gewässernamen.[834] Der zweite Deutungsansatz geht von einer Ableitung zum Adjektiv schwzdt. *schwarz*, mhd. *swarz* ‹schwarz›[835] aus, die einen Bezug zur allenfalls durch Brandrodung entstandenen Bodenfärbung annimmt.[836] Für *Schwarzligen* wäre somit eine Deutung ‹das Grundstück mit der schwarzen Bodenfärbung› anzunehmen. Das Bildungsmuster [Adjektiv + -ing-Suffix] findet sich im Umkreis von Anwil in weiteren Flurnamen, die auf die Bodenbeschaffenheit oder die relative Lage Bezug nehmen,[837] beispielsweise *Neuligen* (*ob Neüligen*, 1678)[838], zu schwzdt. *Nüwling* ‹Brache, Acker, den man zur Wiese macht›[839] und *Rüchlig* (*im Rüchlig*, 1780)[840], zu schwzdt. *Rüchling* ‹raucher, steiniger Acker›[841]. Die umliegenden Böden weisen allerdings vorwiegend Braun- und Kalkbraunerde auf.[842] Ein Bezug zur Bodenfärbung ist daher nicht gegeben. Weitere Überlegungen in Bezug zu Brandrodung führen erneut zur angrenzenden Flur *Äschbrunnen*. Das Bestimmungswort *Äsch* kann einen Bezug zur Baumart *Esche* (*fraxinus excelsior*), zu schwzdt. *Esch*, mhd. *ezzis, ezesch* ‹Saatfeld, Flur›[843] oder zu schwzdt. *Äsche* ‹Asche›, mhd. *asche, esche* aufweisen. Letzterer Bezug kann für eine Brandrodung sprechen. Bodenproben, die diesen Ansatz stützen, liegen jedoch keine vor. Zudem sind im Namenbestand des Untersuchungsgebiets und des Kantons Baselland keine Namen belegt, die zweifelsfrei einen Bezug zu (durch Brandrodung entstandene) Asche aufweisen.[844] Ob im Erstglied *Äsch* nun ein Bezug zum Baumnamen *Esche* oder zu schwzdt. *Esch* ‹Saatfeld› besteht, ist unerheblich, da sich durch keine der beiden Substantive einen Bezug zu schwarzer Farbe herleiten lässt. *Schwarzligen* steht also semantisch in keinem Bezug zur benachbarten Flur *Äschenrumpf*. Ein möglicher Bezug zum Farbadjektiv *schwarz* müsste in einem heute nicht mehr nachvollziehbaren Aspekt zur Beschaffenheit der Örtlichkeit liegen.

3. Gegen den Deutungsansatz, eine Ellipse zu *Schwarzlingen Boden* (1703)[845], *Schwarttzligenmatt* (1702)[846] anzunehmen, spricht, dass die Belegreihe zu *Schwarzligen* stärker ausgeprägt ist. Im Falle einer Ellipse wäre zu erwarten, dass die Belegreihen der Komposita ausgeprägter wären und bereits in früheren Jahren einsetzen, wie beispielsweise in *Huflig – Hufligacher* (Häfelfingen)[847] oder *Aufgent – vffgent aker*.[848] Die Belegreihen der Komposita setzen aber nahezu zur gleichen Zeit ein. Daher ist dieser Deutungsansatz abzulehnen.

Synthese: Die abschliessende Deutung von *Schwarzligen* gestaltet sich schwierig, da beide Ansätze mit Unsicherheiten behaftet sind. Die aussergewöhnliche Häufigkeit von stellenbezeichnenden Namen mit einem

-*ing*-Suffix auf dem Gebiet der Gemeinde Anwil sprechen für die Annahme, auch in *Schwarzligen* ein solches Bildungsmuster zu vermuten. Im Gegensatz zu anderen Namen mit diesem Bildungsmuster fehlt hier die nachvollziehbare Namenmotivation. Im Boden und der Umgebung finden sich keine Anzeichen, auf die sich ein allfälliges Farbadjektiv *schwarz* im Bestimmungswort beziehen könnte. Andererseits ist der mögliche Personenname *Suarzo* beziehungsweise **Swarzo* zum Stamm *Svarta* nur wenig beziehungsweise nicht belegt. Ebenso fehlen weitere Siedlungs- und Wüstungsnamen mit den oben genannten Personennamen in Verbindung mit einem -*ingen*-Suffix. Vielmehr erscheint das Element *schwarz* in Siedlungs-, Flur- und Gewässernamen vorwiegend als Adjektiv oder in jüngeren Namenschichten als Name einer Familie *Schwarz* in anderen Bildungsmustern. Zu Gunsten einer Annahme eines Wüstungsnamens spricht hingegen die archäologische Fundstelle, die Gräber aus merowingischer Zeit zum Vorschein brachte. Analog zur Synthese zu *Leinach*[849] werden auch hier die archäologischen Funde entscheidend gewichtet, so dass in *Schwarzligen* ein frühmittelalterlicher Wüstungsname anzunehmen ist.

Schwärzligen[850] [šwẹrdslịgə]

Oltingen/Wenslingen, 1601 – heute, 42 Belege, lokalisierbar[851]

Zwo Jucharten vf Schwertzligen (1601)[852]
den Ackher uff Schwertzligen haufft Ulin Gaß (1625)[853]
bannstein auff Schwärtzlingen ob Bürtzell matt (1678)[854]
Schwärtzligen (1678)[855]
ein halbe Jucharten Acker auff Schwartzligen (1702)[856]
drey Viertel auff Schwärtzlingen (1702)[857]
Ein Jucharten Ackher auff Schwärtzlichen in der Zelg gegen Rothenfluh (1702)[858]
anderthalbe Jaucharten Ackher auff Schwärtzlingen (1703)[859]
Anderthalb Jucharten Ackher auf Schwärzlingen (1739)[860]
Schwerzlingen (1802)[861]
Schwärzlige (1988)[862]

Mehrere Deutungsansätze sind möglich:
  1. Ein Kompositum mit einem ahd. Personenname zum Stamm *Svarta*[863], möglicherweise **Swarzilo* beziehungsweise **Suarzilo* zu einer möglichen Grundform **Swarzilingun* beziehungsweise **Suarzilingun*, das als ‹bei den Leuten des **Swarzilo* oder **Suarzilo*› zu deuten wäre. Im Gegensatz zu *Schwarzligen* (Anwil) liegen hier keine frühmittelalterlichen Grab-

Abbildung 19: Auf der Ebene zwischen Wenslingen und Oltingen liegt *Schwärzligen*. Der bereits wieder angesäte Acker zeigt jedoch vorwiegend Braunerde, so dass die Namenmotivation wohl nicht in der Bodenfärbung zu suchen ist.

funde vor. Hingegen setzt die Belegreihe ebenfalls spät ein, wenn auch rund hundert Jahre früher. In unmittelbarer Nähe liegt die archäologische Fundstelle *Bürzel Matt*. Römische Ziegelfragmente weisen auf ein Gebäude hin. Es wird davon ausgegangen, dass noch weitere Reste im Boden verborgen sind.[864] Der Name *Schwärzligen* müsste sich aber auf eine frühmittelalterliche Siedlung beziehen, die als Nachfolgesiedlung des einstigen römischen Gebäudes (eine *villa rustica*, ein dezentrales Ökonomiegebäude?) konzipiert worden wäre. Wird *Schwärzligen* als Nachfolgesiedlung eines einstigen römerzeitlichen Anwesens interpretiert, so liegen zwischen vermuteter Auflassung der Römer im späten 5. Jahrhundert und einer frühesten Wiederbesiedlung durch erste Germanischstämmige nahezu zwei Jahrhunderte. Somit kann nur Ruinenkontinuität, nicht aber Siedlungskontinuität angenommen werden. Die räumliche Kombination von römischen Besiedlungsspuren – mit oder ohne entsprechenden sprachlichen Nachweis – mit Flur- beziehungsweise Siedlungsnamen mit frühmittelalterlichem *-ingen*-Suffix ist mehrfach belegt.[865] Allerdings irritiert dann die räumliche Nähe zu *Stückligen*, ebenfalls einer möglichen frühmittelalterlichen Wüstung.[866] Dass auf engstem Raum nahezu zeitgleich zwei Siedlungen nebeneinander bestanden haben könnten, erscheint wenig plausibel. Allerdings kann nicht ausgeschlossen werden, dass eine der beiden Siedlungen nur über eine kurze Dauer existierte. Siedlungen konnten aufgrund einer wenig günstigen Standortwahl kurzerhand versetzt werden. Dass dies auch mit einem Namenwechsel verbunden sein konnte, ist durchaus möglich.

2. Ein Kompositum mit dem Farbadjektiv *schwarz* im Bestimmungswort ist wie bereits bei der Diskussion von *Schwarzligen* in vielen Siedlungs-, Wüstungs-, Flur- und Gewässernamen belegt. Im Gegensatz zu *Schwarzligen* erscheint das Suffix mit erhaltenem *n*. Allerdings variieren die Schreibungen ähnlich wie bei *Schwarzligen*, so dass eine gewisse Zufälligkeit nicht ausgeschlossen werden kann. Hingegen zeigen die historischen Belege mit nur einer Ausnahme (*ein halbe Jucharten Acker auff Schwartzligen*, 1702) eine umgelautete Stammsilbe. Die lautliche Nähe zum Adjektiv *schwärzlich*, mhd. *swarzlot* ‹leicht schwarz gefärbt, die Farbe schwarz betreffend›[867] ist auffällig. *Schwärzligen* wäre demnach eine Ableitung zum als Lokativ verwendeten deutschen Dativ Pluralsuffix *-en* zum Farbadjektiv *schwärzlich*. Die konsequente Verwendung der Präposition *auf* stützt die Annahme, dass der Name *Schwärzligen* durch die Lage der Flur motiviert worden ist. Im Gegensatz zu Anwil scheint aber das Bildungsmuster [Adjektiv + *-ingen*-Suffix] in Wenslingen und Oltingen ansonsten nur in *Stückligen* belegt zu sein. Eine auffällige schwarze Bodenfärbung ist nicht (mehr) festzustellen. Über weite Flächen ist in der Bodenbeschaffenheit die (Kalk-)Braunerde vorherrschend.[868] *Schwärzligen* grenzt südlich an die Fluren *Foren* und *Eichen*. Möglicherweise bezieht sich das Bestimmungswort *schwarz* auf das einstige Föhrenvorkommen (*pinus silvestris*) dieser heute vollständig gerodeten Flur, deren dunkle Stämme oft mit schwarzer Farbe assoziiert werden, wie beispielsweise das Makrotoponym *Schwarzwald* aufzeigt.[869]

3. Im Namen *Schwärzligen* eine elliptische Bildung zu sehen, erscheint wenig plausibel. Die Belegreihen der mehrgliedrigen Komposita zu *Schwärzligen* setzen allesamt später ein. So ist anzunehmen, dass diese durch älteres und ursprüngliches *Schwärzligen* motiviert wurden. Dieser Ansatz ist abzulehnen.

Synthese: Eine abschliessende Deutung gestaltet sich schwierig. Einzig eine elliptische Bildung lässt sich ausschliessen. Das Fehlen eines belegten Personennamens erschwert die Annahme einer einstigen Wüstung ebenso wie fehlende archäologische frühmittelalterliche Funde. Die lautliche Anlehnung des Namens ans Farbadjektiv *schwärzlich* erscheint am naheliegendsten. In der Tendenz ist daher von einem Wüstungsnamen abzusehen.

Stichligen [dər šdịχligə]

Anwil, 1703 – heute, 4 Belege, lokalisierbar

Ein halb Jucharten Ackher im Stichlingen (1703)[870]
Stickligen (1802)[871]
Ca. ⅜ Juch. am Stichlichen (1860)[872]
Stichlige (2007)[873]

Abbildung 20: Sanft neigt sich das Mattland entlang des Waldes im Gebiet *Stichligen*. Der eigentliche Stich, der steile Aufstieg, verläuft aber durch den Wald. Dort fällt das Gelände noch viel steiler ab.

Die Belegreihe ist dünn und setzt spät ein. Im Bestimmungswort *Stich* kann kein ahd. Personenname gefunden werden, so dass ein Wüstungsname in Frage gestellt werden muss. Vielmehr ist ein Bestimmungswort schwzdt. *Stich* ‹steiler Weg›[874] in Betracht zu ziehen, da die Flur am Rande eines Waldhanges liegt. Durch diesen führt der steil ansteigende Weg, der bis zur Mitte des 19. Jahrhunderts als Hauptverkehrsachse nach Anwil genutzt worden ist.[875] Das um ein *l* erweiterte *-ingen*-Suffix ist im Sinne einer singularischen Stellenbezeichnung[876] zu verstehen und bezieht sich auf die Beschaffenheit des Ortes, nämlich auf ein Landstück am oder beim steilen Weg. *Stichligen* ist als ‹das beim Stich, bei der Steigung liegende Landstück› zu deuten. Der Flurname *Stichligen* entspricht demselben Bildungsmuster wie die ebenfalls in Anwil belegten Namen *Rüchlig* und *Neuligen*.[877] *Stichligen* ist kein Wüstungsname.

Wärligen [im wę̆rlịgə]

Rothenfluh, 1492 – heute, 27 Belege, lokalisierbar

2 Jucharten ist Holtz vnd acker Jn werdlingen (1492)[878]
Zwo Juchardt Zue dem Schründtlin heißt man yetzt Werlingen (1584)[879]
Zwo Juchart Ackhers Jm werlickhen (1595)[880]
dreyer Jucharten Acker in Wärligen (1645)[881]
eine Jaucharten im Werlickhen (1687)[882]
Eine Jucharten Acker in Werlingen (1768)[883]
Wärligen (1802)[884]
Währlingen (1802)[885]
Wärlige (1987)[886]

Abbildung 21: Über der *Buecholden* in der Bildmitte drohen Regenwolken sich zu entladen. Leicht durch den Starkstrommasten verdeckt, steht unter der *Isleten* ein kleines Häuschen. Das mit Sonnenblumen angesäte Gebiet *Wärligen* liegt in der sanften Geländemulde.

Das Namenbildungsmuster des ältesten Belegs legt ein Kompositum mit dem Bestimmungswort *Werd* nahe. Das ursprüngliche *-ingen*-Suffix wurde zu *-lingen* erweitert wie beispielsweise bei der historischen Schreibung *Loglingen*. Ein Bezug zu schwzdt. *Werd* ‹Insel›[887] liegt aufgrund der Lage jedoch nicht vor. Die Flur liegt in Hanglage deutlich von der im Tal vorbeifliessenden Ergolz entfernt. Im Bestimmungswort dürfte sich vielmehr ein Personenname *Wardo* zum Stamm *Vardu* oder *Warin* zum Stamm *Varin* verbergen.[888] Als Grundform wäre **Wariningun* anzusetzen, der Name als ‹bei den Leuten des Wardo, Warin› zu deuten. Funde in unmittelbarer Nähe von Wärligen, «vor allem hoch- und spätmittelalterliche Keramik […], aber auch zwei frühmittelalterliche Scherben»[889], belegen die Existenz einer ehemaligen Siedlung. Nicht vollständig ausgeschlossen werden kann ein ursprüngliches -inghofen-Suffix, wie es die Schreibung *werlickhen* nahelegt. *Wärligen* fiele demnach in die gleiche Besiedlungszeit wie *Ängsten*, und *Söllickhen* und würde der Phase des Landesausbaus zugerechnet. Ebenso unklar sind die Auflassungsgründe. Offenbleiben muss die Frage, warum die ebenfalls aus der gleichen Siedlungsepoche stammenden Siedlungen *Ormalingen* und *Gelterkinden* bis heute existieren, während *Wärligen* und *Logligen* aufgelassen wurden. Für *Wärligen* liegt ein Wüstungsname vor.

Siedlungs- und mögliche Wüstungsnamen mit *-ingen*-Suffix

Siedlungs- und Wüstungsnamen mit -ingen-Suffix finden sich vorwiegend im südlichen Teil des Untersuchungsgebiets, mehrheitlich südlich des Ergolzbogens; Ormalingen, Gelterkinden und Itingen liegen an der Ergolz. Für das heutige Dorfzentrum von Rothenfluh wird der mögliche Wüstungsname *Logligen* als Ursprung angenommen. Sie alle liegen mehrheitlich in Tallage, Ausnahmen bilden Schwärzligen und Schwarzligen. Sie liegen wie Känerkinden und Wintersingen auf einem Hochplateau. Unklar ist die Lage der beiden nicht genau lokalisierbaren Wüstungen *Eglingen* und *Russingen*, die sich in der Gemeinde Läufelfingen befinden.

Nur scheinbar nicht ins Bild passt die Lage der Orte *Wintersingen* und *Iglingen* im Nordosten des Untersuchungsgebiets. Sie liegen hinter einer Hügelkette und wirken deshalb isoliert. Es ist davon auszugehen, dass sie wie im Fall von Zeiningen AG aus nördlicher Richtung, im Zuge eines Vorstosses von Rhein her, erschlossen worden sind.

Im erweiterten Untersuchungsgebiet findet man weitere -ingen-Namen in grosser Menge vorwiegend im östlichen Teil des Laufentals.[890] Nördlich der Aare, entlang des Jura-Südfusses zwischen Solothurn und Aarau, befinden sich die wenigen Namen mit -ingen-Suffix[891] in der Aareebene. Auffällig ist dabei die strategisch günstige Lage von Oensingen SO am Ausgang der Klus nach Balsthal SO, am Weg über den Passwang oder den Oberen Hauenstein.

Karte 2: Siedlungs- und mögliche Wüstungsnamen mit *-ingen*-Suffix

Legende:
Grosse Kreise: Rezente Siedlungsnamen, v. l. n. r. Itingen, Eptingen, Wintersingen, Känerkinden, Gelterkinden, Läufelfingen, Häfelfingen, Zeiningen AG, Ormalingen, Zeglingen, Wenslingen, Oltingen **Kleine Kreise:** Mögliche Wüstungsnamen, v. l. n. r. Iglingen, Eglingen, Russingen, Wärligen, Logligen, Bilisingen, Schwarzligen **Dreiecke:** Tendenziell keine Wüstungsnamen, v. l. n. r. Schwärzligen

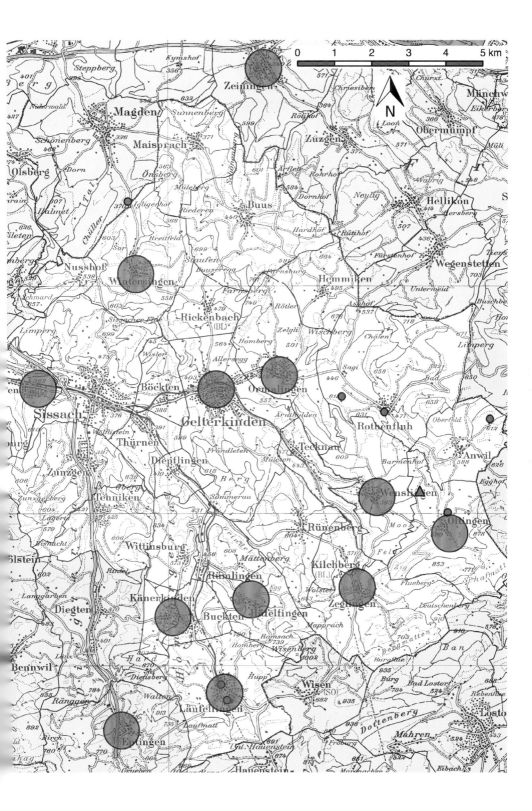

Bemerkenswert ist der grosse und gleichmässige Abstand zwischen den einzelnen Punkten. Dies weist darauf hin, dass in der Entstehungszeit dieser Siedlungen zur Versorgung der Personenverbände eine ausreichend grosse Landfläche benötigt wurde und auch zur Verfügung stand. Diese günstige Standortwahl ist mitunter ein Grund, dass auffällig viele Siedlungen mit -ingen-Namen bis heute Bestand haben. Hingegen liegt Bilisingen sehr nahe an Oltingen. Da kein Hinweis vorliegt, dass die Siedlung einst viel weiter nördlich in Richtung Anwil lag, kann möglicherweise in der Nähe zu Oltingen ein Auflassungsgrund liegen. In Bezug auf den ersten germanischstämmigen Besiedlungsvorgang lässt sich die Massierung an aufgelassenen und lebendigen -ingen-Namen entlang der Jurakette mit folgenden Überlegungen erklären: Finden sich innerhalb eines bestimmten Raums, der aus derselben Stossrichtung besiedelt worden ist, sowohl Wüstungs- als auch Siedlungsnamen einer bestimmten Namenschicht, so ist anzunehmen, dass aufgrund einer grossen Zuwanderung innerhalb eines kurzen Zeitraums auch weniger günstige Räume besiedelt worden sind. Der Zustrom an neuen Siedlern war zu gross, um in nützlicher Frist besseren Lebensraum zu finden und zu urbarisieren. Fehlen hingegen die Wüstungsnamen der gleichen Namenschicht in einem bestimmten Raum, so kann davon ausgegangen werden, dass der Bevölkerungsdruck moderat war und nur die günstigsten der zur Verfügung stehenden Räume besiedelt worden sind.

Das Suffix -inghofen

Das komplexe Element besteht eigentlich aus dem Suffix -ing und dem Grundwort -hofen, einerseits aus der älteren, bereits oben diskutierten ahd. -inga-Ableitung im Genitiv -ingo und andererseits aus dem neu dazu ergänzten Grundwort -hofum, dem Dativ Plural zu ahd. hof ‹Hof, Besitz›. Daraus formt sich -ingohofum.[892] Treffend stellt BANDLE fest: «Schon rein sprachlich gesehen, bezeichnet die Verbindung des in der Wander- und Landnahmezeit vorherrschenden Begriffs des Personalverbandes mit dem Begriff des Wohnsitzes den Übergang zur Sesshaftigkeit.»[893] Das Element -inghofen wäre als ‹bei den Höfen der Leute des XY› zu deuten. Die Dativ Plural Form -hofum zeigt an, dass wohl mehrere Höfe zusammen die Siedlungsform bestimmten. Dies bedingt auch eine gewisse Grösse der Stammesverbände und der benötigten Fläche an landwirtschaftlichem Nutzland.[894] Das Element -ingohofum tritt in unterschiedlichen Schreibungen in Erscheinung. Im Untersuchungsgebiet treten vorwiegend die verkürzten Formen -iken und -gen auf. Die beiden Siedlungsnamen Böckten und Buckten zeigen ein durch Metathese umgestelltes -ingohofum-Suffix, Diepflingen und Rümlingen werden heute fälschlicherweise mit einem -(l)ingen-Suffix geschrieben. Die mundartliche Aussprache – [diəbvlikχə] und [rу̣m̄likχə] – zeigt jedoch, dass beide auf eine ursprüngliche -ingohofum-Form zurückzuführen sind.[895] Im Untersuchungsgebiet finden sich unter anderem die möglichen Wüstungsnamen *Adliken, Grüenkten, Ikten, Söllickhen*.

Adliken [ā́dlikχə]

Läufelfingen/Wisen SO, 1372 – heute, 47 Belege, lokalisierbar

Horwen uff dem Howenstein, Adlikon, die twing sint mins herren (1372)[896]

werlj Schilling git j malter Dinckel von den guttern Zuo Adlickon (1484)[897]

ab Irem eigenem guot so sy hant ze Adliken (1493)[898]

erit anniversarium Bürgy neenis de Atlicken (1496)[899]

So von Adlicken Khompt vnd dem Rein Rüdelhalden stoßt (1569)[900]

da man ghon Adlingen vsshin gadt (1569)[901]

Von Zwo Jucharten Zue Adlicken (1680)[902]

1 Tauen Matten Zu Adlicken (1801)[903]

Zadlicken (1802)[904]

Zadlüken (1802)[905]

Für Lorenz Erb in Adliken wurde der Acker auf Oberbitzen gewürdigt (1881)[906]

Adlike (1988)[907]

Abbildung 22: Die Haarnadelkurve auf den Unteren Hauenstein heisst *Adlikerrank*. Im Hintergrund leuchtet weiss die Fassade des Adlikerhofs. Irgendwo dazwischen darf die historische Siedlung *Adliken* vermutet werden.

Kompositum mit dem ahd. Personennamen *Adal*[908] im Bestimmungswort. Als mögliche Grundform ist **Adalinhovun*[909] zu rekonstruieren. Das gleiche Namenbildungsmuster findet sich in *Adlikon* ZH (*in villa Adalinchova hoba*, 1040) und *Adlikon* (Regensdorf ZH, *in Adlinkon*, 980).[910] Der Name ist als ‹bei den Höfen der Sippe des Adal› zu deuten. Dass *Adliken* als Siedlungs- beziehungsweise Wüstungsnamen zu verstehen ist, zeigen die Verwendung der Präpositionen *zu* und *von* im Kontext und die explizite Nennung von Gütern (*guttern Zuo Adlickon*). Die beiden ältesten Schreibungen zeigen zudem das Suffix in der Zwischenform *-ikon*. Noch heute bezeichnet *Adliken* einen Aussenhof mit Ökonomiegebäuden, die allerdings in der Gemeinde Wisen SO am Adlikenbächli liegen. Hier dürfte auch die einstige Siedlung zu vermuten sein. Frühmittelalterliche Funde sind bisher jedoch keine belegt. Ungefähr 500 m westlich davon haftet der Name *Adliken* in Läufelfingen an einem Steinbruch und dem nächsten Umgelände.[911] Die Namenlandschaft zeigt, dass das Simplex in beiden Kantonen für weitere Namen motivierend war, beispielsweise in *Adlikerrank*, *Adlikerhölzli* oder *Adliker-Matten*. Ein Wüstungsname ist anzunehmen.

Ängsten [ịm ę̣ŋgšdə]

Ormalingen/Rothenfluh[912], 1485 – heute, 83 Belege, lokalisierbar

ze hentschken ob sant Jorgen mur ligent iij jucharten (1397)[913]
ze entschike ob dem steg j bletz matten (1397)[914]
von Rotenfluo gen Hendschicken under Rotenfluo in sant Joergen altar (1450)[915]
1 manwerck matten Ze Entschken (1485)[916]
dry Juchartten Acher zu Endtschgen, ob Sanct Jergen mur (1560)[917]
ein Jucharten im Länackher […] Jnhin an Hag. gegenn Engßgen (1584)[918]
Ein Medertawen Matten Zue Entzgen (1595)[919]
Ein Plez Matten Zue Entschgen (1595)[920]
ob entzgen (1678)[921]
Ein halbe Juchart Akher Zu Äntschgen (1763)[922]
Ein halbe Juchart ob Äntschen (1765)[923]
Entschgen (1802)[924]
Zängsten (1802)[925]
Ängschte (1996)[926]

Die Schreibungen der ältesten Belege legen ein Kompositum mit dem Personennamen *Han(t)zo*, *Hein(t)zo*[927] im Bestimmungswort zur Grundform **Han(t)zinghovun* nahe.[928] *Ängsten* wäre als ‹bei den Höfen der Sippe des Han(t)zo, Hein(t)zo› zu deuten. Das gleiche Namenbildungsmuster zeigt sich ebenfalls im aargauischen Siedlungsnamen *Hendschiken* (*in Hentschikon*

Abbildung 23: Am untersten Teil des *Wischbergs*, zwischen Ormalingen und Rothenfluh, liegt nördlich der Kantonsstrasse saftiges Mattland mit einzelnen Bäumen und einer kleinen Waldgruppe. Nichts weist mehr auf die einstige Siedlung hin, deren Name sich im heutigen *Ängsten* verbirgt.

diurnalem, 14. Jahrhundert)[929] Die Schreibungen wandeln sich stark. Im späten 15. Jahrhundert entfällt das *H* im Anlaut, ab dem 16. Jahrhundert ist die Lenisierung des Suffixes von *-ken* zu *-gen* zu beobachten, ebenso verliert das Suffix den Anlautvokal *i*. Im 19. Jahrhundert vollzieht sich durch Metathese *ts* zu *st*. Aus älterem *Entschgen* wird jüngeres *Ängsten*, wobei sich dadurch das Suffix zu *-sten* verändert. Die Belegreihe zeigt deutliche Merkmale auf, die *Ängsten* als Siedlungs- beziehungsweise als Wüstungsname erkennen lassen. Beispielsweise die überwiegende Verwendung der Präposition *zu* oder im Beleg von 1450 die Nennung der Richtungsangabe zwischen zwei Dörfern: von Rothenfluh *gen Hendschicken*. Die Wüstung wird «im Bereich des Gebäudekomplexes um die Säge»[930] sowie die im 16. Jahrhundert abgebrochene St.-Georgs-Kirche vermutet.[931] Hingegen bezeichnet der Flurname heute ein Gebiet deutlich westlich davon, das am Fusse des Wischbergs liegt. Dort sind auch die frühmittelalterlichen Steinplattengräber gefunden worden.[932] *Ängsten* liegt an einer Weggabelung ins Fricktal und am Weg zum Juraübergang *Schafmatt*. Diese befindet sich an der Mündung des Lehnenbächli in die Ergolz. Nördlich der Flur *Ängsten* liegt am Waldrand zudem eine Quelle.[933] Verkehrs- und hydrogeographische Aspekte begünstigen die Annahme einer einstigen Siedlung zusätzlich. Für *Ängsten* liegt ein Wüstungsname vor.

Balken [*dər batkχə*]

Gelterkinden, 1595 – heute, 15 Belege, lokalisierbar

drey Juchart Ackhers Jm Bollickher (1595)[934]
1 Juchart am Balakenn (1599)[935]
dreÿ Jùcharten acker der Ballacher genandt (1601)[936]
drey Jucharten im Ballickher (1691)[937]
drey fiertel Ackher im Balckhen (1702)[938]
⅜ Juch. Acker im Balken (1827)[939]
Balke (1988)[940]

Abbildung 24: Gelterkinden mitten im Siedlungsgebiet: Am linken Bildrand liegt der Sportplatz *Leieren*, in der Mitte verläuft der *Kappelenweg*, der quer in die *Turnhallenstrasse* mündet. Hier liegt die Flur *Balken*, die jedoch stark von *Leieren* verdrängt wird.

Ein Bezug zu schwzdt. *Balke, Balche(n)* ‹Balken›[941] ist nicht gegeben. Die Schreibungen *Bollickher* und die knapp hundert Jahre jüngere Abschrift *Ballickher* könnten auf ein Besitzverhältnis zum Familienname *Bolliger* hinweisen. Allerdings ist dieser in Gelterkinden und den umliegenden Gemeinden nicht als alteingesessenes Bürgergeschlecht belegt[942], so dass dieser Deutungsansatz zurückzuweisen ist. Aufgrund der einmaligen Schreibung *Ballacher* ist ein ursprüngliches Kompositum mit einem Grundwort *-acker* und einem dieses Grundwort näher charakterisierenden Bestimmungswort in Betracht zu ziehen. Das Erstglied *Ball* liesse sich wie beim Maispracher

Flurnamen *Bollacher* (*Zwo Jucharten am Bolacker*, 1534) an schwzdt. *Boll* ‹rundliche, kuppenförmige Hügel, Anhöhen›[943] anschliessen. Die heute vollständig überbaute Flur liegt am Fuss des sanft ansteigenden Geländerückens der weitläufigen, markanten Erhebung *Berg*, die durchaus auch als Namenmotivation in Betracht zu ziehen ist. Heutiges maskulines Genus stützt diesen Ansatz zusätzlich. Die beiden Schreibungen *Bollickher* und die knapp hundert Jahre jüngere Abschrift *Ballickher* dürften allerdings keinen Bezug zu einem Grundwort *-acker* aufzeigen. Im gesamten Datenmaterial des Kantons Basel-Landschaft ist zu keinem *-acker*-Namen ein Beleg mit einer *-ickher*-Schreibung belegt. Vielmehr zeigt sich die Schreibung *-ickher* über viele Jahrhunderte als maskuline Ableitung zu mit einem *-inghofen*-Suffix gebildeten Siedlungsnamen, wie beispielsweise die folgenden Belege zeigen: Buus (*Hemmickher straaß*, 1702; *hellickher Straß*, 1595) oder Gelterkinden (*In Diepflikher halden*, 1612; *Rümlickher Fueßweeg* 1702).

Das Namenbildungsmuster der nur ungenau ins 16. Jahrhundert datierbaren Schreibung *Balakenn* legt daher ein Kompositum mit den Bestandteilen *Bala* im Bestimmungswort und dem Suffix *-kenn*, stark verkürzt zu einem ursprünglichen *-inghofen*-Suffix nahe. Als Bestimmungswort ist der Personenname *Ballo* oder *Bollo*[944] anzunehmen, als Grundform **Ballinghovun*, *Bollinghovun* anzusetzen mit der Deutung: ‹Bei den Höfen der Sippe des Ballo, Bollo›. Die Aufhellung *o* zu *a* ist für das Untersuchungsgebiet nicht typisch. Vielmehr ist die Verdumpfung *a* zu *o* belegt. Beispielsweise wird *Walten* (Läufelfingen) mdl. zu *Wolte* [wọłtə].[945] Dies spricht dafür, dass mit grosser Wahrscheinlichkeit die Form *Balakenn* als älteste Schreibung betrachtet werden darf[946] oder ein Verschrieb aufgrund der graphologischen Nähe zwischen *a* und *o* in Handschriften besteht. Untypisch ist jedoch die Entwicklung des Suffixes. Die Schreibung *-ickher* lässt eine Ellipse vermuten, *Balken* ist jedoch nur als Simplex belegt. Möglicherweise entstand diese Schreibung in Anlehnung an ebenfalls mit einem ursprünglichen *-inghofen*-Suffix gebildete Siedlungsnamen, wie sie weiter oben aufgeführt worden sind. Der ebenfalls mit dem Personennamen *Bollo* gebildete Siedlungsname *Bolken* liegt im Kanton Solothurn. Allerdings zeigen die ältesten Belege die Nähe zum ursprünglichen *-inghofen*-Suffix deutlicher (*ze Bollikon*, 1429 und 1451).[947] Die Flur liegt in der Nähe des Frändletenbächli und unweit des Eibachs. Verkehrsgeographisch können die gleichen Voraussetzungen angenommen werden, die auch für Gelterkinden gelten. Ungefähr 100 Meter nordöstlich befindet sich die römische Fundstelle *Bützenen*.[948] Nur unweit entfernt, in südwestlicher Richtung, liegt leicht erhöht die Fundstelle eines frühmittelalterlichen Schwerts, das aus einem nicht beachteten Grab stammen soll.[949] Eine mögliche Wüstung *Balken* müsste im

Zusammenhang mit weiteren -*inghofen*-Namen verstanden werden. Tatsächlich finden sich in westlicher Richtung entlang der Ergolz der Siedlungsname *Böckten*, die Wüstung *Grüenkten*[950] und die mit -*inghofen*-Namen durchsetzten Gebiete *Homburgertal* und *Diegtertal*. Allerdings läge eine mögliche Siedlung doch sehr nahe an der älteren Siedlung *Gelterkinden*, so dass sich die Frage der räumlichen Abgrenzung stellt, wenn man von keiner markanten Verschiebung des Geltungsbereiches des Namens ausgehen will – und dafür bestehen keine Anzeichen. Wie bei der Wüstung namens Bilisingen könnte in der räumlichen Nähe jedoch auch ein Auflassungsgrund gesehen werden. In der Tendenz ist von einem Wüstungsnamen auszugehen.

Buesgen [*[dər] buəsgə*]

Känerkinden/Wittinsburg grenzübergreifend,
1359 – heute, 61 Belege, lokalisierbar

tercia parte trium iugerum in loco dicto ze Bueskon (1359)[951]
aber uf Buosken zwo jucharten (1371)[952]
anderthalbi Jucharten Zuo Buossgen (1546)[954]
1 Jucharten ackher vff Rindeleckh, ligt vff Boßge (1569)[954]
Ein halb Jucharten Zuo Buoßgen (1616)[955]
ein Viertel im Bueßgen (1685)[956]
Ein Halb Jucharten Ackher Z'Bußgen (1715)[957]
eine Jucharten Zu Buesgen (1778)[958]
Buesgen (1884)[959]
Buesge (1989)[960]

Bei HÄRING[961], MARTI[962] und GAUSS[963] ist der Name jeweils in der Schreibung *Goussgen* aufgeführt, jedoch fehlen entsprechende Quellen. Die Belegreihe zeigt einen zwischenzeitlichen Wechsel von *ue* zu *uo* in der Schreibung der Stammsilbe. *Buesgen* dürfte zurückzuführen sein auf die Grundform **Buosinhovun*[964] zum Personennamen *Buoso*[965] mit der Deutung ‹bei den Höfen der Sippe des Buoso›. Gesicherte archäologische frühmittelalterliche Funde fehlen jedoch. In der Belegreihe von Wittinsburg wird *Buesgen* mit bestimmtem maskulinem Artikel, in Känerkinden ohne Artikel gebraucht. Als möglicher Wüstungsname mit -*inghofen*-Suffix ist er im Zusammenhang mit den umliegenden Siedlungsnamen *Buckten*, *Rümlingen*, *Tenniken* und *Diegten* zu verstehen. Wie die möglichen Wüstungen *Bilisingen* und *Brunniswil*, lag die einstige Siedlung *Buesgen* abseits der Verkehrsachsen zu den Juraübergängen, oberhalb auf einem Plateau.

Abbildung 25: Das Getreide im Vordergrund ist noch nicht ganz reif, verrät aber günstige Böden für die landwirtschaftliche Nutzung. In Mitten einer Obstplantage liegt im Gebiet *Buesgen* der *Sonnenhof*, im Hintergrund erstreckt sich die bewaldete Hard.

Die Flur weist eine günstige Bodenbeschaffenheit für die landwirtschaftliche Nutzung[966] auf und liegt in der Nähe der Quelle des Rintelbächli. Ein Wüstungsname ist anzunehmen.

Bütschgen

Rothenfluh, 1702, 1 Beleg, nicht lokalisierbar

Ein halbe Juchart ob Bütschgen (1702)[967]

....

Der nur einmal belegte Name *Bütschgen* erscheint erst zu Beginn des 18. Jahrhunderts, was stark gegen die Annahme eines Wüstungsnamens spricht, auch wenn das *-gen*-Suffix den Anschein macht, auf einer stark verkürzten und abgeschwächten ursprünglichen Form *-inghofen* zu beruhen. Es wäre zu erwarten, dass sich ein einstiger Siedlungsname aufgrund seiner bedeutenden Funktion im Namenbestand mehrfach hätte niederschlagen müssen. Im Erstglied *Bütsch* lässt sich auch nur schwer ein ahd. Personennamen finden. Aufgrund der Schreibung wäre analog zu *Bütschwil* SG ein *Buzzin*, Diminutiv zu *Buzzo*, wohl zum Stamm *Boz*[968] möglich. Die Datenlage erlaubt aber weder die sichere Rekonstruktion des Personennamens noch der Grundform. Ein Bezug zum romanischen

Reliktwort *Bütsch,* zu lat. *podium* ‹kleine Erhöhung›, ist für das Untersuchungsgebiet nicht belegt.[969] Wohl liegt ein Verschrieb zum Flurnamen *Bützlin* (½ *Jucharten am Bützlin,* 1570) vor. Von einem Wüstungsnamen ist abzusehen.

Dockten   [*in dər dǫkχdə*]

Tenniken, 1413 – heute, 32 Belege, lokalisierbar

ein mattbletz an totken (1413)[970]

Hans graff von Tettiken (1413)[971]

1 mattbletz an tocken (1485)[972]

Ein Jucharten vnder Dockhen (1605)[973]

ein halb Jùcharten ackhers under dogten (1612)[974]

Ein halb Jucharten Ackher in der Dockhten (1702)[975]

Erstlich Ein Jucharten Ackher under Dockhten (1703)[976]

Ca. 1 Juch. Acker unter Dokten (1864)[977]

Dockte (2007)[978]

Abbildung 26: Die grüne Idylle täuscht Ruhe und Abgeschiedenheit vor. Hinter der Baumgruppe am linken Bildrand verläuft jedoch die Autobahn A2. Trotzdem ist gut vorstellbar, dass die fruchtbaren Böden einst Grundlage einer Siedlung waren, von der heute der Name *Dockten* zeugt.

Heute wird *Dockten* fälschlicherweise als Name mit femininem Genus interpretiert. Beim entsprechenden Beleg aus dem Jahr 1702 handelt es sich jedoch um einen Verschrieb: Die Präposition *under* ‹unter› wurde fälschlicherweise in die Präposition *in* und den Artikel *der* unterteilt. Möglicherweise begünstigte das im 17. Jahrhundert durch Metathese von *tk* zu *kt* entstandene Suffix *-ten* die Etablierung des femininen Genus, wie beispielsweise in *Buebleten* (Buus), *Edleten* (Lausen) oder *Wäldleten* (Wintersingen). Das ältere *-ken*-Suffix dürfte jedoch auf ein ursprüngliches *-inghofen* zurückzuführen sein. Im Gegensatz zu anderen möglichen Wüstungsnamen auf *-inghofen*, beispielsweise *Buesgen* oder *Adliken*, zeigt die Belegreihe die Zwischenform *-(i)kon* nicht auf.[979] Die ältesten Belege lassen ein Kompositum mit dem ahd. Personennamen *Totto*[980] im Bestimmungswort vermuten. Als Grundform wäre **Tottinghovun* anzusetzen, der Name als ‹bei den Höfen der Sippe des Totto› zu deuten. Das Namenbildungsmuster stellt *Dockten* in die Reihe der umliegenden Siedlungsnamen *Zunzgen*, *Tenniken* und *Diegten*. Nach dem gleichen Muster ist auch der aargauische Siedlungsname *Dottikon* (*in Totikon mansum*, 14. Jahrhundert) gebildet[981]; der Personenname *Totto* ist auch in *Döttingen* AG, im Weilernamen *Dottenwil* (Wittenbach SG, *Dottenwil*, 1491) oder im Bergnamen *Dottenberg* (Lostorf SO / Trimbach SO, *dottenberg halb*, 1528; *vnd am dotenberg*, >1540) enthalten.[982] Weiter südlich, auf Diegter Boden (Bezirk Waldenburg), liegt die Flur *Dillekhen*. Der Name verweist wie bei *Dockten* auf eine ehemalige Siedlung mit ursprünglichem *-inghofen*-Suffix. Auffallend ist, dass die Namen *Tenniken*, *Dockten*, *Dillekhen* und *Diegten* alle einen *d-* beziehungsweise *t-*Anlaut aufweisen, jedoch alle auf unterschiedliche Personennamen zurückzuführen sind. Frühmittelalterliche archäologische Funde sind für *Dockten* bisher keine belegt. Die Flur liegt südlich von Tenniken in der Talsohle des Diegtertals, was ausreichendes Wasservorkommen garantiert. Die Böden sind vorwiegend fruchtbar und tiefgründig. Sie eignen sich gut zur landwirtschaftlichen Nutzung.[983] Ein Wüstungsname ist anzunehmen.

Gisgen [dər gīsgə]

Wittinsburg, 1616 – heute, 20 Belege, lokalisierbar

Zween Mederthauwen Matten Zuo Gyssgen (1616)[984]
1 ½ Meder. Jn der gißgen (1623)[985]
Anderthalb Mädertawen Matten Z'Gyßgen (1685)[986]
Zwo Mäderthauwen Matten Zu Gissgen (1778)[987]
Cirka 1 ⅛ Juch. Wässermatten auf Gysgen im Thal (1867)[988]
Gisge (1989)[989]

Abbildung 27: Von der *Rosenau* im Bildvordergrund erstreckt sich das angesäte Feld zwischen der Kantonsstrasse und dem mit Büschen und Bäumen bestandenen Homburgerbach ins Gebiet *Gisgen*.

Die Belegreihe legt ein Kompositum mit dem ahd. Personennamen *Giso*[990] nahe. Anzunehmen ist eine mögliche Grundform **Gisinghovun* mit der Deutung: ‹Bei den Höfen der Sippe des Giso›. Die Belegreihe setzt allerdings spät nach der spätmittelalterlichen Wüstungsperiode ein. Es fehlen in den Schreibungen insbesondere die Zwischenformen *-(i)ken* beziehungsweise *-(i)kon*. Hingegen kann die mehrheitliche Verwendung der Präposition *zu* als Hinweis auf einen Wüstungsnamen gesehen werden, wie beispielsweise in *Wirbligen* und *Ikten*. Der Name *Gisgen* fügt sich nahtlos in die umliegende Namenlandschaft des Homburgertales ein. Nördlich und südlich liegen die Ortschaften *Diepflingen* und *Rümlingen* am Verbindungsweg über den Hauensteinpass. Beide Siedlungsnamen sind ebenfalls mit ursprünglichem *-inghofen*-Suffix gebildet. Die Flur liegt in der vom Homburgerbach durchflossenen Ebene des Homburgertals. Die Böden sind zur landwirtschaftlichen Nutzung allerdings nur bedingt geeignet. Sie verfügen nur über ein geringes Speichervermögen oder neigen zu Staunässe.[991] Noch heute werden die Böden vor allem als Gras- und Weideland genutzt. Frühmittelalterliche archäologische Bodenfunde sind keine belegt.[992] Möglicherweise sind die weniger günstigen landwirtschaftlichen Bedingungen als Auflassungsgrund in Betracht zu ziehen. Sprachliche Aspekte führen legen nahe, dass tendenziell von einem Wüstungsnamen auszugehen ist.

Grüenkten [*grȕənkχə*]

Böckten/Sissach, 1467 – heute, 40 Belege, lokalisierbar

3 Jucharten ligent ze krienchen ob der wolff matten (1467)[993]

Zwey manwerch Jnn Krenchen (1534)[994]

ein manwerch matten Zu Krienchen (1534)[995]

ein Mannwerch Zuo Krienckhen, genannt die Wollffmatt (1605)[996]

Ein halben Mäderthauwen Zuo Grüenckhen So jetz Bünden (1610)[997]

aber ein Pletz im Grüenhen, stost an Oltenbach (1610)[998]

ein halben Mederthauwen Jnn Grienckhen (1616)[999]

Jn der Grüenken (1692)[1000]

Von einer Matten zu Grienken (1703)[1001]

Ein halbe Mäderthauen Matten zu Grüemkhe (1767)[1002]

150R 16S Matten in der Grienkten (1825)[1003]

5 ar 40 qm Matten in Grienkten (1911)[1004]

Grüenkte (2007)[1005]

Abbildung 28: Während auf dem *Bettenberg* noch Schnee liegt, erscheint das Mattland im Bildvordergrund bereits im saftigen Grün des ersten Frühlings. Dass die Flur *Grüenkten* heisst, hat damit aber nichts zu tun.

Die jüngste Schreibung lässt ein abgeschliffenes *-ten* aus einem ursprünglichen Grundwort *-tal* vermuten. Die ältesten historischen Belege zeigen jedoch mehrfach die Schreibung *-chen* beziehungsweise *-ckhen*, wohl eine verkürzte Schreibung zu *-ikon* beziehungsweise *-iken*, basierend auf einem ursprünglichen *-inghofen*-Suffix. Dieses hier angenommene Suffix *-(i)chen* beziehungsweise *-(i)chon* erscheint auch in den ältesten Schreibungen der umliegenden Siedlungsnamen *Tenniken* (*Tenninchon*, 1226)[1006], *Böckten* (*Bettinchon*, 1246)[1007], *Diepflingen* (*Dyephlinchon*, 1251)[1008] und *Hemmiken* (*Enninchon*, 1255)[1009] sowie des Wüstungsnamens *Ikten* (*Itchon*, 1287)[1010]. Ausserhalb des Untersuchungsgebiets zeigt sich diese Schreibung in den *-inghofen*-Namen *Diegten* (*Dietchon*, 1226; *Oberdietchon*, 1263)[1011], *Leidikon* (Riehen BS, *Jo. von Leidichons seligen schuoppoz*, 1350), *Hilfiken* AG (*Hilfinchon mansus 1*, 1261), Hentschiken AG und Dottiken AG (*in Othwessingen, Henschichon et Dothinchon*, 1291) sowie im Flurnamen *Rümikon Acker* (Riehen BS, *git albreht von Rùmichon*, 1350). Allerdings scheinen diese Schreibungen typisch für das 13. und 14. Jahrhundert zu sein. Der älteste Beleg in der vorliegenden Reihe entstammt hingegen erst dem 15. Jahrhundert; ältere Belege fehlen.

Erst ab dem 19. Jahrhundert erscheinen Schreibungen mit einem Sprosskonsonanten *t*. Anzeichen für Metathese *tk* zu *kt* fehlen. Der Anlaut schwächt sich von *k* zu *g* ab und die erste Silbe wird in den ältesten Belegen mit entrundetem *ie* geschrieben. Im 17. Jahrhundert erscheinen parallel Schreibungen mit *üe*. Die Entrundung in den älteren Belegen erklärt sich möglicherweise aus der Quelle, dem sogenannten SCHALLER Berein, geschrieben von Kaspar SCHALLER, seinerzeit Stadtschreiber in Basel, geboren im elsässischen Strassburg.[1012] Möglicherweise ist auch die Schreibung *-chen* ein Produkt städtischer Schreiber.[1013] Das von BACH in Erwägung gezogene Diminutiv-Suffix *-chen* kann ausgeschlossen werden.[1014] Verkleinerungen werden in der Mundart des Untersuchungsgebiets mit dem Suffix *-li* gebildet, wie beispielsweise in *Zälgli* (Läufelfingen), *Aletebächli* (Tecknau) oder *Ärgeli* (Rümlingen). Im Bestimmungswort dürfte sich möglicherweise ein nicht mehr vollständig rekonstruierbarer Personenname zum Stamm *Gronja*[1015] verbergen. Allerdings scheint dieser Stamm nicht sehr produktiv gewesen zu sein, da nur wenige Namen mit einem Personennamen-Stamm *Grun* belegt sind.[1016] Zudem besteht eine enge Verbindung zum Farbadjektiv *grün*, das als Bestimmungswort in vielen Siedlungsnamen Verwendung findet.[1017] Das Farbadjektiv *grün* ist aber nur in wenigen Flurnamen im erweiterten Untersuchungsgebiet belegt, die alle in Bezug zu einem Substantiv im Grundwort stehen, z. B. in Langenbruck (*Grüene Mättlein*, 1682). Häufiger ist schwzdt. *Grien* ‹Kies, feines Geröll, grober Sand›.[1018] Allerdings lässt sich auch ein Bestimmungswort *Grien*, durch Anlautverschärfung in der Schreibung *krien* belegt, nur unzureichend in Zusammenhang mit einem verkürzten Suffix *-(in)chon* aus ursprünglichem *-inghofen* erklären. Ein weiteres Indiz für die Annahme eines Wüstungsnamens könnte im überwiegenden Gebrauch der Präposition *zu* liegen. In der angrenzenden Flur *Junkholz* wurden merowingische Gräber gesichert.[1019] *Grüenkten* liegt leicht erhöht am Südhang des Chienbergs, dem Zusammenfluss von Homburgerbach und Ergolz gegenüber. Hydrogeologische Überlegungen unterstützen die Annahme einer einstigen Siedlung. Auffallend ist die Nähe zur archäologisch gesicherten römischen Villa im Raum *Bützenen*.[1020] Auch hier zeigt sich das Besiedlungsmuster, das einen Wüstungsnamen mit ursprünglichem *-inghofen*-Suffix mit einer römerzeitlichen Fundstelle in räumliche Verbindung bringt. Dieses Muster offenbart sich auch in den Namenpaaren *Dockten – Bisnacht* oder in der Verbindung von *Stuckligen* zur Fundstelle *Erzmatt*. Zudem liegt *Grüenkten* an einer bereits zur Römerzeit benutzten Verkehrsachse.[1021]

Synthese: Sprachliche Unsicherheiten in Bezug zu einem rekonstruierbaren Personennamen stellen die Annahme eines Wüstungsnamens in Frage. Hingegen sind archäologisch gesicherte merowingische Gräber in unmittelbarer Nähe stark zu gewichten. Zudem spricht die überwiegende Verwendung der Präposition *zu* ebenfalls für die Annahme eines Wüstungsnamens, der in Zusammenhang mit den umliegenden Ortschaften *Böckten* und *Zunzgen* zu verstehen ist. Daher ist von einem Wüstungsnamen auszugehen.

Hubicken

Tenniken, 1413–1534, 5 Belege, nicht lokalisierbar

zu Hubicken 1 Juchart (1406)[1022]
1 Juch Zuo hubicken (1485)[1023]
ein iuchrt Zu Hubicken (1534)[1024]

Die Belegreihe legt ein Kompositum mit einem Erstglied *Hub*, wohl zum Personennamen *Hubo* zum Stamm *Huf*[1025] oder *Ubo* zum Stamm *Hugu*[1026], und einem ursprünglichen *-inghofen*-Suffix nahe. Als mögliche Grundform wäre **(H)ubinghovun* anzusetzen, der Name als ‹bei den Höfen der Sippe des (H)ubo› zu deuten. Ein Bezug zu schwzdt. *Hueb* ‹Hufe, Stück Lehengut von bestimmten Grösse›[1027] dürfte nicht vorliegen, auch wenn *Hueb* im Untersuchungsgebiet vor allem im Bestimmungswort produktiv ist, wie beispielsweise in den Flurnamen *Huebacher* (Gelterkinden) oder *Huebhalden* (Rothenfluh). Das *-ing*-Suffix und damit auch die erweiterte Form *-inghofen* wurde während des ganzen Mittelalters patronymisch verstanden.[1028] Zudem lässt die Dichte an rezenten Siedlungsnamen und möglichen Wüstungsnamen mit -inghofen-Suffix im Diegtertal darauf schliessen, dass auch in diesem Fall ein Wüstungsname anzunehmen ist.[1029] Dies wird auch von der konsequenten Verwendung der Präposition *zu* gestützt. Irritierend wirken die kurze Belegdauer und die geringe Anzahl Belege. Trotzdem ist ein Wüstungsname anzunehmen.

Huflig

Häfelfingen, 1893, 2 Belege, nicht lokalisierbar

Acker Huflig & Steinegg 72 a (1893)[1030]
Acker Huflig 63 a (1893)[1031]

Hufligacher   [dər hūvlịgáχər]

Häfelfingen, 1616 – heute, 8 Belege, lokalisierbar

Zwo Jucharten Jm huffligen acher genant (1616)[1032]
Zwo Jucharten im Huffligen Ackher (1685)[1033]
Zelg gegen Ramsach [...] Zwo Jucharten im Huffligen Acker (1766)[1034]
Acker Hufligacker 63 a (1893)[1035]
Hufligacher (1989)[1036]

Abbildung 29: Nur der *Eggweg* ist vom Schnee befreit, der dahinter ansteigende *Hufligacher* ist nur am obersten und steilsten Teil aper.

Das identische Flächenmass in den beiden Belegen aus dem Jahr 1893 lässt den Schluss zu, dass die beiden Schreibungen *Hufligacker* und *Huflig* das gleiche Flurstück bezeichnen. *Huflig* ist demnach Ellipse zu *Hufligacher*. Ein eigener Flurname liegt nicht vor. Gemäss der Typologisierung von Schuh kann ein Wüstungsname als Bestimmungswort eines Flurnamens in die Gegenwart transportiert werden.[1037] Für ein anzunehmendes Bestimmungswort *Hu(f)flig(en)* sind mehrere Deutungsansätze möglich:

1. Kompositum mit einem Personennamen und einem Suffix *-igen*, verkürzt zu einem ursprünglichen *-inghofen-* oder möglicherweise *-ingen-* Suffix. Im Erstglied *Huff* ist der ahd. Personenname *Hufo*[1038] zu vermuten. Als mögliche Grundform wäre *Huvinghovun* oder *Huvingun* anzusetzen mit der Deutung: ‹Bei den Höfen der Sippe des Hufo› beziehungsweise ‹Bei den Leuten des Hufo›. Unter der Annahme, anlautendes *H* sei durch Aspiration gebildet worden, ist der Personenname *Uffo* zum Stamm *Uf*[1039] anzunehmen. Entsprechende Hinweise liegen jedoch keine vor.[1040] Nicht in Betracht zu ziehen ist *Huvilo*[1041], da Belege mit umgelauteter Stammsilbe fehlen.

Gauss nimmt einen Wüstungsnamen an und erwähnt den Namen in einer Aufzählung weiterer *-ingen*-Namen. Genaue Quellenangaben dazu macht Gauss keine.[1042] Fehlende *-ingen*-Schreibungen lassen diese Einteilung jedoch bezweifeln. Für keinen der überlieferten Siedlungsnamen im Untersuchungsgebiet mit ursprünglichem *-ingen*-Suffix sind ausschliesslich verkürzte historische *-igen*-Schreibungen belegt. Zudem setzt die Reihe erst spät ein und nur wenige Belege liegen vor. Zwei Aspekte, die grundsätzlich gegen die Annahme eines Wüstungsnamens sprechen. Die mögliche Siedlung liegt in ausgeprägter Hanglage nordöstlich, leicht oberhalb von Häfelfingen am Hendschenmattbächli, so dass eine ausreichende Wasserversorgung vorliegt, und unterhalb der Flur *Steinig*. Archäologische Funde lassen dort auf eine römische Villa schliessen.[1043] Frühmittelalterliche Funde sind keine bezeugt. Die Überlegung, in **Huf(f)ligen* eine frühmittelalterliche Nachfolgesiedlung der einstigen römischen Villa zu vermuten, ist nicht zielführend. Da Häfelfingen als älterer *-ingen*-Name bestätigt ist, kann erwartet werden, dass der Vorteil einer Wiederbesiedlung römischen Altsiedellands bereits durch diese ersten Siedler genutzt worden wäre. Häfelfingen wurde jedoch am Zusammenfluss der beiden Bäche im Talkessel angelegt. Die deutliche Lageverschiebung führt zum Schluss, dass die römische Villa schon so weit zerfallen und überwuchert so wie deren Umland bereits so weit verwaldet war, dass eine erneute Urbarisierung nicht mehr möglich oder ökonomisch sinnvoll war. Dass in einer späteren Ausbauperiode ausgerechnet an besagter Hanglage und in geringer Distanz zum bereits etablierten Häfelfingen eine Siedlung errichtet worden sein soll, überzeugt im Vergleich mit der Lage anderer -inghofen-Siedlungen nicht. Diese liegen im Diegtertal in der Talebene in unmittelbarer Nähe anderer Siedlungen aus der gleichen Epoche oder fern ab bereits bestehender Siedlungen, wie beispielsweise *Adliken* und *Wirbligen* zu Läufelfingen oder *Ikten* zu Itingen beziehungsweise Sissach. Fehlende frühmittelalterliche Funde lassen an der Annahme eines Wüstungsnamens Zweifel aufkommen.

2. Das Bestimmungswort *Hu(f)flig(en)* zeigt ein Kompositum mit einem ursprünglichen -ing-Suffix im Sinne einer maskulinen Stellenbezeichnung.[1044] Das Bestimmungswort *Huf(f)* dürfte sich zu schwzdt. *Huffe* ‹Haufen›[1045] stellen oder vom Verb *hüf(e)le* ‹häufeln, anhäufen›[1046] abgeleitet sein und sich auf die Geländebeschaffenheit beziehen. Der Name wäre dann als ‹das mit dem, den Haufen versehene Landstück› zu deuten. Die Topographie zeigt heute keine entsprechenden Anzeichen mehr für diesen Deutungsansatz. Allerdings sind grundsätzliche Vorbehalte gegen eine Namenmotivation angebracht, die auf einen Haufen oder eine Anhäufung einer bestimmten Sache Bezug nimmt, da temporäre oder kurzlebige Eigenschaften zur Benennung einer Siedlung ungeeignet sind. Mit den gleichen Vorbehalten behaftet ist eine Bildung mit dem Verb *hüf(e)le* ‹häufeln, anhäufen›. Im Namenbestand des Kantons Basel-Landschaft erscheinen Bildungen mit einem -(l)ig-Suffix in den Namen *Rüchlig* (Oltingen), *Neulig* (Anwil) oder *Chürzlig* (Biel-Benken). Sie alle sind Ableitungen zu einem Adjektiv. Eine Bildung mit einem Substantiv findet sich in *Häberling* (Häfelfingen) oder *Eichlig* (Gempen SO), wobei älteste Belege den Namen ohne entsprechendes Suffix zeigen: *uff das eychel*, 1491. Unklar ist die Bedeutung des Bestimmungsworts im Namen *Hürlig* (Känerkinden, *im Hürlig*, 1758). Dies führt zum Schluss, dass *Hufligen* am ehesten in Bezug zu einem Adjektiv zu stellen ist, ein solcher zu einem entsprechenden Mundartwort aber nicht hergstellt werden kann.

Ausgeschlossen werden kann ein Bezug zu einem möglichen Familiennamen *Hufliger*, möglicherweise ein Herkunftsname zu *Hüfingen* (Baden-Württemberg, Deutschland).

Synthese: Eine abschliessende Beurteilung ist mit Unsicherheiten behaftet. Die belegten Personennamen *Hufo* und *Uffo* sprechen auf einer sprachlichen Ebene für die Annahme eines Wüstungsmusters. Die Annahme unterstützt, dass alternative sprachliche Herleitungen und Deutungsversuche nicht restlos zu überzeugen vermögen. Hingegen sprechen aussersprachliche Aspekte, insbesondere fehlende archäologische frühmittelalterliche Funde, die spät einsetzende Nachweiskette mit nur wenigen Belegen und die geringe räumliche Distanz zu Häfelfingen gegen einen Wüstungsnamen. Die räumliche Nähe zu gesicherten archäologischen römerzeitlichen Funden ist weder Indiz noch Beweis für die einstige Existenz einer frühmittelalterlichen Nachfolgesiedlung auf dem Gebiet der abgegangenen römischen Villa. Ein Verschrieb kann zudem nicht ausgeschlossen werden.

Aufgrund der unvereinbaren Ergebnisse sprachlicher und aussersprachlicher Abspekte muss offenbleiben, ob ein Wüstungsname vorliegt.

Ikten [ikχdˑtə]

Sissach, 1226 – heute, 77 Belege, lokalisierbar

in villa Itchon una houba (1226)[1047]
Quinque schouposis sitis in villis Ythkon (1267)[1048]
so ist Clewlis zehnten halbteilig mit dem kirchenzehnten auf dem Etzberg und zu Itken halbteilig (1276)[1049]
super bonis sitis in Utingen, et in Idchon ac in Muetenzo (1277)[1050]
von dem selben guote ze Itchon git man iergelich ein phunt wahses ze Schönthal (1287)[1051]
et in Itkon schoposa una (1307)[1052]
so denne uff und ab dem dorffe, twing und banne und den gerichten genant Itikon (1392)[1053]
Item ein mattbletz zue Ytken under der gassen under brunnmatt (1467)[1054]
½ Juch Zu Ytteken (1482)[1055]
von einer juchart. mit Reben […] in ytteken bann (1499)[1056]
constituerunt 3 ß de frusto et vineis […] In ytgken bann (1500)[1057]
Ein Pletzlin Matten Zuo Jtkhen, Jm Hoffstettlj genandt (1610)[1058]
Zwo Jucharten Zu Jckhten, jetzt Hinder den Reben genannt (1692)[1059]
Ein Mannwerckh Matten in Jtgen, Jetzt der niedern Brunmatt (1702)[1060]
Zwo Jucharten Ackher Z'Jckhten, Jetzt in der Alp genannt(1702)[1061]
Jckten (1802)[1062]
Ikte (1989)[1063]

Dass ein Wüstungsname vorliegt, zeigen bereits die Kontexte der ältesten Belege mit den Schreibungen *villa Itchon* und *villis Ythkon*. Daraus ist ersichtlich, dass im 13. Jahrhundert die Siedlung noch existierte. Die Schreibung *Ikten* entstand im 17. Jahrhundert aus der Metathese *tk* zu *kt*. Der Name legt ein Kompositum mit den Personennamen *Ito* oder *Uto*[1064] im Bestimmungswort nahe. Als Grundform wäre *Utinghovun* oder *Itinghovun* mit der

Abbildung 30: Die kahlen Bäume im Hintergrund verraten den nur langsam abziehenden Winter. In sattem Beige zieht sich die Feldfrucht in die Bildmitte, während das angrenzende Land im Gebiet *Ikten* nur mageren Bewuchs zeigt.

Deutung ‹bei den Höfen der Sippe des Ito, Uto› anzusetzen.[1065] Interessanterweise liegt *Itken* in der Nähe von Itingen, wobei für Itingen ebenfalls der Personenname *Uto*, jedoch in Verbindung mit einem *-ingen*-Suffix angenommen wird.[1066] Der exakte Auflassungszeitpunkt ist nicht festzustellen. Den Belegen ist nur zu entnehmen, dass *Ikten* spätestens seit 1610 nur noch als Flurname zu verstehen ist. SCHAUB vermutet wenig nachvollziehbar, dass *Ikten* um 1400 abgegangen ist, sein Bann jedoch noch längere Zeit selbständig geblieben sein soll.[1067] Vielmehr kann angenommen werden, dass nach dem Verschwinden von *Ikten* die umliegenden Nutzflächen mehrheitlich in den Bann von Sissach übergingen und eine eigenständige, zusammenhängende Ackerfläche bildeten. Dafür spricht der Flurname *Zelgli*, der unmittelbar an *Ikten* angrenzt. Ein Wüstungsname ist demzufolge anzunehmen.

Leimligen

Sissach, 1691, 1 Beleg, nicht lokalisierbar

Siebenthalbe Jucharten Ackhers im Leimligen (1691)[1068]

Das Namenbildungsmuster zeigt ein Kompositum mit einem Bestimmungswort *Leim* und ein zu *-ligen* erweitertes Suffix. *Leimligen* wird von der Präposition *im* eingeleitet. Anzunehmen ist, dass das Bestimmungswort keinen Bezug zum Personenname *Leimo*[1069] aufweist. Vielmehr dürfte das Substantiv schwzdt. *Leim* ‹Lehm›[1070] vorliegen, das sich auf eine lehmige Bodenbeschaffenheit bezieht. Der Name wäre als ‹das Landstück mit lehmigem Boden› zu deuten. Das *-igen*-Suffix ist als verkürztes *-ingen*-Suffix im Sinne einer Stellenbezeichnung[1071] zu verstehen. Gegen die Annahme eines Wüstungsnamens spricht, dass nur ein einziger Beleg vorliegt. Von einem Wüstungsnamen ist abzusehen.

Leynligen

Rothenfluh, 1687, 1 Beleg, nicht lokalisierbar

Zwey Jaucharten auf dem Leynligen an Heine Möschingern (1687)[1072]

Anzunehmen ist ein Kompositum mit dem Bestimmungswort *Leyn* zu schwzdt. *Leim* ‹Lehm›, auch wenn für den Untersuchungsraum die Schreibung *Leim* beziehungsweise *Lei* zu erwarten wäre.[1073] Die Schreibung *Lein* anstelle von erwartetem *Leim* findet sich mehrfach belegt, beispielsweise in den Namen *Lein* [i̯m lœyn] (Rothenfluh, *vff dem Leyn*, 1492; *auff dem Leyn*, 1687; *auf dem Lein*, 1872), *Leimet* [i̯m lœymət] (Rothenfluh, *i leinmat*, 1397; *Jnn Leinmatt*, 1610; *ein bletz in Leinmat*, 1699) oder *Leimacker* (Känerkinden, *Jm Leinacher*, 1616; *im Leinacker*, 1766).

Leynligen zeigt ein Kompositum mit einem *-ing*-Suffix im Sinne einer Stellenbezeichnung[1074], das auf die lehmige Bodenbeschaffenheit der Flur Bezug nimmt. Der Name ist als ‹das Landstück mit lehmigem Boden› zu deuten. Ein Wüstungsname liegt nicht vor.

Neuligen [nöi̯li̯gə]

1. Anwil, 1678 – heute, 15 Belege, lokalisierbar

Landtstei auff Neülithall ob Neüligen (1678)[1075]
1 J. A. im Fluh Aker, jetzt ob Neüligen (1780)[1076]
Neulige Rosina Gass [...] 1 Stein (1887)[1077]
Nöilige (1992)[1078]

Das Namenbildungsmuster zeigt ein Kompositum mit einem Adjektiv *neu* im Bestimmungswort und *-igen*-Suffix, das auf ein ursprüngliches *-ingen*-Suffix zurückzuführen ist, das im Sinne einer Stellenbezeichnung zu

Abbildung 31: Am äussersten Rand des Kantons Basel-Landschaft liegt vor dem abfallenden Waldsaum das Gebiet *Neuligen*. Der Bergrücken im Hintergrund markiert bereits die Grenze vom solothurnischen Kienberg zum aargauischen Wölflinswil.

verstehen ist.[1079] Der Name *Neulig(en)* ist in den umliegenden Gemeinden Wintersingen, Kienberg SO und Hellikon AG belegt. Er ist jeweils als ‹das neu urbar gemachte Landstück› zu deuten.[1080] Ein Wüstungsname liegt nicht vor.

2. Wintersingen [*dər nöili̯g*], 1702 - heute, 9 Belege, lokalisierbar

ein bletz Matten im Newlig (1702)[1081]
Ein Viertel in Neüling (1763)[1082]
im Neuling (1802)[1083]
Nöilig (1991)[1084]

Auch im vorliegenden Fall kann im Namen *Neulig* kein Wüstungsname vorliegen. Die Namenmotivation liegt wie bei *Neuligen* (Anwil) im neu urbar gemachten Land.

Abbildung 32: Das malerische Wintersingen mit seiner charakteristischen Kirche liegt weit unten. Hier oben am Waldrand liegt in einer engen und steilen Mulde der *Neulig*. Der Name deutet darauf hin, dass dieses Gebiet neu, also erst viel später als das umliegende Land, als Acker- oder Weideland angelegt wurde. Die Lage macht diese Entscheidung verständlich.

Ringlichen   [*s riŋliχə*]

Rümlingen, 1480 – heute, 15 Belege, lokalisierbar

2 manwerk maten an der ringlach stossett hinvff an die halden (1480)[1085]
aber 1 hoffstatt stosset an die gassen […] vnden an die ringkalch (1480)[1086]
ein Viertel Matten in der Ringlichen (1682)[1087]
ein pletz Matten so ohngefehr Ein Mäderthauen in Ringlichen (1731)[1088]
Anderthalb Manwerckh Matten in der Ringlacher (1731)[1089]
Ein Pletz Matten […] im Ringlichen (1766)[1090]
anderthalb Mannwerckh matten in der Ring lachen (1766)[1091]
Betreffend Banngrenze […] im Ringlisten […] den untern Theil von dem Land (1884)[1092]
Ringliche (1989)[1093]

....

Die Quellenlage erweist sich als problematisch. Die Belegreihe weist einerseits eine Lücke von über zweihundert Jahren zwischen dem 15. und 17. Jahrhundert auf, andererseits besteht eine belegbare inhaltliche Abhängigkeit der einzelnen Namennachweise: Die Belege von 1766 entstammen einem Berein, einer Erneuerung desjenigen von 1731, die sich wiederum auf iden-

Abbildung 33: Zwei Merkmale verorten das Bild untrüglich nach Rümlingen: Im linken Bildrand der Kirchturm mit dem blauen Zifferblatt, links der Bildmitte die beiden Bögen des Rümlingerviadukts. Rechts davon liegen die Häuser im Gebiet *Ringlichen*.

tische Textpassagen aus der Quelle von 1480 bezieht. Dies lässt sich an mehreren Beispielen nachweisen.[1094] Dass sich die Schreibung innerhalb der Quelle von 1731 trotzdem verändert, dürfte einer Eigenheit des Schreibers geschuldet sein und keine lautliche Entwicklung markieren. Interessanterweise zeigen die beiden ältesten Quellen den Namen jeweils als Femininum, während er heute als Neutrum gebraucht wird. Die Aufschlüsselung des Namens bietet mehrere Ansatzpunkte:

1. Ein Kompositum mit einem Suffix *-(l)ichen* aus ursprünglichem *-inghofen* dürfte aufgrund der mit *a* geschriebenen ältesten Belege ausgeschlossen werden, so dass kein frühmittelalterlicher Wüstungsname vorliegt. In der Folge soll daher das angenommene *-ach*-Suffix ausführlich diskutiert werden.

2. Ein Kompositum mit einem *-ach*-Suffix, das auf ahd. *aha* ‹Fluss, Strom›, mhd. *ahe* ‹Wasser, Fluss›[1095] zurückzuführen ist, erscheint aus mehreren Gründen plausibel. Zum einen zeigen älteste Belege den Namen eindeutig als Femininum, zum anderen liegt *Ringlichen* direkt am Lauf des Homburgerbachs. Dies würde auf einen alten Gewässernamen hinweisen. Nicht eindeutig ist die Aufschlüsselung des Namens. Unklar ist, ob inlautendes *l* dem Bestimmungswort *ring* oder dem Suffix *-ach* zugerechnet werden muss. Eine Erweiterung des Suffixes erscheint zwar analog dem Vorgang *-ingen* zu *-lingen* möglich, ist jedoch im Namenbestand des erweiterten Untersuchungsgebiets in Verbindung mit ahd. *aha* nicht belegt. Die belegten Siedlungsnamen

Brislach, Bettlach SO oder *Bellach* SO sind alle auf ein *-acum*-Suffix zurück-zuführen.[1096] Als Bestandteil des Bestimmungsworts wäre *ringl* lautlich an schwzdt. *Ringel* ‹kleiner Ring› oder als Sammelname für Klee- und Flachs-seide anzuschliessen. Ersteres lässt sich nur schwer mit einem Suffix ahd. *aha* in Verbindung bringen. Einerseits verläuft der an die Flur angrenzende Hom-burgerbach – heutige Gewässerkorrektion eingerechnet – ohne nennenswer-ten Biegungen, Schlingen oder Rückläufe mit Widerwasser, andererseits wä-ren solche mit dem Mundartwort *Wo(o)g, Wa(a)g* ‹Wasser in mehr oder weniger starker Bewegung; (tiefe) Stelle in einem (fliessenden) Gewässer, oft mit kreisförmigem Rückfluss, Wasserwirbel›, zu mhd. *wâc, wâge* ‹Bewegtes, Wogendes: Strömung, Flut, Woge; Strom, Fluss, Meer, See, Teich; Tränen›, ahd. *wâg*[1097] bezeichnet worden. Zudem erscheint schwzdt. *Ringel* ‹Klee-, Flachsseide› (*Cuscuta epilinumals*)[1098] als mögliches Bestimmungswort zwar nachvollziehbar, jedoch ist sein Vorkommen biologisch an den Anbau von Flachs, Lein (Gemeiner Lein, *Linum usitatissimum*) gebunden. Der Gemeine Lein stellt zwar keine besonderen Ansprüche an den Böden, verträgt jedoch weder staunasse, anmoorige noch durch Verschlämmung gefährdete Lagen. Eine direkte Lage am Homburgerbach scheint dafür ungeeignet. *Ringlichen* dürfte demnach nicht auf einen Gewässernamen zurückzuführen sein.

3. Aus oben genannten botanisch-geographischen Aspekten muss auch ein Bildungsmuster mit einem Suffix *-ach* zu ahd. *-ahi* abgelehnt werden. Zwar erscheint ein Bestimmungswort schwzdt. *Ringel* ‹Klee-, Flachsseide› möglich, zumal das Suffix *-ahi* vorwiegend mit Pflanzen- und Baumnamen in Verbindung gebracht wird, allerdings verlangt dieses neutrales Genus.[1099] In den ältesten Belegen erscheint *Ringlichen* jedoch deutlich als Femininum.

4. Ein Kompositum mit einem *-acum*-Suffix dürfte ebenfalls auszu-schliessen sein. Weder liegen archäologisch gesicherte römerzeitliche Funde für Rümlingen beziehungsweise für die Flur *Ringlichen* vor, noch kann für das Erstglied *ringl* ein entsprechender Personenname ausgemacht werden.[1100]

5. Die ältesten schriftlichen Belege (*2 manwerk maten an der ringlach, vnden an die ringkalch*, 1480; *ein Viertel Matten in der Ringlichen*, 1682) spre-chen für einen Bezug zum Adjektiv schwzdt. *ringlächt(ig)* ‹leicht, nicht fest, mühelos›[1101], das die Bodenqualität charakterisiert. Das am Bach gelegene Land dürfte möglicherweise selten trocken und hart, sondern vorwiegend feucht und leicht zu bearbeiten gewesen sein.[1102] Die auf der Bodenbeschaf-fenheit basierende Namenmotivation ist in unterschiedlichen Formen mehrfach belegt. Beispielsweise durch die Verwendung von Farbadjektiven (Läufelfingen, *Jm Rotten Ackher*, 1615; Gelterkinden, *ein halb Manwerkh an Rötten*, 1480; Sissach, *1 Juch am wissen stein*, 1485; oder Maisprach, *uff dem Schwarzenacker*, 1504) oder durch direkte Übertragung (Thürnen,

Ein Juchartenn Jm Glantz, 1616; Zeglingen, *vff der Rüttschetten*, 1613; Häfelfingen, *ein Jucharten Jm Steinig genannt*, 1615; oder Buus, *drig Juchartenn Jm grien*, 1564).

Synthese: Ein frühmittelalterlicher Wüstungsname kann aufgrund der Schreibungen der ältesten Belege sowie fehlender archäologischer Nachweise und der geringen Distanz zum Siedlungskern von Rümlingen ausgeschlossen werden. Ebenfalls nicht in Betracht zu ziehen ist ein galloromanischer Wüstungsname, da weder ein entsprechender Gentilname belegt ist, noch gesicherte archäologische Funde vorliegen. Mit grosser Wahrscheinlichkeit nimmt der Name daher Bezug auf die Bodenbeschaffenheit.

Rüchlig   [dər rüχlig]

Der Name ist im Untersuchungsgebiet in den Gemeinden Anwil, Itingen, Oltingen und Wintersingen belegt.

1. Anwil, 1780 – heute, 5 Belege, lokalisierbar

½ J. A. im Rüchlig (1780)[1103]
anderthalben Viertel Aker, auf Rüchlig (1837)[1104]
Rüchlig (1992)[1105]

Abbildung 34: Der Anwiler *Rüchlig* ist im unteren Teil eine mit Obstspalierbäumen bestandene Hangseite. Viel rauer, unkultivierter wirkt der höher gelegene Abschnitt mit dem Gebüschstreifen und der ökologischen Ausgleichsfläche.

2. Ittingen, 1739–1910, 2 Belege, nicht lokalisierbar

1 s. A. auffm Räuchlig […] hinderh. die Langmatt (1739)[1106]
Der Baudirektion soll Mitteilung gemacht werden, dass […] im sog. Rüchlig […]
zwei Röhren defekt worden sind (1910)[1107]

3. Oltingen, 1742 – heute, 6 Belege, lokalisierbar

Hanss Joggj Gass in dem Rüchling (1742)[1108]
im Rüchlig (1802)[1109]
Rüüchlig (1988)[1110]

Abbildung 35: In Oltingen sind keine Merkmale zu sehen, die mit der Namendeutung von *Rüchlig* in Verbindung gebracht werden können. Das Mattland an einem Waldsaum wirkt lieblich, nicht rau und schwer zu bearbeiten.

4. Wintersingen, 1802 – heute, 4 Belege, lokalisierbar

im Rüchen (1802)[1111]
Rühlig (1802)[1112]
Rüchlig (1991)[1113]

Abbildung 36: Der Wintersinger Rüchlig liegt hier in der Bildmitte eingehagt, teilweise bewaldet und mit einzelnen Obstbäumen bestanden. Er ist steil abfallend, was die Namenmotivation erklären dürfte.

Das Namenbildungsmuster zeigt in allen Belegreihen ein Kompositum mit dem Adjektiv *ruch* ‹rau, grob›[1114] im Bestimmungswort und dem um ein inlautendes *l* erweiterten Suffix *-lig*, teilweise auch *-ling*. In allen Fällen liegt kein ursprüngliches *-inghofen*-Suffix vor. Vielmehr ist von einem ursprünglichen *-ingen*-Suffix im Sinne einer maskulinen Stellenbezeichnung auszugehen.[1115] Auch ausserhalb des Untersuchungsgebiets ist der Name *Rüchlig* verbreitet, beispielsweise in Seewen SO, Gempen SO, Dietikon ZH oder Riehen BS.[1116] Ebenfalls mit dem Adjektiv *ruch* sind die Namen *Ruchfeld* (Münchenstein, *uff das ruchfeld*, 1512), *Ruch Halden* (Läufelfingen, *Von der Ruch Halden*, 1691) oder *Rüchi* (Lauwil, *ein stück acher auf der rüche*, 1701) gebildet. An einzelnen Standorten liegen unter der dünnen Humusschicht Felsplatten (Oltingen), andere Stellen weisen eine Bodenbeschaffenheit auf, die eine Vernässung des Bodens, teilweise bis zur Oberfläche (Wintersingen) zur Folge haben kann.[1117] Möglicherweise ist auch in der nassen (scholligen?) und dadurch schwer zu beschaffenden Erde die Namenmotivation zu suchen. Der Name wäre demnach als ‹das Landstück mit dem schwer zu bearbeitenden Boden› zu deuten. Von einem Wüstungsnamen ist jeweils abzusehen.

Söllickhen

Rothenfluh, 1492–1759, 6 Belege, lokalisierbar

1 Jucharten vff soliken (1492)[1118]
drey Jaucharten auf dem berg auff Söllickhen hinder Eychen, jez Ottlenthal (1687)[1119]
ein halben Jucharten Ackher auf Söllickhen, jez auf Odtleten genannt (1759)[1120]

Abbildung 37: Links der Strasse nach Wittnau AG, in einem Seitentälchen von Rothenfluh, liegen Matt- und Weideland unterhalb des Waldrands. Es ist das Gebiet von *Söllickhen*, auch wenn von der Wüstung nichts mehr zu sehen ist.

Die dünne Beleglage legt ein Kompositum mit dem möglichen Personennamen *Zollin* zum Stamm *Tul*[1121] im Bestimmungswort nahe. Als mögliche Grundform wäre *Zollinghovun anzusetzen mit der Deutung ‹bei den Höfen der Sippe des Zollin›. Allerdings wäre zu erwarten gewesen, dass ein einstiger Siedlungsname im Namenbestand stärker belegt sein müsste. Ebenfalls mit *Zollin* ist der Siedlungsname *Zollikon* ZH (*Zollinchovun*, 837) gebildet.[1122] Alle Belege zeigen die Präposition *auf*. Dies kann auf einen Wüstungsnamen hinweisen, wie beispielsweise die Belegreihen von *Einach*, *Schwärzligen, Schwarzligen* oder *Buesgen* aufzeigen. Nicht ausgeschlossen werden kann, dass die Präposition *auf* im Sinne einer Richtungsangabe zu verstehen ist und darauf verweist, dass *Söllickhen* erhöht, z. B. auf einem Plateau o. ä., gelegen ist. Dafür spricht auch der Kontext des Belegs aus dem Jahr 1687, der *Söllickhen* auf einem Berg oder in einem Gebiet *Berg* verortet.

Zugleich machen dieser und der jüngere Beleg aus dem Jahr 1759 deutlich, dass ein Bezug zur Flur *Ödental*[1123] (*jez Ottlenthal* und *jez auf Odtleten genannt*) besteht, deren Geltungsbereich sich weit aus dem Tal in die angrenzende Hangseite verschoben oder erweitert haben muss. Mit dem Einsetzen der Belegreihe am Ende des Spätmittelalters dürfte *Söllickhen* jedoch längst aufgelassen worden sein. Inwiefern die in der Nähe liegende, nicht näher datierte Turmhügelburg mit einer allfälligen Siedlung oder dem Wüstungsnamen *Söllickhen* in Verbindung zu bringen ist, muss offenbleiben.[1124] Die Flur liegt in einem abgewinkelten Seitental zum verkehrsgeographisch bedeutenderen Ergolztal am Zusammenfluss zweier Bäche. Aussersprachliche Aspekte begünstigen durchaus eine Siedlung. Ein Wüstungsname darf tendenziell angenommen werden.

Stückligen [*šdǚkχlịgǝ*]

Wenslingen/Oltingen grenzübergreifend, 1485 – heute, 26 Belege, lokalisierbar

1 bletz Jn stukliken (1485)[1125]
Zwo iuchart matten Jn Sticklicken (1534)[1126]
ein pletz Jn stucklicken Zwischen den Hegen (1534)[1127]
ij. Juch: Ackher und Matten Jnn Stückhlickhen (1616)[1128]
Ein Jucharten Ackher in Stücklingen (1702)[1129]
Jtem Ein Viertel Matten in Stückhligen (1702)[1130]
Ein Halbe Juchart Acker im Sticklingen (1764)[1131]
Stückligen (1802)[1132]
Stücklingen (1884)[1133]
Stückligen (1987)[1134]

Stückligen liegt in einer sanften Geländemulde auf einer weiten Ebene, am oberen Ende einer Quelle. Der Bann von Oltingen reicht an jener Stelle weit auf die Hochfläche von Wenslingen hinauf. Dieser bemerkenswerte Grenzverlauf könnte dafür sprechen, dass in diesem Raum einst eine weitere Siedlung vorhanden war.[1135] Tatsächlich wurden im Raum *Stückligen*, bei der Fundstelle *Erzmatt*, «Spuren römerzeitlicher Besiedlung festgestellt.»[1136] Weiter nördlich befindet sich eine weitere archäologische Fundstelle, bei der ebenfalls römerzeitliches Material einer einstigen Siedlung gefunden wurde.[1137] Frühmittelalterliche Funde fehlen bislang, jedoch liegt die Flur an einem historischen Verkehrsweg zum Schafmattübergang.[1138] Es ist die Annahme zu prüfen, ob der Flurname *Stückligen* auf eine frühmittelalterliche Nachfolgesiedlung dieser römischen Siedlung verweist.

Abbildung 38: Das Abendrot wird gleich einsetzen; es verrät sich als gelber Streifen über dem Wald. *Stückligen* in der Bildmitte liegt ruhig und verlassen in die Landschaft eingebettet.

Auffällig ist die geringe Distanz zum Flurnamen *Schwärzligen*, der aufgrund des Namenbildungsmusters ebenfalls als möglicher Wüstungsname in Betracht zu ziehen ist. Zu bedenken ist, dass die Koexistenz zweier Siedlungen auf engstem Raum über einen längeren Zeitraum eher unwahrscheinlich ist. Aus ökonomischer Sicht führt dies bereits früh zu Schwierigkeiten, möglicherweise gar zur Auflassung einer oder gar beider Siedlungen, da bedingt durch eine extensive Landwirtschaft zur Ernährung weniger Personen vergleichsweise viel Land bestellt werden musste. Die räumliche Nähe zwischen *Stuckligen* und *Schwärzligen* lässt daher folgende Thesen zu:

1. Beides sind Wüstungsnamen zweier Siedlungen, die nahezu zeitgleich bestanden haben und deren Geltungsbereiche sich auf dem weitläufigen Plateau in der Folge nach deren Auflassung zu einander hin verschoben haben. 2. Älteres *Schwärzligen* wurde aufgelassen, später wurde *Stückligen* erbaut. Ob in Siedlungs- oder Ruinenkontinuität, ist dabei unerheblich. 3. Einer der beiden Namen ist kein Wüstungsname.

Die erste These verfolgt die Annahme, es handle sich um eine aufeinanderfolgende Besiedlung: *Stückligen*, ein *-inghofen*-Name, der zwischen dem 6. und 8. Jahrhundert entstanden wäre, ist dabei jünger als älteres *Schwärzligen*, das aufgrund der Bildung mit einem *-ingen*-Suffix einer Namenschicht zuzuordnen ist, die bereits im 6. Jahrhundert verbreitet ist.

Diese These ist so weit plausibel, wenn angenommen werden darf, dass bei der Standortwahl zur Errichtung der jüngeren Siedlung nicht genügend freies Land als Alternative zur Verfügung stand. Die konkurrenzierende Nähe ist demnach ein Produkt eines zu grossen Siedlungsdrucks. Darin wäre folglich auch ein Auflassungsgrund zu sehen, der jedoch weder archäologisch noch sprachwissenschaftlich bewiesen werden kann. Wäre genügend freies Land zur Urbarisierung zur Verfügung gestanden, so hätte die Standortwahl anders ausfallen müssen.

Die zweite These baut auf der ersten auf, indem angenommen wird, dass spätestens mit der Etablierung der jüngeren Siedlung *Stückligen* die bestehende ältere namens *Schwärzligen* aufgelassen wurde. In diesem Fall, wenn also Siedlungskontinuität mit einem Namenwechsel angenommen wird, wäre zu erwarten gewesen, dass sprachliche Nachweise in der Belegreihe, die *Schwärzligen* und *Stückligen* miteinander in Verbindung bringen, vorhanden wären. Im Gegensatz zu anderen Namensänderung von Flurstücken ist dies hier aber nicht der Fall, so dass diese These nur unter der Annahme der Ruinenkontinuität weiterverfolgt werden kann: *Stückligen* wurde bewusst auf dem einstigen Platz oder zumindest in der Nähe von *Schwärzligen* errichtet. Das schon einmal urbarisierte Land konnte einfacher nutzbar gemacht werden, möglicherweise konnten so weitere Standortvorteile genutzt werden. Archäologische Beweise, die diesen Ansatz stützen, sind jedoch keine vorhanden.

Die dritte These, dass einer der beiden Namen kein möglicher Wüstungsname sei, wird gestützt von der bereits erfolgten Diskussion des Namens *Schwärzligen*. Es ist davon auszugehen ist, dass dies tendenziell kein Wüstungsname ist.[1139] Hingegen zeigt die Namenanalyse von *Stückligen* Folgendes:

Die ältesten Belege zeigen eine Bildung mit dem Element *Stuk* im Erstglied und einem *-i(c)ken*-Suffix, das im Lauf des 18. Jahrhunderts zweitweise abgeschwächt als *-ingen* abgebildet wird. Im Erstglied dürfte sich der ahd. Personenname *Stuchilo*[1140] verbergen. Als Grundform wäre **Stuchilinghovun* anzunehmen, der Name als ‹bei den Höfen der Sippe des Stuchilo› zu deuten. Der Ansatz, das Erstglied *Stu(c)k* auf schwzdt. *Stuck*, *Stück* beziehungsweise auf den Diminutiv *Stückli*[1141] zurückzuführen und das *-ing*-Suffix im Sinne einer singularischen Stellenbezeichnung[1142] anzunehmen, ist abzulehnen. Im Datenmaterial des Untersuchungsgebiets existiert keine vergleichbare Belegreihe einer Namenbildung mit einem *-ing*-Suffix im Sinne einer Stellenbezeichnung, deren Nachweise eine *-i(c)ken*-Schreibung aufzeigen würden. Hingegen finden sich in dieser Schreibung weitere Beispiele von Namen mit ursprünglichen *-inghofen*-Suffix, z. B. in historischen Schreibungen der Siedlungsnamen *Tenniken* oder *Diepflingen*. Ebenso ist ein möglicher Personenname belegt, so dass für *Stückligen* ein Wüstungsname anzunehmen ist.

Wabigen [wābigə]

Buus, 1564 – heute, 39 Belege, lokalisierbar

2 ß de vineis et agro Jn warmbach dicto (1500)[1143]
hin von Rùtimat hin gon Bus in den Wogenweg in Eris wielstein (1505)[1144]
ein pletz Jnn Wagen weg vnden an sant Niclaus gut (1534)[1145]
ein bletz mattenn Jnn wagennbag (1564)[1146]
Ein mannwerch mattenn Jnn wagennburg (1564)[1147]
ein Mederthaùwen Jnn wagenbach (1566)[1148]
Ein Matten Jm wagenbach (1595)[1149]
ein meder tauwen im Wagenbach (1599)[1150]
dritthalb Viertel Matten in wabigen (1702)[1151]
Jn Wabigen (1809)[1152]
Von Fried. Kaufmann-Rieder wurde eine Föhre benützt, um beim Steinbruch
in Wabigen eine Wehre zu erstellen. (1882)[1153]
Die Pflästersteine müssen dieses Jahr im Warmbach geholt werden (1885)[1154]
Wabige (2004)[1155]

Abbildung 39: Verlässt man Buus ostwärts, so gelangt man in ein enges Tälchen. Der
näher zu Buus gelegene Teil zeigt den vorderen Teil von *Wabigen*: Unter dem gelben
Felsband wachsen im steilen südexponierten Hang Reben, aber es ist der Wald, der dominiert.

Die Schreibungen der Belege aus dem 18. Jahrhundert und jünger weichen
stark von den älteren Schreibungen ab. Dass sie aber zur Belegreihe gehören, zeigt die Erwähnung eines Rebbaus (*vineis*, zu lat. *vinea* ‹Weingarten,

Rebberg›) im ältesten Beleg. Dieser ist auf einer Karte aus dem 17. Jahrhundert deutlich ersichtlich.[1156] Ebenso verweist der Beleg aus dem Jahr 1885 auf einen Steinbruch für Pflästersteine im Gebiet *Warmbach*. Wenige Jahre zuvor (1882) ist ein Steinbruch in *Wabigen* belegt. Auf der SIEGFRIED-KARTE[1157] aus dem Jahr 1880 ist ein solcher deutlich eingezeichnet. Interessant ist, dass der Name *Warmbach* nach 385 Jahren erneut verwendet wird, dazwischen die Flur aber in allen verfügbaren Quellen des 18. und 19. Jahrhunderts mit *Wabigen* benennt wird. Aus dem 17. Jahrhundert sind keine Belege vorhanden. Auch lässt sich der sprachliche Wandel von *Warmbach* zu *Wabigen* weder nachvollziehen noch erklären. Die mehrheitliche Schreibung der ältesten Belege legt ein Kompositum mit dem Bestimmungswort *Wagen* und dem Grundwort *-bach* nahe. Als älteste Schreibung erscheint jedoch *Warmbach*. Allerdings ist die Datierung dieser Quelle unsicher und die Schreibung erscheint isoliert. Als Bestimmungswort kann daher ahd. *wag* ‹Stauwasser, Teich, Wasserwirbel, Wasser in mehr oder weniger starker Bewegung›[1158] angenommen werden, das in Verbindung mit dem Grundwort *-bach* nachvollziehbar erscheint. Der Geltungsbereich der Flur hat sich stark verschoben. Heute konzentriert sich die Flur auf ein steil abfallendes Waldstück oberhalb eines Steinbruches. Die SIEGFRIEDKARTE[1159] zeigt den Flurnamen in einer Senke. Dort laufen mehrere kleine Seitentälchen zusammen, die ein weites Gebiet entwässern. Dies stützt die Annahme des obigen Kompositums. Auf jeden Fall ist die in den jüngeren Schreibungen belegte Endung *-ige(n)* nicht auf ein ursprüngliches *-inghofen*-Suffix zurückzuführen. Vielmehr dürfte der Name als ‹der warmes Wasser führende Bach› oder ‹das Grundstück am gestauten Bach› zu deuten sein. Von einem Wüstungsnamen ist daher abzusehen.

Wäng [ᶣv wẹ̃ŋ ōbə]

Buus, 1530 – heute, 55 Belege, lokalisierbar

der muller git von eim Acker vff weng gelegen (1530)[1160]
ein iuchrt acker vf Wencken (1534)[1161]
ein Juchrt vff wengen vnden an Zernlis gut (1534)[1162]
Zwo Juchartenn vff wäng (1564)[1163]
Vonn Einer halben Juchart Ackhers vff weng (1599)[1164]
Auff weng (1680)[1165]
Ein halber Viertel Matten auf Weng (1791)[1166]
Wenig (1880)[1167]
Wäng (1990)[1168]

Abbildung 40: Der Weg trennt das abgeerntete Getreidefeld auf *Wäng* vom mit Klee durchsetzten Mattland am rechten Bildrand. Der Acker erstreckt sich über den Horizont hinweg, so dass vom eigentlich mächtigen und freistehenden Baum nur noch die Krone zu erkennen ist.

MARTI vermutet, basierend auf der einmaligen Nennung *Wencken*, einen möglichen frühmittelalterlichen Siedlungsnamen mit ursprünglichem -*inghofen*-Suffix.[1169] Doch stellt sich die Schreibung *Wencken* vielmehr in Bezug zu *Wengen*, Dativ Plural zu schwzdt. *Wang* ‹begraster, abfallender Hang›[1170]. Die Verhärtung *ng* zu *nck* ist zwar ungewöhnlich, lässt sich aber möglicherweise durch die dialektale Färbung des Schreibers der Quelle – des Baslers Kaspar SCHALLER – erklären. Im erweiterten Untersuchungsgebiet ist ein Flurname *Wengen* in Seewen SO (*ein iuchart acker uff wengen*, 1480) und in Eptingen (*Drey Jucharten Jnn Wenngen*, 1605) belegt; in der Deutschschweiz finden sich weitere Nachweise, zu dessen bekanntesten der Siedlungsname *Wengen* (Gemeinde Lauterbrunnen BE) gehört. Die Realprobe zeigt für die Flur einen nur mässig steil abfallenden Hangrücken. Dies erklärt auch die konsequente Verwendung der Präposition *auf*. Diese ist hier nicht wie in anderen Fällen als Indiz für einen Wüstungsnamen zu werten, sondern sie bezieht sich auf die relative Lage der Flur. Ebenfalls gegen einen möglichen Siedlungsstandort sprechen fehlende archäologische frühmittelalterliche Funde und das fehlende Wasservorkommen in unmittelbarer Nähe.[1171] Ein stark abgeschliffenes -*inghofen*-Suffix liegt nicht vor. Von einem Wüstungsnamen ist abzusehen.

Wirbligen[1172]   [wı̣rbligə]

Läufelfingen, 1482 – heute, 30 Belege, lokalisierbar

1 matt die man nembt Suters matten vff wibliken (1485)[1173]
ze wiblingen ab eim vierteil neben schecken acker git man 6 d (1496)[1174]
Zwo iuchrten Zu Willingen vf der Eck (1534)[1175]
meher von 1 ½ manwerckh matten vff wibligen (1569)[1176]
Vier Jucharten Zweyblickhen Jnn einer sonderbaren Jnhegj (1615)[1177]
Jn Zwibligen (1680)[1178]
Zwo Mäderthawen Z. Weigligen in Einer sonderbahren Einhägi (1685)[1179]
vier Jucharten Z'Würrblickhen (1731)[1180]
Zwo Mäderthawen Z'Weigligen (1731)[1181]
Jn Zwibligen (1765)[1182]
Eine Jucharten Waid auf Wirblingen (1818)[1183]
Wirbligen (1884)[1184]
Wirblige (1988)[1185]

Abbildung 41: Auf der Wasserscheide zwischen Läufelfingen und Eptingen liegt das Gebiet der Wüstung *Wirbligen*. Der Blick reicht weit. In der Bildmitte ragt eine dunkle Stelle auf der Bergsilhouette unnatürlich in die Höhe. Es ist die Antenne Froburg.

Die Aufschlüsselung des Namens *Wirbligen* in seine Bestandteile bietet zwei Möglichkeiten: einerseits eine Bildung aus den Bestandteilen *Wibl* und dem Suffix *-iken*, andererseits ein Erstglied *Wib* und ein zu *-liken* erweitertes Suffix. Der älteste Beleg legt ein Kompositum aus dem ahd. Personennamen *Wibo*, einer Kurzform zu *Wigboldt*[1186], im Bestimmungswort nahe. Auszugehen wäre von einer Grundform *Wibinghovun* mit der Deutung ‹bei den Höfen der Sippe des Wibo›. Aufgrund der heutigen Aussprache mit einem langen i [wi̯rbligə] bietet sich ebenso der Personenname *Wibil*[1187] zum Stamm *Vib* an. Dafür spricht sich auch KAUFMANN aus.[1188] *Wirbligen* bestünde demnach aus den Bestandteilen *Wibl* und einem *-iken*-Suffix und wäre somit als ‹bei den Höfen der Sippe des Wibil› zu deuten. Die unterschiedlichen Namenschreibungen (*Zweyblickhen*, 1615; *Jn Zwibligen*, 1680; *Z. Weigligen*, 1685; *Z'Würrblickhen* und *Z'Weigligen*, 1731) können ein Hinweis auf einen sehr alten, früh nicht mehr verstandenen (Siedlungs-)Namen sein. Die Verwendung der Präpositionen *zu* und *auf* stützen die Annahme eines Wüstungsnamens zusätzlich. Die Schreibungen mit einem *r* im Erstglied erscheinen erst im 18. Jahrhundert. Sie sind für die Deutung unerheblich. *Wirbligen* ist ein alter Siedlungsplatz: «Zahlreiche Funde von steinzeitlichen Steinwerkzeugen weisen das Areal als einen steinzeitlichen Siedlungsplatz aus.»[1189] Frühmittelalterliche Funde liegen jedoch keine vor. Die Schreibung *ze wiblingen* (1496) legt ebenfalls die Prüfung eines möglichen *-ing(en)*-Suffixes im Sinne einer singularischen Stellenbezeichnung nahe, die sich auf die Beschaffenheit des Geländes bezieht. Allerdings lässt sich *Wib* an kein geeignetes Mundartwort anschliessen. Ein Bezug zu schwzdt. *wibel* ‹Kornwurm›[1190] scheint nicht gegeben. *Wirbligen* liegt in einem sanften Sattel, der westlich nach Eptingen und östlich zur Passhöhe des Hauensteins abfällt. Dieser Nebenverbindung kommt keine grosse Bedeutung zu. In der Nähe der Flur liegen zwei Gewässer, aber keine Quelle. *Wirbligen* wäre im Untersuchungsgebiet die südlichste Wüstung mit *-inghofen*-Suffix beziehungsweise die am nächsten am Juraübergang liegende. Ein Wüstungsname ist anzunehmen.

Siedlungs- und mögliche Wüstungsnamen mit -*inghofen*-Suffix

Bemerkenswert ist die grosse Anzahl der Namen mit einem -*inghofen*-Suffix. Die Menge dieses Namentyps, der nur während einer kurzen Zeit produktiv gewesen sein dürfte, lässt auf eine rasch angestiegene Anzahl Menschen schliessen, die innerhalb eines kurzen Zeitraums grossen Platzbedarf für neue Siedlungen gehabt haben müssen. Die Anordnung und Verteilung zeigt eine Konzentration im Westen und Südwesten des Untersuchungsgebiets, die durch einzelne weitere Punkte ohne räumliche Verbindung zueinander ergänzt wird. Möglicherweise beruht diese Konzentration der -*inghofen*-Namen im Diegter- und Homburgertal auf einem bewusst eingeleiteten Vorgang, also einer fränkischen Kolonialisierung. Die weiteren -*inghofen*-Namen liegen ohne räumlichen Bezug zueinander auf mehrere Gemeinden verteilt mit Ausnahme von Stückligen alle in Tallage. Auffällig ist die rechtwinklige Anordnung von Hemmiken, Hellikon AG und Zuzgen AG. Dies könnte möglicherweise auf einen zusammenhängenden Besiedlungsvorgang hinweisen. Isoliert scheint *Deschliken* AG zu liegen.[1191] Im Untersuchungsgebiet ist *Ikten* der am nördlichsten liegende mögliche Wüstungsname. Er ist wohl in Zusammenhang mit Sissach beziehungsweise Itingen zu verstehen. Grossmehrheitlich zeigt sich somit eine räumliche Kongruenz zwischen Siedlungs- und Wüstungsnamen. In den mit Siedlungsnamen durchsetzten Räumen findet sich auch der Grossteil der Wüstungsnamen. Analysiert man das Verhältnis zwischen möglichen Wüstungsnamen und rezenten Siedlungsnamen, so stellt man fest, dass im Diegter- und Homburgertal nur die Siedlungen in Tallage erhalten geblieben sind.[1192] Wüst wurden hingegen die in der Höhe gelegenen einstigen Siedlungen *Buesgen*, *Wirbligen*, *Adliken* und *Ikten*. Die möglichen Wüstungen *Ängsten* und *Wärligen*, vielleicht auch Söllickhen, liegen in relativer Tallage an der Ergolz beziehungsweise am Dübach auf dem Gebiet der heutigen Gemeinde Rothenfluh. Ihr Verschwinden dürfte mit einem hochmittelalterlichen Siedlungskonzentrationsprozess zusammenhängen, aus dem das heutige Rothenfluh hervorgegangen ist.[1193] Markant sind auch die grossflächigen Gebiete, die frei von -*inghofen*-Namen blieben. Auf die möglichen Ursachen wird bei der Synthese im dritten Teil der Arbeit eingegangen.

Karte 3: Archäologische Fundstellen, Siedlungs- und mögliche Wüstungsnamen mit -*inghofen*-Suffix

Legende:
Grosse Kreise: Rezente Siedlungsnamen, v. l. n. r. Zunzgen, Diegten, Tenniken, Böckten, Diepflingen, Buckten, Rümlingen, Hemmiken, Zuzgen AG, Hellikon AG **Kleine Kreise:** Mögliche Wüstungsnamen, v. l. n. r. Dockten, Ikten, Deschliken AG, Hubicken, Grüenkten, Buesgen, Wirbligen, Adliken, Ängsten, Stückligen **Pentagone:** Tendenzielle Wüstungsnamen, v. l. n. r. Gisgen, Balken, Söllickhen **Rauten:** Archäologische Fundstellen, v. l. n. r. Hauptstrasse (Sissach), Jungholz (Böckten)

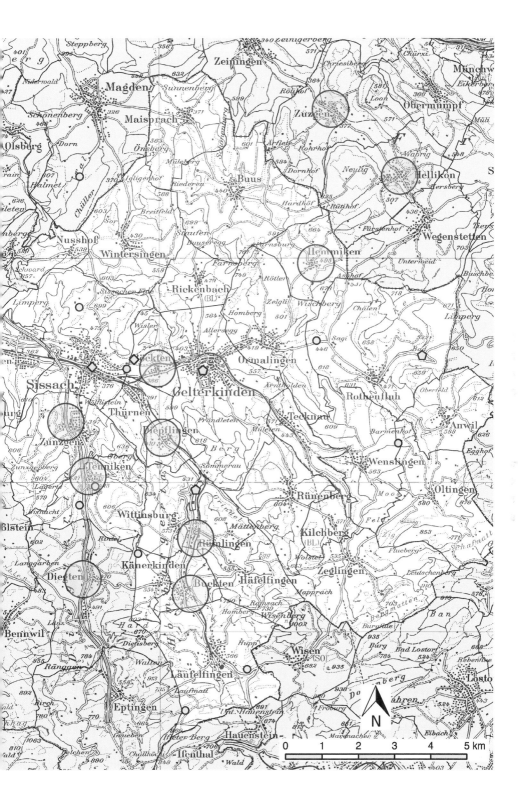

Das Grundwort -heim

Das siedlungsindizierende Element -heim ist zurückzuführen auf ahd. heima ‹Heim, Wohnsitz, Heimat›[1194], zu lat. *domicilium, domus*.[1195] In der gesprochenen Mundart wird -heim oft zu -e [ə] abgeschwächt, so in Arlesheim [ārləsə], Riehen BS [riəχə] oder Veltheim AG [vẹltə].[1196] «Namen mit dem Element -heim und einem Personennamen im Vorderglied gehören zu einem sehr alten Typus und gehen in die Zeit der alemannischen Landnahme und des ersten Landesausbaus […] zurück. Im alemannischen Sprachraum sind diese alten -heim-Namen selten.»[1197] Im Untersuchungsgebiet finden sich keine rezenten Siedlungsnamen, mögliche Wüstungsnamen mit einem -heim-Grundwort sind nur zwei belegt. Im Namenbestand der rezenten Siedlungsnamen im Kanton Basel-Landschaft findet sich auch nur ein einziger Name: Arlesheim. Östlich von Basel liegt mit Riehen ein weiterer -heim-Name. Beide erscheinen innerhalb der Namenlandschaft der Schweiz weitgehend isoliert, jedoch liegen sie aus verkehrsgeographischen Überlegungen an äusserst günstiger Lage: Riehen in unmittelbarer Nähe zum historischen Knotenpunkt Basel und Arlesheim an der bereits zur Römerzeit wichtigen Strecke zum Juraübergang *Pierre Pertuis*.[1198] MARTI weist darauf hin, dass die -heim-Orte in seinem Untersuchungsraum[1199] «in aller Regel verkehrsgeografisch sehr günstig liegen, was auf eine frühe Entstehung und eine gewisse Wichtigkeit schliessen lässt.»[1200] KEINATH stellt ebenso eine ausserordentlich günstige Lage der -heim-Orte im nahen Württemberg (Deutschland) fest.[1201] Aufgrund seiner archäologischen Ergebnisse kann MARTI eine gewisse Regelhaftigkeit zwischen als fränkisch betrachteten -heim-Namen und fränkisch geprägten Funden nachweisen.[1202] BOESCH stellt die -heim-Namen mit einer Appellativbildung in einen direkten Bezug zu fränkisch motivierten, bewussten Neugründungen,[1203] was eine mögliche Wichtigkeit dieser Namensschicht unterstreicht. Dies mag für die rechtsrheinischen Orte *Kirchen*, *Holzen* oder *Schopfheim* zutreffen, für Arlesheim wird jedoch weiterhin eine Bildung mit einem Personennamen im Bestimmungswort angenommen.[1204] Das Namenbildungsmuster bei Riehen BS ist umstritten. Jüngst schätzten MISCHKE und SIEGFRIED eine Bildung mit einem Personennamen als wahrscheinlich ein.[1205]

BICKEL verweist darauf, dass die -heim-Namen (und -dorf-Namen) «nicht ganz einfach zu deuten sind.»[1206] Nördlich der Schweizer Grenze – vorwiegend im Elsass – erhöht sich die Anzahl von -heim-Namen markant. Dabei finden sich auch Bildungen ohne Personennamen im Bestimmungswort.[1207] BICKEL sieht die Namen in der Nordwestschweiz daher als Ausläufer der elsässischen -heim-Namen.[1208] Einen möglichen Bezug zu einer fränkischen Besiedlung könnte sich im Kirchenpatrozinium zeigen: In Riehen steht eine dem Heiligen Martin geweihte Kirche[1209], Arlesheim dürfte, bevor es eine eigene Kirchgemeinde geworden ist, zur Pfarrei Pfeffingen gehört haben, die ebenfalls ein Martinspatrozinium aufweist.[1210] Aufgrund der fehlenden rezenten Siedlungsnamen und den nur dürftig belegten wenigen möglichen Wüstungsnamen kann auf eine vertiefte Analyse eines allfällig fränkisch dominierten Namenelements -*heim* verzichtet werden.[1211]

Obsen [*d hǫbˌpsə / d ǫbsə*]

Diepflingen/Wittinsburg, 1464 – heute, 52 Belege, lokalisierbar

1 juchartt vff opsen (1464)[1212]
2 juchartt ligend an opsen do der brun gatt ob dem hag (1480)[1213]
2 Juch gelegen an öpßhein (1485)[1214]
Jn der anndern Zelg 1 Juchart vff öpssen (1485)[1215]
5 Juch vff öpsshin (1485)[1216]
ein iuchrt vf obsten (1534)[1217]
Zwo Juchrtn an obssen (1534)[1218]
zwei Juocharten Ackers uff Obsten (1674)[1219]
Jn Hobsen (1678)[1220]
½ Jucharten in Obsen (1680)[1221]
drey Jucharten ackher auff Hapsen (1702)[1222]
zwo Jucherten Acker in Obbsten (1758)[1223]
Hobsen (1802)[1224]
Höbsen (1802)[1225]
Obse (1988)[1226]

Mehrere Deutungsansätze sind möglich:

1. *Opsen* ist der Genitiv eines Personen- oder Familiennamens und verweist auf eine elliptische Schreibung zu einem Besitzverhältnis, *Obsenmatt, *Obsenacher o. ä. In Frage kommen die Personennamen *Obizo*, *Opizo*[1227] oder die Familiennamen *Obser*, *Opser* oder *Opp*[1228], wobei Letzterer das inlautende *s* nicht erklärt. Der Genitiv müsste *Oppen* lauten. Ähnliche Besitzverhältnisse mit schwacher Genitivflexion zeigen beispielsweise die Namen *Freisen Matten* (Langenbruck) zum Familiennamen *Freis*[1229] oder *Hansen Winckhell* (Läufelfingen) zum Vornamen *Hans*. Allerdings ist ein Familienname *Opser* nicht in Diepflingen, wohl aber ein *Joachim Obser* in Wil SG belegt.[1230] Möglich erscheint auch der Familienname *Habs*[1231]. *Obsen* wäre die verdumpfte und deaspirierte Schreibung im Genitiv. Das Geschlecht

Abbildung 42: Tief im Wald zwischen Wittinsburg und Diepflingen liegt *Obsen*. Nichts erinnert an eine mögliche Wüstung. Nur die Holzwellen garantieren, dass Menschen zuweilen hier arbeitshalber verweilen.

Habs ist allerdings weder in Diepflingen noch sonst im Kanton Basel-Landschaft, sondern lediglich in Winterthur alteingesessen.[1232]

2. Möglicherweise ist *Opsen* die verdumpfte und deaspirierte Schreibung von *Habs*, *Habse*, eines stark reduzierten Genitivs von schwzdt. *Habich* ‹Habicht›[1233], oberdt. auch *Habs*[1234] zu mhd. *habech*, *habich*, ahd. *habuh*, *habech*, *havuk*[1235]. *Habs(en)* charakterisiert Örtlichkeiten, wo sich der Vogel gerne aufhält. Allerdings finden sich Schreibungen mit *a* nur in jüngeren Belegen, beispielsweise *drey Jucharten ackher auff Hapsen* (1702) oder *am Habssen Rain* (1762), nicht aber in den ältesten. *Hapsen* ist im erweiterten Untersuchungsgebiet Eptingen belegt: *Ein Jucharten Zhapssen*, 1605.

3. Die ältesten und die Mehrheit der Belege mit einer einfachen *-en*-Endung legen einen Bezug zu mhd. *obez*, schwzdt. *Ops* ‹Obst, Baumfrüchte›[1236] nahe. Zu schwzdt. *obsen* ‹Obst einsammeln›[1237] dürfte jedoch kein Bezug bestehen. Der Begriff ist für das Untersuchungsgebiet nicht belegt. *Obsen* wäre demnach als ‹die mit Obstbäumen bestandene Flur› zu deuten. Weitere Bildungen mit mhd. *obez* im Bestimmungswort oder

Grundwort fehlen im Namenbestand des erweiterten Untersuchungsgebiets. Bildungen mit schwzdt. *Obst* finden sich vorwiegend in der nur jünger belegten Zusammensetzung *Obstgarten* (Bättwil SO, Riehen BS)[1238]. Die fehlende Verbreitung im Namenbestand lässt berechtigte Zweifel an diesem Ansatz zu.

4. Marti nennt ein *Oppsheim als möglichen Wüstungsnamen.[1239] Die beiden Schreibungen *öpshein* und *oppshin* weisen auf ein mögliches Kompositum mit einem *-heim*-Grundwort hin. Sie entstammen jedoch derselben Quelle und zeigen möglicherweise lediglich eigenwillige Schreibungen der *-en*-Endung. In der gleichen Quelle findet sich auch zweimal die Schreibung *vff öpssen*, die zweifelsfrei zu *Obsen* zu stellen ist. Analog zu Riehen BS hätte sich das Grundwort *-heim* zu *-en* verkürzt.[1240] Weitere Vergleichsfälle heutiger Siedlungsnamen fehlen im Untersuchungsgebiet. Im Erstglied verbirgt sich der Personenname, möglicherweise *Obizo*, *Opizo*[1241]. Daraus resultiert die mögliche Grundform *Opisheim, *Obisheim. Die mehrheitliche Verwendung der Präposition *auf* dürfte im vorliegenden Fall kein Indiz für einen Wüstungsnamen sein, sondern in der Hanglage der Flur begründet sein. Marti erwähnt für *-heim*-Namen eine (verkehrs-)günstige Lage.[1242] Für Arlesheim und Riehen BS mag dies zutreffen. Die Lage der Flur *Opsen* hingegen erfüllt diesen Anspruch nur bedingt. Selbst wenn sich der Geltungsbereich des Namens aus dem Talboden in den Hang hinein verschoben hätte, erweist sich der Standort aus mehreren Überlegungen heraus als deutlich weniger günstig als derjenige von Riehen BS und Arlesheim. Einerseits ist das Homburgertal verkehrstechnisch weniger bedeutend als das Birstal oder die rechtsrheinische Lage von Riehen BS. Bedeutender ist die Strecke über den Oberen Hauenstein. Eine strategische Siedlung wäre dort oder an einem Knotenpunkt zu erwarten. Jedoch fehlen für Diepflingen und für die Flur *Opsen* im Gegensatz zu Riehen BS und Arlesheim archäologisch gesicherte frühmittelalterliche Funde. Einzig hydrogeologische Aspekte stützen eine mögliche Wüstung *Oppsheim. Die Flur liegt am Grittbächli und in der Nähe des Homburgerbachs.

Synthese: Gesicherte archäologische frühmittelalterliche Funde fehlen. Dies spricht gegen die Annahme eines Wüstungsnamens, auch wenn ein möglicher Personenname *Obizo*, *Opizo* belegt ist. Gegen die Annahme einer einstigen Siedlung spricht auch die Lage der Flur. Selbst in Tallage erschiene ein möglicher *-heim*-Name völlig isoliert in der Namenlandschaft des erweiterten Untersuchungsgebiets. Überzeugender sind die Deutungsansätze zu einem Besitzernamen oder zum Vogelnamen *Habicht*. Von einem Wüstungsnamen ist abzusehen.

Spanhem

Läufelfingen, 1496, 1 Beleg, nicht lokalisierbar

6 ad lumen, de Area dicti Spanhem (1496)[1243]

Es liegt nur ein Einzelbeleg vor. Zu erwarten wäre, dass sich ein einstiger Siedlungsname über eine bestimmte Zeitspanne mehrfach in der Namenlandschaft hätte niederschlagen müssen. Wohl liegt hier ein Besitzverhältnis zu einer Familie namens *Spanheim* vor, die für Basel allerdings erst im 17. Jahrhundert und nur dürftig belegt ist.[1244] Möglicherweise besteht auch ein Bezug zum Siedlungsnamen *Sponheim* im Bundesland Rheinland-Pfalz (Deutschland). *Spanhem* wäre demnach als Herkunftsname zu verstehen. Für die Annahme eines Besitzverhältnisses spricht der Kontext. Die Formulierung *de area dicti* finden sich noch zweimal in der gleichen Quelle, dem Jahrzeitenbuch: *1 ß ad lumen et unum pullum sacerdoti de area dicti schülis apud aream dicti truempelscher.*[1245] In beiden Fällen wird ein Grundstücksbesitz angenommen. Von einem Wüstungsnamen ist daher abzusehen.

Das Element *Hof* und das Grundwort *-hofen*

«Nicht unmittelbar mit *-inghofen* zusammenzustellen ist einfaches *-hofen.*»[1246] BOESCH betrachtet *-hofen* bildungsmässig als generell jünger,[1247] «doch lässt sich kaum eine scharfe chronologische Trennung zwischen den beiden Typen vollziehen.»[1248] Heutiges *-hofen* entstand aus ahd. *-hofum*, dem Dativ Plural zu ahd. *hof* ‹Hof, Besitzung eines Grundherrn›[1249], ursprünglich ‹umschlossener Platz, Raum›.[1250] Bemerkenswert ist die Beziehung zu nhd. *Haus*, mhd. *hus*. Die Nähe zeigt sich in der Alliteration ‹Haus und Hof›[1251], aber auch im Namenbestand. NYFFENEGGER rechnet sowohl die *-hofen-* als auch die *-husen*-Namen beziehungsweise die *-inghofen-* und *-inghusen*-Namen[1252] der gleichen Zeitstufe, dem ersten Landesausbau, zu.[1253] Das Element *Hof* ist siedlungsindizierend und wird «geradezu als Beweis für die ursprüngliche alemannische Besiedlung oder alemannischen Einfluss angesehen.»[1254] Allerdings lässt sich zwischen den wenigen *-hof*-Namen und einer alemannischen Besiedlungsschicht im Untersuchungsgebiet kein Zusammenhang ausmachen. Diese *-hof*-Namen sind vor allem in weiten Teilen Deutschlands verbreitet.[1255] In der schweizerischen Namenlandschaft finden sich zahlreiche Namen mit dem Element *Hof*, das sowohl als Erst- als auch als Zweitglied erscheinen kann. In Siedlungsnamen erscheint das Element *Hof* vorwiegend im Zweitglied, wobei im Erstglied nicht ausschliesslich ein Personenname vorliegen muss, wie sich beispielsweise bei Oberhofen

(bei Thun BE) zeigt. Die Verkürzung von *Hof* in mehrgliedrigen Siedlungsnamen zur Endung *-en* wie in Räterschen ZH oder Schalchen ZH – beides
ursprüngliche *-hof*-Namen – ist im Untersuchungsgebiet nicht belegt.[1256] Das
Element *Hof* tritt hier mehrheitlich in Verbindung mit dem Suffix *-ingen* in
der Schreibung *-inghofen* auf.[1257] Namen mit dem Grundwort *-hof* verweisen heute vorwiegend auf Landwirtschaftsbetriebe. Der Name *Hofstetten*
wird unter dem Grundwort *-statt/-stetten* behandelt.[1258]

Im Hof   [*i̯m hōv*]

Anwil, 1678 – heute, 25 Belege, lokalisierbar

Landstei Jm hoff (1678)[1259]
Ein Viertel Holtz im Hoof […] anderseits neben der Hooffhalden gelegen (1702)[1260]
Ein halber Fiertel Holtz hinder dem Hoof (1779)[1261]
Im Hof (1877)[1262]
Im Hof (1992)[1263]

Abbildung 43: Die Mulde, in der Kienberg SO liegt, ist bereits vom Schatten eingenom-
men. Nur noch zum Teil sonnig ist auch die Flur *Im Hof* im Bildvordergrund. Der Wald,
der sich vom linken Bildrand in die Mitte zieht, liegt bereits jenseits der Grenze von Anwil.

Die Belegreihe zeigt mehrheitlich das Simplex *Hof* mit der Präposition *im*.
Es fehlen Anzeichen, im Bestandteil *Hof* ein Grundwort eines ursprünglichen Kompositums zu sehen. Von einem eigentlichen Wüstungsnamen, wie
er nach den möglichen Bildungsmustern nach Schuh und Nübling ange-

nommen werden kann, muss abgesehen werden. *Im Hof* ist ein sprechender Name und verweist zweifellos auf eine einstige Siedlung oder ein Gehöft. Ganz in der Nähe der Flur liegen die römische Fundstelle *Buchsmet* und die frühmittelalterlichen Gräber im Raum *Schwarzligen*.[1264] Ein Bezug zu einem dieser Orte erscheint wahrscheinlich. Der Name ist als indirekter Wüstungsname zu verstehen, da er auf eine einstige Siedlung verweist, jedoch den einstigen Namen nicht in die Gegenwart transportiert.

Wiederhofen

Rothenfluh, 1397–1768, 17 Belege, lokalisierbar

hinden an widenhoff dz och Widem ist i jug (1397)[1265]

½ Juchart oder ½ manwerch matten vff dem Wider hoff (1489)[1266]

Nemlich das zû Widerhofen by dem stêg by Rotenflû, da das Lenenbächly inn die Ergentz oder bach loüfft (1514)[1267]

Zwo Jucharten an dem leym, under den gauttern die Zuo dem nidern hoff zu Rottenfluo gehörend (1530)[1268]

ein Juchart matten, so ettwan Ardackher gsin, hinden an Widerhoff (1560)[1269]

Ein Pläz ohngefehr Ein Viertel haltend, zu Niderhofen, jetz hinder der Saage genannt (1768)[1270]

Erstlich Ein Mannwerck in der Wiederhofen, jezt bey der Saagen genant (1768)[1271]

Abbildung 44: Wäre da nicht die markante Felswand, die Namensgeberin, die hoch über Rothenfluh thront und in der Bildmitte hervorsticht, so könnte diese typische Landschaft – hügeliges Mattland mit Obstbäumen – überall im Baselbiet liegen.

Das Namenbildungsmuster des ältesten Belegs zeigt ein Kompositum aus den Bestandteilen *widen* im Bestimmungswort und *hoff* im Grundwort, das eindeutig zu nhd. *Hof* zu stellen ist. Im Bestimmungswort *Widen* ist eine Schreibung ohne das Präfix -ge zu schwzdt. *Gwidem* ‹zu einer Pfarrkirche gehöriger Hof, Kirchengut, einem Kloster gehörendes Grundstück, Brautgabe›[1272] zu sehen. Ein Bezug zu nhd. *Weide* ‹Weidenbaum› (*salix*) oder ‹Viehweide› ist auszuschliessen. Die jüngeren Schreibungen *nidern hoff* und *Niderhofen* sind neumotivierte Verschriebe zum Adjektiv *nieder* ‹tiefer gelegen›, da im Laufe der Ergolz der einstige Hof im Vergleich zur Lage der heutigen Siedlung *Rothenfluh* weiter unten, tiefer gelegen ist. Von einem Wüstungsnamen mit dem Grundwort -*hofen* ist abzusehen.

Das Grundwort -*h(a)usen*

ZEHNDER ordnet Namen mit dem Grundwort -*h(a)usen* der ersten Ausbaustufe, also dem Zeitraum zwischen dem 6. und 8. Jahrhundert, zu.[1273] ZINSLI erweitert die Begrenzung der Entstehungszeit zu einer Zeitspanne vom 6. bis 9. Jahrhundert.[1274] Eine jüngere Entstehungszeit nimmt DITTLI an. BANDLE datiert für den Thurgau die Produktivität dieses Namentyps in eine Zeitspanne zwischen dem 8. und 11. Jahrhundert.[1275] Im Untersuchungsgebiet erschöpft sich das Grundwort -*h(a)usen* im möglichen Wüstungsnamen *Wolhusen*. Eine Zuweisung dieses Namenbildungsmusters in eine bestimmte Zeitspanne ist daher nicht möglich.

Die Form -*h(a)usen* geht zurück auf einen Dativ Plural zu ahd. -*husun*, zu mhd., ahd. *hus* ‹Haus, Wohngebäude›.[1276] Eine enge Verbindung besteht zwischen den beiden Substantiven *Haus* und *Hof*.[1277] Der Plural bezeichnet die einzelnen zu einem Hof gehörenden Baulichkeiten.[1278] Der häufige Namentyp erstreckt sich über die ganze Deutschschweiz[1279], konzentriert sich aber vor allem auf die Ostschweiz. Im erweiterten Untersuchungsgebiet verzeichnet ZINSLI nur gerade vier Nennungen[1280], wobei *Schwarzhäusern* (BE) der einzig rezente Siedlungsname ist.[1281]

Wolhusen   [*wólhūsə / wolhū́sə*]

Ormalingen, 1485 – heute, 46 Belege, lokalisierbar

Jn der Zelg Jn sewen 1 Juch Jn walhusen (1485)[1282]
Zwo iuchrtn Jn Walchhusen (1534)[1283]
ein iuchrt Jn Wolhusen (1534)[1284]
1 Jucherten nider Cune Meyers reütj vnder Walhaußen (1625)[1285]
ein Jucharten Ackher in Wallhausen (1702)[1286]

Ein halbe Juchart Akher in Wohlhausen (1763)[1287]
Acker Wohlhausen 45 a (1894)[1288]
Wolhuse (1996)[1289]

Abbildung 45: Oberhalb von Ormalingen wölbt sich das Gebiet leicht und fällt gegen die Strasse ab. Es ist gut besonnt und und wirkt als angenehme Wohnlage. Davon zeugen auch die im Boden verborgenen römischen Siedlungsspuren.

Erste Schreibungen mit der Verdumpfung von *a* zu *o* sind bereits im 16. Jahrhundert belegt. Ab dem 19. Jahrhundert zeigen alle Belege Verdumpfung. Ein Namenbildungsmuster analog zu Wolhusen LU mit einem Personennamen *Wolo*[1290] im Bestimmungswort ist aufgrund der ältesten Belege auszuschliessen.[1291] Eine mögliche Grundform **ze walahun husun* dürfte damit nicht in Betracht zu ziehen sein. Ebenso ist im Bestimmungswort kein Bezug zum Adjektiv *wëlch* ‹welk, schlaff, feucht, aufgeweicht› herzustellen, auch wenn die Bodenbeschaffenheit im Raum *Wolhusen* lehmig und somit feucht ist. Dieses Wort ist im Namenbestand des Untersuchungsgebiets nicht produktiv. Das Bildungsmuster zeigt demnach ein Kompositum mit dem Bestimmungswort *Wal* zu ahd. *walah*, mhd. *walch*, *walhe* ‹Welscher, Fremder, Romane, Römer, Nichtgermane›[1292]. Der Name ist als ‹bei den Häusern der Walen, Romanen› zu deuten und nimmt direkten Bezug auf die Reste des einstigen römischen Gutshofes, die auf der angrenzenden Flur *Buchs* gefunden worden sind.[1293] Das gleiche Benennungsmuster findet sich auch im Namen *Walhüsere* (Wegenstetten AG). Für beide Fluren sind römerzeitliche Funde belegt, für

Wolhusen zudem noch jüngere, merowingische Grabfunde.[1294] Die Flur liegt an für römische Villen typischer Südhanglage leicht erhöht über der Ergolz. *Wolhusen* ist als indirekter Wüstungsname zu verstehen. Er verweist auf eine Wüstung, jedoch ohne deren einstigen Namen in die Gegenwart zu transportieren.[1295] Eine Bildung mit einem Grundwort *-husen* liegt nicht vor.

Die Grundwörter *-statt/-stetten*

Ahd. *stat*, mhd. *stat* ist als ‹Stelle, Ort, Platz, Raum, Wohnstätte› zu deuten und häufig als Zweitglied in Siedlungsnamen zu finden.[1296] Erst in frühnhd. Zeit erfolgt die Bedeutungserweiterung zum heutigen Begriff *Stadt*.[1297] «Die Bedeutung ‹Hofstätte, Wohnstätte› muss sehr alt sein, wie die zahlreichen mit P[ersonennamen] und *-statt/-stetten* gebildeten Namen nicht nur in Deutschland, sondern auch […] in Skandinavien und im Südosten Englands zeigen. Sie bezeichnen meistens Siedlungen mit grossem Umschwung, was auf hohes Alter hinweist.»[1298] Im Untersuchungsgebiet fehlen Siedlungsnamen mit den Grundwörtern *-statt/-stetten*.[1299] In der Deutschschweiz sind beispielsweise *Bonstetten* ZH, *Mettmenstetten* ZH oder *Kriegstetten* SO belegt, wobei die ersten beiden nicht mit einem Personennamen gebildet sind.[1300] Im erweiterten Untersuchungsgebiet ist einzig der Siedlungsname *Hofstetten* SO belegt, dessen Bildungsmuster jedoch umstritten ist.[1301] Auch Flurnamen sind selten. Bildungen mit dem Element *-statt/-stetten* verweisen auf Stellen, die spezifisch genutzt werden, beispielsweise *Hofstatt*, *Richtstatt* oder *Mülistett*.[1302] *Hofstatt* kann auch in der reduzierten Form *Hostet* auftreten[1303] und erscheint im Namenbestand des Untersuchungsgebiets als häufigste Bildung der mit den Grundwörtern *-statt/-stetten* gebildeten Namen als Simplex oder im Grundwort, wie beispielsweise in *Fridlins Hooffstatt* (Rothenfluh), *Mühlin Hoffstatt* (Maisprach), *Reütin Hoffstatt* (Sissach). Wohl ist die Entstehung der *-statt/-stetten*-Namen nicht an eine bestimmte Epoche gebunden. BANDLE bringt sie mit der Periode der «Landnahmezeit» in Verbindung.[1304] Namen mit diesen Elementen können daher nur bedingt für Aussagen zur Besiedlungsgeschichte herangezogen werden.

Hofstetten

1. Itingen, 1447–1787, 32 Belege, nicht lokalisierbar

ein clein bletzlin Jn dem hoffstetten (1447)[1305]
ein halb iuchrt ackers Jnn Hoffstetten (1534)[1306]
ein Jucharten Ackher inn Hoffstetten (1610)[1307]
ein Jucharten in Hooffstätten, Andres Meyers Baumgarten darauff (1703)[1308]
Hinders Bauern-Garten in Hofstetten besitzende Viertels Jucharten Acker (1787)[1309]

Hofstetten ist eine allgemeine Bezeichnung für jede bäuerliche Niederlassung und wird daher vorwiegend mit einer näheren Bestimmung versehen verwendet,[1310] beispielsweise *Hirmins Hofstatt* (Zeglingen), *Welltins Hofstatt* (Rünenberg), in kirchlichem Besitz beispielsweise in *Schöntal hoffstatt* (Itingen), *Sannt Jakobs Hoffstatt* (Itingen) oder in gewerblicher Zugehörigkeit im Namen *Mühlin Hoffstatt* (Maisprach). Zu Grunde liegt mhd. *hovestat, hofstat* ‹Grund und Boden, worauf ein Hof mit dazugehörigen Gebäuden steht›[1311], ahd. *hofastat* ‹Wohnstätte, Hofstatt›, zu mhd., ahd. *hof* und mhd. *stete*, Dativ Singular von mhd. *stat* ‹Stätte, Stelle, Platz, Ort, Raum, Wohnstätte, Stadt›[1312]. Der Name *Hofstetten* zeigt dann den erstarrten Dativ Plural. In jedem Fall verweisen *Hofstetten*-Namen auf einen einstigen besiedelten Ort, Platz oder Raum, so dass alle nur historisch belegten *Hofstetten*-Namen auch immer in Bezug zu einer Wüstung stehen. Archäologische Funde liegen keine vor. Es ist unklar, ob der bezeichnete Hof in Bezug zur Siedlung *Itingen* oder als eigenständig konzipierte Siedlung zu verstehen ist. Der Name ist als indirekter Wüstungsname anzusehen. Eine eigenständige Wüstung dürfte kaum vorliegen.

2. Rünenberg [*d hōˑvšded›tə*], 1485 – heute, 21 Belege, lokalisierbar

1 manwerk Zuo hoffstetten (1485)[1313]
ein manwerch Zu Hofstetten (1534)[1314]
Zuo hoffstett 1 mädert. (1613)[1315]
Ein Mäderthawen Matten in der Hooffstätten (1703)[1316]
ca. ½ Juch. Matten zu Hofstätten (1854)[1317]
Hofstette (1993)[1318]

Die Etymologie entspricht derjenigen des Namens *Hofstetten* (Itingen). Auffällig ist aber die überwiegende Verwendung der Präposition *zu*, während in der Reihe von Itingen ausschliesslich *in* verwendet wird. *Hofstetten* liegt angrenzend zur Flur *Lingental*[1319], leicht oberhalb einer Talgabelung, an einem kleinen Fliessgewässer. Archäologisch gesicherte Funde liegen keine vor, auch nicht in den benachbarten Fluren. In einem weiteren Umkreis liegen die Fluren *Hofmatt, Hofacker und Hoff ägerten* und wohl auch nicht exakt lokalisierbares *Hoffstückhlin*. Diese Konzentration von Namen mit einem Bestimmungswort *Hof* auf engstem Raum legen den Schluss nahe, dass hier einst ein bedeutender Hof gestanden haben muss, auch wenn ein Simplex *Hof* fehlt. Ob ein Bezug zu Lingental oder zum einst bedeutenden Östergäu[1320] oder gar zu einem heute nicht mehr bekannten Namen besteht, muss offenbleiben. *Hofstetten* ist als indirekter Wüstungsname zu verstehen, der jedoch den einstigen Namen der Siedlung nicht in die Gegenwart transportierte.

Abbildung 46: Die Wolken verdichten sich und lassen der Sonne noch ein letztes Loch, um das zwischen zwei Wäldern gelegene *Hofstetten* noch kräftig zu beleuchten. Links der Bildmitte liegt der Hof *Wolstel* im Hintergrund bereits im Schatten der Wolken.

Das Grundwort *-brunn*

Das Grundwort *-brunn(en)* stellt sich zu ahd. *brunno*, mhd. *brunne* ‹(aus dem Boden sprudelnde) Quelle, Quellwasser, Brunnen›.[1321] Siedlungsnamen mit dem Element *Brunn(en)* bezeichnen eine Siedlung mit oder bei einem Brunnen oder einer Quelle. Sie fehlen im Untersuchungsgebiet.[1322] Im erweiterten Untersuchungsgebiet finden sich die beiden Siedlungsnamen *Gänsbrunnen* SO und *Feldbrunnen* SO.[1323] Ein Simplex *Brunnen* ist beispielsweise im Kanton Schwyz belegt, mit Umlaut in der Schreibung *Brünnen* bei Bern und als Flurname in vielen weiteren Kantonen, auch im Untersuchungsgebiet.[1324] Siedlungsnamen mit dem Grundwort *-brunn* sind sogenannte sekundäre Siedlungsnamen, deren Benennungsmotivation aus dem Gelände beziehungsweise aus der näheren Gestalt des Geländes hervorgegangen ist. Eine Übertragung dieser ursprünglichen Geländenamen war zu jeder Zeit möglich. Aussagen zur chronologischen Einordnung dieses Namentypus können daher keine gemacht werden.[1325]

Hundsbrunn [*dər hundsbrų̄ñ*]

Rünenberg, 1485 – heute, 30 Belege, lokalisierbar

½ Juch Zehundtzbrunen (1485)[1326]
ein halb iuchrt Ze Huntzbrunen (1534)[1327]

Hundtsbrun 1 mädertouwen (1613)[1328]
drey Viertel Acker Z'Hundsbrunnen (1776)[1329]
ein Stück Land in der Stockenmatt des Jak. Müller auf Hundsbrunn (1881)[1330]
Hundsbrunn (1993)[1331]

Abbildung 47: Einsam liegt der Aussenhof *Hundsbrunn* in die landschaftliche Idylle eingebettet. Die gleichnamige Flur liegt links vor dem Haus. Den Brunnen, den der Name vermuten lässt, sucht man hingegen vergebens.

Die Belegreihe zeigt ein Kompositum mit dem Element *Hund* im Bestimmungswort, dem mehrheitlich eine Präposition *zu* voransteht. *Hund* steht entweder in Bezug zum Tiernamen *Hund* oder zu einem ahd. Personennamen *Hundo, Hunto, Hunzo*[1332]. Der Tiername wird meist pejorativ gebraucht und charakterisierte die schlechte Wasserqualität der in der Nähe liegenden Quelle.[1333] Flurnamen mit dem Bestimmungswort sind im Untersuchungsgebiet mehrfach belegt, beispielsweise in *Hundacher* (Oltingen) oder *Hundsmatt* (Rothenfluh). Hingegen findet sich in der Deutschschweiz kein rezenter Siedlungsname mit dem Bildungsmuster [Personenname + Grundwort *-brunn(en)*], wie auch der oben genannte Personenname im Untersuchungsgebiet nicht belegt ist. Zwar sind römerzeitliche Funde[1334] belegt, doch fehlen frühmittelalterliche, so dass von einem Wüstungsnamen abzusehen ist. Der Name dürfte wohl als ‹die Quelle, der Brunnen mit dem schlechten Wasser› zu deuten sein.

Wüstungsnamen mit den Grundwörtern *-husen*, *-statt/-stetten*, *-gäu* und dem Element *Hof*

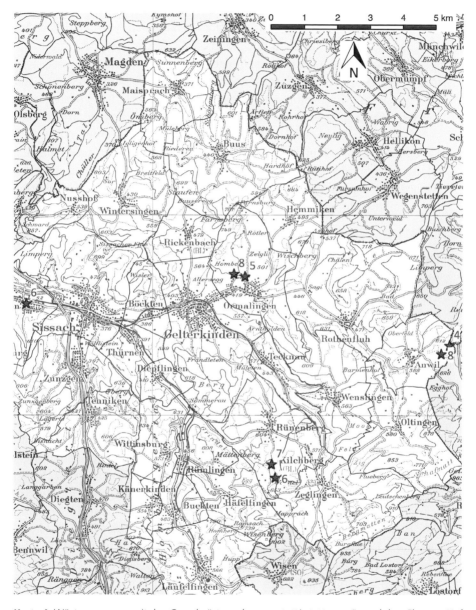

Karte 4: Wüstungsnamen mit den Grundwörtern *-husen*, *-statt/-stetten*, *-gäu* und dem Element *Hof*

Legende:
v. l. n. r.: Hofstetten, Buchs, Wolhusen, Östergäu, Hofstetten, Buchs, Im Hof **4** Im Hof
(Element *Hof*) **5** Wolhusen (Grundwort *-husen*) **6** Hofstetten (Itingen und Rünenberg)
(Grundwort *-statt/-stetten*) **7** Östergäu (Grundwort *-gäu*) **8** Buchs (Ormalingen und Anwil)

Trotz der heterogenen Zusammenstellung unterschiedlicher Grundwörter lässt sich ein Verbreitungsmuster erkennen. Auffällig ist die Gruppierung der Namen zu drei Paaren: *Wolhusen* und *Buchs* in Ormalingen, *Hofstetten* und Östergäu in Rünenberg sowie *Im Hof* und *Buchs* in Anwil. Alle Namen sind indirekte Wüstungsnamen, das heisst, sie transportieren den ursprünglichen Namen der einstigen Siedlung nicht in die Gegenwart, nehmen aber deutlich Bezug darauf. Ebenfalls liegen in jedem Fall dieser drei Paare gesicherte archäologische Hinweise auf römerzeitliche beziehungsweise frühmittelalterliche Funde vor. Es ist daher naheliegend, für das auf der Karte allein stehende *Hofstetten* in Itingen ebenfalls einen möglichen Bezug suchen zu wollen, umso mehr, als im Dorfkern von Itingen frühmittelalterliche Funde vermutet werden.[1335] Keine Aussage kann aber über das Alter dieser Namen gemacht werden, so dass sie nur bedingt Aufschlüsse über die Besiedlungsphasen des Untersuchungsraums geben.

Das Grundwort *-dorf*

Im Untersuchungsgebiet ist das Grundwort *-dorf* weder in Siedlungs- noch in möglichen Wüstungsnamen enthalten. Schwzdt. *Dorf* stellt sich zu ahd. *dorf*, mhd. *dorf* ‹Weiler, Dorf, Hof›[1336]. Im Namengut des Untersuchungsgebiets bezeichnet *Dorf* meistens die geschlossene ländliche Siedlung sowie den Mittelpunkt einer Siedlung.[1337] Die Bedeutung *Einzelhof* wird den jurassischen Siedlungsnamen mit deutsch-französischen Doppelnamen zugewiesen.[1338] MARTI übernimmt den Ansatz der Gleichsetzung von *-dorf*-Namen mit *-curtis*-Orten, wie sie in mehreren Doppelnamen entlang der Sprachgrenze belegt sind, beispielsweise *Corban/Battendorf*, *Courgenay/Jensdorf* oder *Vendlincourt/Wendelinsdorf*.[1339] Das Appellativ ahd. *dorf* fand in der Namenbildung bereits im Frühmittelalter Verwendung: «S[iedlungsnamen] auf *-dorf* […] finden sich im ganzen germ[anisch]-sprachigen Gebiet und können also ein sehr hohes Alter aufweisen und bis in die Völkerwanderungszeit zurückreichen.»[1340] Im erweiterten Untersuchungsraum tritt es mehrfach auf, beispielsweise in drei Gemeinden des Bezirks Liestal (Arisdorf, Frenkendorf und Füllinsdorf), in Hägendorf SO, Lostorf SO oder Rodersdorf SO, nicht aber in den aargauischen Gebieten. Eine weitere Konzentration an *-dorf*-Namen findet sich im Bezirk Thal im Kanton Solothurn. Dort liegen nebeneinander die drei Gemeinden Aedermannsdorf, Matzendorf und Laupersdorf. Insgesamt finden sich aber nur wenige Siedlungsnamen mit einem Grundwort *-dorf*. MARTI stellt für die *-dorf*-Namen eine verkehrsgünstige Lage fest, meist in der Nähe antiker Knotenpunkte. Dies trifft sowohl auf die drei Baselbieter *-dorf*-Namen zu, die in unmittelbarer Nähe zum einstigen *Augusta Raurica* liegen,[1341] als auch auf die südlich des Untersuchungsgebiets liegenden Solothurner Orte Hägendorf und Lostorf in der Nähe von Olten. Für Rodersdorf SO sind ebenfalls zahlreiche römerzeitliche Funde belegt.[1342] Zudem übernimmt MARTI die These von BRUCKNER und MARTIN, die die -*dorf*-Namen in einen Zusammenhang mit den Franken stellen, in deren Reich um 530 auch das Untersuchungsgebiet eingegliedert worden ist.[1343] MARTI kann aufgrund seiner archäologischen Ergebnisse eine gewisse Regelhaftigkeit zwischen den als fränkisch betrachteten -*dorf*-Namen und fränkisch geprägten (!) (Grab-)Funden nachweisen.[1344] Dabei stellt sich die Frage, ob die Funde, die fränkischen Bestattungsriten *entsprechen*, tatsächlich auch von Franken stammen. Nicht ausgeschlossen werden kann nämlich die Annahme, dass sich an der fränkischen Oberschicht orientierende Alemannen der entsprechenden fränkischen Gepflogenheiten bedienten. Diese Frage ist insbesondere für die Besiedlungsgeschichte nicht unerheblich, lässt sich aber sprachwissenschaftlich nicht beantworten. Fest steht, dass sich die fränkischen Siedler der ursprünglich römischen Befestigungsanlagen bemächtigten, die ihnen Schutz und Repräsentationsmöglichkeiten boten.[1345]

Im erweiterten Untersuchungsgebiet, im Grossraum Basel, waren die Franken (?) wohl nicht über die romanisch geprägten Gebiete hinaus «produktiv»: Arisdorf, Frenkendorf und Füllinsdorf liegen alle in unmittelbarer Nähe zu römischen Fundstellen. Somit könnte ein räumlicher Zusammenhang zwischen der fränkischen Ausbreitung und der sich verkleinernden Romania bestehen: Dies würde bedeuten, dass sich im 6. Jahrhundert die ursprünglich galloromanische Bevölkerung bereits weitgehend aus dem Untersuchungsgebiet zurückgezogen hätte, ansonsten auch im Raum Sissach namenkundlich verwertbare Spuren zu finden sein müssten, die auf eine fränkische Präsenz hinweisen. BICKEL hingegen datiert überzeugend die Entstehungszeit der Baselbieter Orte *Arisdorf*, *Frenkendorf* und *Füllinsdorf* in die Landesausbauzeit, also ins 7. und 8. Jahrhundert, in die beziehungsweise nach der Zeit der -*inghofen*-Namen.[1346] Seine Annahme basiert auf der Lage der Orte innerhalb der Namenlandschaft. Die drei nebeneinander liegenden Orte sind umgeben von romanischen Siedlungsnamen[1347], die keine Anzeichen der hochdeutschen Lautverschiebung wiedergeben. Folgerichtig sind diese Namen nicht einer ältesten germanischstämmigen Besiedlungszeit zuzurechnen. Die Überlagerung von römischen Fundstellen und Siedlungen mit -*dorf*-Namen ist somit kein Beweis einer fränkischen Besiedlung. Sie verstärkt einzig die Annahme, dass sich zwischen der Ausbreitung der Romania und dem durch die Franken belebten Gebiet eine gewisse räumliche Kongruenz bestand. Die drei Orte mit -*dorf*-Namen (Frenkendorf, Fül-

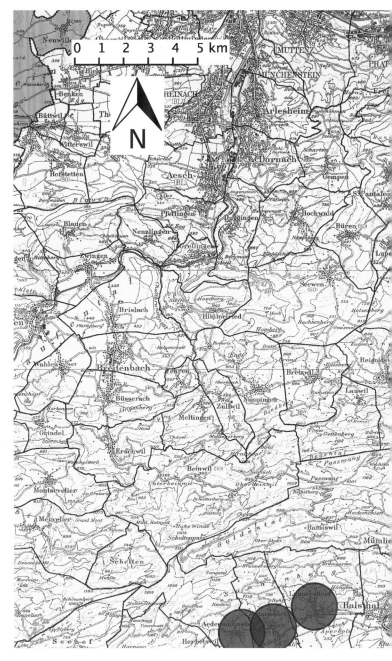

Siedlungsnamen mit den Grundwörtern *-berg* und *-dorf*

Karte 5: Siedlungsnamen mit den Grundwörtern *-berg* und *-dorf*

Legende:
Helllbraune Kreise: Grundwort *-berg*, v. l. n. r. Seltisberg, Lampenberg, Ramlinsburg, Hersberg, Olsberg AG, Wittinsburg, Rünenberg, Kilchberg, Kienberg SO
Dunkelbraune Kreise: Grundwort *-dorf*, v. l. n. r. Aedermannsdorf SO, Matzendorf SO, Laupersdorf SO, Frenkendorf, Füllinsdorf, Arisdorf, Hägendorf SO, Lostorf SO

linsdorf und Arisdorf) sind ein Anzeichen einer sich nur langsam auflösenden Romania im Ergolztal. Dies zeigt sich beispielhaft im Namenwechsel[1348] vom galloromanischen Munzach zum heutigen Liestal, einem aus einem Flurnamen hervorgegangen sekundären Siedlungsnamen.[1349] Hätte sich dieser Name schon in einer frühen Phase der germanischen Besiedlung gewandelt, so wäre ein *-ingen-* oder *-inghofen*-Name zu erwarten gewesen. Die Romania überdauerte aber die ersten Phasen der germanischen Besiedlung. Erst in einer späteren Zeit konnte, im Zuge des Niedergangs der Macht der Merowinger, ein weiterer Vorstoss der wohl alemannischen Siedler im Ergolztal in nördliche Richtung erfolgen. Sie erschlossen den noch freien Raum zwischen Munzach und Pratteln im Tal und in östlicher Richtung davon die nächste freie Geländekammer durch die Errichtung von Arisdorf. Bezeichnenderweise liegen für Füllinsdorf und Arisdorf mehrere Reste römischer Bauten und karolingische Grabfunde vor. Bemerkenswerterweise fehlen für Frenkendorf römerzeitliche und frühmittelalterliche Funde.[1350]

Das Grundwort *-berg*

Nhd., ahd. *berg*, mhd. *berc* ist primär als ‹Berg, Erhebung im Gelände›[1351], in Einzelfällen auch als Gegenteil zu Tal, Boden zu deuten.[1352] Die weiteren Bedeutungen ‹hoch gelegener Wald; hoch gelegene Weide oder Wiese mit Ställen und Heuscheunen, Alp›[1353] treten in den Siedlungsnamen des Untersuchungsgebiets nicht auf, möglicherweise aber in einzelnen Flurnamen. *Berg* als Kurzwort für *Sennberg* ‹Bergweide für Vieh›[1354] ist nicht belegt. Im Ablaut zu nhd. *Burg* kann *Berg* als Siedlungsnamen auch eine Festung oder Stadt benennen. Das Grundwort *-berg* tritt im Untersuchungsgebiet einzig im Siedlungsnamen *Rünenberg* auf.[1355] Im erweiterten Untersuchungsgebiet zeigt sich ein Bildungsmuster [Personenname + Grundwort *-berg*] unter anderem in Seltisberg, Ramlinsburg, Liesberg oder Günsberg SO. Weitere Bestimmungsmerkmale, beispielsweise Vegetation oder relative Lage, zeigen sich in den Siedlungsnamen *Kienberg* SO, *Unter-* und *Oberbözberg* AG. Im Solothurnischen kann *Berg* auch ein Hofgut mit Alpwirtschaft oder einen landwirtschaftlichen Betrieb mit Viehzucht meinen,[1356] allgemein auch ‹Gebirgsweide, eine hochgelegene Wiese mit Ställen und Heuscheuern›[1357]. BICKEL datiert die *-berg*-Namen in die Landesausbauzeit.[1358] KULLY hält hingegen fest, dass *-berg*-Namen als sekundäre Siedlungsnamen als «Geländenamen im weitesten Sinn» zu verstehen sind, deren Übertragung aus dem Gelände auf die Siedlung zu jeder Zeit hat stattfinden können.[1359] Im Untersuchungsraum erscheinen Namen mit dem Grundwort *-berg* vorwiegend in Makrotoponymen, mögliche Wüstungsnamen liegen keine vor.

Wittinsburg (*ze Wittersperg*, 1335)[1360] Kilchberg und möglicherweise auch Rünenberg[1361] sind im Untersuchungsgebiet die Siedlungsnamen mit dem Grundwort -*berg*. Wüstungsnamen fehlen jedoch. Namen mit dem Grundwort -*berg* werden einer späteren Ausbauphase zugerechnet, ganz im Gegensatz zu den Namen mit dem Grundwort -*dorf*, die der ersten germanischen Besiedlungszeit zugerechnet werden. KULLY setzt sie den -*ingen*-Namen gleich.[1362] Die gemeinsame Abbildung wirkt auf den ersten Blick widersprüchlich, gründet jedoch in der Annahme, dass auch die im Ergolztal liegenden Siedlungen *Füllinsdorf* und *Frenkendorf* sowie das oberhalb von Frenkendorf gelegene *Arisdorf* wie die -*berg*-Namen einer späteren Ausbauphase zuzurechnen sind.[1363] Bemerkenswert ist, dass für beide Namengruppen keine Wüstungsnamen vorliegen.

Das Element *Wil*

Siedlungsnamen mit dem Grundwort -*wil* werden in die Zeit des zweiten Landesausbaus datiert. Dabei wird die produktive Zeitspanne unterschiedlich eingegrenzt.[1364] «Das Wort [Wil] wird ursprünglich die zu einem Hof gehörigen Gebäulichkeiten bezeichnet und dann die besondere Bedeutung ‹(aus einem oder mehreren Gebäuden bestehende) Ausbausiedlung› angenommen haben. Möglicherweise steht die Ausbreitung des *wilari*-Typs auch im Zusammenhang mit einer verstärkten Durchführung der Grundherrschaft unter fränkisch-merowingischem Einfluss.»[1365] Dies würde im Baselbiet mindestens teilweise die Massierung der -*wil*-Namen im Grossraum *Oberer Hauenstein – Passwang* erklären.

Zugrunde liegt das Lehnwort ahd. *wilari*, aus spätlat. *villare* ‹Gehöft, Gutshof›[1366]. Die heutige Lehre führt das Element *Wil* auf zwei Ursprünge zurück. Einerseits lat. *villa* ‹Landhaus, Gutshof›, das jedoch selten nachweislich belegt ist[1367], anderseits vulgärlat. *villare* ‹Gehöft, Vorwerk›, mhd. *wiler* ‹Weiler, einzelnes Gehöft, kleines Dorf›, das «aber auch ahd. in der Form *wilari* schon als Appellativ vorhanden gewesen sein muss.»[1368] In nhd. *Weiler* zu mhd. *wiler* ‹einzelnes Gehöft, Häusergruppe›[1369] zeigt sich noch heute der ursprüngliche Sinngehalt des Appellativs *Wil*. Die Assimilationsform -*bel*, wie sie beispielsweise in der benachbarten Solothurner Mundart im Siedlungsnamen *Zullwil* [dsūbəl] belegt ist, fehlt, ganz im Gegensatz zur Form -*mel*, wie sie sich im einzigen im Untersuchungsraum rezenten Siedlungsnamen *Anwil* [aməl] zeigt. In der Schweiz dürften nahezu 1000 (Siedlungs-)Namen mit dem Element *Wil* gebildet sein.[1370] Im Bezirk Sissach finden sich weit weniger Namen mit dem Element *Wil* als in weiten Teilen des Mittellands,[1371] nur der Siedlungsname *Anwil* und mindestens vier mögliche Wüstungsnamen sind belegt. Diese geringe Anzahl deckt sich mit den Angaben zur schweizerischen Verbreitung.[1372] Sie zeigen mehrheitlich ein Bildungsmuster mit einem ahd. Personennamen im Bestimmungswort, wie beispielsweise in Anwil. Für den erweiterten Untersuchungsraum ergibt sich die Faustregel, dass je östlicher die Lage, desto weniger -*wil*-Namen zu erwarten sind.[1373]

Atterwile

Gelterkinden (?), 1435, 1 Beleg, nicht lokalisierbar

Hemma uxor Conradi de Annwil obiit, et dantur 3 ß In Hennenbül presentibus et 2 quart. tritici de scoposa In atterwile (1435)[1374]

Das Bildungsmuster legt ein Kompositum mit dem Personennamen *Atto*[1375] im Bestimmungswort nahe. Als mögliche Grundform wäre **za dëmu Attos wiläre* anzusetzen. Der Name ist nur ein einziges Mal belegt. Zu erwarten wäre, dass die Kontinuität der Siedlung über einen bestimmten Zeitraum sich mehrfach im Namenbestand hätte niederschlagen müssen. Daher bestehen Zweifel an der Annahme eines Wüstungsnamens. Ebenso ist die Gemeindezuordnung unsicher. Der Bezug zu Gelterkinden ergeht aus der Nennung des Flurnamens *Hennenbül*.[1376] Ebenfalls ist Hennenbühl (*in villis [...] Hennenbühl*, 1265) als Weilername in der Gemeinde Walterswil SO belegt. Im Elsass liegt zudem die Gemeinde Attenschwiller. *Atterwile* ist daher wohl nicht im Baselbiet zu suchen und fällt als möglicher Wüstungsname weg.

Brunniswil   [brụ̄nịswīl]

Läufelfingen, 1482 – heute, 64 Belege, lokalisierbar

des ersten 1 matt Jn bronnenschwil (1485)[1377]
In bruonniß wilr 2 Jucharten stossen an hanß müller und buser (1496)[1378]
½ viertzal dinkl von einer matten Lit in Bruniswilr (1499)[1379]
Hans Hug. 2 vierteil dinkeln. von einer matten Lit in Bruniswil (1499)[1380]
ein manwerch matten Jn Brunißwil (1534)[1381]
Ein Juchartenn Jnn Brunniswyl (1615)[1382]
eine Jucharten Acker in Brunniswyl, so jezt Matten (1766)[1383]
Brüniswil (1801)[1384]
Brunniswil (1988)[1385]

Die älteste Schreibung lässt im Bestimmungswort ein Bezug zu mhd. *brunne* ‹Quelle, Quellwasser, Brunnen›[1386] vermuten. Doch steht diese Schreibung

Abbildung 48: Im Bildhintergrund ragt die Antenne Froburg zwischen bewaldeten Hügel-kuppen und schroffen Felswänden in den Himmel. Das Mattland zwischen der Strasse und dem Wald am rechten Bildrand umreisst das Gebiet *Brunniswil*; der Hof *Unter Muren* ist in der linken Bildmitte erkennbar.

isoliert da. Wird für die Deutung des Bestimmungswortes ein Bezug zum Substantiv *Brunnen* angenommen, so müsste sich die Belegreihe wohl eher zu **Brunnwil*, **Brunniwil* oder **Brunnenwil* entwickeln. Dafür finden sich jedoch keine Belege. Die Flur *Brunniswil* ist äusserst reich an Wasser und Quellgebiet des Murenbachs. Eine Deutung ‹der Weiler bei der Quelle› ist daher nicht restlos auszuschliessen. Alternativ kann ein Kompositum mit einem Personennamen zu Stamm *Brunja*[1387] im Bestimmungswort ange-nommen werden. Da Personennamen sowohl stark als auch schwach flek-tiert werden, also mit *-s*-Auslaut resp. *-en*-Endung, ist nicht ersichtlich, ob das Erstglied in die Bestandteile *Brunn-is* oder *Brunni-s* zu teilen ist. Eine Aufteilung in *Brunn-is* würde analog zum Bildungsmuster der solothurnischen Siedlungsnamen Lommiswil, Ramiswil und Mümliswil[1388] für einen zweigliedrigen Namen sprechen, möglicherweise *Brunnihelm*, *Brunward* oder **Brunwalt*[1389]. Die *-is*-Silbe tritt dabei als Reduktion des zweiten Namenteils in Erscheinung.[1390] Ist das Erstglied in der Form *Brunni-s* zusammengesetzt, kann ein eingliedriger Personenname ange-nommen werden, am ehesten *Br(o)uno*, *Pr(o)uno* oder *Bruni* beziehungsweise *Pruni*.[1391] Als Grundformen wären dementsprechend **za dëmu Brunnihelmes/Brunwaltes wilāre* beziehungsweise **za dëmu Brunis wilāre* anzusetzen, mit der Deutung ‹bei den Höfen des Bruni, des Brunihelm/ Brunwalt›.[1392] Gesicherte frühmittelalterliche archäologische Funde sind bis heute keine belegt. *Brunniswil* liegt in einem quellreichen Gebiet bei einem sanften Geländesattel zwischen den Fluren *Wirbligen* und *Gsal*, an der Grenze zu Hauenstein-Ifenthal SO, ungefähr 1,5 Kilometer westlich des Passübergangs, jedoch auch auffallend nahe an der möglichen Wüstung *Wirbligen. Brunniswil* lässt sich gut in die Namenlandschaft einbetten. Im Westen liegen entlang des Jurahauptkammes die Siedlungsnamen *Lauwil, Reigoldswil, Bretzwil, Ramiswil SO* und *Mümliswil SO*. Östlich des Waldenburgertales liegen abgesehen von Bennwil (und viel weiter entfernt Anwil) weitere mögliche Wüstungsnamen mit dem Element *Wil*, beispielsweise *Wil* in Eptingen oder *Zwillmatt* in Wisen SO. Ein Wüstungsname ist anzunehmen.

*Eriswil

Ein Simplex *Eriswil* ist nicht belegt, hingegen das Kompositum *Eriss wielsten* schon.

Buus, 1363–1599, 6 Belege, vage lokalisierbar

und den bach uff untz gen Birs in Eris Wielstein (1363)[1393]

und gat vor Eriswilstein die richti uf horútti (1400)[1394]

an den weg, der da gat ob dem schwarzen Rùtacker durch und demselben weg hin von Rùtimat hin gon Bus in den Wogenweg in Eris wielstein (1505)[1395]

gen Bu*f*e Inn En*f*wil*f*tein (1510)[1396]

gon Buss In Eriss wielsten (1599)[1397]

Zwei Deutungsansätze ergeben sich:

1. Dreigliedriges Kompositum mit dem Element *Wil* und einem Grundwort *-stein. Eriswil* dürfte im Bestimmungswort einen ursprünglich mehrgliedrigen, nicht mehr vollständig rekonstruierbaren Personennamen zum Stamm *Harja*, wohl *(H)erold* zeigen.[1398] Ähnlich wie bei Lommiswil SO und Ramiswil SO bleibt hier nur die erste Silbe *Er* des einstigen Namens erhalten. Der Rest ist zu *is* reduziert worden.[1399] Als Grundform wäre dann **za dëmu (H)eroldes wilāre* anzusetzen. Ein rezenter Siedlungsname *Eriswil* ist im Kanton Bern belegt.[1400] Die oben aufgeführten Belege stammen alle aus Grenzbeschreibungen. Möglicherweise ist daher das Grundwort *-stein* in Sinne eines Grenzsteins zu verstehen. Verfolgt man MARTIS Aussage, «dass gegenüber den *-ingen-* und *-ikon-*Orten ein signifikant höherer Anteil

von -wil-Orten im Areal römischer Gutshöfe entstand[en sind]»[1401], so wäre eine Siedlung *Eriswil* im näheren Umkreis des Dorfes Buus zu suchen, dessen Ursprung wohl in die römerzeitliche Epoche zu datieren ist.[1402] Tatsächlich lässt sich aufgrund der Beschreibung von 1505 ein ungefährer Verlauf der einstigen Grenze nachvollziehen, da der Flurname *Wogenweg* lokalisierbar ist.[1403] Eine mögliche Wüstung **Eriswil* läge somit unweit vom heutigen Buus entfernt.

2. Kompositum aus den Bestandteilen *Eris* im Erstglied und einem Zweitglied *Wielstein.* Das Erstglied zeigt dabei möglicherweise eine Kurzform zu einem ursprünglich mehrgliedrigen, nicht mehr vollständig rekonstruierbaren Personennamen zum Stamm *Harja.*[1404] Ebenso möglich ist schwzdt. *Eruns* ‹nach Gesetz oder Herkommen zu Recht bestehender Wasserlauf›[1405], im Speziellen ‹das Rinnsal der kleineren Wässergräben der Matten, die an den Gemarkungen des Grundstücks laufen und aus dem Hauptgraben gespeist werden›[1406]. *Eruns* ist dabei ein ursprüngliches Kompositum mit dem Erstglied schwzdt. *Ê* ‹Gesetz, Recht›[1407] und dem Zweitglied schwzdt. *Runs* ‹Wasserlauf, Rinnsal, Bett eines Baches, Wasserrinne auf Wiesen›[1408]. «Der Name *Êruns* wurden in Dörfern zur Bezeichnung kleiner Wassergräben in den Matten gebraucht, die entlang der Gemarkungen (Rechtsgrenze des Dorfes) verliefen»[1409]. In diesem Sinne ist schwzdt. *Eruns* als ‹Grenzbach, Grenzgraben› zu verstehen. Im Zweitglied verbirgt sich das Kompositum schwzdt. *Wielstein* ‹primitiver Herd, der aus einer radförmigen, auf dem Boden gelagerten Steinplatte besteht, in deren Mitte das Herdfeuer brennt›[1410], zurückzuführen auf ahd. *wihilstein* ‹Kohlebecken›[1411]. «Als rechtliches und unverrückbares Zentrum des Hauses, das nach einem Brand oder Zerfall der Wohnstätte am Ort blieb, konnte der Wielstein als Festsetzung eines Grenzverlaufs dienen, mithin die Bedeutung *Grenzstein* erhalten.»[1412] Da *eriss wielstein* nur in Grenzbeschreibungen erwähnt wird, erscheint ein Kompositum aus den Bestandteilen *Eruns* + *Wielstein* nachvollziehbar. Der Name wäre demnach als ‹der Grenzstein beim Grenzbach, Grenzgraben› zu deuten. Der angesprochene Grenzbach ist unschwer als heutiges Wabigenbächli auszumachen. Während vieler Jahrhunderte verlief die Landesgrenze entlang dieses kleinen Gewässers.[1413] Der Beleg von 1505, der die beiden Namen *eriss wielstein* und *Wogenweg* (heute Wabigen) miteinander in Verbindung bringt, stützt diese Deutung ebenso wie der älteste Beleg. Dessen Beschreibung des Grenzverlaufs orientiert sich ausschliesslich an Fluss- und Bachläufen. Im erweiterten Untersuchungsgebiet findet sich in Nunningen SO ein weiterer *Wielstein*-Name. Er weist ebenfalls einen deutlichen Bezug zu einem Grenzverlauf auf. Der Name haftet an einem markanten

Grenzstein und scheidet die Gemeindegrenzen zwischen Nunningen SO, Seewen SO und Bretzwil BL (Bezirk Waldenburg).

Synthese: Die Herleitung des zweiten Ansatzes überzeugt deutlich. Einerseits läge eine Siedlung mit dem Grundwort -wil isoliert in der Namenlandschaft, andererseits erscheint das enge Tälchen nicht als günstiger Siedlungsraum, zumal die Nähe zu Buus auch aus ökonomischen Aspekten eine für *Eriswil nachteilige Konkurrenzsituation geschaffen hätte. Darüber hinaus fehlen archäologische Nachweise einer einstigen Siedlung. Von einem Wüstungsnamen mit dem Element Wil ist abzusehen.

Huttwyle

Tenniken, 1703–1760, 2 Belege, vage lokalisierbar

Ein Bletz Matten in der Huttwyler [...] Jezt in der Häüsslinmatt genannth (1704)[1414]
Ein Plätz Matten in der Huttwyle [...] jetzin der Haüsslin Matt genannt (1760)[1415]

Die Beleglage ist sehr dünn. Die jüngere Erwähnung entstammt einer Renovation des älteren Bereins aus dem Jahr 1704. Auf den ersten Blick zeigt das Namenbildungsmuster ein Kompositum mit dem Personennamen (H)utto[1416] im Bestimmungswort und dem Grundwort -wil. Als mögliche Grundform wäre somit *za dëmu (H)uttos wilāre anzusetzen. Allerdings wäre zu erwarten, dass sich ein einstiger Siedlungsname mehrfach im Namenbestand hätte niederschlagen müssen. Ebenso lassen fehlende archäologisch gesicherte frühmittelalterliche Funde, das späte Einsetzen der Belegreihe sowie das feminine Genus an der Annahme eines Wüstungsnamens zweifeln. Zu keinem anderen Siedlungs- oder Wüstungsnamen mit dem Element Wil sind feminine Nachweise belegt. Vielmehr ist Huttwyler als Ellipse, wohl zu *Huttwyler Matt, zu lesen. Dafür spricht auch der Kontext, dass die (zwischenzeitlich) *Huttwyler Matt genannte Flur nun Häüsslinmatt genannt wird. Huttwyler wäre somit entweder ein Herkunftsname zu einer aus Huttwil BE stammenden Person oder ein Familienname und verwiese somit auf ein Besitzverhältnis. Ausgeschlossen werden kann ein Bezug zur heute noch angebauten Thurgauer Wirtschaftsapfelsorte (Uttwiler Spätlauber) beziehungsweise zu einem auf dem beschriebenen Grundstück namengebenden Apfelbaum.[1417] Diese Apfelsorte, Uttwiler Spätlauber, ist nur in der Ostschweiz und erst seit der zweiten Hälfte des 18. Jahrhundert belegt.[1418] Auch ausgeschlossen werden kann ein Bezug zum Huttwiler Rosenapfel, der auch nur lokal und erst ab dem 20. Jahrhundert belegt ist.[1419] Ein Wüstungsname liegt nicht vor.

Wil

Zeglingen/Wisen SO, 1294–1528, 7 Belege, lokalisierbar

C. wiler de j. ſcoposa (1294)[1420]
ein manwart Zu wil (1468)[1421]
Ein mannwerck matten ze wil under dem guot von olsperg (1491)[1422]
ij Manwerck Matten Ze wil ſtoßt an Zwilibodenn (1528)[1423]

Abbildung 49: Leicht durch die Bäume am linken Bildrand versteckt liegt der Hof *Untere Zwillmatt*. In der Mulde liegt der stattliche Hof *Zwillmatt*, im Hintergrund der Hof *Risberg*. Dort, wo der Bauer mit dem Traktor das Feld befährt, dürfte *Wil* zu lokalisieren sein.

Mit grosser Wahrscheinlichkeit liegt die Flur heute in der Gemeinde Wisen SO im Raum *Zwillmatt*[1424]. Auf einer Kartenskizze aus dem 17. Jahrhundert erscheint die Schreibung des Namens *Jn Zwyboden* in unmittelbarer Nähe des heute noch lebendigen Flurnamens *Zwillmatt*.[1425] Der Kontext des oben zitierten jüngsten Belegs zeigt, dass *Zwilibodenn* ein direkter Anstösser zu *Wil* ist. Die Form *Zwilibodenn* bezeichnet die gleiche Flur wie jüngeres *Jn Zwyboden*. Demnach besteht ein direkter räumlicher Zusammenhang zwischen *Wil*, *Zwilbodenn* und *Zwillmatt*.

Der Name wird dennoch behandelt, weil auf derselben Karte aus dem 17. Jahrhundert der Grenzverlauf zwischen Zeglingen und Wisen im Süden eine Ausbuchtung aufweist, die den Talboden des Wisenbächli und das östlich angrenzende Land bis ins Gebiet *Zwillmatt* umfasst und somit auch den vermuteten Raum *Wil* einschliesst.

Die älteste Schreibung *Wiler* ist auf mhd. *wiler* ‹Weiler, einzelnes Gehöft, kleines Dorf›[1426] zurückzuführen. Ob einst ein Kompositum mit einem Personennamen im Bestimmungswort vorlag, kann nicht eruiert werden, kann aber im Vergleich zu den anderen belegten Siedlungs- und möglichen Wüstungsnamen mit einem Grundwort *-wil* im erweiterten Untersuchungsgebiet vermutet werden. In Eptingen (*Von Zweien iuchrtn Zu Will*, 1534), Oberdorf BL (*1 manwerck vff wyl*, 1458) und Waldenburg (*1 ½ manwart vf wil*, 1468)[1427] sind ebenfalls zwei Simplicia *Wil* belegt, die als mögliche Wüstungsnamen betrachtet werden können. Weitere Simplicia *Wil* in Siedlungs- und Wüstungsnamen sind in der Deutschschweiz mehrfach belegt, beispielsweise *Wil* SG (*in Wila*, 754), *Wil* ZH (*curtis in Wile*, 1254), *Mettauertal* AG (*ze Wile ain wingarten*, 1318) oder *Morschach* SZ (*hindersich an Wÿl*, 1562).[1428] Die Mehrheit der Namen mit dem Element *Wil* sind jedoch mit einem Personennamen gebildet. Eine mögliche Grundform kann aber nicht bestimmt werden. Die Verbreitungsstruktur der *-wil*-Namen zeigt eine Konzentration auf beiden Seiten des Jurahauptkamms, vorwiegend westlich des Untersuchungsgebiets. Eine mögliche Wüstung *Wiler* im Grenzraum Zeglingen – Wisen SO erscheint dadurch vorstellbar. Ein Wüstungsname ist anzunehmen.

Wilimatt   [*d wi̱limát / d wî̱limát*]

Sissach, 1485 – heute, 105 Belege, lokalisierbar

1 clein bletzlin matt. Jn wil matten stosst oben vff Zschudis guot (1485)[1429]
1 mannwerk matten jn willem matten (1486)[1430]
1 mattbletz Jnn Wylemat (1499)[1431]
ein clein bletzlin matten Jn Willmatten (1534)[1432]
ein halb mannwerch in Wilimatt (1610)[1433]
ohngefehr ein Vierttel Matten in Wyllinmatt, einseits neben dem Graben (1703)[1434]
Wilimatt (1802)[1435]
Willimatt (1998)[1436]

Das Namenbildungsmuster zeigt ein Kompositum mit einem Bestimmungswort *Wili* und dem Grundwort *-matt*. Im Bestimmungswort verbirgt sich nicht die Kurzform zum Personennamen *Willhelm*. Vielmehr dürfte ein Bezug zu mhd. *wiler* ‹Weiler, einzelnes Gehöft›[1437] vorliegen und auf eine einstige frühmittelalterliche Siedlung verweisen.

Abbildung 50: Die *Wilimatt* liegt hinter dem schmalen Waldband versteckt und beginnt bei der Strasse, die sich den Berg hochwindet und nach Wintersingen führt. Die klobigen Häuser am linken Bildrand verraten die Siedlungsperipherie und werden erst im Sommer durch sattes Laubwerk verborgen.

Ebenso möglich ist ein direkter Bezug zu einer einstigen römischen Villa. Das Bestimmungswort *Wili* wäre dann auf lat. *villa*, ahd. **willa*, **wila* zurückzuführen, wie im Fall des Flurnamens *Wilihof* (Luterbach SO).[1438] Für die *Wilimatt* ist ein römischer Münzfund belegt[1439], auf der angrenzenden Flur *Mur* wurden ein römischer Leistenziegel und Siedlungsmaterial sowie mittelalterliche Mauerreste gefunden.[1440] Die Nähe zu einem Fliessgewässer und die leicht erhöhte Hanglage unterstützen die Annahme einer ehemaligen römerzeitlichen wie auch einer mittelalterlichen Siedlung zusätzlich. Für den Raum *Wilimatt/Mur* ist eine Wüstung anzunehmen, der eigentliche Name dieser Wüstung ist aber nicht in die Gegenwart transportiert worden. Der indirekte Wüstungsname *Wilimatt* entspricht in der Typologisierung von Schuh den «Flurnamen mit Bezug auf eine Wüstung».[1441] Ob das jetzige Bestimmungswort *Wili* auf einen einstigen -*wil*-Namen Bezug nimmt oder ob der eigentliche Wüstungsname ein vorgermanischer ist, lässt sich jedoch nicht mehr rekonstruieren.

Willhalden

Zunzgen, 1485–1704, 4 Belege, nicht lokalisierbar

3 Juch Jn wilhalden (1485)[1442]
dry Juchrten Jn Wilhalden ligt Jn Holtz (1534)[1443]
Drey Jucharten inn Willhalden (1605)[1444]
Drey Jucharten ackher in Willhalden vnd schon im alten Berein Verlohren, auch
dissmahlen nicht gefunden worden (1704)[1445]

....

Das Namenbildungsmuster zeigt ein Kompositum mit einem Bestimmungswort *Will* und dem Grundwort *-halden* ‹geneigte, abhängende Stelle, Abdachung, Abhang eines Hügels, Berglehne›[1446]. Es entspricht in der Typologisierung von SCHUH den «Flurnamen mit Bezug auf eine Wüstung»[1447]. MARTI erwähnt den Namen als möglichen frühmittelalterlichen Siedlungsnamen. Archäologisch gesicherte frühmittelalterliche Funde fehlen jedoch.[1448] Aufgrund der Namenbildungsmuster der *-wil*-Namen im erweiterten Untersuchungsgebiet ist anzunehmen, dass das jetzige Bestimmungswort *Wil* ein einstiges Grundwort eines möglichen Wüstungsnamens oder ein Simplex war. Entsprechende Belege liegen jedoch keine vor. Es ist von einem indirekten Wüstungsnamen auszugehen.

Im Untersuchungsgebiet sind nur wenige Namen mit dem Element *Wil* belegt. Beidseits der Jurakette mit den Passübergängen *Passwang* und *Oberer Hauenstein* finden sich rund ein Dutzend *-wil*-Namen, die Wüstungsnamen eingerechnet. Sie erstrecken sich einem Riegel gleich in west-östlicher Richtung beidseits der Bergkette. Auf der westlichen Seite des Scheltenpasses liegt mit dem heute französischsprachigen Mervelier JU der westlichste *-wil(er)*-Name zwischen Aarau AG und Delémont JU. Die östlichste Siedlung, Wölflinswil SO, befindet sich bereits weit östlich der Juraübergänge *Oberer* und *Unterer Hauenstein*. Westlich von Wölflinswil SO liegt mit Anwil der einzige mit dem Element *Wil* gebildete Name im Untersuchungsgebiet. Anwil liegt isoliert, konnte sich aber in einem Gebiet behaupten, das bereits früher im Frühmittelalter besiedelt worden ist. Davon zeugen der mögliche Wüstungsname *Schwarzligen* und entsprechende archäologische Funde.[1449] Nicht mehr auf der Karte, noch weiter östlich liegen nahe der Aaremündung in den Rhein die vier *Wil*-Namen Hottwil (*Hotiwilare*, um 1150), Wil (*item ze Wile ain wingarten*, um 1318), Etzwil, Hettenschwil (ohne weitere Nachweise)[1450] eng beisammen. Dazwischen liegt der südliche Teil des Untersuchungsgebiets, frei von rezenten Siedlungsnamen, jedoch mit einzelnen Wüstungsnamen versehen, die erahnen lassen, dass die Lücke einst ausgefüllt gewesen sein könnte. Somit liegt die Mehrheit der Namen mit dem Element *Wil* westlich der Route über den Oberen Hauenstein, allesamt in hügeligem und abgelegenem Gebiet. In Eptingen und Waldenburg liegen die beiden möglichen Wüstungen *Wil*. Archäologische Funde fehlen für beide Orte.[1451] Sie passen bestens ins Verbreitungsschema der *-wil*-Namen, da die Fluren in Geländekammern abseits der Hauptrouten und ebenfalls in nächster Nähe zur Jurakette liegen. Einzig die Wüstung *Onoldswil*[1452] befindet sich direkt an der Strecke über den Oberen Hauenstein und somit aus verkehrsgeographischer Perspektive weitaus günstiger als alle anderen. Eine Ausnahme bildet eine Gruppe von Wüstungsnamen rund um Sissach, wobei dazu auch *Eggetschwil* bei Ramlinsburg zu zählen ist. Ist die Anlage dieser Siedlungen am bereits anthropogen gegliederten Raum gescheitert, der für weitere Niederlassungen keinen Platz mehr zugelassen hat? Möglicherweise liegt darin die Erklärung, dass der Ausweichversuch ins Diegtertal erfolglos geblieben ist.

Die *-wil*-Namen entstammen einer jüngeren Besiedlungszeit. Aufgrund der Verteilung und Anordnung der Namen, die eine Konzentration heute lebendiger Namen und weniger Wüstungsnamen im Westen des Kartenausschnitts zeigen, ist zu folgern, dass das Land an den Juraübergängen zwischen Delémont JU und dem Benkerjoch zuerst im Osten und erst später im Westen besiedelt worden ist. Dementsprechend fällt auch die Anzahl der *-wil*-Namen im Untersuchungsgebiet klein aus, weil dies bereits in einer älteren Besiedlungszeit erschlossen wurde.[1453]

In Bezug auf die Lage der anderen *-wil*-Namen lassen sich die Wüstungsnamen *Brunniswil* (Läufelfingen) und *Wil* (Zeglingen) problemlos ins Verbreitungsschema einordnen, auch wenn Letzterer nicht exakt lokalisierbar ist.

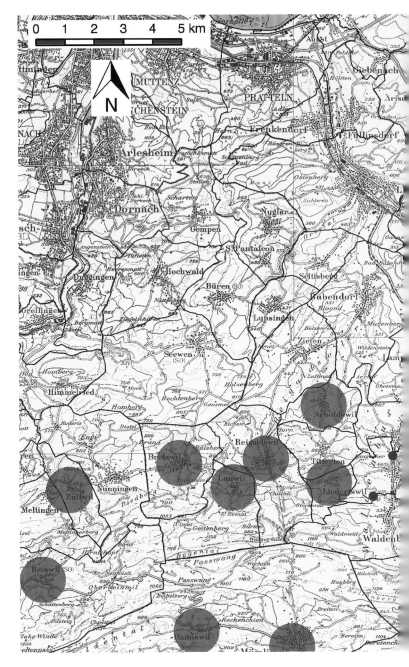

Siedlungs- und mögliche Wüstungsnamen mit dem Element *Wil*

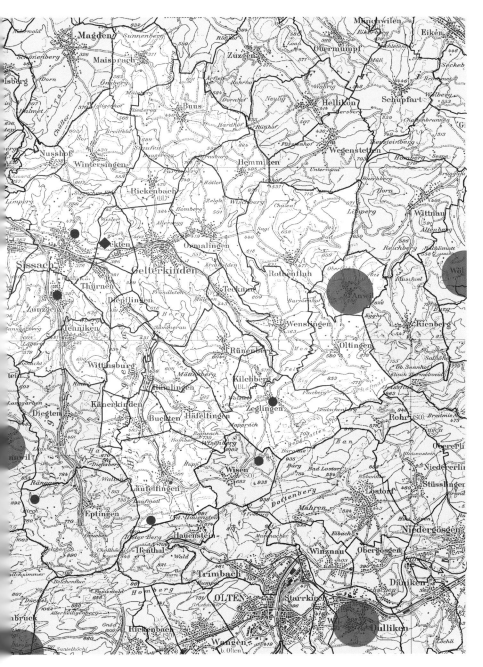

Karte 6: Siedlungs- und mögliche Wüstungsnamen mit dem Element Wil

Legende:
Grosse Kreise: Rezente Siedlungsnamen nördlich der Jurakette, v. l. n. r. Beinwil, Zullwil SO, Bretzwil, Lauwil, Reigoldswil, Arboldswil, Liedertswil, Bennwil, Anwil, Wölflinswil AG; südlich der Jurakette, v. l. n. r. Ramiswil, Mümliswil, Bärenwil, Wil (alle SO) **Kleine Kreise:** Mögliche Wüstungsnamen, v. l. n. r. Wil (Waldenburg), Onoldswil, Wil (Eptingen), Willhalden, Huttwyle, Wilmatt, Brunniswil, Zwillmatt SO, Wil (Zeglingen) **Raute:** Archäologische Fundstelle Junkholz

Das Grundwort *-stal*

Am Beispiel des möglichen Wüstungsnamen *Giblingen* (Allschwil) konnte aufgezeigt werden, dass mit Hilfe einer aufgearbeiteten Namenlandschaft archäologische Funde in einen anderen Zusammenhang gebracht werden können.[1454] Für die vollständige Rekonstruktion der einstigen Namenlandschaft ist es notwendig, alle möglichen Namenbildungsmuster mit siedlungsindizierendem Charakter herauszuarbeiten. In Betracht fällt grundsätzlich jedes Element in einem Namen, das explizit oder implizit auf die Anwesenheit von Menschen oder einer beliebigen Siedlungsform hinweist. Dazu ist auch das Grundwort *-stal* zu zählen.

Bisherige Namenbücher behandeln ein mögliches Grundwort *-stal* jedoch kaum.[1455] Es scheint, dass dieses Grundwort in der Deutschschweiz nicht in den rezenten Siedlungsnamen enthalten ist. Für das erweiterte Untersuchungsgebiet sieht einzig der Archäologe MARTI in den Siedlungsnamen *Liestal* und *Balsthal* SO ein Grundwort *-stal* im Bildungsmuster.[1456] Zugleich hält er aber fest, dass diese Namen «im Untersuchungsgebiet völlig ungewohnt»[1457] sind, da deren Hauptverbreitung in Nordfrankreich und Belgien liegt.[1458] Die von FÖRSTEMANN belegten vierzehn Nennungen von Siedlungsnamen mit einem Grundwort *-stal* ‹Ruhe-, Standort, mhd. Sitz, Wohnort› liegen alle auch nicht in der Nähe der Schweiz, und nur wenige zeigen einen Personennamen im Bestimmungswort, beispielsweise *Buekestella* (Buxel bei Wadersloh, Nordrhein-Westfalen D) zu *Buki, Buko*.[1459] MARTI bringt aber *Liestal* und *Balsthal* SO mit einem «fränkischen Zugriff auf verkehrsgeographische Schlüsselstellen»[1460] in Verbindung und stellt sie in einen historischen Zusammenhang mit den auf *-dorf* gebildeten Siedlungsnamen. Eine historische Einordnung, wie sie MARTI vorschlägt, kann im Untersuchungsgebiet nicht bestätigt werden, da *-dorf*-Namen hier fehlen. Ebenso fehlen bei nahezu allen Wüstungsnamen mit einem möglichen Grundwort *-stal* frühmittelalterliche Funde[1461], so dass mit dem Einbezug aussersprachlicher Mittel keine chronologische Einordnung gemacht werden kann. Die neuere linguistische Forschungsliteratur lehnt MARTIS Deutung der Siedlungsnamen *Liestal* und *Balsthal* jedoch ab.[1462] Für beide wird ein Grundwort *-tal* angenommen.

Ausschlaggebend sind jedoch sprachliche Aspekte. Angenommen wird ein Grundwort *-stal* zu schwzdt. *Stall* ‹Stelle, Platz, im Sinne von Wohnstelle, Siedlung›[1463], basierend auf mhd. *stal* ‹Steh-, Sitz-, Wohnort; Ort zum Einstellen des Viehs›[1464], ahd. *stal* ‹Stallung, Stelle, Stand›[1465]. Als Zweitglied in genitivischen Zusammensetzungen kann als Grundwort *-stal(l)* mit *-tal* ‹Tal, durch Höhenzüge begrenztes Gebiet›[1466] konkurrenzieren. Oft erfährt dabei das Zweitglied eine Reduktion zu *-stel* beziehungsweise *-tel*. Dies gilt es im Einzelfall aller *-stal*- beziehungsweise *-stel*-Namen zu prüfen, wobei letztere Namen immer auch in Bezug zu schwzdt. *Stel(l)* ‹Stelle, in näherer Beziehung zum Verb *stellen*›[1467] abzugrenzen sind. Vom Althochdeutschen zum Mittelhochdeutschen erfährt *stal* eine Bedeutungserweiterung und kann zusätzlich ‹Sitz-, Wohnort›[1468] und ‹menschlicher Wohnraum› bedeuten. Letztgenannte Bedeutung basiert vor allem auf zwei mhd. Textstellen: «*des muste si nu gahen wider in ir engen stal*» und «*die hetten sich versloffen in die stelle ab den wegen*»[1469]. Darin erscheint mhd. *stal* als Simplex. Die Bedeutung ‹menschlicher Wohnraum› dürfte somit nicht vorbehaltlos auf Zusammensetzungen übertragen werden. Ebenso muss die Bedeutungserweiterung ‹Siedlung›[1470], wie sie im IDIOTIKON für einen Teil der Namen vorgeschlagen wird, in Bezug auf die der Arbeit zugrunde liegende Fragestellung als zu grosszügige Interpretation zurückgewiesen werden.[1471] Die Auflistung der Belege zeigt denn auch keine Siedlungs-, sondern vielmehr eine Reihe von Flurnamen. Alle diese Beispiele sind in Bezug zu nhd. *Stall* ‹Ort zum Einbringen des Viehs›[1472] zu stellen. Sie verweisen damit nicht direkt auf einen menschlichen Siedlungsplatz, wenngleich auch ein Stall und die damit verbundene Viehhaltung auf die Anwesenheit von Menschen hinweist.[1473] Ist also ein Grundwort *-stal* entsprechend der ahd. Bedeutung *Stall* ‹Viehunterstand› zu deuten? In Verbindung mit einem Personennamen im Bestimmungswort ergibt sich die Deutung ‹der Stall des XY›. Aufgrund der bekannten Siedlungsstrukturen erscheint eine explizite Auslagerung der Stallungen – noch dazu in Verbindung mit einem bestimmten Personennamen, was dessen Wichtigkeit zusätzlich unterstreicht – nicht vorstellbar. Frühmittelalterliche Gehöfte waren typischerweise vielseitig konzipiert und mit einem Zaun als Schutz und Begrenzung umgeben.[1474] «Alle anderen Einrichtungen – Ställe, Schuppen […] – stellten kleine, eigenständige Nebenbauten dar.»[1475] TAUBER geht bei frühmittelalterlichen Siedlungen von «sehr grossflächig angelegten Siedlungen»[1476] aus, ohne aber diese Grösse zu beziffern. Zu bedenken gilt aber, dass Aussagen über das mögliche Aussehen eines Dorfs, Weilers oder Gehöfts immer nur auf Grabungsergebnissen beruhen, die «zunächst ausschliesslich für den einen Ort gültig sind.»[1477] Und: «Ist ein Siedlungsplatz nicht vollständig ausgegraben, so gestaltet sich auch die Diskussion zur Grösse problematisch.»[1478] Für das Untersuchungsgebiet liegen keine vollständig ausgegrabenen frühmittelalterlichen Siedlungsplätze vor. Die Vorstellungen über die Ausprägung eines möglichen Gehöfts sind somit immer als Interpolation zu verstehen. Trotzdem gilt zu beachten, dass Siedlung und Ernährung im Frühmittelalter sehr eng miteinander verbunden waren. Die Menschen bezogen ihre Nahrung aus dem näheren Umland. Kennzeichnend dabei war das Nebeneinander verschiedener Tätigkeiten. Die Nahrungsgewinnung beruhte auf der Landwirtschaft, sowohl auf Getreideanbau als auch auf Viehzucht; die Jagd, die Fischzucht und das Sammeln waren weitere Stützen.[1479] Auszugehen ist wohl von einem auf eine bestimmte Ausdehnung angewiesenen Siedlungstyp, in dem jedes Haus zwar einzeln stand, die Summe aller Bauten jedoch eine zusammenhängend definierte Einheit bildet. Innerhalb dieser Einheit ist jedem Haus seine Funktion zugewiesen. Eine explizite Auslagerung scheint daher nicht denkbar, eine Reduktion der Bedeutung von *Stal* auf *Stall* ist nicht anzunehmen. Hilfreich könnten hier möglicherweise Bodenproben im Rahmen der Phosphatmethode[1480] sein. Der Phosphatgehalt im Boden ist in der Nähe menschlicher Siedlungen markant höher als in der Umgebung.

Das Grundwort -*stal* wird im Mittelhochdeutschen explizit und im Althochdeutschen implizit als Aufenthalts- oder Standort verstanden. Es ist daher semantisch mit einem -*ingen*-Suffix vergleichbar und hat eine lokative Funktion, ohne konkret auf die Existenz einer Siedlung hinzuweisen, wie dies beispielsweise die Grundwörter -*wil*, -*hof(en)* oder -*hausen* machen. Vielmehr bezeichnen sowohl die primären Siedlungsnamen auf -*ingen* als auch die entsprechenden -*stal*-Namen die Anwesenheit einer bestimmten Person (und deren Gefolge) an einem bestimmten Ort. Dies führt zur Schlussfolgerung, dass mit einem Personennamen gebildete -*stal*-Namen einer alten Namenschicht zugeordnet werden müssen. Umso erstaunlicher ist es, dass keine rezenten Siedlungsnamen mit einem -*stal*-Grundwort belegt sind, wie dies von einem Namentyp der ersten germanischen Besiedlungszeit zu erwarten wäre, und dass entsprechende Siedlungsspuren fehlen.

Das Grundwort -*stal* ist entsprechend der ahd. Bedeutung *Stelle* zu deuten, so wie in mhd. *burcstal* ‹Stelle, Standort einer Burg, die Burg selbst›[1481]. In Verbindung mit einem Personennamen im Bestimmungswort ergibt sich dabei die Deutung: ‹Die Stelle des XY›.

Eigennamen[1482] können schwach und stark dekliniert werden. Zusammengesetzte und zweigliedrige Namen werden in der Regel stark, eingliedrige schwach dekliniert[1483], wobei beispielsweise der Personenname *Sifrid* im Genitiv sowohl *Sifriden* als auch *Sifrides* dekliniert werden kann.[1484] Wäre es also einem mittelalterlichen Schreiber zu verdenken, würde er in Unkenntnis der Bedeutung der einzelnen Morpheme und eines Deklinationssystems gar ein Genitiv *Sifridens* schreiben, wie er im 18. Jahrhundert von ADELUNG vorgeschlagen wird? Aus einem Flurnamen **Sifridental*, der als ‹das Tal im Besitz eines Mannes namens *Sifrid*› zu deuten ist, entstünde **Sifridenstal* und damit plötzlich und ungewollt ein potentieller -*stal*-Name. Die Annahme, die Verwendung des *s*-Infixes als zufällige «Laune» des jeweiligen Schreibers zu erklären, greift zu kurz. Dazu bedürfte es einer umfassenden Quellenkritik zu den untersuchten Archivbeständen. Hingegen zeigt sich eine klare Trennung der genitivischen Schreibungen innerhalb der Belegreihen zu möglichen -stal- beziehungsweise -tal-Namen mit einem schwach deklinierten Personennamen im Bestimmungswort:

1. «Echte» mit einem Grundwort -stal gebildete Namen zeigen die Metathese von -en + -stal zu -liste(n)/-leste(n).

2. Durch Neumotivation wird bei «echten» -stal-Namen das Grundwort als Ganzes vollständig ersetzt. Oft wandelt sich -stal zu -stein. Typisch für die lokale Mundart ist die Abschleifung zu -sten (siehe unten).

3. Mit einem Grundwort -tal gebildete Namen sind gekennzeichnet durch die Metathese von -en + -tal/-dal zu -(e)lete(n).

4. «Falsche» -stal-Namen ändern das Grundwort vielfältig. Es erscheint unverstanden und neumotiviert als Grundwort -stein oder in Form der Ablaut-Suffixe -stel beziehungsweise -ste(n), wobei in der Mundart sich -stein [šdæy] auch zu -sten, mundartlich [šdə], reduzieren kann. Das Bestimmungswort kann aus einem Adjektiv, Substantiv oder ursprünglich zweigliedrigen Namen bestehen, dessen zweites Glied durch Abschwächung der Endsilben nicht mehr als vollwertiger Namenbestandteil erscheint.

5. Stark deklinierte Personennamen zeigen ein Genitiv-s im Auslaut, das bei «echten» -stal-Namen mit dem Anlaut des Grundworts zusammenfällt. Diese Zusammensetzungen sind nur schwer von möglichen Namen mit einem Grundwort -tal zu unterscheiden. Bei solchen Namen kann sich das Grundwort auch zum Suffix -stel wandeln.

Namenbildungen mit dem -stal-Grundwort finden sich auch im erweiterten Untersuchungsgebiet. KULLY hält dazu fest: «Viele FlurN[amen] mit der Endung -stal, -stel und einem Pers[onen]N[amen] als B[estimmungs]W[ort], […] können auf Tal oder auf Stall in der Bedeutung ‹Stelle, Platz› zurückgehen.»[1485] Beispielsweise dr Littstel (Breitenbach SO, dz holtz am littstal, 1500) zu einem nicht flektierten verkürzten Personennamen zum Stamm *leudi[1486] und dem Grundwort -stal. Dr Wouschtl (Kienberg SO, vff dem wolffstall, 1549) zeigt die Ausnahme der starken Flexion eingliedriger Namen oder gar eine flexionslose Form[1487] mit dem Grundwort -stal. Hingegen wird dr Muelstel (Bärschwil SO, Zwo Júcharttan Jm mútestall, 1538) als maskuliner -tal-Name zum Personennamen Mut gedeutet[1488], wobei analog zu maskulinem Wouschtl eigentlich konsequenterweise ein Grundwort -stal angenommen werden müsste. Einstal (Metzerlen-Mariastein SO, in loco dicto in dem einostal, 1338) basiert auf der Bildung des zweigliedrigen und daher stark flektierten Personennamen Eino und dem Grundwort -stal, dr Restel (Büsserach SO, im Redt stall, 1747) zeigt im Bestimmungswort die Reduktion eines einst zweigliedrigen Personennamens, wohl Ratheri, mit dem Grundwort *-stal*, analog zu den oben diskutierten Maskulina sowie genusloses *Weinstel* (Seewen SO, *Ein Júcharten vff Meinistal*, 1520) zum zweigliedrigen Personennamen *Meinold* und dem Grundwort *-tal*. Eine ausführliche wissenschaftliche Diskussion des möglichen Grundworts *-stal* fehlt jedoch bei den solothurnischen Namen.[1489] Im Vergleich dazu zeigen mehrere eindeutige *-tal*-Namen die weiter oben formulierte Metathese von *-en* + *-tal/-dal* zu *-(e)lete(n)*, wie beispielsweise *Niggleten* (Wisen SO, *von einer matten Jm nickental*, 1484); *Nättlede* (Wisen SO, *an nedendell*, 1528) oder *Windlete* (Kienberg SO, *Das Holtz Jn wyngenthal*, 1545)[1490], *Erfleten* (Buus, *biss in Erfendal*, 1504; *stost HerJn gegen Erfeldenn*, 1564; *Ein Juch. A. in Ärffleten*, 1699) oder *Frändleten* (Gelterkinden, *3 Jucharten Jnn frentendal*, 1480; *Zwo Juchart Ackhers Jn Frentellthen*, 1595; *Zwo Jaucharten Holtz und Veld in Frentleten*, 1726).

Auf dem Gebiet der beiden Landgemeinden des Kantons Basel-Stadt, Riehen und Bettingen sind die möglichen *-stal*-Namen *Lamperstal*, *Räschpel* und *Rysenthal* belegt.[1491] *Lamperstal* (Riehen BS, *In Lamprechtz dal*, 1406) zeigt den stark flektierten zweigliedrigen ahd. Personennamen *Landobërht*[1492] mit einem Grundwort *-tal*[1493]. *Räschpel* (Riehen BS, *uff dem Rebstal*, 1406) ist eine Bildung aus dem Substantiv *Reben*, mundartlich *Räb* mit einem Grundwort *-stal*, aber im Sinne einer Stellenbezeichnung[1494], und historisches *Rÿsenthal* (Riehen BS, *Jm Rizlistal*, 1344; *Rùtzschin tal*, 1345) zeigt den Familiennamen *Ruetschlin*[1495] und ein Grundwort *-tal*.

Im Kanton Basel-Landschaft liegen die Fluren *Gerstel* (Langenbruck, *görstall*, 1678) zum Personennamen *Gero* und dem Grundwort *-tal*, neutrales *Berstel* (Arisdorf, *in loco qui dicitur Bersetal*, 1264; *ze Aristorf und in Beristal*, 1264) zu *Bero*, einer Kurzform eines ursprünglich zweigliedrigen und daher stark flektierten Personennamens, und dem Grundwort *-tal* sowie ebenfalls neutrales *Erstel* (Blauen, *ain matten Jm Erstel vnder Blauwen*, 1550; *Ein Tawen Jm Eherstall*, 1585) mit der Deutung ‹das Tal des Ero›[1496]. Dazu zu zählen ist auch maskulines *Witzlesten* (Röschenz, *von der matt von witzlestal*, 1459; *Ein Manwerckh im wytzenstal*, 1585), dessen Personenname nur ungenau wohl als *Wizili*, *Wizin* bestimmt werden kann, jedoch eindeutig ein Grundwort *-stal* zeigt.

Auffällig ist, dass nur wenige Belege mit einem schwach flektierten Personennamen vorliegen, diese Form hingegen im Untersuchungsgebiet zu dominieren scheint. Dies wiederum ist bemerkenswert, da die Mehrheit der germanischen Eigennamen mehrheitlich aus zwei Bestandteilen zusammengesetzt ist[1497], was sich auch im Namenbestand zeigen müsste. Überlegungen zu einer möglichen Eigenheit im Untersuchungsgebiet oder im Kanton Basel-Landschaft können aber an dieser Stelle nicht erbracht werden, da dies den Umfang der vorliegenden Arbeit sprengen würde. Aufgrund der Namenentwicklung zeigt sich ebenso, dass mögliche -*tal*-Namen deutlich von -*stal*-Namen unterschieden werden können und das Suffix -*stel* bei schwach deklinierten Eigennamen nicht auf ein Grundwort -*stal*, und damit auf einen möglichen Wüstungsnamen, zurückzuführen ist. Die oben aufgestellte These soll in der Folge anhand der mit dem Grundwort -*stal* gebildeten Namen aus dem Untersuchungsgebiet überprüft werden.

Albe(r)sten [i̯m álbəšdə / dər albəršdə]

Hemmiken/Rothenfluh, 1492 – heute, 28 Belege, lokalisierbar[1498]

1 Juchart Jn abetstall (1492)[1499]
1 Jucharten Jn abestall (1492)[1500]
1 Juchart Jn albetstal (1492)[1501]
j Juochart Jnn dem Albettstall jnn der von Hemmiken bann (1528)[1502]
Ein Jucharten Vff Albesten, Vff Hägj genandt (1634)[1503]
Eine halbe Jucharten Acker in Albesten Hemmiker Banns, wovon ein Stücklein Zu Erfenmatt eingeschlagen (1768)[1504]
Albisten (1802)[1505]
Albeschte (1987)[1506]
Alberschte (1989)[1507]

Abbildung 51: Die sanfte Mulde unterhalb der Kirschbäume am linken Bildrand umfasst das Gebiet *Albersten*. Der Weg am unteren Bildrand liegt dabei schon auf dem Gebiet der Nachbargemeinde Wegenstetten AG.

Die ältesten Schreibungen legen ein Kompositum mit dem ahd. Personennamen *Atalbert* beziehungsweise der verkürzten Form *Albert*[1508] im Bestimmungswort nahe. Die jüngste Schreibung *Albersten*, mit eingeschobenem *r*, ist historisch nicht belegt. Sie ist eine Gelegenheitsbildung und entstammt der Heimatkunde von 1863.[1509] Ein Bezug zu schwzdt. *Alber(e)* ‹Pappel› kann ausgeschlossen werden. Dieses Wort ist in der lokalen Mundart nicht belegt.[1510] Da der angenommene Eigenname *Atalbert* zweigliedrig ist, kann starke Deklination angenommen werden. Die ältesten Belege bestehen demnach aus dem Bestandteil *A(l)bets* mit typischem Genitiv-*s* und dem Grundwort *-tal*. *Albe(r)sten* wäre als ‹das Tal des Atalbert› zu deuten, als mögliche Grundform *Athalbertestal* anzusetzen. Der Beleg aus dem Jahr 1528 zeigt einen *-tal*-Namen explizit auf. Das heutige maskuline Genus ist eindeutig als jüngere Prägung zu verstehen. Archäologische Funde, die auf eine frühmittelalterliche Siedlung hinweisen, sind keine bezeugt. Die eingangs formulierte These, «falsche» *-stal*-Namen würden den Suffixwandel von *-stal* zu *-sten* zeigen, bestätigt die Realprobe: die Flur liegt in einem kleinen Tal, vorwiegend auf Wegenstetter Boden. Von einem Wüstungsnamen mit einem Grundwort *-stal* ist abzusehen. Vielmehr ist von einem Besitzverhältnis auszugehen.

Atlisten [dər átliʃdə]

Itingen/Sissach, 1360 – heute, 83 Belege, lokalisierbar

ein bletz in attenstal (1360)[1511]
ein mattbletz in atystall (1467)[1512]
1 bletz Jn attenstall (1485)[1513]
Zwo Juchrt ackers vor an attenstal (1534)[1514]
2 Jucharten vff Altesten glegenn (1569)[1515]
ein Jucharten vf Atlesten (1605)[1516]
Attlassthall (1660)[1517]
Attlaschthal so sich nach Jtigen hinnunder Ziecht (1660)[1518]
Ein halb Jucharten ist in Attenstal, in Attenstal (1702)[1519]
ein Jucharthen Reeben vnd Acker vf Atlisten (1764)[1520]
95 Rh. 47 Schr. Fohren im Attlesten (1853)[1521]
Atlischte (2007)[1522]

Das Namenbildungsmuster des ältesten Belegs lässt auf ein Kompositum mit einem Bestimmungswort *Atten* schliessen, das den Personennamen *At(t)o, Addo*[1523] im Genitiv zeigt. Der schwach deklinierte Eigenname zeigt im 16. Jahrhundert die Metathese von *-enstal* zu *-listen*. *Atlisten* ist dem-

Abbildung 52 Der weisse und blaue Fleck irritieren in der Landschaft. Es sind Lastwagen auf der Autobahn A2. Dazwischen ist ein Metallträger erkennbar, der sich über die Fahrbahn spannt die das Gebiet *Atlisten* prägt und zerschneidet.

nach als «echter» -*stal*-Name einzustufen, als ‹die Stelle des Atto› zu deuten. Als mögliche Grundform ist *At(t)enstal* anzusetzen. Ebenfalls möglich wäre, im Bestimmungswort einen Personenname *Athan* mit *n*-Erweiterung zu ursprünglichem *Atha* sehen.[1524] *Atlisten* erweist sich dann aber als ein -*tal*-Name mit der Deutung ‹das Tal des Athan›. Diesen Ansatz könnten auch die Schreibungen auf den Plänen des 17. Jahrhunderts bestätigen, sofern sie nicht ausschliesslich durch die Lage der Flur an einem Talausgang motiviert sind. Allerdings sprechen sowohl die mehrheitliche Verwendung der Präpositionen *in* und *auf* in den historischen Belegen als auch das maskuline Genus gegen die Annahme eines -*tal*-Namens. Für den Raum *Atlisten* ist ein möglicherweise karolingischer Grabfund bestätigt.[1525] *Atlisten* liegt an einem historischen Verkehrsweg, der «zweifellos römischen Ursprung»[1526] hat. Dieser dürfte noch als «spätantik-frühmittelalterliche Nebenroute»[1527] benutzt worden sein. Ungefähr anderthalb Kilometer westlich der Flur lag die römische Siedlung *Bettenach* (Lausen). Betrachtet man die Topographie, so zeigt das Gelände um *Atlisten* grosse Ähnlichkeiten zur Umgebung von Bettenach. Beide Orte liegen durch einen Bergausläufer geschützt und in der Nähe zur Ergolz. Das Wasservorkommen dürfte für eine Siedlung ausreichend gewesen sein. Aussagen zur Bodenqualität sind nur beschränkt möglich. Der mit einer markanten Aufschüttung verbundene Autobahnbau zerschnitt den Hauptteil der Flur und überlagerte die ursprüngliche Bodenschicht.[1528] Ein Wüstungsname ist anzunehmen.

Bulsten [dər bu̯lšdə]

Läufelfingen, 1496 – heute, 95 Belege, lokalisierbar

im bullenstal ein acker gilt 7 fl ze roeben (1496)[1529]
ein Halb iuchrt Jm Bullenstal (1534)[1530]
1 Jucharten Jm Bullenstein (1569)[1531]
1 Jucherten Ackhers Jm Ballenstein (1572)[1532]
Ein Jucharten in Bolsten (1615)[1533]
Zwo Jucharten Jnn Bullenstein (1615)[1534]
Ein Halb Jucharten Jnn bulsten (1615)[1535]
Von Einer Jucharten Jm Bullenstall [...] goth der Eptinger weg, wie man über das
Laufeldt geth darüber (1616)[1536]
Ein Jucharten Ackher jm Bollesten (1703)[1537]
ein halb Mäderthawen im Büllesten (1731)[1538]
Zwo Jucharten Ackher under Büllenstein, anjetzo in Büllsten genandt (1731)[1539]
eine Jucharten Acker in Bulsten (1776)[1540]
Eine halbe Mäderthauen Matten, in einer Einhäge im Bulsten (1818)[1541]
Bulschte (1988)[1542]

Abbildung 53: Der *Bulsten* ist heute ein steil abfallendes Waldgebiet gegenüber dem *Walten*, an dessen Fuss die Kühe im Gras liegen. Es darf jedoch angenommen werden, dass sich der ursprüngliche Geltungsbereich ausserhalb des rechten Bildrands befand.

Die ältesten Belege legen ein Kompositum mit einem ahd. Personennamen zum Stamm *Bol*, wohl *Puolo*, *Buolo* oder *Pualo*[1543] im Genitiv, im Bestimmungswort nahe. *Bulsten* wäre demnach als ‹die Stelle des *Puolo*, *Buolo* oder

Pualo› zu deuten, als mögliche Grundform wäre *Bullenstal* anzusetzen. Auffällig ist der mehrfache Vokalwandel der Stammsilbe sowie die schon im 16. Jahrhundert ensetzenden Veränderung des Grundworts von -*stal* über den Zwischenschritt -*stein* zu -*sten*. Entsprechend der eingangs formulierten These[1544] müsste es sich bei *Bulsten* aufgrund der Suffixentwicklung um einen «falschen» -*stal*-Namen handeln, oder es liegt dem Bestimmungswort ein ursprünglich zweigliedriger Personenname zugrunde. Möglich wäre *Bollheri*[1545], der auch im Siedlungsnamen *Boltshausen* TG (*Pollereshusun*, 827) belegt ist. Allerdings fehlen Belege mit einem *r*, so dass ein zweigliedriger Eigenname nicht anzunehmen ist. Die aufgestellten Thesen zur Unterscheidung zwischen echten und falschen -*stal*-Namen stossen in diesem Fall an ihre Grenzen. Die Ursache dürfte im Personennamen liegen, dessen Endsilbe bereits ein *l* aufweist, so dass die Metathese von -*enstal* zu -*listen* nicht direkt erfolgte. Die zu erwartende Schreibung **Bullisten* ist folglich auch nicht belegt. Die sprachlich naheliegendste Form *Bullenstein* etablierte sich, die sich in der Folge als Konsequenz der lokalen Mundart zu -*sten* abschliff. Dass es sich trotz der Zwischenform -*stein* um einen «echten» -*stal*-Namen handeln kann, zeigt die Entwicklung von *Ringlisten*[1546] deutlich.

Gegen einen -*stal*-Namen spricht die Lage der Flur. Heute liegt sie an einem steil abfallenden Waldhang, der als Siedlungsort nicht in Frage kommen kann.[1547] Allerdings ist nur schwer vorstellbar, dass der älteste Beleg, der eine Nutzung der Flur als Ackerland nennt, sich auf diese heutige Stelle bezieht. Betrachtungen historischer Karten verschaffen in Bezug zur topographischen Lage der Flur Klärung: Die heutige Lage der Flur ist die Konsequenz einer grossräumigen Verschiebung des Geltungsbereichs. Ein Blick auf die Siegfriedkarte zeigt *Bulsten* am gegenüberliegenden Hang, einem Ausläufer des Walten.[1548] Ein Plan aus dem 17. Jahrhundert zeigt die beiden Schreibungen *bolstall* – bereits beinahe am heutigen Ort – und *brün im bolstall*.[1549] Letztere bezieht sich eindeutig auf eine Quelle im Tal südlich des Walten. Diese Lokalisierung stimmt mit dem Belegtext aus dem Jahr 1616 überein, der die Flur mit dem Weg nach Eptingen, der durch dieses Tal verläuft, in Verbindung bringt.[1550] Der Name *Bulsten* dürfte sich daher auf eine Flur in Tallage beziehungsweise das Tal am Südfuss des Walten beziehen. Auffällig ist, dass auf einer Linie von 1,5 Kilometern gleich drei patronymisch gebildete Makro- beziehungsweise Mikrotoponyme liegen. Ganz im Norden dieser gedachten Linie liegt der *Dietisberg*, ‹der Berg des Dieto›, an *Bulsten* grenzt der Berg namens *Walten*, dem wohl die ursprüngliche Form **Waltenberg* zugrunde liegt, die als ‹der Berg des Walto› zu deuten ist. Diese Massierung an patronymischen Makrotoponymen ist selten und daher bemerkenswert.

Synthese: Die Annahme eines ursprünglich zweigliedrigen, stark deklinierten Personennamens im Bestimmungswort kann aufgrund fehlender Belege nicht bestätigt werden. Ebenso kann dadurch ein *-tal*-Name ausgeschlossen werden, weil damit das auslautende *s* des Bestimmungsworts nicht erklärt werden kann. Die Annahme eines Fugen-*s* kann ausgeschlossen werden, da keine vergleichbaren Fälle vorliegen. Folglich muss von einem «echten» *-stal*-Namen ausgegangen werden. Der frühe Grundwortwechsel von *-stal* zu *-stein* führte einerseits dazu, dass die zu erwartende Metathese von *-enstal* zu *-liste(n)/-leste(n)* nicht eintreten konnte und war die Voraussetzung, dass sich im 18. Jahrhundert *-stein* zum Suffix *-sten* abschleifen konnte. Dieser Wandel dürfte in Verbindung stehen mit der Verschiebung des Geltungsbereichs der Flur. Ein Wüstungsname mit einem Grundwort *-stal* ist anzunehmen.

Chindlisten [dər χịndlịšdˌtə]

Wittinsburg, 1480 – heute, 20 Belege, lokalisierbar

2 juchartt an pfaffen breitten stossett an den hag an kindenstal (1480)[1551]
Ein Jucharten Ackher in Kindtlisten (1616)[1552]
fünff Jucharten Jm Birch [...] stosst [...] am andern orth gegen Kindtlesten (1616)[1553]
Ein Jucharten im Kindtlisten (1685)[1554]
Eine Jucharten im Kindlisten (1766)[1555]
½ J: in Kindlesten (1819)[1556]
72 a Acker Kindlisten (1890)[1557]
Chindlischte (1989)[1558]

Die Schreibung *kinden* im ältesten Beleg legt ein Kompositum mit dem ahd. Personennamen **Chint*, **Chind*[1559] im Genitiv im Bestimmungswort nahe. *Chindlisten* wäre als ‹die Stelle des Chint› zu deuten, als mögliche Grundform wäre **Chintenstal* beziehungsweise *Chindenstal* anzusetzen. Ein Flurname *Chindlistein* ist ausserhalb des erweiterten Untersuchungsgebiets in Birmensdorf ZH, Dällikon ZH, Auegst am Albis ZH und Hüttikon ZH belegt.[1560] Allerdings fehlen bislang Forschungsergebnisse zu diesen Namen.

Leider fehlen Belege aus dem 16. Jahrhundert. Analog zu *Atlisten* und *Frittlisten* kann aber nicht ausgeschlossen werden, dass die Metathese von *-enstal* zu *-leste(n)/-liste(n)* bereits im 16. Jahrhundert eintrat. *Chindlisten* erweist sich dadurch als «echter» *-stal*-Name. Die Realprobe zeigt, dass die Flur auf einem Plateau in einer sanften Senke liegt, so dass ein Grundwort *-tal* ausgeschlossen werden kann. Gesicherte archäologische frühmittelalterliche Funde fehlen genauso wie eine Quelle oder ein Fliessgewässer.[1561] Allerdings zieht sich nur wenige hundert Meter östlich *von Chindlisten* ein heute noch

Abbildung 54: Westlich des Dorfs Wittinsburg steht auf der sanften Kuppe ein einzelner Nussbaum an einer Wegkreuzung. Das grüne Feld in der Bildmitte umfasst das Gebiet *Chindlisten*. Am Horizont verlaufen die Jurahöhen.

sichtbarer Graben, wohl einst der Ursprung des *Vorder Chamberbach.* Eine Karte aus dem 17. Jahrhundert zeigt auch den Ursprung des Bachs weiter westlich, deutlich näher bei *Chindlisten.*[1562] Die periphere Lage auf einem Hochplateau entspricht zwar grundsätzlich nicht dem Terrain der ältesten Siedlungen. Im vorliegenden Fall sprechen aber die Existenz von Känerkinden, einer Siedlung mit *-ingen*-Namen, und *Buesgen,* ein mit einem *-inghofen*-Suffix gebildeter möglicher Wüstungsname für eine frühe Besiedlung dieser Hochebene. In der Tendenz ist daher von einem Wüstungsnamen auszugehen.

Dagersten [*d dāgəršdə*]

Rothenfluh/Ormalingen[1563], 1397 – heute, 68 Belege, lokalisierbar

in tagenstal ij iuchart oben an hoff acker (1397)[1564]
zu der iij zelg in tagenstal (1437)[1565]
1 ½ Juch Jn tagerstal vnder der gullen (1485)[1566]
anderthalb iuchart in tagerstal vnder der gullen (1534)[1567]
zwo Juchartten ackher, Jm tagenstal, oben am hofackher (1560)[1568]
Mehr Ein Manwerch Matten Jn Tägersten (1595)[1569]
Ein Medertauen Matten, Jn Tägerstall (1595)[1570]
Zwo Juchardten Jnn Dagerstenn (1635)[1571]
drey fiertel jn Dagersten (1702)[1572]
Dogersten (1802)[1573]
Dagerschte (1989)[1574]

Abbildung 55: Der Gemeindebann von Ormalingen zieht sich im Südwesten in die Länge und ragt weit nach Wenslingen hinein. Der Eingang dieses Tälchens wird von einer Starkstromleitung gequert. Hier liegt auch das Gebiet *Dagersten*.

Anzunehmen ist ein ursprüngliches Kompositum mit dem ahd. Personennamen *Dago, Tago*[1575] im Bestimmungswort und einem *-stal*-Grundwort. Die Verwendung eines femininen Genus› ist eine moderne. In den historischen Belegen dominieren die Schreibungen mit der Präposition *in*. Für feminines Genus wäre *in der* zu erwarten gewesen. *Dagersten* wäre als ‹die Stelle des Dago, Tago› zu deuten. Als mögliche Grundform ist *Tagenstal* anzusetzen. Allerdings zeigt *Dagersten* nicht die für «echte» *-stal*-Namen zu erwartende Metathese von *-enstal* zu *-listen/-lesten*. Der frühe Wandel der Endsilbe des Bestimmungsworts von *-en* zu *-er* dürfte dies verhindert haben. Möglicherweise wurde dadurch im Bestimmungswort eine Ableitung auf *-er* gesehen. Alternativ kann das nur noch in Siedlungs- und Flurnamen erscheinende[1576] schwzdt. Adjektiv *tëger* ‹gross›[1577], wohl zu mhd. *dëger* ‹fest, stark›, ahd. *tëgar, germ. **digra-* ‹kompakt, dicht›, zum Verb germ. *diganan ‹kneten›, zu dem auch das Adjektiv germ. **daiga-* ‹weich› gehört, angenommen werden.[1578] GRAF bezweifelt die Ableitung von schwzdt. *tëger* in der Bedeutung von ‹gross› aus altnordisch *digr* ‹dick, umfänglich›, es sei denn, es handle sich um «eine nordische Sonderentwicklung».[1579] Vielmehr ist schwzdt. *tëgar* in Bezug zur Bodenbeschaffenheit zu deuten und bezieht sich auf lehmigen, feuchten Boden. Das Bildungsmuster mit dem Adjektiv *tëger* im Bestimmungswort findet sich auch im Siedlungsnamen *Tägerwilen* und in den Flurnamen *Dägermatt* (Anwil, *vff Dëgermatt*, 1575; Zunzgen, *1 mattbletz in Tegermatt*, 1413), *Dägerbüel* (Rothenfluh, *deß ersten j manwerk matten oben an tegerbül*, 1397), *Dägenbalm* (Morschach SZ, *Vlrich von Tegerbalm*, 1500) oder *Tägermoos* (Schönenwerd SO, *dat de prato loco dicto in tergermos wlgo probstmatte*, 1294).[1580] *Dagersten* wäre dann als ‹die feuchte Stelle (mit der lehmigen Bodenbeschaffenheit)› zu deuten. Von einem Wüstungsnamen wäre abzusehen.

Aussersprachliche Aspekte stützen beide Ansätze: sowohl eine Bildung mit einem Personennamen, die auf einen Wüstungsnamen verweist, als auch eine Bildung mit einem die Bodenbeschaffenheit näher charakterisierenden Adjektiv im Bestimmungswort. *Dagersten* liegt am Weiherbächli, im weitläufigen Tal sind mehrere Quellen belegt, und über weite Flächen zeigen sich die Böden durch Stauwasser beeinflusst.[1581] Aus verkehrsgeographischer Sicht liegt *Dagersten* leicht zurückversetzt an einer Nebenverbindung zum Schafmattübergang in einer Geländekammer zwischen Ormalingen und der Wüstung *Ängsten*.[1582] In Bezug zur umliegenden Namenlandschaft finden sich in Rothenfluh und Anwil zwei Flurnamen mit dem Adjektiv *tëger* im Bestimmungswort. Allerdings kann diese Einbettung in die Namenlandschaft nicht auf mögliche *-stal*-Namen angewandt werden, da diese im Untersuchungsgebiet nur spärlich und isoliert vorkommen. Aufgrund der ältesten Belege, die alle die Schreibung *tagen* zeigen, was auf einen Personennamen im Genitiv hinweist, darf ein Wüstungsname angenommen werden. Belege mit einem Bestimmungswort *Tager/Täger* sind jünger. Anzunehmen ist, dass die Bodenbeschaffenheit zum Namenwandel beigetragen hat.

Frittlisten

Rickenbach, 1534–1859, 15 Belege, vage lokalisierbar

ein manwerch Jnn Frittenstal (1534)[1583]

ein halb Mamwerch in der fridlisten an gelterkinder ban (1601)[1584]

Ein Mäderth. matten in der Friedlisten … neben der Straas gegen Wintersingen (1699)[1585]

anderthalben Thawen Matten in der Fridlisten (1702)[1586]

Zwey Viertel Matten in der Friedlesten (1702)[1587]

Ein halbe Juchart Ackher in der Breiten […] einhien an die Reben, außhien an die Friedlisten stossend (1762)[1588]

Ein Mäder Tauen Matten in Fridlisten (1762)[1589]

Ca. 2 Jucharten Matten in der Frittlisten, stosst oben an den Schlossweg (1859)[1590]

Der älteste Beleg zeigt ein Kompositum mit dem Bestimmungswort *Fritten*, dem Genitiv zum ahd. Personennamen *Frit(t)o, Frid(d)o*.[1591] Der Name wäre als ‹die Stelle des Frit(t)o, Frid(d)o› zu deuten, als mögliche Grundform wäre **Frittenstal* anzusetzen. Jüngere Belege lassen auch einen Personennamen *Fridli*, Kurzform zu Fridolin vermuten.[1592]

Dagegen spricht nebst der Schreibung des ältesten Belegs die aufgeworfene These, dass durch Metathese aus *-enstal -leste(n)/-liste(n)* entstanden sei, so dass der Name nicht in die Bestandteile *Fridli* + *-sten* aufzuteilen ist. Vielmehr dürfte ein «echter» *-stal*-Name vorliegen. Bemerkenswert ist, dass gleichzeitig ein Genuswechsel einhergeht. Im Gegensatz zu allen anderen möglichen *-stal*-Namen erscheint *Frittlisten* bereits seit Beginn des 17. Jahrhunderts mit femininem Genus. Der Genuswechsel lässt sich aber nicht durch die Metathese von *-enstal* zu *-listen* erklären, wie ein Vergleich mit *Atlisten* oder *Chindlisten* zeigt. Möglicherweise ist der Genuswechsel darauf zurückführen, dass die Bedeutung des Namens längst nicht mehr verstanden wurde, was auf ein hohes Alter von *Frittlisten* hinweist.[1593] Aufgrund des ältesten Belegs kann ein Grundwort *-tal* ausgeschlossen werden, ansonsten sich *Frittlesten* analog zu anderen *-tal*-Namen zu **Frittleten* hätte wandeln müssen.[1594] Zudem liesse sich das *s*-Infix nur als Fuge erklären. Eine solche Fuge ist bei der Mehrheit der *-tal*-Namen aber nicht belegt. Da der Name nur vage lokalisiert werden kann, sind aussersprachliche Aspekte nur bedingt verwendbar. Gesicherte archäologische frühmittelalterliche Funde können daher nicht vorliegen. Die Flur liegt in einer Geländemulde in Hanglage am Verkehrsweg nach Wintersingen und wird vom Wintersingerbächli entwässert. Verglichen mit anderen möglichen Wüstungsnamen mit einem *-stal*-Grundwort ist tendenziell ein Wüstungsname anzunehmen.

Grimsten   [d grīmšdə / dər grı̄mšdə]

1. Sissach/Nusshof grenzübergreifend, 1267 – heute, 56 Belege, lokalisierbar

in Grimoltztal trium schepphimminorum avene redditus (1267)[1595]
núne iucherten acchers, licchent ze Grimostal uf der halden (1293)[1596]
ein Juchart Jn gnimenstal (1447)[1597]
4 Juchart Jn gennestal (1447)[1598]
mathiss struw gyt 1 vierezel und haberen von grimestal (1489)[1599]
Marx Schwob git jerlich ½ vierzel habernn vonn ein acker jnn grymennstal (1532)[1600]
Vonn einer Jucharten Rütte in Grimenstall (1610)[1601]
Ein Jucharten Rüti in Grimmisten (1704)[1602]
Grimsten (1802)[1603]
Grimschte (1989)[1604]

Abbildung 56: Das steil ansteigende Tälchen erwindet mitten im Wald und geht in eine Lichtung über, die im Gebiet *Grimsten* liegt.

Der älteste Beleg zeigt die Schreibung *Grimoltztal*. Im Bestimmungswort dürfte ein ahd. zweigliedriger Personenname *Grimoald, Grimolt*[1605] zu vermuten sein. Der Name wäre demnach als ‹die Stelle des Grimoald, Grimolt› zu deuten, als mögliche Grundform wäre **Grimoaldisstal* oder **Grimoltsstal* anzusetzen. Jüngere Schreibungen aus dem 15., 16. und 17. Jahrhundert legen einen möglichen Personennamen *Grimo* nahe. Dafür sprechen die Belege, die im Bestimmungswort eine *-en*-Endung im Genitiv zeigen. Unsicher ist die Einordnung der Schreibung von 1293. Entweder wird der Eigenname *Grimo* untypischerweise stark dekliniert und steht in Verbindung mit einem Grundwort *-tal*, oder es liegt ein Verschrieb[1606] zu ursprünglichem *Grimoald, Grimolt* vor, wobei dann das Grundwort nicht zu klären ist. Fehlende Belege aus dem 14. Jahrhundert erschweren die korrekte Deutung der Entwicklung der Schreibungen in den folgenden Jahrhunderten.

Bemerkenswert ist das hohe Alter der Belege. Im Untersuchungsgebiet sind nur wenige Namen so früh belegt. Bevorzugt wird aufgrund der Schreibung des ältesten Belegs eine Bildung mit einem zweigliedrigen Personennamen und einem Grundwort *-tal*. Eine Verschmelzung von aus- und anlautendem *s* kann in den vorhandenen Belegen nicht nachgewiesen werden. Die Lage der Flur in einem engen Geländeeinschnitt mit steil abfallenden Waldhängen spricht ebenfalls für ein Grundwort *-tal*. Zudem fehlen flache

Nutzböden in der Nähe ebenso wie eine weniger geneigte Stelle, die sich als Siedlungsplatz einer Primärsiedlung eignen würde. Allerdings zeigt die Schreibung des zweiten Belegs (*núne iucherten acchers, licchent ze Grimostal uf der halden*, 1293), dass das heute bewaldete Tal einst auch bedeutende Flächen mit Kulturland aufgewiesen haben muss. Noch 1877 ist an der Südostseite der Schward eine von Wald umgebene Lichtung ersichtlich.[1607] Reste eines frühneuzeitlichen Wegs und Hofs sind ebenfalls bezeugt.[1608] Ende des 19. Jahrhunderts brannte der Hof nieder, das Kulturland wurde aufgeforstet.[1609] Dass der Hof aber in einem direkten Zusammenhang zum Namen *Grimsten* steht, darf bezweifelt werden. Von einem frühmittelalterlichen Wüstungsnamen mit einem Grundwort *-stal* ist daher abzusehen.

2. Gelterkinden, 1480–1827, 54 Belege, vage lokalisierbar

1 Juchart Jm grimenstal (1480)[1610]
ein iuchart Jm Grymenstal […] stost an letten matten (1534)[1611]
Zwo Juchart Ackhers Jm Gremenstall (1595)[1612]
j Juchartten Jnn grimlystenn (1623)[1613]
Vier Jucharten Ackhers, in Grimisten (1691)[1614]
ein Jucharten in Grimmistal (1702)[1615]
ein fiertel Ackher jm Grimisten (1726)[1616]
¼ J. A. Jez Einschl. in Grimsten (1792)[1617]
¼ Juch. Einschlag Grimsten (1827)[1618]

Die ältesten Belege legen ein Kompositum mit einem Erstglied *Grimen* beziehungsweise *Gremen*, Genitiv zum Personennamen *Grimo*[1619] im Bestimmungswort nahe. Der Name wäre demnach als ‹die Stelle des Grimo› zu deuten, als mögliche Grundform wäre **Grimosstal* anzusetzen. Im 17. Jahrhundert wandelt sich die Schreibung und zeigt die Metathese von *-enstal* zu *-lysten*. In der Folge entfällt anlautendes *l* im Suffix. Daraus resultieren die Schreibungen mit einem Bestimmungswort *Grim* und einem Suffix *-isten*. Diese Veränderung entspricht dem Muster «echter» *-stal*-Wüstungsnamen. Aufgrund des nur einmal genannten Anstössers *letten matten*, kann die Flur *Grimsten* an den Eingang des südöstlich angrenzenden (namenlosen) Tälchens gelegt werden, das in den Raum *Ärntholden* führt.[1620] Eine ähnliche Lage weist die Flur *Atlisten* auf. Allerdings bleibt diese Lokalisierung sehr vage, so dass eine Lage in der Senke des Eitals gleichwertig in Betracht gezogen werden muss. Für *Grimsten* sind zwar keine gesicherten archäologischen frühmittelalterlichen Funde belegt. Im Raum *Bleiche*, rund einen halben Kilometer talabwärts, liegen aber in der Nähe eines frühlatène-

zeitlichen Grubenhauses auch frühmittelalterliche Grab- und Siedlungsfunde.[1621] Diese Funde konnten bis heute noch keinem bekannten Siedlungs- beziehungsweise Wüstungsnamen zugeordnet werden. Ein Bezug zu *Grimsten* ist nicht ganz auszuschliessen. Für *Grimsten* ist daher tendenziell von einem Wüstungsnamen auszugehen.

Gummlisten

Wintersingen, 1485–1891, 40 Belege, lokalisierbar

2 Juch Zefürten stosst an goumenstal (1485)[1622]
1 Juch Zwischen furten vnd gumenstall (1485)[1623]
ein pletz Jnn gümelstal (1534)[1624]
ein Juchert im Gunderstal (1625)[1625]
Jn gumlisten (1678)[1626]
½ Jucharten im Grumblisten (1699)[1627]
Ein Jucharten in Gumblisten (1703)[1628]
ein stückhlin ägerten in Gumlisten (1702)[1629]
Ein halben Viertel ackher in Gomblesten (1703)[1630]
Gümlisten (1802)[1631]
Seb. Spieser Wegmacher zeigt an, daß der Fussweg ob der Griengrube in Gummlisten [...] unpassierbar sei (1891)[1632]

Abbildung 57: Parallel zur Telefonleitung verläuft ein Baumband. Dahinter verbirgt sich eine enge, tiefe Schlucht, die sich bis ins Tal ins Dorf von Wintersingen zieht. Das Gebiet *Gummlisten* erstreckt sich entlang dieses Grabens.

Die Aufschlüsselung des Namens ist mit Unsicherheiten behaftet. Mehrere Ansätze sind möglich. Der älteste Beleg legt ein Kompositum mit dem Bestimmungswort *G(o)umen* und dem Grundwort *-stal* nahe. Im Bestimmungswort dürfte sich der eingliedrige und somit schwach deklinierte Personenname *Gomo*[1633], **Gumo* im Genitiv verbergen. Der Name wäre als ‹die Stelle des Gumo› zu deuten, als mögliche Grundform wäre **Gomenstal* anzusetzen. Die Hebung von *o* zu *u* ist nicht ungewöhnlich. Sie zeigt sich ebenfalls in schwzdt. *Höli* zu *Hüli*[1634]. Analog zu anderen möglichen Wüstungsnamen mit dem Grundwort *-stal* zeigt auch die vorliegende Belegreihe im 17. Jahrhundert die Metathese von *-enstal* zu *-listen*, so dass von einem «echten» *-stal*-Namen auszugehen ist. Jedoch fehlen archäologisch gesicherte frühmittelalterliche Funde. Ein Fliessgewässer und mehrere Quellen in der Nähe sowie normal durchlässige Böden mit Kalkbraunerde bilden günstige Voraussetzungen zur landwirtschaftlichen Nutzung.[1635]

Wird hingegen eine Namenmotivation durch ein Grundwort *-tal* angenommen, so ist inlautendes *s* nicht etymologisch, sondern nur als Fuge erklärbar, da der angenommene eingliedrige Personenname *Gomo* im Bestimmungswort mit schwach deklinierter *-en*-Endung erscheint. Ein Vergleich mit anderen Namen im Untersuchungsgebiet, die mit dem Bildungsmuster [Personenname + Grundwort *-tal*] gebildet sind, zeigt jedoch, dass Komposita mit schwach deklinierten Personennamen dazu führen, dass sich das GW *-tal* durch Metathese von *-ental/-endal* zu *-(e)leten* wandelt. Ein *-tal*-Name mit einem eingliedrigen Personennamen dürfte daher nicht vorliegen. Da *Gomo* nur wenig belegt ist, kann ein ursprünglich zweigliedriger Name zum Stamm *Guma*, wohl *Gomuald* oder *Gumold*[1636] nicht ausgeschlossen werden. Ältestes *Goumenstal* wäre folglich in ein Bestimmungswort *Goumens* und ein Grundwort *-tal* aufzuteilen. Die Reduktion des Zweitglieds des Personennamens zu *-ens* ist zwar ungewöhnlich – zu erwarten wäre *-is*[1637] – aber auch in den zwischenzeitlichen Schreibungen von *Grimsten* (Sissach) belegt.[1638] *Gummlisten* wäre dann als ‹das Tal des Gumold, Gomuald› zu deuten, als mögliche Grundform wäre **Gumoldstal*, **Gomoldstal* anzusetzen. Dass auslautendes Genitiv-*s* mit dem anlautenden *s* des Grundworts *-stal* verschmolzen wären ist zwar grundsätzlich denkbar, jedoch fehlen dafür entsprechende Schreibungen in der Belegreihe. Zudem ist diese Verschmelzung in keinem anderen möglichen *-stal*-Namen im Untersuchungsgebiet belegt, so dass dieser Ansatz abzulehnen ist. Somit wäre von einem *-tal*-Namen mit einem ursprünglich zweigliedrigen Personennamen im Bestimmungswort auszugehen.

Synthese: *Gummlisten* haftet heute an einer Flur oberhalb einer engen, steilen Waldschlucht, die als Namenmotivation durchaus in Betracht zu zie-

hen ist. Fehlende archäologische Funde aus dem Frühmittelalter legen eine Deutung hin zu einem Besitzverhältnis nahe. Hingegen kann der Erstbeleg sprachlich problemlos ein Kompositum mit dem Grundwort -*stal* belegen. Vorhandene Quellen und günstige Böden begünstigen die Annahme eines Wüstungsnamens zusätzlich. Da aber ebenso eine Deutung mit einem zweigliedrigen Personennamen überzeugend rekonstruiert werden kann, müssen für eine abschliessende Beurteilung aussersprachliche Aspekte den Ausschlag geben. Hier fallen fehlende archäologische Nachweise stärker ins Gewicht als günstige landwirtschaftliche Böden, so dass in der Tendenz kein Wüstungsname anzunehmen ist.

Güetlisten [i̯n güə̯tli̯gšd‹tə / i̯n güə̯tli̯šdə]

Wintersingen, 1485 – heute, 30 Belege, lokalisierbar

1 Juch Jn gutterstall neben dem graben (1485)[1639]
½ Juch vff Sumerhalden Jn güttenstal (1485)[1640]
ein iuchrt Jn guoterstal neben dem graben lit in holtz (1534)[1641]
ein halb iuchrt vf cumerhalden Jn gutenstal (1534)[1642]
ein Jucharten bey dietlisten (1608)[1643]
ij Juchartenn, Jnn Gietlisten (1613)[1644]
Jm gietestell (1678)[1645]
Jm güetestell (1680)[1646]
ein bletzlin Reeben in güetlisten (1702)[1647]
ein Viertel Reeben und Feldt in Güetleßen […] anderseits neben dem Haag gelegen (1703)[1648]
Ein Bläzlin im Gütlisten (1763)[1649]
Karl Graf Bannwart zeigt an, daß Joh. Jb Imhof in Gütlisten überholzet habe (1891)[1650]
Güetli(g)schte (2007)[1651]

Die Namendiskussion gestaltet sich schwierig. Zuerst sind die Schreibungen einzelner Belege zu gewichten. Unklar ist, welche der beiden Schreibungen der ältesten Belege – *gutter* mit -*er*-Endung oder *gütten* mit -*en*-Endung und Umlaut – korrekt ist, da beide derselben Quellen entstammen. Gleiches gilt für die Belege aus dem 16. Jahrhundert, die ebenfalls nur einer Quelle, dem SCHALLER Berein, entstammen, die in direktem Bezug zur älteren Quelle steht. Dementsprechend findet sich auch hier jeweils eine Schreibung mit einer -*er* und einer -*en*-Endung. Aufschlussreich sind die frühen Belege aus dem 17. Jahrhundert, die die Metathese von -*enstal* zu -*listen* deutlich aufzeigen. Weniger Gewicht ist den Schreibungen des späten 17. Jahrhunderts von G. F. MEYER beizumessen. Seine Skizzen und Pläne sind vielfach

Abbildung 58: Im Gebiet *Güetlisten* liegen die Reben, die den Wintersinger ihren Wein bescheren. Sie werden oben und rechts von Wald gesäumt.

mit eigenwilligen Namenschreibungen versehen.[1652] Dies dürfte sowohl die Entrundung von *u* zu *ie* als auch das Grundwort *-stell* erklären. Die Belege des 18. und 19. Jahrhunderts zeigen wiederum mehrheitlich Schreibungen mit einem *-listen*-Suffix. Aufgrund der Namenentwicklung darf ein «echter» *-stal*-Name angenommen werden; aus der ältesten Quelle ist daher die Schreibung *güttenstal* zu bevorzugen. Dies lässt auf einen Personennamen *Guotilo* schliessen. Würde die Schreibung *gutter* bevorzugt, so dürfte der zweigliedrige und stark deklinierte Eigenname *Guatheri, Cuatheri*[1653] angenommen werden, so dass sowohl *ein -tal-* als auch ein *-stal*-Grundwort in Betracht zu ziehen wären, da nicht ausgeschlossen werden kann, dass auslautendes Genitiv-*s* mit anlautendem Stal-*s* verschmolzen ist. Die Reduktion des Zweitglieds des Personennamens zu *-ens* ist zwar ungewöhnlich – zu erwarten wäre *-is*[1654] –, aber auch in den zwischenzeitlichen Schreibungen von *Grimsten* (Sissach)[1655] und *Gummlisten*[1656] belegt. Der Name wäre demnach als ‹die Stelle des Guotheri, Guotilo› beziehungsweise als ‹das Tal des Guotheri› zu deuten, als mögliche Grundform wäre **Guotheris(s)tal*, *Guotilosstal* anzusetzen.

Nicht ausgeschlossen werden kann ein Bezug zum Adjektiv *gut* ‹den Ansprüchen genügend; von zufriedenstellender Qualität; angenehm, erfreulich›[1657], das sich auf die Lage der Flur beziehungsweise auf die Quali-

tät des Landstücks bezieht. Ein Bestimmungswort *Gutter(e)* ‹bauchige Flasche›[1658] nähme Bezug auf die Form des Landstücks. Möglicherweise zeigt sich dieser Ansatz auch in *Büttemet* (Anwil, *von dem Egacker zum stein am lantgericht by der Buttennmattenn*, 1534), wenn von einem Bezug zu schwzdt. *Bütte* ‹Fass, Kufe, Ort, wo Fässer hergestellt werden›[1659] auszugehen ist. Tatsächlich bezeichnet die Flur *Güetlisten* einen steil ansteigenden und sich rasch verengenden Geländeeinschnitt, der von einem Bächlein entwässert wird. Somit ist aber auch ein Grundwort *-tal* in Betracht zu ziehen, was den Deutungsansatz mit dem zweigliedrigen Personennamens *Goutheri* stärkt. Für Wintersingen sind mehrere römische und frühmittelalterliche Fundstellen bezeugt. Für den Raum *Güetlisten* hingegen fehlen bislang archäologisch gesicherte frühmittelalterliche Funde. Da die Flur in einem Tal liegt und sprachlich sowohl ein *-stal-* als auch ein *-tal*-Name in Frage kommen können, muss offenbleiben, ob ein Wüstungsname vorliegt.

Humberstal [*s ḥumbəršdā́ l*]

Maisprach, 1393 – heute, 45 Belege, lokalisierbar

ein juchart akkers in Hombrentz tal (1393)[1660]
in humber stal 1 manwerck matten oben an flachen von mysprach (1437)[1661]
der schneeschmelzi nach biss […] in den hindern graben […] und dannethin durch Humelstal nider (1504)[1662]
dem bach der strass nach, die gen Meysprach gat, biss in Humelstein (1504)[1663]
Zween widerschlag Jnn Humperstal (1534)[1664]
Zuo Huombrechtstallen (1579)[1665]
in Humperts stall (1662)[1666]
ein halb Jucharten Matten in humbelstall (1702)[1667]
Humberstal (1802)[1668]
Humberschtal (1992)[1669]

Das Namenbildungsmuster lässt auf ein Kompositum mit dem zweigliedrigen, stark deklinierten ahd. Personennamen *Hunbreht*[1670] im Bestimmungswort und dem Grundwort *-tal* schliessen. Die nur wenige Jahrzehnte später belegte Schreibung *Humber stal* suggeriert ein Grundwort *-stal*, kann aber nicht darüber hinwegtäuschen, dass die Trennung zufällig ist und das anlautende *-stal-s* eigentlich als auslautendes Genitiv-*s* zu lesen ist. Als Grundform wäre demnach *Hunbrehtestal anzusetzen. Für ein Bildungsmuster mit dem Grundwort *-tal* sprechen zudem die heutige Aussprache und das neutrale Genus. Tatsächlich liegt die Flur in einem sanft nach Norden ansteigenden Quertälchen. Ungefähr einen Kilometer west-

Abbildung 59: Die Strasse zweigt nach rechts ab und gibt den Blick frei auf den Talhof. Zwischen Maisstauden und Obstspalier zieht sich von der Mitte gegen den linken Bildrand hinauf das *Humberstal*.

lich davon liegt die Flur *Hermlesten* ebenfalls in einem Quertälchen (Magden AG, *vierdehalb juchart in Hermanstale*, 1326; *unus ager situs in Hermanstal*, 1381; *Heini Wolf 4 Viertel Dinkel von einem Stück in Hermans Tal*, 1395; *reben in hermerstal unden an dem eweg*, 1464; *ackher in Hermenstall*, 1606; *Lesst [...] den Weg durch Herrmelstal hinauf bei Strafe verbieten*, 1845; *Hermlesten*, 2000).[1671] Aufgrund der heutigen und historischen Schreibweise deutet Rothweiler den Namen als «Ort/Stelle des Hermann»[1672]. Ebenso möglich ist die Annahme eines Personennamens *Hariman* zum Stamm *Harja*.[1673] Auszugehen wäre von einer möglichen Grundform *Herman(n)esstal* oder *Hariman(n)esstal*. Rothweiler schliesst dabei ein Grundwort *-tal* aus, da es sonst *Hermlete* heissen müsste.[1674] Sein Ansatz greift jedoch zu kurz, da er damit den Ausfall des etymologischen *s* nicht erklären kann. Zudem entsteht das Suffix *-lete* aus ursprünglichem *Tal* durch Lautumstellung mit *n*-Schwund vor unbetonter Silbe. Dies ist nicht der Fall bei auslautendem *-(e)s*, wie es für einen stark deklinierten zweigliedrigen Namen im Genitiv typisch ist. Für beide Namen ist daher ein Grundwort *-tal* und somit ein Besitzverhältnis anzunehmen. Ein Wüstungsname mit dem *-stal*-Grundwort liegt nicht vor.

Ohmenstein

Rümlingen, 1569–1801, 10 Belege, lokalisierbar

aber luth alten bereis, gab man hieuor von 1 Jucharten ob Omenstein (1569)[1675]

von 1 fiertheil einer Jucharten ackhers ligt Jm Ammenstal ob den Matten Jm Eyen (1569)[1676]

von einen Stückhlin Matten ob ohmenstein (1680)[1677]

1. Viertel Matten im Ammenstahl, jetzt im Thier Mättlj Gut (1680)[1678]

Ein Viertel Matten im Ammenstall, jezund in dem Thier-Mättelin genant (1758)[1679]

Ein Stuck Matten ob Ohmenstein [...] obsich an die Senntmatd (1758)[1680]

1 stuk Matten ob Ohmenstein (1801)[1681]

Abbildung 60: Zwischen dem *Eibach*, der dem Waldrand entlang nach Rümlingen fliesst, und der Strasse nach Häfelfingen liegt noch leicht verschneit das Gebiet *Ohmenstein*. Wenn auch nicht von Menschen bewohnt, so doch wenigstens von Fröschen.

Die Belegreihe zeigt voneinander abweichende Schreibungen, die sich in zwei Reihen aufteilen lassen. Die eine Reihe umfasst die Belege der *Ohmenstein*-, die andere die der *Ammenstal*-Schreibungen. Dass sich beide Reihen auf die gleiche Flur beziehen, zeigt die lautliche Nähe der Bestimmungswörter *O(h)men* und *Ammen* zueinander, die sich, abgesehen von der Konsonantenverdoppelung *m* zu *mm*, nur durch Verdumpfung von *a* zu *o* voneinander unterscheiden. Das Bestimmungswort dürfte auf die ahd. Personennamen *Amman, Amano*[1682] oder *Amo, Ammo*[1683] zurückzuführen sein. Die *-en-*

Endung lässt auf eine Schreibung im Genitiv schliessen. Das Grundwort variiert hingegen zwischen *-stein* und *-stall*, wobei Letzteres zu *-stal* zu stellen ist. Dies dürfte auf die mundartliche Nähe in der Aussprache der beiden Grundwörter zurückzuführen sein. Da die ältesten Schreibungen je einen Beleg mit einem Grundwort *-stal* beziehungsweise *-stein* zeigen, kann keine eindeutige mögliche Grundform bestimmt werden. Die Lokalisierung, basierend auf den genannten Anstössern *Eyen*, *Thier-Mättelin* und *Senntmad*, könnte weiterhelfen. Während die *Senntmad* sich deutlich oberhalb in Hanglage befindet, haftet der Flurname *Eyen* an einem Grundstück in Tallage.[1684] Für *Thier-Mättelin* eine euphemistische Bezeichnung für eine Kadaverentsorgungsstelle anzunehmen, stützt eine Lokalisierung in Tallage zusätzlich, da Kadaver meistens in feuchten Böden entsorgt worden sind.[1685] Weil zudem eine markante Felsformation oder Burg fehlt, ist anzunehmen, dass dem vorliegenden Namen wohl nicht das Bildungsmuster [Personenname + Grundwort *-stein*] zugrunde liegt.

Möglicherweise liegt gar ein einstiger Talname des heute namenlosen Seitentälchens oder eines Abschnitts davon vor. Ebenso kann sich der Name auf das steil ansteigende Tälchen im heutigen Gebiet *Hasenloch* beziehen.[1686] Die Präposition *im*, die in allen Belegen erscheint, bestärkt die Annahme eines Grundworts *-tal* zusätzlich. Der Name wäre demnach als ‹das Tal des Amman, Amano o. ä.› zu deuten und wiese auf ein Besitzverhältnis hin. Von einem Wüstungsnamen ist tendenziell abzusehen.

Ramstel [dər rámbšdəl]

Rothenfluh, 1492 – heute, 37 Belege, lokalisierbar

1 Juchart Jn Ramstall (1492)[1687]
1 Juchart am Ramstall (1492)[1688]
Anderthalb Juchartenn Jn Ramstell (1584)[1689]
einer halben Juchardten Ackhers in Rambstal (1665)[1690]
Anderthalbe Jaucharten Ackher auffem Rambstall (1704)[1691]
Anderthalbe Jucharten Acker im Ramstell (1768)[1692]
Ramstel (1802)[1693]
Ramschtel (1987)[1694]

Die Analyse bereitet einige Schwierigkeiten, da die Schreibung der ältesten Belege unterschiedlich aufgeschlüsselt werden kann. Folgende Kombinationen sind möglich:

1. Die Bestandteile *Rams* und *tall*, so dass ein Grundwort *-tal* anzunehmen ist. Das Bestimmungswort kann sowohl auf schwzdt. *Rams(en)* ‹Bär-

Abbildung 61: Der Blick schweift über die *Leimet* in der Bildmitte und endet schliesslich im Gebiet *Ramstel*, einer von Wald gesäumten Geländemulde, die schon teilweise im Abendschatten liegt.

lauch (*allium ursinum*)›[1695] als auch auf einen stark verkürzten, ursprünglich zweigliedrigen Personennamen, möglicherweise *Rambert*[1696], zurückgeführt werden. Allerdings ist der vollständige Ausfall des zweiten Namenglieds untypisch, aber nicht unmöglich, wie das Beispiel des Siedlungsnamens *Elfingen* AG zeigt.[1697] Ein eingliedriger Personenname *Ramo*[1698] dürfte nicht anzunehmen sein. Es fehlt dafür die typische -*en*-Endung der schwachen Deklination von Patronymika im Genitiv. Im Vergleich mit anderen möglichen -*stal*-Namen mit Personennamen im Bestimmungswort erscheint die Möglichkeit eines Endsilbenausfalls aussergewöhnlich, so dass im Bestimmungswort *Rams* der Bezug zu schwzdt. *Rams(en)* ‹Bärlauch (*allium ursinum*)›[1699] zu bevorzugen ist. In diesem Fall wäre *Ramstel* als ‹das mit Bärlauch bestandene Tal› zu deuten.

2. Die Bestandteile *Rams* und *stall* bei der Annahme, dass auslautendes *s* mit dem anlautenden *s* des Grundworts -*stal* verschmolzen ist. Im Bestimmungswort wäre erneut ein Bezug zu schwzdt. *Rams(en)* anzunehmen. Ein Personenname kann aufgrund der oben erläuterten Aspekte ausgeschlossen werden. *Ramstel* wäre als ‹die mit Bärlauch bestandene Stelle› zu deuten.

3. Die Bestandteile *Ram* im Bestimmungswort und *stall* im Grundwort. Allerdings lässt sich ein Bestimmungswort *Ram* nicht vorbehaltlos an ein Wort der Baselbieter Mundart anschliessen. Ein Bezug zu mhd. *ram* ‹Widder›[1700] kann nicht überzeugen, da dieses Element im Namenbestand des Untersuchungsgebiets und des Kantons Basel-Landschaft fehlt. Ein Bezug zum Tiernamen *Widder* beziehungsweise dem davon abgeleiteten Übernamen wird mit mhd. *ster, stere* ‹Widder› hergestellt,[1701] beispielsweise in Oberdorf BL (*½ mannwerk matten Jnn der Sterhalden*, 1518). Dieser Ansatz ist daher abzulehnen.

Nicht weiterführend ist ein Vergleich mit den Homonymen in Gempen/Dornach SO und Lampenberg. Die Belegreihen weisen andere Merkmale auf, die Namen werden daher anders gedeutet.

Bei *Ramstel* (Gempen/Dornach SO, *jj Juch. ackers ligent nidenne im Ramstein*, 1366; *in Ramſtal* 1372; *von den Reben im Ramstal*, 1372; *an Ramſtal j juch*, 1418; *Jm Ramſtal*, 1520)[1702] wird ein Bezug des Bestimmungsworts zu mhd. *ram* ‹Widder› mit der Deutung ‹der Widderplatz, der Platz, an dem Schafe weiden› ebenfalls abgelehnt.[1703] Auch der Bezug zu schwzdt. *Rams* ‹Bärlauch› mit der Deutung ‹das mit Bärlauch bestandene Tal› wird aufgrund der mundartlichen Aussprache *(dr Ramschtl)* verneint.[1704] Vorgeschlagen wird eine Deutung, die *Ramstel* als verschliffene Schreibung des Familiennamens *Ramstein*[1705] begreift. Diese Deutung ist für *Ramstel* (Rothenfluh) auszuschliessen, da kein Bezug zur Adelsfamilie *Ramstein* ausgemacht werden kann.

Eine andere Entwicklung zeigt der Vergleich mit *Ramstel* (Lampenberg, Bezirk Waldenburg, *4 Juchart Zu nemenstal*, 1468; *½ Juchart Zu lamenstal*, 1468; *4 Jucharten Jm Ramenstal*, 1597; *1 Juchart Ze Rambstal*, 1597; *Ein Jucharten so Jetz matten, Zu Ramerstall*, 1608; *ein Jucharten, so jetz Matten, Zu Rammerstall*, 1730; *Ramly Stahl*, 1802; *Ramschtal*, 2003).[1706] Der Name erscheint in den meisten Belegen vorwiegend mit der Präposition *zu* und zeigt im Bestimmungswort eine Schreibung mit der für Personennamen typischen genitivischen *-en*-Endung, die sich zwischenzeitlich zu *-er* wandelt und schliesslich entfällt.[1707] Da die ersten drei Belege unterschiedliche Schreibungen im Bestimmungswort zeigen, ist der mögliche Personenname nicht eindeutig zu bestimmen. Möglich erscheinen *Namino/Namilo*, *Lamo* oder *Ramo* beziehungsweise *Rambert*[1708], wobei weder *Namino/Namilo* noch *Lamo* im Datenbestand des Kantons Basel-Landschaft belegt sind. Der Vokalwechsel von *e* zu *a* zwischen den Schreibungen *nemenstal* und *lamenstal* beziehungsweise *Ramenstal* ist untypisch und lässt auf einen Verschrieb schliessen, da in der Folge konsequent die Erstsilbe mit *a* geschrieben wird. Daher sind die Personennamen *Ramo* oder *Rambert* zu bevorzugen.

Synthese: Die Realprobe verortet die Lage der Flur am Ausgang eines sanften Tälchens, das im unteren Teil stark zuläuft, so dass der erste Ansatz zu bevorzugen ist. Die heutige Aussprache [*s ramšdāl*] legt ebenso einen Bezug zum Grundwort *-tal* nahe. Allerdings geht nicht hervor, wann sich das Genus etabliert hat. Die Belege lassen sowohl neutrales als auch maskulines Genus zu, so dass der heutigen Aussprache eine gewisse Zufälligkeit nicht abgesprochen beziehungsweise ein Genuswechsel nicht ausgeschlossen werden kann. Das Fehlen archäologisch gesicherter frühmittelalterlicher Funde und wasserreicher Quellen sowie die ungünstige Lage in einer steil ansteigenden und zulaufenden Geländemulde stützen zusätzlich die Schlussfolgerung, dass von einem Wüstungsnamen abzusehen ist.

Riettis thal

Sissach, 1499–1660, 5 Belege, lokalisierbar

6 Juch. Jnn Rudenstal (1499)[1709]
Werly oberer git jerlich 5 ß von 6 Jucharten Jn Rüdißstal (1532)[1710]
Sechs iuchrten Jnn Rudenstal (1534)[1711]
Sechs Jucharten in Rudenstal (1610)[1712]
Riettis thal oder der Lang Boden alles in Sissach Bann (1660)[1713]

Abbildung 62: Oberhalb von Sissach, mitten im Wald, liegt eine weite Lichtung. Die Absperrbänder entlang des Waldrands, der grosse Mergelhaufen und die planierten Flächen zeugen von der Nutzung als Deponie.

Der älteste Beleg zeigt die Schreibung *Rudenstal*. Sie ist in die Bestandteile *Rudens* und *tal* aufzuteilen. Im Bestimmungswort *Rudens* verbirgt sich die Kurzform *Ruedi* im Genitiv zum ahd. zweigliedrigen Personennamen *(H)ruodolf*.[1714] Es liegt somit keine scheinbar schwache *-en*-Deklination eines Personennamens im Bestimmungswort und ein Grundwort *-stal* vor. Der Name wäre als ‹das Tal des Rudolfs› zu deuten, als mögliche Grundform wäre **(H)ruodolfstal* anzusetzen. Entsprechend fehlen auch Belege mit dem *-(e)leten*-Suffix, wie sie in *-tal*-Namen durch Metathese bei schwach deklinierten Eigennamen erscheinen. Die jüngste Schreibung *Riettis thal* legt ebenfalls ein Grundwort *-tal* nahe. Sie entstammt aber einem Grenzplan und dürfte durch die Lage der Flur in einem langgezogenen, teilweise steil abfallenden Geländeeinschnitt beeinflusst sein. Die entrundete Schreibweise des Personennamens dürfte auf den Basler Kartographen JAKOB MEYER zurückzuführen sein.[1715] Für die Annahme eines *-stal*-Namens fehlen günstige landwirtschaftliche Böden, eine Verkehrsanbindung und archäologisch gesicherte frühmittelalterliche Funde. Einzig das Wasservorkommen könnte als ausreichend bezeichnet werden. Dennoch ist von einem Wüstungsnamen abzusehen.

Ringlisten   [i̯n dər ri̯ŋli̯šdə]

Thürnen, 1435 – heute, 98 Belege, lokalisierbar

ze nechst ob dem dorffe Sissach und stosset ein berg daran genant Wolfflis stal und by einer matten heisset Júmgelstal (1435)[1716]
und bi einer matten heisst Iningelstal (1457)[1717]
ein halb mannwerg in Ingelstein (1467)[1718]
1 mannwerk matten jn jngelstatt litt an der von dürnen bann (1486)[1719]
ein halb manwerch Jn Jngelstein (1534)[1720]
Zwey manwerch matten Jn Jngelstall (1534)[1721] ein halbe Jucharten in Jnngelsten
[…] stosst hinderhj ann die Jngelsten Matten (1605)[1722]
Von einer Jucharten Ackher in Jnglisten (1703)[1723]
1 Vrt. Waid ob der Jnglisten (1801)[1724]
133 Ruth. 21 Sch. Einschlag hinter Inglesten (1828)[1725]
Ringlischte (1989)[1726]

Ringlisten ist nur scheinbar in die Bestandteile *Ring* und *listen* aufzuteilen. Die Betrachtung der ältesten Belege zeigt eine Verschmelzung der Präposition *in* mit einer Kurzform zum einst zweigliedrigen Personennamen *Ingold*[1727] im Bestimmungswort. Richtig ist daher die Aufteilung *R + ingli + sten* beziehungsweise (Präposition) *In + ingels + (s)tal*. Die unterschiedli-

Abbildung 63: Unterhalb des *Blittenchopfs* ist der Abhang mit Kirschbäumen durchsetzt. Weiter unten wird das fruchtbare Land zum Gemüseanbau genutzt, und auf der gegenüberliegenden, leicht ansteigenden Hangseite wurde das Getreide bereits geerntet und der Boden umgebrochen.

chen Schreibungen mit den Grundwörtern *-stal, -statt, -stein* zeigen, dass der Name schon früh nicht mehr verstanden worden ist, was auf ein hohes Alter hindeuten kann. Die jüngste Schreibung *Ringlesten* zeigt entweder im Anlaut *r*-Agglutination aus einem gedachten vorgestellten bestimmten Artikel *der* oder entstand durch Agglutination mit dem Auslaut der vorangestellten Präposition *hinter.* Ob ein *-tal-* oder *-stal-*Name vorliegt, kann aufgrund des zweigliedrigen, stark deklinierten Eigennamens *Ingold,* aus ahd. *Ing[wio]* – Name eines germ. Gottes – und ahd. *-walt* zu *waltan* ‹walten, herrschen›[1728], nur schwer festgestellt werden. Nicht weiterführend ist eine Genusanalyse. Die Verwendung von femininem Genus dürfte auf den Beginn des 19. Jahrhunderts zurückgehen. Zuvor zeigen die Belege keine typischen Anzeichen, so dass ein maskuliner *-stal-*Name, aber auch ein neutraler *-tal-*Name angenommen werden kann. In den ältesten Belegen wird vorwiegend die Präposition *in* verwendet, was einen Bezug zu einem *-stal-*Grundwort unterstützt. *Ringlisten* wäre als ‹die Stelle des Ingold› oder ‹das Tal des Ingold› zu deuten, als mögliche Grundform wäre **Ingoldes(s)tal* anzusetzen. Die Flur liegt in einer sanften Geländemulde mit günstigen Böden zum landwirtschaftlichen Anbau. Hydrogeologische Überlegungen unterstützen die Annahme einer Wüstung, da im oberen Teil der Flur mehrere Quellen belegt sind.[1729] Aus verkehrsgeographischer Sicht liegt die Flur hinter einer markanten Erhebung in einer offenen Geländekammer am Eingang des Homburgertales in unmittelbarer Nähe zum Knotenpunkt Sissach. Bemerkenswert sind drei Eisen- beziehungsweise Steinzeitsiedlungen, die sich rund um *Ringlisten* gruppieren, insbesondere das eisenzeitliche Refugium *Burgenrain* leicht oberhalb der Flur.[1730]

Synthese: Da ein zweigliedriger Personenname vorliegt, kann die These der Entwicklung von schwach deklinierten Eigennamen im Bestimmungswort nicht angewandt werden. Die Lage der Flur in einer sanften Geländemulde kann in Relation zur Umgebung durchaus als Tal verstanden worden sein. *Ringlisten* wäre demnach ein *-tal*-Name und verwiese auf ein einstiges Besitzverhältnis. Trotzdem kann ein ursprünglicher *-stal*-Name nicht ganz ausgeschlossen werden. Die relative Lage in altem Siedlungsgebiet sowie hydrogeologische Überlegungen bestätigen die Annahme eines möglichen Wüstungsnamens. Zudem zeigt die Lage der Flur durchaus vergleichbare Ähnlichkeiten mit anderen möglichen *-stal*-Namen. Ein Wüstungsname darf tendenziell angenommen werden.

Volkenstein

Läufelfingen, 1482–1852, 23 Belege, vage lokalisierbar[1731]

1 matt Litt Jm volkenstal (1485)[1732]
Drithalb manwerch matten Jn Volckenstein (1534)[1733]
Zwo Juch. in Volckhenstein, stossen obsich an Ramsen Weeg (1680)[1734]
drei Viertel Acker im Volckenstein (1758)[1735]
Folgesten (1802)[1736]
circa ¾ Jucharten Einschlag im Volkenstein (1852)[1737]

Die ältesten Belege lassen ein Kompositum mit dem Bestimmungswort *Volken*, Genitiv zum Personennamen *Folko, Folchin*,[1738] annehmen. *Volkenstein* wäre demnach als ‹die Stelle des Folco, Folchin› zu deuten, als Grundform wäre **Folkenstal* anzusetzen. Nimmt man die Koseform *Folchin* an, so ist aufgrund der starken Deklination auch ein Grundwort *-tal* in Betracht zu ziehen, wenn ausgeschlossen werden kann, dass an- und auslautendes *s* miteinander verschmolzen sind. *Volkenstein* wäre demnach als ‹das Tal des Folchin› zu deuten. Mit Personennamen aus dem gleichen Stamm sind die Siedlungsnamen *Volketswil* ZH[1739] und *Folgensbourg* (Frankreich)[1740] gebildet. Wie bei *Wölflistein* zeigt sich bereits im 16. Jahrhundert die Metathese von *-stal* zu *-stein*. Die Flur ist nur ungenau lokalisierbar, am gewellten

Osthang von Läufelfingen an einem Weg nach Häfelfingen. Somit ist eine Motivation durch die Lage in einer als Tal empfundenen langgezogenen Geländemulde nicht auszuschliessen. Ebenso könnte die Lage die Namenmotivation beziehungsweise den Wandel des Grundworts von -stal zu -stein erklären. Ein Grundwort -stein bezeichnet «den gewachsenen Fels oder ganze Felsmassive [...], häufig aber auch einen einzelnen Felsblock oder den Grat über einem Felsabsturz und dann eine darauf errichtete Burg.»[1741] Ein Bezug zur nahen *Homburg* lässt sich jedoch nicht herstellen. Keine Aussage lässt sich aus der Bodenbeschaffenheit gewinnen, da die Flur nur unzureichend lokalisiert werden kann und die Böden eine heterogene Beschaffenheit aufweisen, die lokal grosse Abweichungen zeigt.[1742] Ebenso können keine gesicherten archäologischen Funde nachgewiesen werden. Von einem Wüstungsnamen ist demnach abzusehen.

Wolstel [dər wọ̄ĺšdəl / dər wọĺšdəl]

Kilchberg / Zeglingen grenzübergreifend, 1485 – heute,
76 Belege, lokalisierbar

3 iuchart Jm Wolffer stall [...] hinden vff die acker an der eck (1478)[1743]
ein mattbletz am Wolfferstal (1478)[1744]
2 iuchart acker Jn Wolfferßtal (1478)[1745]
2 Juch Jn wollfen stal (1485)[1746]
2 Juch Jn wöllfenstal oben an Sannt martins aker (1485)[1747]
drey Juchart Jm Wolffstall (1496)[1748]
ein Matt Plez am Wolffer thal (1496)[1749]
Zwo Juchart Ackher Jn Wolffersthal, stost an Brunnen (1496)[1750]
ein iuchrt Jn Wolfstal (1534)[1751]
ein iuchart Jn Wolschlen (1534)[1752]
ein halb iuchrt Jnn Wollstal (1534)[1753]
Jn wolstahl (1678)[1754]
drey Viertel Ackher jn Wollstel (1703)[1755]
drey Fiertel Ackher jm Wolffenstal (1703)[1756]
Walstel (1802)[1757]
Wolschtel (1989)[1758]

....

Die Deutung das Namens *Wolstel* bereitet einige Schwierigkeiten. Anstelle der zu erwartenden genitivischen *-en*-Endung zeigen auch hier erste Schreibungen ähnlich wie bei *Dagersten* eine maskuline *-er*-Ableitung zu einem Bestimmungswort *Wolff*. Ist die *-er*-Ableitung als Stellenzeichnung[1759] zu verstehen, wie beispielsweise in *Gölder* (Läufelfingen), einer Ableitung zum

Abbildung 64: Der *Wolstel* ist eigentlich eine sanfte, langgezogene und sehr fruchtbare Senke, wie dieses Bild zeigt. Der Name umfasst heute ein grosses Gebiet an der Grenze von Zeglingen zu Kilchberg und Rünenberg und haftet primär am gleichnamigen Hof auf Zeglinger Boden.

Substantiv *Gold*,[1760] oder dem Familiennamen *Bader* zum Substantiv schwzdt. *Bad* ‹Ort, wo gebadet wird›[1761], so verwiese sie auf den Tiernamen *Wolf* und damit auf ein besonderes Vorkommen eines Wolfs beziehungsweise von Wölfen in diesem Gebiet. Der Name *Wolstel* wäre demnach als ‹die Stelle, an der Wölfe leben› zu deuten. Ein Bezug zu schwzdt. *Wolfer* ‹deutscher Schäferhund, Wolfshund›[1762] ist für die lokale Mundart nicht belegt und entstammt als denominative *-er*-Ableitung der Berner Bubensprache.[1763] Zusammensetzungen mit einem Grundwort *-stal* mit Bezug zu einem Tiernamen im Bestimmungswort sind mehrfach bezeugt.[1764] Dieser Deutungsansatz wird gestützt durch die Mehrheit der Schreibungen: Mit einer Ausnahme (die beiden Nachweise aus dem Jahr 1485 entstammen derselben Quelle) zeigen sie alle das Erstglied ohne die zu erwartende genitivische *-en*-Endung der schwachen Deklination, die auf einen Personennamen *Wolfo*, *Wolvo*[1765] im Genitiv hinweisen würde. Dass sich im Laufe des 16. Jahrhunderts das Bestimmungswort zu *Wal*, *Wol* und das Grundwort *-stal* zu *-sten* abschleift, entspricht der eingangs formulierten These bezüglich der Anforderungen an «echte» *-stal*-Namen. Ein Wüstungsname läge somit nicht vor.

Die Schreibung des Belegs von 1496 *im Wolffstall* legt ein Grundwort *-tal* nahe. Die heutige Lage spricht gegen diese Deutung, und aus dem vorhandenen Kartenmaterial ist keine Verschiebung des Geltungsbereichs ersichtlich. Allerdings wird der unterhalb der Flur *Wolstel* liegende Geländeeinschnitt erst ab dem 18. Jahrhundert mit *Wolstelgraben* bezeichnet. Mehrere Belege zu den umliegenden Namen aus dem Grenzgebiet Kilchberg-Zeglingen stützen die Überlegung, der Name habe sich zuerst aufs Tal bezogen und sich erst später in den Hang hinein verschoben: *3 iuchart Jm Wolffer stall [...] hinden vff die acker an der **eck*** (1478)[1766]; *Drey Jucharten an der **Eckh** ob Heinrich Suter, vnnd vnden drett vffhin vf **Vllin Bürgis Ackher** der vßhinn gadt vf Wolffs stall* (1503)[1767]; *ein iuchrt am Hofstucklin [...] stost un Wolfenstall* (1534)[1768]; *ein iuchrt Jn Wolfstall Zwuschen **Hans burgi** vnd dem graben* (1534).[1769]

Die Kontexte zeigen, dass die Flur *Wolstel* in der Nähe der Fluren *Egg* (*an der Eckh*) und *Hostöckli* (*am Hofstucklin*) liegt. Nimmt man zudem an, dass es sich beim Acker des älteren *Vllin Bürgi* um die gleiche Fläche handelt, wie sie einunddreissig Jahre später als im Besitz des *Hans burgi* beschrieben wird, so ist sogar denkbar, dass sich der Geltungsbereich der Flur *Wolstel* einst auf die Seite nördlich des Grabens erstreckt haben dürfte. Gesicherte archäologische frühmittelalterliche Funde fehlen bislang.

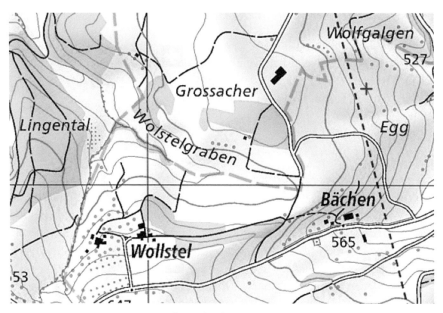

Abbildung 65: Das rote Kreuz markiert die Flur *Hostöckli.* Der Geltungsbereich dieser Flur dürfte durch die Flur *Grossacher* bedrängt nach Osten verschoben worden sein.

Eine Zusammensetzung mit dem Grundwort -tal und dem Bestimmungswort *Wolf* mit Bezug auf den Tiernamen wäre demnach denkbar. Allenfalls
ist auch ein Besitzverhältnis hin zu einem Personen- oder gar Familiennamen *Wolf* nicht auszuschliessen. Die Flur liegt auf einer gegen Norden
sanft abfallenden Kuppe und ist zu drei Seiten von einem Tälchen mit einem
Bach eingeschlossen. Am Südhang gegenüber der Flur liegen mehrere
archäologische Fundstellen, die auf römische Bauten hinweisen.[1770] Dies
führte möglicherweise zur volksetymologischen Deutung, die *Wolstel* mit
dem Adjektiv *walch*, auch *wal* und verdumpft *wol* ‹romanisch›[1771], zu mhd.
walch, *walhe* ‹Welscher, Romane›[1772] in Verbindung bringt. Ein Wüstungsname ist trotzdem nicht anzunehmen.

Wölflistein [dər wőlvl̥įšda̋y / įm wőlvl̥įšda̋y]

Sissach/Thürnen/Zunzgen, 1435 – heute, 117 Belege, lokalisierbar

ze nechst ob dem dorffe Sissach und stosset ein berg daran genant Wolfflis stal
(1435)[1773]
ein Juchart uff wolffenstall (1467)[1774]
2 Juchart vff wolfistal (1485)[1775]
3 juchartt aker vff wölfelstein (1486)[1776]
heinrich fry der schuochmacher git Jerlicher gült 3 ß ab der matten Jm woelfen-
stein (1500)[1777]
ein iuchrt vf Wolfental (1534)[1778]
Zwo iuchrtn vf Wolfenstal (1534)[1779]
Vff Wolfistein [...] ½ Juchart vff woluistein oben an Hanss scherer (1569)[1780]
ein Jucharten vf Wöllffenstein (1605)[1781]
ein Jucharten Acker auf Wolffenstein (1764)[1782]
Wolfstein (1802)[1783]
Wölflistei (1989)[1784]

Die ältesten Belege zeigen im Bestimmungswort die Schreibungen *Wolfflis*,
Wolfis und *Wolffen* sowie *Wölfel*. Die Schreibung mit einer *-is*-Endung ist
nicht wie bei den Siedlungsnamen *Lommiswil*, *Mümliswil* oder *Ramiswil* (alle
SO) als Reduktion eines einstigen mehrgliedrigen Personennamens zu ver-
stehen. Dafür fehlen im vorliegenden Fall die Belege. Zudem scheinen sich
diese Bildungen mit einer *-is*-Schreibung auf *-wil*-Namen zu beschränken.[1785]
Vielmehr legen die beiden ältesten Belege die möglichen Personennamen
Wolf, *Wolfo* oder *Wolfin*[1786] nahe, *Wöllfel* und *Wolfflis* lassen einen *Wolfilo*
vermuten. Auszugehen wäre dabei von einer Deutung ‹die Stelle des Wolf,
Wolfo oder Wolfin›, als mögliche Grundform wäre *Wolfilos(s)tal, *Wolfinsstal

Abbildung 66: Die Grenzsituation im Gebiet *Wölflistein* ist unübersichtlich: Der Fotograf stand auf Zunzger Boden. In der Senke am linken Bildrand liegt der Hof *Unter Wölflistein* noch auf Sissacher Boden. Der höher gelegene Hof *Wölflistein* am rechten Bildrand ist bereits auf Thürner Boden.

oder *Wolfenstal* anzusetzen. Auffällig ist der frühe Wechsel von *-stal* zu *-stein* am Ende des 15. Jahrhunderts. Die Belege mit einem *-stal*-Grundwort aus dem 16. Jahrhundert entstammen einer Quelle, die direkten Bezug nimmt auf den Eintrag von 1485, so dass die Schreibung einer Abschrift gleichkommt. Aufschlussreich ist der vollständige Kontext des ältesten Belegs: *er hat ouch geseit, das das dickgenant dorff Sissach habe ein recht lúter eygen holtz genant **Burgenrein** gelegen ze nechst ob dem dorffe Sissach und stosset ein berg daran genant **Wolfflis stal**.*[1787] Damit wird *Wolffis stal* explizit als Bergname beziehungsweise als Teil eines Bergnamens ausgewiesen. Dass nicht mit dem Einsetzen der Belegreihe bereits ein Grundwort *-stein* verwendet worden ist, lässt darauf schliessen, dass wohl nicht der ganze Berg, sondern nur ein Teil davon, ein Abhang oder vielmehr eine bestimmte Stelle an der Bergseite gemeint ist. Ein mögliches Grundwort *-tal* fällt dadurch weg. Es ist daher anzunehmen, dass sich der Geltungsbereich des Namens verschoben hat. Die heutige Lage[1788] im Sattel zwischen Blittenchopf und Burgenrain muss folglich nicht dem einstigen Siedlungsplatz entsprechen.[1789] Dass der Name eine Erhebung bezeichnet, ist aus der überwiegenden Nennung der Präposition *auf* zu entnehmen. Auf dem Burgenrain befindet sich eine archäologische Fundstelle, deren vorhandene frühmittelalterliche Exponate nebst prähistorischen Funden «eine wie auch immer geartete Nutzung [dieser Siedlung] in merowingischer Zeit wahrscheinlich»[1790] machen. Darauf nimmt auch der Name *Burgenrain* explizit Bezug. In welcher Form sich *Wölflistein* auf diese Burg bezieht, ist nicht klar. Es wäre der einzige archäologische Beweis, der einem Grundwort -*stal* einen direkten siedlungsindizierenden Charakter zuteilen könnte. Denkbar ist, dass Siedlungsplatz und Befestigungsanlage keine sprachliche Verbindung aufweisen, jedoch die einstige Siedlung *Wölflistein* ganz bewusst in oder in der Nähe dieses einstigen Siedlungsraums angelegt worden ist. Möglicherweise dürfte auch die einstige Befestigung Motivation zur volksetymologischen Umdeutung von -*stal* zu -*stein* gewesen sein.

Synthese: Der genaue Personenname lässt sich aufgrund der frühen unterschiedlichen Schreibungen nicht restlos klären, am wahrscheinlichsten ist jedoch *Wolf(f)*. Bereits im 16. Jahrhundert vollzieht sich der Wechsel von -*stal* zu -*stein*. In der Folge besteht das neue Grundwort bis in die Gegenwart und wird nie abgeschliffen als -*ste(n)* gezeigt. Somit dürfte ein echter -*stal*-Name vorliegen, dessen Grundwort schon früh durch die Lage an einem Berg durch -*stein* ersetzt worden ist. Ein Wüstungsname ist anzunehmen.

Zerenstall

Hemmiken, 1465–1606, 7 Belege, nicht lokalisierbar

½ juchartt jn erenstell (1465)[1791]
ein matt bletz litt Jn erenstall (1530)[1792]
Ein halben Medertauwen Z'eringstell (1595)[1793]
Ein Medertauwen Matten, Z'erenstall (1595)[1794]
Ein halben Mederthauwen Matten, Z'erengstell (1595)[1795]
Zween mederthauwen Zerenstall (1606)[1796]

Die wenigen Schreibungen lassen mehrere Deutungen zu. Im Bestimmungswort könnte ein möglicher ahd. Personenname *Ero*[1797] im Genitiv verborgen sein, verbunden mit einem Grundwort -*stal*. Der Name wäre demnach als ‹die Stelle des Ero› zu deuten, als mögliche Grundform wäre **Erenstal* anzusetzen. Ebenso ist aber auch ein Bezug zu nhd. *Herr* ‹Adliger, Besitzer, Gebieter, Ehegatte, Familienoberhaupt, Gott›[1798] beziehungsweise nhd. *Heer*, schwzdt. *Her* ‹Heer›[1799] oder schwzdt. *Er* ‹Abgabe an den Herrn›[1800] möglich. Dazu finden sich im Idiotikon die Komposita *Erschatz* ‹Abgabe an den Grundherrn›[1801], *Erkäse* ‹Käse als Abgabe›[1802] oder *Erhuen* ‹Huhn als Abgabe an den Gerichtsherrn›[1803]. Zu schwzdt. *Ehrenstell* ‹Ehrenstelle i. S. einer Anstellung, Beamtung›[1804] besteht kein Bezug. In allen diesen Fällen läge kein möglicher Wüstungsname mit einem -*stal*-Grundwort vor. Ramseier

Mögliche Wüstungsnamen mit dem Grundwort *-stal*

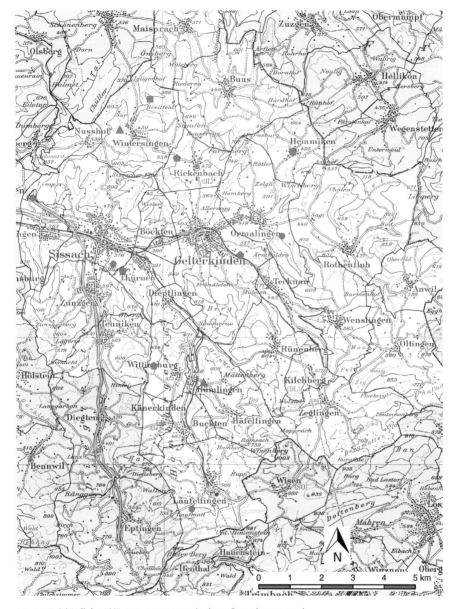

Karte 7: Mögliche Wüstungsnamen mit dem Grundwort *-stal*

Legende:
Kreise: Mögliche Wüstungsnamen, v. l. n. r. Atlisten, Wölflistein, Bulsten, Dagersten
Pentagone: Tendenziell Wüstungsname, v. l. n. r. Ringlisten, Chindlesten, Fritlisten, Grimsten
Dreiecke: Tendenziell kein Wüstungsname, v. l. n. r. Ohmenstein, Gummlisten
Quadrat: Unsichere Faktenlage, v. l. n. r. Güetlisten, Zerenstall

hält fest, dass im Datenmaterial des Kantons Basel-Landschaft in den meisten Fällen in einem Bestimmungswort *Er* ein Personenname ausgeschlossen werden kann.[1805] In nahezu allen Bildungen ist ein Bezug zu nhd. *Herr* oder *Heer* auszumachen, beispielsweise in *Erenweg* (Buus) oder *Herrüti* (Häfelfingen). Dies führt zur grundsätzlichen Überlegung zum Grundwort, ob nicht ein Bezug zu schwzt. *Stell* ‹Stelle›[1806] anzunehmen ist. Die wenigen Schreibungen lassen keine abschliessende Zuordnung zu. Der Name ist nicht lokalisierbar, aussersprachliche Aspekte können nicht einbezogen werden. Entsprechend liegen auch keine gesicherten archäologischen frühmittelalterlichen Funde vor. Ob ein Wüstungsname vorliegt, ist unklar.

Siedlungsnamen mit einem Grundwort *-stal* sind im Untersuchungsgebiet nicht belegt. Ebenso ist der im erweiterten Untersuchungsgebiet liegende Siedlungsname *Liestal* kein *-stal*-Name, sondern auf ein Grundwort *-tal* zurückzuführen.[1807] Der Kartenausschnitt zeigt eine Verbreitung der möglichen Wüstungsnamen mit einem Grundwort *-stal* über weite Teile des Untersuchungsgebiets, jedoch weder im südöstlichen Bereich noch in Maisprach und Buus und im Diegtertal. Einzig im Raum *Atlisten* liegt ein archäologischer Fund eines karolingischen Grabes vor.[1808] Eine direkte Verbindung ist bislang aber nicht nachweisbar. Alle Namen liegen abseits der spätantiken und frühmittelalterlichen Hauptrouten. Eine Ausnahme bildet dabei die Lage von Atlisten an einer seit römischer Zeit begangenen Verkehrsachse durchs Ergolztal.

Das Grundwort -tal

ZEHNDER greift die Namen mit dem Bildungsmuster nur am Rande auf und beschränkt sich auf die Aufzählung der aargauischen Siedlungsnamen.[1809] Ausführlicher ist KULLY: «Das Appellativ nhd. *Thal*, als Namenbestandteil meistens mit altertümlicher Schreibung, entspricht ahd./mhd. *tal* st. N. und bedeutet ‹eingesenktes Gelände zwischen zwei Höhenzügen (mit einem Wasserlauf)»[1810]. SCHRÖDER erweitert das Deutungsspektrum: Demnach bezeichnen Siedlungsnamen mit dem Grundwort *-tal* «mehr oder weniger deutlich eine wirtschaftliche Anlage, einen Hof, ein Rittergut, ein Dorf oder zuletzt gar eine Stadt, die sich im Anschluss an eine feste Burg des Dynasten, des Landesherrn, ja auch des niederen Adligen entwickelt hatte oder planmässig geschaffen war»[1811]. Im Untersuchungsgebiet fehlen einschlägige Beispiele, die diese Deutungserweiterung nachvollziehen lassen. MÜLLER deutet das Grundwort in Siedlungsnamen zudem als «Verwaltungsbezirk»[1812]. Aufgrund der kleinräumigen topographischen Strukturierung ist diese Deutung für das Untersuchungsgebiet ebenfalls abzulehnen. NÜBLING,

GREULE und DEBUS/SCHMITZ klassifizieren Namen mit dem Grundwort -tal als Landschaftsnamen und datieren diese in die karolingische Zeit (8.–10. Jahrhundert).[1813] KULLY weist die mit dem Grundwort -tal gebildete Namen den sogenannten sekundären Siedlungsnamen zu.[1814] Sie erscheinen in den beiden Bildungsmustern: [Personenname + Grundwort -tal] und [kein patronymisches Bestimmungswort + Grundwort -tal].[1815] Letztere Namen enthalten keinen direkten Hinweis auf eine Siedlung. Ihre Benennung ist durch die Beschaffenheit des Geländes motiviert. Erst danach erfolgt die Übertragung auf die Siedlung, wie beispielsweise im Falle von Liestal. Gemäss KULLY sind solche Übertragungen jederzeit möglich, so dass zur chronologischen Einordnung dieses Namentyps keine verbindliche Aussage gemacht werden kann.[1816] Anders verhält es sich beim Bildungsmuster [Personenname + Grundwort -tal]. Diese Namen verweisen explizit auf die Anwesenheit von Menschen. Im Untersuchungsgebiet ist kein rezenter Siedlungsname mit einem Grundwort -tal belegt. In der ganzen Deutschschweiz finden sich nur gerade 45 Namen dieses Typus›.[1817] Verglichen mit anderen Namentypen ist dies eine geringe Anzahl. Hier wird nochmals auf einen Teil der These zu möglichen -stal-Namen verwiesen, die festhält, dass Komposita mit einem schwach deklinierten Personennamen im Bestimmungswort und einem Grundwort -tal durch die Metathese von -ental/-endal zu -(e)leten gekennzeichnet sind.[1818] Nicht in jedem Fall ist die Abgrenzung zwischen einem möglichen Wüstungsnamen und einem Besitzverhältnis eindeutig. Besonders wenn archäologische Funde fehlen, die auf eine einstige Siedlung hinweisen könnten. Eine Unschärfe muss auch dem Begriff Tal zugestanden werden. Was darunter zu verstehen ist, kann nicht selten nur durch die topographische Relation erschlossen werden, in die der Name eingebettet ist. Im weitläufigen und flachen Gebiet dürfte die Bezeichnung Tal bereits auf eine wenig eingetiefte, langgezogene Senke anzuwenden sein, während im hügeligen und kleinräumig gegliederten Jura die Voraussetzung für die Anwendung des Begriffs Tal eine andere ist.

Aleten [d ālǝdˌtǝ]

Tecknau, 1372 – heute, 34 Belege, lokalisierbar

So git […] Heini Krainer Sunderbar von einer matten im alental 1 vierteil habern (1372)[1819]
Ein halb Manwerch Matten Jn Aleten (1595)[1820]
Ein Halb Mannwerckh Matten, in Aleten (1691)[1821]
Zwo Juchart Acker im Aleten (1762)[1822]
Auch in Ahleten wurde ein abgefrorener Stein ersetzt (1893)[1823]
Alete (1992)[1824]

Abbildung 67: Das Heuhäuschen stand schon lange da, als die Strasse von Tecknau nach Wenslingen oberhalb durch den Wald gebaut wurde. Am rechten Bildrand erstreckt sich der Wald nahe zur Talsohle und formt die *Aleten* zu einer schmalen Mattlandzunge mit steilen Waldhängen.

Der älteste Beleg zeigt ein Kompositum mit dem Bestimmungswort *Alen*, wohl Genitiv des Personennamens *Alo*,[1825] und dem Grundwort *-tal*. Der Name wäre als ‹das Tal des Alo› zu deuten, als mögliche Grundform wäre *Alental* anzusetzen. Die Metathese von *-ental* zu *-(e)leten* zeigt sich im 16. Jahrhundert. Der einstige Personenname *Alo* wird dadurch auf den Anlaut *A* reduziert. Eine gleichnamige Flur ist auch im benachbarten Bezirk Waldenburg in Bretzwil (*vnden an alaten*, 1489; *von aletenn herab*, 1514) belegt.[1826] Nicht ganz ausgeschlossen werden kann ein Bezug zu schwzdt. *Alet* ‹Gartenalant, eine würzige Pflanze, *inula helenium*›[1827]. Hydrogeologische und verkehrsgeographische Überlegungen stützen die Annahme einer Wüstung: Die Flur liegt an einem historischen Verkehrsweg[1828] und in einem Gebiet mit mehreren Quellen.[1829] Gesicherte archäologische frühmittelalterliche Funde sind in diesem Gebiet bisher keine belegt. Im gleichen Tal, ungefähr einen Kilometer talabwärts, liegt Tecknau. Beide Namen zeigen das gleiche Bildungsmuster [Personenname + makrotoponymisches Grundwort]. Siedlungsnamen mit den Grundwörtern *-au* und *-tal* sind im erweiterten Untersuchungsgebiet nur sehr wenig verbreitet. Für *Aleten* darf tendenziell ein Wüstungsname angenommen werden.

Elleten [d e͞lədˌtə]

Tenniken, 1413 – heute, 38 Belege, lokalisierbar

in elental 2 Juchart (1413)[1830]
im elenden 1 acker (1413)[1831]
1 acker Jn Elenden (1485)[1832]
ein Juchrt Jnn ellental (1534)[1833]
Anderthalb Jucharten jnn Elletten (1605)[1834]
Ein halbe Juchart Akher in Öhleten (1759)[1835]
Ca. ¼ Juch. Einschlag in Elleten (1847)[1836]
Ellete (1994)[1837]

Abbildung 68: Der Weg biegt auf einer Kuppe des Ausläufers der *Tenniker Flue* im rechten Winkel nach links ab und folgt so der Topographie. Dabei beschreibt das Gelände eine Biegung, deren Form dem Buchstabens *L* ähnelt. Gegenüber liegen der bewaldete *Stockenrain* und die äussersten Häuser von Tenniken.

Die beiden ältesten Belege zeigen die Schreibungen *elental* und *elenden*. Ein Bezug zum Adjektiv *elend* ist nicht anzunehmen. Es ist im Namenbestand des Untersuchungsgebiets nicht produktiv. Vielmehr dürfte im Bestimmungswort *elen* ein Bezug zum Personennamen *Ello*[1838] im Genitiv angenommen werden. Der Name wäre damit als ‹das Tal des Ello› zu deuten, als mögliche Grundform wäre **Ellental* anzusetzen. Im 17. Jahrhundert zeigt sich die Metathese von -*ental* zu -*(e)leten* wie bei mehreren anderen Namen, was auf einen schwach deklinierten Personennamen im Bestimmungswort und ein Grundwort -*tal* schliessen lässt. In der Nähe der Flur sind römische Bodenfunde bezeugt, gesicherte frühmittelalterliche Funde fehlen bislang.[1839] Nicht ganz ausgeschlossen werden kann eine Verschriftlichung des Buchstabens *L* im Bestimmungswort.[1840] *Elen* würde sich dann auf die Geländeform beziehen. Tatsächlich liegt die Flur heute in der Hangbiegung unterhalb der Tennikerflue. Möglicherweise hat sich mit der Etablierung und Ausbreitung der Siedlung *Tenniken* die Flur aus dem Tal in den Hang hinein verschoben. Auffallend ist dabei die räumliche Nähe zu Tenniken. Während sprachliche Aspekte die Annahme eines möglichen Wüstungsnamens stützen, legt ein auf topographischen Einflüssen beruhender Deutungsansatz ein einfaches Besitzverhältnis nahe. Im vorliegenden Fall ist diesem Umstand Rechnung zu tragen, weil zwei Siedlungen in nächster Distanz nur schwer vorstellbar sind, wollen sie sich in der benötigten Expansionsfläche zur landwirtschaftlichen Nutzung nicht konkurrenzieren. Von einem Wüstungsnamen ist daher abzusehen.

Frändleten   [d vrę́ndlədə]

Gelterkinden, 1480 – heute, 67 Belege lokalisierbar

3 Jucharten Jnn frentendal (1480)[1841]
dry tuck matten In frententall (1504)[1842]
ein iuchart Jn Frenckental (1534)[1843]
Zwo Jucharten acker Jnn fröndenntal nebenn dem bach (1564)[1844]
ein stuck matten Jnn fränckenntal (1564)[1845]
Zwo Juchart Ackhers Jn Frentellthen (1595)[1846]
Zelg beym Furth oder auff Leyeren […] Zwo Jucharten Ackhers im Frendleten (1691)[1847]
Ein Jucharten Ackher jm Frönlethaal (1702)[1848]
ein Stücklin Ackher Jm Frändlin thall (1703)[1849]
ein halbe Jucharten Ackher in Frändleten (1750)[1850]
Drey Viertel Ackher in Fröhnleten (1762)[1851]
Rüdin Bannwart […] in Frendleten (1883)[1852]
Frändlete (1998)[1853]

Die ältesten Belege lassen ein Kompositum aus dem Bestandteilen *frenten* beziehungsweise *Frencken* und *Tal(l)* beziehungsweise mit Lenis geschriebenem *dal* vermuten. Im Bestimmungswort dürfte ein Personenname zu vermuten sein. Möglich wäre eine Bildung zum nur wenig belegten Stamm *Frand*, möglicherweise *Frantan* oder *Frentun*.[1854] Ebenso möglich ist ein

Abbildung 69: Mit Raureif auf dem Dach liegt der Aussenhof *Frändleten* am Eingang des gleichnamigen Tälchens, das von Gelterkinden ins Gebiet *Berg* führt. Letzte Sonnenstrahlen beleuchten das *Chöpfli* an diesem kalten Wintertag.

Name zum Stamm *Franc*, etwa *Franko* beziehungsweise *Frenko*.[1855] In den Handschriften des 15. und 16. Jahrhunderts kann eine graphologische Nähe zwischen *t* und *k* ausgemacht werden. Diese Nähe könnte den Konsonantenwechsel erklären, so dass für ältere, nicht schriftlich überlieferte Belege eine ursprüngliche Schreibung mit einem *k* angenommen werden könnte. Da der genaue Name unklar ist, kann keine Grundform angesetzt werden. Alle diese eingliedrigen Namen werden schwach dekliniert. Bei den Belegen aus dem 17. Jahrhundert zeigt sich auch die Metathese von *-ental* zu *-(e)leten*, was die Annahme eines Personennamens im Bestimmungswort stützt. Das heutige Bestimmungswort *Fränd* wird in einer Hypothese mit der heiligen Verena in Verbindung gebracht. Am oberen Taleingang liegt die Flur *Heiligenstöckli*, die auf ein einstiges Verehrungsbild der Verena zurückgehen soll.[1856] Historische Belege dazu fehlen jedoch. Sprachliche Aspekte stützen die Annahme eines möglichen Wüstungsnamens. Hingegen erweist sich die relative Lage der Flur im Vergleich mit zuvor besprochenen möglichen *-tal*-Namen als weniger günstig. Insbesondere fehlen eine ersichtliche Verkehrsanbindung sowie archäologisch gesicherte frühmittelalterliche Funde.[1857] In der Tendenz ist von einem Wüstungsnamen abzusehen.

Hefleten   [*d hēvlədə*]

Zunzgen/Tenniken, 1413 – heute, 71 Belege, lokalisierbar

aber ein Vierteil matten in hefental (1413)[1858]
aber 1 fiertal matten in hefental (1485)[1859]
ein gros manwerch Jn Hefendal (1534)[1860]
Ein Bletz Matten Jnn Höffelden (1605)[1861]
Vonn Zweyen Mädertawen Matten, Jnn Höffleten (1605)[1862]
Ein halbe Mäderthawen Matten in der Schreitmatt, einseits neben dem weg der in Höffleten geht (1704)[1863]
ein Mäderthauen Matten im Höfleten (1764)[1864]
Hef Letten (1802)[1865]
Heflete (1994)[1866]

Abbildung 70: Eine vom Wald umgebene Kulturlandzunge prägt heute das Landschaftsbild der *Hefleten*. Nur wer ganz genau hinschaut, entdeckt in der Bildmitte den Kugelfang der acht Scheiben der Schiessanlage von Zunzgen und Tenniken.

Das Bildungsmuster der ältesten Belege legt ein Kompositum mit dem Bestimmungswort *Hefen* nahe. Im 17. Jahrhundert erscheint die Erstsilbe gerundet in der Schreibung *Höf*. Zeitgleich erscheinen für den Siedlungsnamen *Böckten* erste Belege mit einer ö-Schreibung (*Hannß Boßertenn Zuo Betkhen,*

1616 > *Böckhten*, 1691), ebenso zeigt sich die Rundung in weiteren Namen des Kantons Basel-Landschaft, beispielsweise in *Kunisholle* (Dittingen, *Ein Stückh an Kienis Halden*, 1588 > *hindersich vff Cuonis halden*, 1625) oder *Sölagger* (Blauen, *Ein Stückh am Seelackher*, 1585 > *stoßt nitsich vff den Sölackher*, 1625). Erst ab dem 19. Jahrhundert sind zuerst im Helvetischen Kataster wieder Nachweise in einer ursprünglichen, entrundeten Schreibung belegt, die möglicherweise auf Hyperkorrektur zurückzuführen sind, wenn (fremde) Schreiber sich an der Aussprache des Baseldeutschen orientiert haben. Möglicherweise verbirgt sich im Bestimmungswort der Personenname *Hevo* oder *Hewin*.[1867] Das gleiche Bildungsmuster [Personenname + Grundwort -*tal*] liegt auch bei den Siedlungsnamen *Balsthal* SO und *Reuenthal* AG vor.[1868] Der Name wäre als ‹das Tal des Hevo, Hewin› zu deuten, als mögliche Grundform wäre *Hevental*, *Hewin(e)stal* anzusetzen. Allerdings fehlen Schreibungen mit *v* beziehungsweise *w*. Im 17. Jahrhundert zeigt sich die Metathese von -*ental* zu -*(e)leten*. Sie setzt somit im gleichen Zeitraum ein wie beispielsweise bei *Aleten* oder *Trottleten*[1869], so dass im Bestimmungswort *Hefen* ein schwach deklinierter Personenname angenommen werden darf.

Nicht auszuschliessen ist ein Bestimmungswort mit Bezug zu ahd. *hof* ‹Hof, Vorhof›. Im Raum *Hefleten* sind zwei Fundstellen mit römischen Gebäuderesten belegt.[1870] Möglich ist daher, dass ein Flurname vorliegt, der durch die einstigen römerzeitlichen Höfe motiviert worden ist und der, ähnlich wie bei Wolhusen,[1871] auf diese einstige Siedlung verweist. Die Lage der Flur zeigt Ähnlichkeiten mit derjenigen von *Aleten*. Beide liegen aus verkehrsgeographischer Perspektive in einem abgewinkelten Tal zu einer Nebenroute; beide werden von einem Gewässer durchflossen und sind von mehreren Quellen durchsetzt, so dass hydrogeologische Aspekte die Annahme einer Siedlung stützen. Archäologisch gesicherte frühmittelalterliche Funde fehlen jedoch. Trotzdem darf in der Tendenz ein Wüstungsname angenommen werden.

Lingental [s *lị̃nədāl* / s *χlị̃nədāl*]

Rünenberg, 1394 – heute, 28 Belege, lokalisierbar

ein manwerk matten in Jngendal (1394)[1872]
1 Juch vor Jn Jngental (1485)[1873]
ein halb iuchrt vnder Jngental (1534)[1874]
Jn lingen thal ½ mädert. (1613)[1875]
ein Tauwen Jn besagtem Lingellthal Rünenburgers Bahns (1680)[1876]
Der diesjährige Gabholzschlag soll stattfinden […] im Klingenthal (1888)[1877]
Lingedaal (1993)[1878]

Abbildung 71: Heute liegt das Gebiet *Lingental* auf einen bewaldeten Hügelrücken, doch der Name verrät, dass es einst im Tal gelegen haben muss.

Das Namenbildungsmuster der ältesten Belege legt ein Kompositum mit dem Bestimmungswort *Jngen* zum Personennamen *Ingo*[1879] im Genitiv nahe. Der Name wäre demnach als ‹das Tal des Ingo› zu deuten, als mögliche Grundform wäre *Ingental* anzusetzen. Im Gegensatz zu anderen Namen wandelt sich das Grundwort nicht und bleibt bis in die Gegenwart als *Tal* erhalten. Jedoch erweitert sich im 17. Jahrhundert der Anlaut *Ing-* zu *Ling-*. Ein Bezug zu *Lingen*, gutturalisiert zu *Linden*, Dativ Plural zum Baumnamen *Linde*[1880], ist nicht anzunehmen. Bemerkenswert ist die heutige Lage der Flur auf einem Geländerücken, so dass eine grossräumige Verschiebung des Geltungsbereichs angenommen werden muss. Bereits G. F. MEYER beschriftet auf seinen Skizzen aus dem 17. Jahrhundert den bewaldeten Hügelzug, nicht ein flankierendes Tal mit der Schreibung *lingenthall forenwaldt*.[1881] Hingegen bezeichnet die SIEGFRIEDKARTE ein Tälchen westlich dieses Hügelzugs, der mit *Gigerhügel* benannt ist.[1882] Trotzdem muss davon ausgegangen werden, dass der Name ursprünglich durch ein Tal und nicht durch eine Erhebung motiviert worden ist. Ganz in der Nähe liegen die Fluren *Östergäu* und *Hofstetten*[1883] und weitere Flurnamen mit dem Element Hof. Archäologisch gesicherte römerzeitliche und jüngere, karolingische Funde liegen jedoch nur für die Flur *Östergäu* vor. Ein Wüstungsname ist daher nicht anzunehmen.

Ödental   [s ö́dədāl / d ö́dlətə]

Rothenfluh, 1489 – heute, 44 Belege, lokalisierbar

vor Ottentall ½ manwerch hinder an der ger matten (1489)[1884]
2 Jucharten vff öttelten stossent Hindersich vff das vss glent (1489)[1885]
1 ½ Juchart vff ottentall (1492)[1886]
Zwo Jucharten ob Ottellten (1584)[1887]
Ein Halb Jucharten Vff Ottleten (1634)[1888]
odleten bey der eych (1678)[1889]
eine Jaucharten auff Ottlenthal, ligt beiderseits am Thumbherren Gueth, stoßt […]
hinder hin an dem Anweiler weg (1687)[1890]
Ein Viertel Ackher in Ottlctcn (1704)[1891]
ein Halbe Jaucharten auffem ottlenthall […] einhin auff Straas nach Anweil sto-
ßent (1704)[1892]
Zwo Jucharten Acker auf Odleten (1768)[1893]
Eine Jucharten Acker auf Ottenthal (1768)[1894]
Circa 5 Jucharten Matten u. Einschlag in Otenthal (1835)[1895]
Öödedaal (1987)[1896]

Abbildung 72: Öd ist dieses Tal nicht, nur abgelegen, aber mit der Strasse nach Wittnau verkehrstechnisch erschlossen, und der weisse Zaun verrät, dass hier auch Tiere weiden.

Das Namenbildungsmuster legt ein Kompositum mit dem Personennamen *Otto*[1897] im Bestimmungswort nahe. Zum Adjektiv *öd* ‹leer, verlassen›, wie im jüngsten Beleg abgebildet, besteht kein Bezug. Der Name wäre demnach als ‹das Tal des Otto, Ottilo› zu deuten, als mögliche Grundform wäre **Ottental* anzusetzen. Einen Personennamen *Ottilo*[1898] legt die isolierte Schreibung *öttelten* nahe. Allerdings bleibt unklar, ob in der Handschrift Umlaut- oder Betonungszeichen zu lesen sind, so dass dieser Ansatz nicht weiterverfolgt wird. Marti führt eine alternative Lesung *Ottelken* auf, die auf einen möglichen Wüstungsnamen mit abgeschliffenem *-inghofen*-Suffix zurückgehen soll.[1899] In den der Arbeit vorliegenden Daten fehlt jedoch ein solcher Beleg, wie auch Martis Druckangabe nicht näher überprüft werden kann, so dass auch dieser Ansatz nicht weiterverfolgt wird.

Bemerkenswert ist, dass die Belegreihe zwischenzeitlich Schreibungen mit der Metathese von *-ental* zu *-(e)leten* zeigt, die sich aber nicht vollständig durchsetzen konnte, und sich in den jüngsten Belegen schliesslich Schreibungen mit einem Grundwort *-tal* durchsetzen. Dieser Wandel mit anschliessender Korrektur zur ursprünglichen Schreibung dürfte auch Auswirkungen auf das Genus gehabt haben. Heute steht mundartliches [d ö̃dlǝtǝ] neben amtlichen [s ö̃dǝdāl].

Die Flur liegt zuvorderst in einem kurzen Seitentälchen, an der Gabelung des Dübachtales, das im Dorf Rothenfluh rechtwinklig ins obere Ergolztal stösst. Eine Quelle entspringt unweit davon im Raum *Bad,* und zuhinterst im Tal sind zwei weitere Quellen belegt.[1900] Hydrogeologische Aspekte stützen die Annahme einer Siedlung. Unmittelbar angrenzend zur Flur liegt eine auffällige rundliche Erhebung in Hanglage, für die eine einstige Turmhügelburg vermutet wird.[1901] Weitere archäologisch gesicherte frühmittelalterliche Funde sind jedoch keine belegt. Für den gleichen Raum ist ebenfalls der Flurname *Söllickhen* belegt.[1902] Dass zwei Siedlungen für den gleichen Raum bezeugt sind, ist nicht unmöglich, wie das Beispiel des Gegenpaars Logligen – Rothenfluh zeigt. Allerdings dürften sie kaum zur gleichen Zeit bestanden haben. Dagegen sprechen vor allem ökonomische Aspekte, weil aufgrund einer extensiv betriebenen Landwirtschaft zur Ernährung weniger Menschen eine verhältnismässig grosse Landfläche benötigt wurde. Aus den Belegreihen lässt sich jedoch keine Chronologie ableiten.[1903] Ein Wüstungsname ist tendenziell anzunehmen.

Trottleten

Sissach, 1447–1820, 25 Belege, lokalisierbar

1 ½ Juchart matten Jn ottendal by dem lantgericht (1447)[1904]
1 Juchart in dottendal (1467)[1905]
1 juchartt jn otental (1486)[1906]
dry Juchrtn vor den Schrannen … stost Jn Ottental (1534)[1907]
vngefehr Ein Jucharten Matten im Ottleten (1692)[1908]
Eine Jucharten Acker im Ottenthal (1770)[1909]
Eine Jucharten Aker in der Trettleten (1800)[1910]
No. 182 Matten Trottleten 1 ¼ Juch. (1820)[1911]

Abbildung 73: Die schwarzen Wolken lassen die *Sissacher Flue* im Bildhintergrund noch besser zur Geltung kommen. Das steil zur landwirtschaftlichen Schule *Ebenrain* abfallende Mattland im Bildvordergrund ist die *Trottleten.*

Das Bildungsmuster der ältesten Belege legt ein Kompositum mit einem Bestandteil *otten* im Bestimmungswort und einem Grundwort *-tal* nahe, das mit Lenis *dal* geschrieben erscheint. Schreibungen mit Lenis sind jedoch häufig, beispielsweise in Buus (*ein manwerch Jnn Dal*, 1534) Diepflingen (*Wernher von Ifendal*, 1327) oder in Sissach (*4 Juchart Jn heigendal am* *berg*, 1447). Das Bestimmungswort ist identisch mit den ältesten Schreibungen der Belegreihe zum Namen *Ödental*. Die Schreibung *otten* im Bestimmungswort zeigt den verbreiteten Personennamen *Otto*[1912] im Genitiv. Der Name wäre demnach als ‹das Tal des Otto› zu deuten, als Grundform wäre *Ottental* anzusetzen. Ebenfalls zeigt sich auch in dieser Belegreihe im 17. Jahrhundert die Metathese von *-ental* zu *-(e)eleten*, wie sie auch bei *Ödental*, ausgeprägter aber bei *Hefleten* und *Aleten* hervortritt. Damit dürfte auch das feminine Genus des 19. Jahrhunderts verbunden sein, das zu den jüngsten Schreibungen mit anlautendem *Tr-* geführt hat. Diese beruht auf der Agglutination von *in der Ottlete* zu *in d Trottlete* mit mundartlich bedingtem *e*-Ausfall in der Erstsilbe: *Trottlete*.

Die Flur bezeichnet heute ein Gebiet am Eingang des Diegtertals, am Fuss des Metzenbergs im Raum *Ebenrain*. In nächster Nähe befindet sich eine archäologische Fundstelle mit einer hallstattzeitlichen Siedlung.[1913] Am gegenüberliegenden Hang ist eine römerzeitliche Siedlung belegt.[1914] Jüngere, frühmittelalterliche Funde fehlen bislang. Die geschützte Lage an einem Hangausläufer, umgeben von einem weiten Tal mit landwirtschaftlich gut nutzbaren Böden und in nächster Nähe zum historischen Knotenpunkt *Sissach*, unterstützt die Annahme einer einstigen Siedlung. In der Tendenz ist ein Wüstungsname anzunehmen.

Wibital   [*s wíbidāl*]

Buus, 1534 – heute, 44 Belege, lokalisierbar

ein Halb Juchrt Jn Wiblental (1534)[1915]
ein halbe Jucharten Ackher im Wybelthal (1698)[1916]
ein Jucharten Ackher im Wibelthaal (1702)[1917]
ein Stücklin Rhein im Weibel Thal (1703)[1918]
¾ Jucharten schlecht Land in Wiboltthal (1739)[1919]
Wiebenthal (1880)[1920]
Wibital (1990)[1921]

Das Bildungsmuster des ältesten Belegs zeigt ein Kompositum mit der Schreibung *Wiblen* im Bestimmungswort. Darin dürfte sich ein Personenname *Wibil*[1922] im Genitiv verbergen, wie die *-en*-Endung annehmen lässt. Alternativ ist ein Wort der Mundart zu prüfen, dass das Grundwort *-tal* näher charakterisiert. Ein Bezug zu schwzdt. *Wibel* ‹best. Käfer, Kornwurm›[1923] zu mhd. *wibel*[1924] ist nicht anzunehmen, da dieses Wort im Untersuchungsraum nicht belegt ist. Einzig ein Flurname *Wibelacker* ist in Thalheim a. d. Thur ZH belegt.[1925] Die Mundartform des Namens, die eine

Abbildung 74: Am Eingang des *Wibital* werfen wir nochmals den Blick zurück auf Buus und schweifen von den Reben am Südfuss des *Schönenbergs* zu den Obstbäumen im Talverlauf in der Bildmitte bis hin zum Siedlungsrand an der rechten Bildseite.

Länge im Stammsilbenvokal des Bestimmungswortes hat, lässt darauf schliessen, dass das Benennungsmotiv nicht in mhd. *wibel* zu suchen ist.[1926] Ansonsten findet sich *Wibel* nicht im Namenbestand der Flurnamen in der deutschsprachigen Schweiz. Daher ist von einem Besitzverhältnis mit dem Bildungsmuster [Personenname + Grundwort *-tal*] auszugehen.[1927] Der Name ist als ‹das Tal des Wibil› zu deuten. Im Gegensatz zu anderen *-tal*-Namen fehlt hier die Metathese von *-ental* zu *-(e)leten*. Das schmale Tälchen mit steilen Waldhängen öffnet sich im oberen Teil und wird von einem Bächlein durchflossen. Dieser untere Abschnitt ist für einen Siedlungsplatz ungeeignet. Auf dem benachbarten Hügelzug ist eine römerzeitliche Fundstelle belegt, gesicherte frühmittelalterliche Funde fehlen bislang.[1928] Von einem Wüstungsnamen ist abzusehen.

Mögliche Wüstungsnamen mit dem Grundwort *-tal*

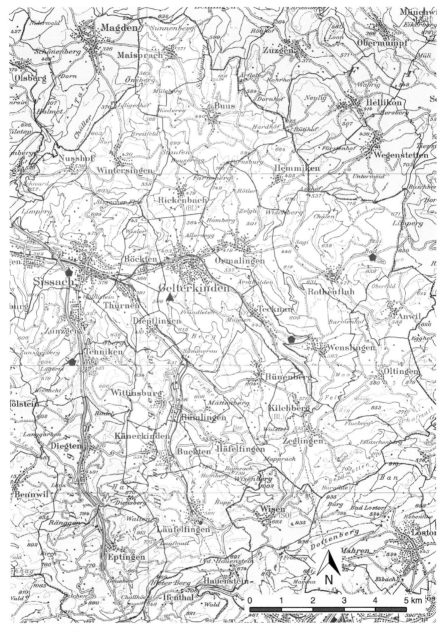

Karte 8: Mögliche Wüstungsnamen mit dem Grundwort *-tal*

Legende:
Pentagone: Tendenziell Wüstungsname, v. l. n. r. Trottleten, Hefleten, Aleten, Ödenthal
Dreieck: Tendenziell kein Wüstungsname, Frändleten

Im Untersuchungsgebiet sind keine rezenten Siedlungsnamen mit dem Grundwort -tal belegt. Ebenfalls sind auch keine Namen mit der Qualität «mögliche Wüstungsnamen» belegt. Dies liegt mitunter am Problem, dass für alle -tal-Namen keine archäologischen Funde vorliegen, die die Existenz einer einstigen Siedlung zweifelsfrei belegen könnten. Der einzige im Kanton Basel-Landschaft belegte -tal-Name, *Liestal*, liegt im Ergolztal, westlich des Untersuchungsgebiets und ist auf der Karte nicht mehr eingezeichnet. Südlich ans Untersuchungsgebiet angrenzend liegt die Gemeinde Hauenstein-Ifenthal SO. Ein Verbreitungsmuster bei den analysierten möglichen Wüstungsnamen ist nicht erkennbar. Wie die -stal-Namen liegen auch die -tal-Namen – abgesehen von Liestal – nicht an Hauptverkehrsachsen, sondern peripher in unbedeutenden Geländeeinschnitten. Dies lässt darauf schliessen, dass die vorliegenden -tal-Namen im Vergleich zu anderen Namen wohl jüngeren Datums sind. Eine genaue Datierung ist jedoch nicht möglich.

Das Grundwort *-stein*

Siedlungsnamen mit dem Appellativ *Stein* fehlen im Untersuchungsgebiet und sind auch im erweiterten Untersuchungsgebiet nur selten belegt. Beispiele sind *Mariastein* SO, *Auenstein* AG oder *Biberstein* AG. Dabei bezieht sich das Grundwort ahd., mhd. *stein* auf Felsen, Felsmassive oder eine auf einem Felsen errichtete Burg, wie beispielsweise in *Bischofstein* (Itingen) oder *Rifenstein* (Titterten).[1929] In der Namenlandschaft findet sich das Appellativ *Stein* als Simplex, als Grundwort und vorwiegend als Bestimmungswort in Flurnamen.[1930] Im Untersuchungsgebiet sind drei mögliche Wüstungsnamen belegt, die heute mit einem Grundwort *-stein* erscheinen: *Volkenstein*, *Wölflistein* und *Ohmenstein*. Sie alle zeigen in den ältesten Schreibungen jedoch ein Grundwort -stal und werden daher dort behandelt. Ein Bezug zwischen den Grundwörtern -stein und -stal beziehungsweise -stel(l) zeigt sich auf einer lautlichen Ebene in der abgeschliffenen Form -sten, mundartlich [šdə]. Beispielsweise reduziert sich -stein [šdæy] zu -sten, mundartlich [šdə] in *Ramsten* [ramšdə] (Bretzwil, Bezirk Waldenburg) gleichermassen wie heutiges *Bulsten* [bułšdə] (Läufelfingen) aus ältestem *bullenstal*.[1931] Eine exakte Trennung ist daher nicht immer möglich.

Weitere mögliche Wüstungsnamen

Mit *Östergäu* und *Buchs* finden sich zwei weitere Namen im Untersuchungsgebiet, die möglicherweise auf eine Wüstung hinweisen. Sie werden hier gesondert behandelt, weil ihr Namenbildungsmuster keiner anderen Gruppe zugewiesen werden kann. Sie sind aufgeführt auf der Karte des

Kapitels 7.4.7.2 Wüstungsnamen mit den Grundwörtern -husen, -statt/
-stetten, -gäu und dem Element Hof.

Östergäu [s ő̃šdərgöi]

Rünenberg/Rümlingen, 1372 – heute, 51 Belege, lokalisierbar

in Oesterger goew Twing vnd Ban Vnd ein langarb (1372)[1932]
1 matbletz Ze ostergöw (1485)[1933]
1 schuopos gelegen im ostergaeu (1499)[1934]
Von dem Hoff Zu Ostergow (1534)[1935]
Jm östergeuw vf der hoff ägerten 1 blätz (1613)[1936]
Ein halb Tawen Matten im Östergäw (1702)[1937]
Oestergäu (1884)[1938]
Östergäu (1993)[1939]

Abbildung 75: Das *Östergäu* umfasste einst ein Gebiet, das den vorliegenden Bildaus-
schnitt um ein Vielfaches übertrifft. Warum das *Östergäu* einging, ist unbekannt.
Heute haftet der Name *Östergäu* an einem sanften Abhang, der in einen Wald übergeht.

Die Schreibungen zeigen ein Kompositum aus dem Bestimmungswort *Öster*
und dem Grundwort *-gäu*, das nur wenig belegt ist. Als Simplex hat *Gäu*
eine grössere Verbreitung im Berner Seeland und ist ebenso als Teilnamen
der solothurnischen Amtei Thal-Gäu heute noch gebräuchlich; als Komposita sind das Buchsgau oder der Kanton Aargau belegt.[1940] *Öster* ist mögli-

cherweise zu einem zweigliedrigen ahd. Personennamen zum Stamm *austa(r)*, ahd. *ôstar*, zum Beispiel *Ostarger*, vielleicht auch direkt zu ahd. *ostar*, mhd. *oster* ‹im Osten› zu stellen.[1941] Allerdings lässt sich damit der bereits im 14. Jahrhundert vorhandene Umlaut nicht erklären. *Östergäu* wäre somit als ‹das Gau des Ostarger› oder ‹das im Osten gelegene Gau› zu deuten.[1942] Streng genommen verweist ein Grundwort *-gäu* nicht auf *eine* Siedlung. Vielmehr wird damit ein «bestimmtes politisch-geographisches Gebiet»[1943] bezeichnet, auf dem aber (mindestens) eine Siedlung zu erwarten ist. Tatsächlich verfügte das *Östergäu* im Mittelalter über eine eigene Gerichtsbarkeit. Es wird angenomen, dass sich das Gebiet über Teile der Gemeinden Kilchberg, Rünenberg, Wenslingen und Tecknau erstreckte.[1944] Somit läge kein einstiger Siedlungsname vor, vielmehr wäre *Östergäu* in einem übergeordneten verwaltungsrechtlichen Sinn zu verstehen. Der zu erwartende Siedlungsname dürfte sich jedoch mit an Sicherheit grenzender Wahrscheinlichkeit vom Gaunamen *Östergäu* unterschieden haben. Möglich ist, dass sich anstelle des einstigen Siedlungsnamens der Flurname *Östergäu* hat festsetzen können.

Die Flur *Östergäu* liegt in leichter Hanglage in einer Mulde oberhalb des Zusammenflusses zweier kleiner Bäche. Archäologische Funde weisen auf eine römerzeitliche und eine jüngere, wohl karolingische Siedlung hin.[1945] MARTI interpretiert den Flurnamen *Östergäu* als «angeblich ein[en] Teil des Sisgaus»[1946]. Schriftliche Belege dazu fehlen bislang. In mittelbarer Nähe zur Flur *Östergäu* liegen die beiden Fluren *Hofmatt* und *Hofstetten*[1947], die ihrerseits auf (mindestens) einen einstigen Hof in diesem Gebiet schliessen lassen. Der Name dieses Hofs oder dieser Höfe lässt sich jedoch weder rekonstruieren, noch kann ein direkter Bezug zu *Östergäu* nachgewiesen werden. Ein Zusammenhang ist aber wahrscheinlich, da beide *-hof*-Namen bereits im 15. Jahrhundert belegt sind. Für *Östergäu* ist somit ein indirekter Wüstungsname anzunehmen.

Buchs [s buχs]

1. Ormalingen, 1426 – heute, 50 Belege, lokalisierbar

am Buchs ein jucharten ackers stosset an den weg (1426)[1948]
Mehr Ein Juchart Jm Buchs (1595)[1949]
ein Juchert an dem Buss (1625)[1950]
Ein Jucharten Ackher im Buchs (1699)[1951]
Jtem ein Jucharten Ackher im Buchs in der Zelg Z'Silben (1750)[1952]
Bux (1802)[1953]
Buchs (1992)[1954]

Abbildung 76: Am nördlichen Siedlungsrand von Ormalingen liegt die weitläufige Flur *Buchs*. Sie markiert den Übergang vom Kulturland ins Siedlungsgebiet. Symbolisch dafür treffen hier die letzten Bäume auf dem weiten Mattland an den alten hölzernen Schopf.

Anzunehmen ist ein Simplex *Buchs* zum Baumnamen *Buchs*, zu mhd., ahd. *buhs, buhsboum*, lat. *buxus buxus* oder *buxus sempervivus*.[1955] Der Buchsbaum ist von den Römern in das Gebiet der heutigen Schweiz gebracht worden.[1956] Der Name verweist auf ein markantes (ehemaliges) Buchsvorkommen und ist in der Schweiz mehrfach als Siedlungs- und Flurname belegt.[1957] Nächstgelegenes Beispiel ist der Siedlungsname Buus. In der Flur *Buchs* und der unmittelbar angrenzenden Flur *Wolhusen* wurden Reste einer römischen Siedlung und eines frühmittelalterlichen Gräberfelds gefunden,[1958] wie auch für viele andere mit *Buchs* benannte Gebiete ebenfalls römerzeitliche Funde vorliegen.[1959] Für *Buchs* ist von einer ursprünglich römerzeitlichen Siedlung auszugehen. Dass *Buchs* jedoch der ursprüngliche Siedlungsname ist, muss in Frage gestellt werden. Ein indirekter Wüstungsname ist anzunehmen.

2. Anwil, 1534–1892, 29 Belege, vage lokalisierbar[1960]

vor dem Bûchs usshin zûm stein zwüschenn Buchs unnd Wental (1534)[1961]
Der 9. Stein ist im Weylenthal Hinder dem Bux (1620)[1962]
ein Halbe Jucharten Acker hinterm Buchß, einseits neben der Buchßmatt (1778)[1963]
Matten Hinterbuchs 9 Aren 40 Fr. (1892)[1964]

Abbildung 77: Die Sonne steht schon tief und wirft lange Schatten. Die *Buchsmet*, die rechts des Wegs liegt, ist noch immer besonnt. Die im Boden verborgenen römischen Spuren verraten, dass diese Lage bereits vor vielen hundert Jahren als Lebensraum gewählt wurde.

Auch hier kann von einem Simplex *Buchs* mit dem gleichen Bezug wie bei *Buchs* in Ormalingen ausgegangen werden. In der Flur *Buchsmet* wurden römische Ziegel gefunden, die auf ein einstiges Gebäude verweisen. Weitere Reste werden vermutet.[1965] Für Buchs ist von einer römerzeitlichen Wüstung auszugehen. Auch hier stellt sich die Frage nach dem möglichen Namen, denn dass Buchs der ursprüngliche Siedlungsname ist, ist zu bezweifeln. Ein indirekter Wüstungsname ist anzunehmen.

Zwischenergebnis

Die Namenlandschaft zeigt 14 Bildungsmuster, in denen mögliche Wüstungsnamen vermutet werden können. Insgesamt wurden 94 (86) Namen[1966] diskutiert. Jedem Namen wurde anschliessend an die Diskussion eine Qualität zugewiesen. Wie vorgängig angenommen, erwies sich die Faktenlage in vielen Fällen heterogen: sprachliche und aussersprachliche Aspekte korrelierten nicht immer. Bei 25 Namen darf ein Wüstungsname angenommen werden. Neun weitere Namen zeigen Merkmale eines indirekten Wüstungsnamens. Diese verweisen auf eine Siedlung, transportieren jedoch den einstigen Namen nicht oder nur unvollständig in die Gegenwart. Nicht ausgeschlossen werden kann, dass sich mehrere indirekte Wüstungsnamen im Einzelfall auf dieselbe Wüstung beziehen, so dass zwischen der Anzahl Wüstungsnamen und der Anzahl Wüstungen eine Differenz bestehen kann. Den 29 rezenten Siedlungsnamen im Untersuchungsgebiet stehen somit mindestens 25 Wüstungsnamen gegenüber. Das entspricht nahezu einer Verdoppelung der Anzahl möglicher Siedlungen im Untersuchungsgebiet. Elf Namen können tendenziell als Wüstungsnamen interpretiert werden, fünf Namen erweisen sich tendenziell nicht als Wüstungsnamen und bei sechs Namen ist die Datenlage unklar, so dass keine abschliessende Beurteilung vorgenommen werden kann. In 38 (33)[1967] Fällen führte die Diskussion zum Schluss, dass kein Wüstungsname vorliegt. Diese Gruppe fällt somit deutlich grösser aus als alle anderen. Diese hohe Anzahl erklärt sich vorwiegend aus einer grossen Anzahl -stal-Namen, die sich nicht als mögliche Wüstungsnamen haben erweisen können, sowie den Mehrfachbedeutungen der beiden Suffixe -ach und -ing(en). Werden Namen mit diesen beiden Suffixen aufgrund ihrer jüngsten Schreibung selektiert, so kann deren Bedeutung nur anhand einer Einzelnamendiskussion erschlossen werden. Dies zeigt die Notwendigkeit, für jeden Namen eine möglichst weit zurückreichende Belegreihe zu erstellen. Innerhalb der 25 möglichen Wüstungsnamen dominieren zwei Namentypen. Mit neun Namen bilden die -inghofen-Namen die grösste Gruppe, gefolgt von sieben -ingen-Namen. Dazu kommen drei galloromanische und zwei mit dem Grundwort -wil gebildete Namen. Nur in möglichen Wüstungsnamen abgebildet ist das Grundwort -stal, rezente Siedlungsnamen finden sich im Untersuchungsgebiet keine. Dabei darf viermal ein Wüstungsname angenommen werden, vier weitere Namen können tendenziell als Wüstungsnamen betrachtet werden. Die Gruppe der -tal-Namen verfügt proportional über die meisten als tendenziell mögliche Wüstungsnamen qualifizierten Namen. Diese Unschärfe kann damit begründet werden, dass bei dieser Namengruppe die Abgrenzung zwischen möglichem Wüstungsname und Besitzverhältnis nur sehr schwer erbracht werden kann, weil die meisten Namen heute auch in einer (relativen) Tallage liegen.

Die meisten Wüstungen liegen in den drei Haupttälern, dem Ergolz-, Homburger- und Diegtertal. Nur wenige Wüstungen finden sich auf den Hochplateaus des Faltenjuras. Eine fiktive Trennlinie kann von Westen nach Osten entlang des Ergolztals gezogen werden, das den Bezirk in einen nördlichen und einen südlichen Teil trennt. Nördlich dieser Linie finden sich nur sehr wenige Wüstungsnamen germanischen Ursprungs, hingegen liegen ausser *Bisnacht* alle möglichen galloromanischen Wüstungsnamen in diesem Teil. Im südlichen Teil finden sich aber mehrere archäologisch gesicherte römerzeitliche Fundstellen.

Die Mehrheit der -*ingen*-Wüstungsnamen liegt in einem Gebiet entlang des Einzugsgebiets des oberen Ergolztals zwischen Oltingen, Anwil und Rothenfluh. Zwei weitere Wüstungsnamen sind nicht exakt lokalisierbar und dürften auf dem Gebiet der Gemeinde Läufelfingen zu suchen sein. *Iglingen* liegt fernab und muss gesondert betrachtet werden. Auffällig ist, dass eine Kongruenz zwischen Siedlungs- und Wüstungsnamen nur in den südlichen Gemeinden Läufelfingen und Oltingen auszumachen ist. Durchaus denkbar und innerhalb des Verbreitungsmusters der -*ingen*-Siedlungsnamen nur logisch ist die Vorstellung, heutiges Anwil und Rothenfluh durch zwei weitere -*ingen*-Namen – *Logligen* und *Schwarzligen* – zu ersetzen. Damit ergäbe sich eine durchgehende Linie von -*ingen*-Namen entlang der Jurahöhen.

Die -*inghofen*-Wüstungsnamen liegen alle in den drei Haupttälern und den damit verbundenen umliegenden Gebieten. Auffällig ist die Massierung an Siedlungs- und Wüstungsnamen rund um das Diegter- und Homburgertal, während im oberen Ergolztal nur wenige Wüstungsnamen, aber keine Siedlungsnamen liegen. Völlig frei von -*inghofen*-Namen sind die beiden Gebiete im Norden und Südosten des Untersuchungsgebiets. Erwartungsgemäss zeigen die wenigen -*wil*-Namen innerhalb des Untersuchungsgebiets kein deutliches Verbreitungsschema. Ein solches lässt sich nur mit Blick über die Grenzen des Untersuchungsgebiets erkennen, denn die Hauptkonzentration dieser Namengruppe liegt im Bezirk Waldenburg.[1968] Im Bezirk Sissach liegen nur wenige Namen an unterschiedlichen Stellen, in der Mehrheit südlich der Ergolz. Nur unweit nördlich der Ergolz liegt der einzige Name mit einem Bestimmungswort *Wil*: Willimatt.

Eine Aufteilung nach Qualitäten ergibt folgende Zusammenstellung:

Mögliche Wüstungsnamen[1969]

Vordeutsche Namen: Bisnacht, Einach, Leinach
Deutsche Namen: Bilisingen, Eglingen, Jglingen, Logligen, Russingen, Schwarzligen, Wärligen, Adliken, Ängsten, Buesgen, Dockten, Grüenkten, Hubicken, Ikten, Stückligen, Wirbligen, *Im Hof, Wolhusen, Hofstetten (beide)*, Brunniswil, *Wiler, Wilimatt, Willhalden*, Atlisten, Bulsten, Dagersten, Wölflistein, *Östergäu, Buchs (beide)*

Tendenziell mögliche Wüstungsnamen:

Balken, Gisgen, Söllickhen, Chindlisten, Fritlisten, Grimsten (Gelterkinden), Ringlisten, Aleten, Hefleten, Ödental, Trottleten

Tendenziell keine möglichen Wüstungsnamen:

Altach (Zunzgen), Schwärzligen, Gummlisten, Ohmenstein, Frändleten

Unsichere Faktenlage:

Altach (Tecknau), Zenzach, Gastwingen, Huflig, Güetlisten, Zerenstall

Keine Wüstungsnamen:

Allbach, Bettemach, Firmach, *Grunach, Häspech, Firsli, Häberlingen, Holingen, Stichlingen, Bütschgen, Leimligen, Leynligen, Neuligen (beide), Ringlichen, Rüchlig (alle vier), Wabigen, Wäng, Obsen, Spanhem, Wiederhofen, Hundsbrunn, Atterwile, *Eriswil, Huttwyle, Albe(r)sten, Grimsten (Sissach), Humberstal, Ramstel, Riettis thal, Volkenstein, Wolstel, Lingental, Wibital, Elleten

Teil III: Synthese

Relationen der möglichen Wüstungsnamen in kartographischer Darstellung

Im Zentrum des dritten Teils stehen Darstellung und Auswertung der gesammelten Wüstungsnamen in Kombination mit den heutigen Siedlungsnamen. Diese kombinierte Darstellung unterschiedlicher Namengruppen erlaubt erstmals eine vertiefte Analyse und Interpretation davon, in welchen Räumen die Besiedlung bis heute erfolgreich war und welche Siedlungen aufgelassen worden sind. Die Summe aller Karten liefert vielfach Hinweise zur Beantwortung der Frage nach einem möglichen Besiedlungsablauf im Oberen Baselbiet.

Kombinierte Karten

In der Folge zeigen sechs Karten immer zwei miteinander abgebildete Namengruppen. Sie werden wie zwei Schichten übereinandergelegt. Daraus ergeben sich mehrere Relationen: Einerseits kann auf einer *quantitativen* Ebene aufgezeigt werden, wie stark sich eine bestimmte Namengruppe in einem bestimmten Raum ausgebreitet hat. Andererseits zeigt die *qualitative* Relation das Verhältnis der Anzahl möglicher Wüstungsnamen einer bestimmten Namengruppe zu einer anderen. Zudem kann innerhalb der gleichen Namengruppe das Verhältnis der fünf Qualitätsstufen (Wüstungsname, tendenziell möglicher Wüstungsname, tendenziell kein möglicher Wüstungsname, unsichere Faktenlage, kein Wüstungsname)[1970] abgebildet werden. Ebenso können mögliche dynamische Vorgänge und ein möglicher Verlauf des Besiedlungsvorgangs über einen bestimmten Zeitraum dargestellt werden.

Die Karten sind aufgrund der chronologischen Einordnung der untersuchten Wüstungsnamen geordnet.[1971] Diese basiert auf den Ergebnissen des zweiten Teils dieser Arbeit. Daraus resultiert eine mögliche Abfolge der Besiedlung des Untersuchungsgebiets. Entsprechend den Karten aus vorangegangen Kapiteln werden dieselben Formen und Farben verwendet, um die Qualität und den Typ des einzelnen Namens anzeigen.[1972]

Die Karte 9 zeigt einen möglichen Zusammenhang zwischen der Verbreitung der romanischen -*acum*-Namen (rot) und der ältesten deutschen Namenschicht, den -*ingen*-Namen (grün). Wie bereits auf der Karte 1[1973] aufgezeigt,

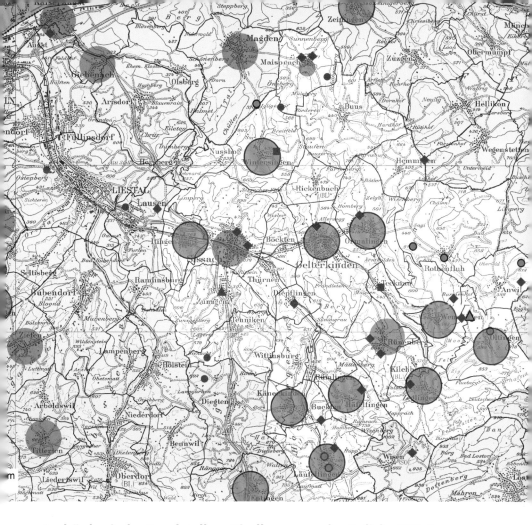

Archäologische Fundstellen, Siedlungs- und mögliche Wüstungs-
namen mit *-akos-* und *-ingen*-Suffix

Karte 9: Archäologische Fundstellen, Siedlungs- und mögliche Wüstungsnamen
mit *-akos-* und *-ingen*-Suffix

Legende:

Grosse Kreise: Rezente Siedlungsnamen (rot), v. l. n. r. Gempen SO, Pratteln, Nuglar SO, Ziefen,
Titterten, Augst, Giebenach, Sissach, Magden AG, Rünenberg; (grün); v. l. n. r. Lupsingen,
Itingen, Eptingen, Wintersingen, Känerkinden, Gelterkinden, Läufelfingen, Häfelfingen, Zeiningen AG, Ormalingen, Zeglingen, Wenslingen, Oltingen **Mittlerer Kreis:** Unklare Namendeutung, Magden AG[1974] **Kleine Kreise:** Mögliche Wüstungsnamen (rot), v. l. n. r. Munzach, Bettenach, Bisnacht, Wisechen, Einach, Leinach; (grün): v. l. n. r. Iglingen, Eglingen, Russingen,
Wärligen, Logligen, Bilisingen, Schwarzligen. **Dreiecke:** Tendenziell keine Wüstungsnamen (rot),
v. l. n. r. Altach (Zunzgen); (grün) v. l. n. r. Schwärzlingen **Quadrate:** Unsichere Faktenlage,
v. l. n. r. Zenzach, Altach (Tecknau) **Rauten:** Archäologische Fundstellen

weist das Untersuchungsgebiet mit Sissach und Rünenberg nur wenige lebendige romanische Siedlungsnamen auf. Bisnacht/Wisechen ist der einzige mögliche Wüstungsname südlich der Ergolz. Jedoch liegt eine Vielzahl an römerzeitlichen Fundstellen im südlichen und östlichen Teil des Untersuchungsgebiets. Hingegen zeigen die grossen grünen Kreise eine Vielzahl an lebendigen -ingen-Namen. Dazu kommen mehrere Wüstungsnamen, die ebenfalls auf eine Bildung mit -ingen zurückzuführen sind. Auf einer gedachten diagonalen Linie zwischen Läufelfingen und Anwil überlagern sich lebendige -ingen-Namen und romanische Fundstellen. Beispielsweise dürfte der -ingen-Wüstungsname *Schwarzligen* mit grosser Wahrscheinlichkeit mit der nahe gelegenen römerzeitlichen Fundstelle *Buchsmet* in Zusammenhang stehen.

Die weiteren lebendigen -ingen-Namen *Itingen*, *Gelterkinden* und *Ormalingen* liegen auf einer Ost-West-Achse im Ergolztal. Für Itingen fehlen zwar römische Funde[1975], jedoch sind rund einen halben Kilometer nördlich des heutigen Zentrums von Gelterkinden Reste eines schon im 1. Jahrhundert n. Chr. gegründeten römischen Gutshofs nachgewiesen[1976], und am Südhang oberhalb Ormalingen im Gebiet *Wolhusen – Buchs* finden sich ebenfalls römerzeitliche Funde in Form von Mauerresten einer einstigen *villa rustica*.[1977]

Die Karte zeigt auch, dass in den Tälern zwischen Läufelfingen und Sissach, Zeglingen und Gelterkinden beziehungsweise im Diegtertal zwischen Eptingen und Sissach weder Wüstungs- noch Siedlungsnamen mit -ingen-Suffix zu finden sind. Es scheint sich abzuzeichnen, dass zwischen der Ausdehnung der Romania und der Ausbreitung der -ingen-Namen ein konkreter Zusammenhang besteht. Aufgegriffen wird die bereits formulierte Annahme,[1978] dass die Wahrscheinlichkeit grösser ist, dass ein galloromanischer Name in die Gegenwart transportiert wird, wenn er sich über längere Zeit in seiner Funktion als Siedlungs- beziehungsweise als Flurname hat halten können. Auf die Namenlandschaft übertragen heisst dies, dass in Gebieten, in denen galloromanische Flur- und (unverschobene[1979]) Siedlungsnamen in die Gegenwart transportiert worden sind, sich die Romania länger hat halten können als in jenen Orten, in denen heute galloromanische Spuren vorwiegend mit Hilfe der Archäologie gesichert werden können. Im südöstlichen Teil des Untersuchungsgebiets finden sich keine lebendigen galloromanischen Siedlungsnamen, dafür aber die meisten der -ingen-Siedlungsnamen. Eine Ausnahme scheint Rünenberg zu bilden. Der Ort liegt isoliert und ist von zahlreichen -ingen-Namen umgeben.

Im Gegensatz dazu sind nur wenige lebendige Siedlungsnamen mit -ingen-Suffix im nördlichen Teil des Untersuchungsgebiets belegt. Dort hat sich die Romania offenbar länger halten können. Daraus lässt sich eine weitere, wenn auch grobe Faustregel ableiten: Je entfernter Orte vom Zentrum

Augst gelegen waren, desto früher dürften sie aufgelassen worden sein.[1980]
Wo sich also die Romania länger halten konnte, bestand für eine fränkisch-alemannische Besiedlung wohl zu wenig Platz.

Noch genauer zu klären bleibt, aus welcher Richtung die beiden Orte *Wintersingen* und *Iglingen* besiedelt worden sind. Möglich erscheint hier ein Vorstoss aus nördlicher Richtung aus dem Raum *Magden* AG.

Die frühe Ausbreitung germanischstämmiger Siedler musste daher zwangsläufig östlich des Oberen Hauensteins erfolgen, und dort bediente man sich mit Vorliebe des römischen Altsiedellands. Aus der Perspektive der Romania darf Sissach als südlichster Punkt angenommen werden, der sich über den Zeitpunkt einer frühen germanischstämmigen Besiedlung hinaus hat behaupten können. Freilich sind aus dem Erhalt des Namens keine Rückschlüsse über den Grad der Akkulturation zwischen den eingesessenen Romanen und den dazugestossenen alemannischen Siedlern zu ziehen. Ebenso liefert diese Annahme keine Ansatzpunkte, wieso sich Sissach als galloromanischer Name, nicht aber Munzach in die Gegenwart hat retten können. Sissach liegt im Vergleich zum römischen Zentrum *Augst* (*Augusta Raurica*), das an der Mündung der Ergolz liegt, und den Siedlungen *Munzach* (bei Liestal) und *Bettenach* (bei Lausen) wie am Ende einer Perlenkette, die sich das Ergolztal aufwärts zieht. Dass sich nordwestlich von Sissach die Romania halten konnte, zeigen deutlich die Siedlungsnamen *Pratteln*, *Giebenach*, *Muttenz* und *Magden* AG. Analysiert man die Namen unter Berücksichtigung der zweiten deutschen Lautverschiebung, so kann eine ungefähre Übernahmezeit der romanischen Namen durch die neue alemannische Bevölkerung eruiert werden. Pratteln und Muttenz zeigen keine Anzeichen der Lautverschiebung auf. Weder änderte sich bei Pratteln der Verschlusslaut *p* zu *pf*, noch wurde der Doppelkonsonant *tt* im Wortinnern zu *tz/ts*. Demnach dürften die beiden Orte erst nach 800 n. Chr.[1981] von der alemannischen Bevölkerung vollständig übernommen worden sein, respektive konnte sich die romanische Sprache – und wohl auch ein Teil der romanischen Bevölkerung – so lange halten. Auch Giebenach zeigt nicht die zu erwartende Veränderung des Anlauts von *g/k* zu *(k)ch/ch*, ansonsten es heute *Chiebenach* o. ä. heissen müsste.[1982] Die neue alemannische Bevölkerung dürfte somit erst im Lauf des 9. Jahrhunderts diese ursprünglich romanischen Orte vollständig übernommen haben.[1983] Erstaunlicherweise zeigt auch das fernab von Augst liegende Titterten keine Anzeichen der Lautverschiebung, ganz im Gegensatz zum ebenfalls vordeutschen Ziefen.[1984] Titterten liegt, einer Insel gleich, in einer von -*wil*-Namen durchsetzten Umgebung. Möglicherweise ist Titterten dank seiner erhöhten Lage auch in der nachrömischen Zeit eine grosse strategische Bedeutung beizumessen, was die Sicherung der Hauensteinroute als wichtiger Handelsweg betrifft. Die ansässige romanische Bevölkerung konnte sich daher auch dort länger halten, beziehungsweise aufgrund der Dominanz der -wil-Namen kann abgeleitet werden, dass dieser Raum erst zu einem späteren Zeitpunkt des Landesausbaus erneut besiedelt worden ist.[1985] Paradoxerweise liegen für Titterten bislang keine gesicherten römerzeitlichen Funde vor.[1986]

Verglichen mit den -ingen-Wüstungsnamen finden sich im Untersuchungsgebiet eineinhalbmal so viele mögliche Wüstungsnamen mit -inghofen-Suffix. Die Verbreitung konzentriert sich aufs Diegter- und Homburgertal mit dem am Ausgang der beiden Täler liegenden Umfeld von Sissach. Interessanterweise liegen in diesen beiden Tälern an ihren südlichsten Enden, bei den Passübergängen, mit *Eptingen* und *Läufelfingen* jeweils Ortschaften mit -ingen-Namen.

Die Karte 10 zeigt, dass sich viele -inghofen-Siedlungen in Gebieten befinden, die keine römischen Siedlungsreste aufweisen, beziehungsweise dass in den Gebieten rund um Maisprach, Buus und Rünenberg keine -inghofen-Namen zu finden sind. *Stückligen* und *Ängsten* liegen isoliert im oberen Ergolztal beziehungsweise auf der Hochebene zwischen Oltingen und Wenslingen. Ein Grund ist darin zu sehen, dass diese Gebiete des römischen Altsiedellands bereits mehrheitlich während der ersten Siedlungsphase besiedelt worden sind, so dass sie vorwiegend mit -ingen-Namen durchsetzt sind. Dies zeigt sich deutlich auf der Karte 9.[1987] Andererseits war das Untersuchungsgebiet in spätantiker Zeit als Hinterland zu *Augusta Raurica* keineswegs dicht besiedelt, so dass viele Räume noch erschlossen werden konnten. Beispielsweise finden sich im Homburgertal zwischen Sissach und Läufelfingen römische Siedlungsspuren, vorwiegend an den beiden Talenden. Dazwischen ist nur ein Gutshof im Raum des heutigen Diepflingen belegt. Trotzdem war der Juraübergang *Unterer Hauenstein* in (spät-)antiker Zeit durchaus ins römische Streckennetz integriert, wie archäologische Funde belegen.[1988] Fehlende -inghofen-Namen in Maisprach, Buus und Rünenberg könnten Anzeichen dafür sein, dass die Romania auch während dieser Besiedlungsphase dort noch intakt gewesen ist.

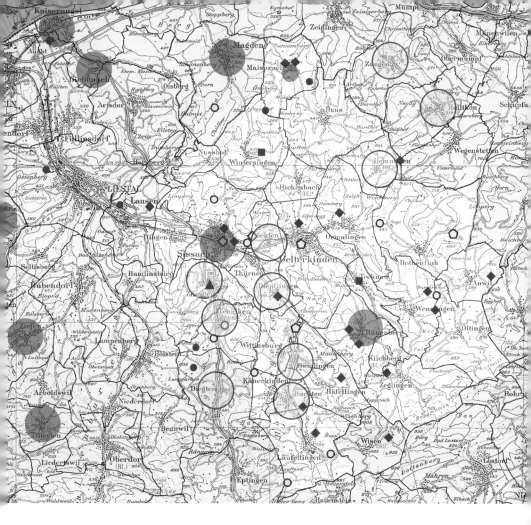

Archäologische Fundstellen, Siedlungs- und mögliche Wüstungs-
namen mit *-akos-* und *-inghofen*-Suffix

Karte 10: Archäologische Fundstellen, Siedlungs- und mögliche Wüstungsnamen
mit *-akos-* und *-inghofen*-Suffix

Legende:
Grosse Kreise: Rezente Siedlungsnamen (rot), v. l. n. r. Gempen SO, Pratteln, Nuglar SO,
Ziefen, Titterten, Augst, Giebenach, Sissach, Magden AG, Rünenberg; (gelb), v. l. n. r.
Zunzgen, Diegten, Tenniken, Böckten, Diepflingen, Buckten, Rümlingen, Hemmiken, Zuzgen
AG, Hellikon AG **Mittlerer Kreis:** Unklare Namendeutung, Magden AG **Kleine Kreise:**
Mögliche Wüstungsnamen (rot), v. l. n. r. Munzach, Bettenach, Bisnacht, Wisechen, Einach,
Leinach; (gelb), v. l. n. r. Dockten, Ikten, Deschliken AG, Hubicken, Grüenkten, Buesgen,
Wirbligen, Adliken, Ängsten, Stückligen **Pentagone:** Tendenzielle Wüstungsnamen (gelb),
v. l. n. r. Gisgen, Balken, Söllickhen **Dreieck:** Tendenziell kein Wüstungsname (rot),
Altach (Zungen) **Quadrate:** Unsichere Faktenlage (rot), v. l. n. r. Zenzach, Altach (Tecknau)
Rauten: Archäologische Fundstellen

**Archäologische Fund-
stellen, Siedlungs-
und mögliche Wüstungs-
namen mit *-akos*-Suffix
und dem Element *Wil***

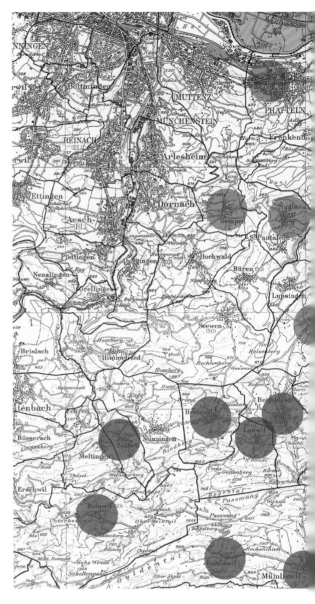

Karte 11: Archäologische Fundstellen, Siedlungs-
und mögliche Wüstungsnamen mit *-akos*-Suffix und
dem Element *Wil*

Legende:

Grosse Kreise: Rezente Siedlungsnamen (rot), v. l. n. r. Gempen SO, Pratteln, Nuglar SO, Ziefen, Titterten, Augst, Giebenach, Sissach, Magden AG, Rünenberg, Olten; (blau) Rezente Siedlungsnamen nördlich der Jurakette, v. l. n. r. Zullwil SO, Bretzwil, Lauwil, Reigoldswil, Arboldswil, Liedertswil, Bennwil, Anwil, Wölflinswil SO, südlich der Jurakette, v. l. n. r. Ramiswil, Mümliswil, Bärenwil, Wil (alle SO) **Mittlerer Kreis:** Unklare Namendeutung, Magden AG[1989] **Kleine Kreise:** Mögliche Wüstungsnamen (rot), v. l. n. r. Munzach, Bettenach, Bisnacht, Wisechen, Einach, Leinach; (blau) v. l. n. r. Wil, Onoldswil, Wil, Willhalden, Wilimatt, Brunniswil, Zwillmatt SO, Wil **Dreieck:** Tendenziell kein Wüstungsname (rot), Altach (Zungen) **Quadrate:** Unsichere Faktenlage (rot), v. l. n. r. Zenzach, Altach (Tecknau) **Rauten:** Archäologische Fundstellen

Es fällt auf, dass sich die rezenten galloromanischen Siedlungsnamen (rot) vorwiegend im nördlichen Teil befinden. Im Gegensatz dazu liegt die Mehrheit der -wil-Namen (blau) im südlichen Teil. Bemerkenswert ist die Konzentration von -wil-Siedlungsnamen südwestlich des Untersuchungsgebiets, beidseits entlang der Jurakette. Alle diese -wil-Orte sind bis heute kleine Siedlungen geblieben. Abgesehen von Wil (Starrkirch-Wil SO), liegen sie alle peripher im hügeligen Jura. Diese Verteilung lässt den Schluss zu, dass sich die Romania bis ins Frühmittelalter vorwiegend im nördlichen Bereich der Karte hat halten können. Der südliche Teil dieses Raums hingegen dürfte in einer spätantiken-frühmittelalterlichen Zeit nur sehr spärlich besiedelt gewesen sein.

Ausnahmen bilden Anwil und Wölflinswil SO (blau) sowie Titterten (rot). Titterten liegt auffällig isoliert in einer von -wil-Namen durchsetzten Landschaft. Anwil und Wölflinswil sind als -wil-Namen ebenfalls Einzelerscheinungen in ihrer Umgebung, die allerdings weit weniger homogen erscheint.

Verglichen mit der Anordnung der möglichen Wüstungsnamen auf den Karten 9 und 10 zeigt die Karte 11 eine deutliche Ausdünnung der -wil-Namen in östlicher Richtung bei einer ungefähr gleichmässigen Ausbreitung der römerzeitlichen Fundstellen im ganzen Gebiet. Daraus lässt sich einerseits folgern, dass das Untersuchungsgebiet im Frühmittelalter aus südöstlicher Richtung besiedelt worden sein muss, weil sich dort die meisten -ingen-Namen befinden. Andererseits zeigt das Verbreitungsmuster auch, dass der Untersuchungsraum bereits so dicht besiedelt war, dass für weitere Siedlungen in einer Landesausbauphase kaum mehr Platz bestanden haben dürfte, ansonsten mehr Wüstungsnamen oder rezente Siedlungsnamen im Untersuchungsgebiet belegt sein müssten. Dementsprechend erstaunt es nicht, dass sich nur Anwil als ein-

Siedlungs- und mögliche Wüstungsnamen mit -ingen- und -inghofen-Suffix

Karte 12: Siedlungs- und mögliche Wüstungsnamen mit -ingen- und -inghofen-Suffix

Legende:
Grosse Kreise: Rezente Siedlungsnamen (grün), v. l. n. r. Itingen, Eptingen, Wintersingen, Känerkinden, Gelterkinden, Läufelfingen, Häfelfingen, Zeiningen AG, Ormalingen, Zeglingen, Wenslingen, Oltingen; (gelb), v. l. n. r. Zunzgen, Diegten, Tenniken, Böckten, Diepflingen, Buckten, Rümlingen, Hemmiken, Zuzgen AG, Hellikon AG **Kleine Kreise:** mögliche Wüstungsnamen (grün), v. l. n. r. Iglingen, Eglingen, Russingen, Wärligen, Logligen, Bilisingen, Schwarzligen; (gelb) v. l. n. r. Dockten, Ikten, Deschliken AG, Hubicken, Grüenkten, Buesgen, Wirbligen, Adliken, Ängsten, Stückligen **Dreieck:** Tendenziell kein Wüstungsname (grün), Schwärzligen **Pentagone:** Tendenzielle Wüstungsnamen, v. l. n. r. Gisgen, Balken, Söllickhen **Rauten:** Archäologische Fundstellen (gelb), v. l. n. r. Hauptstrasse (Sissach), Jungholz (Böckten)

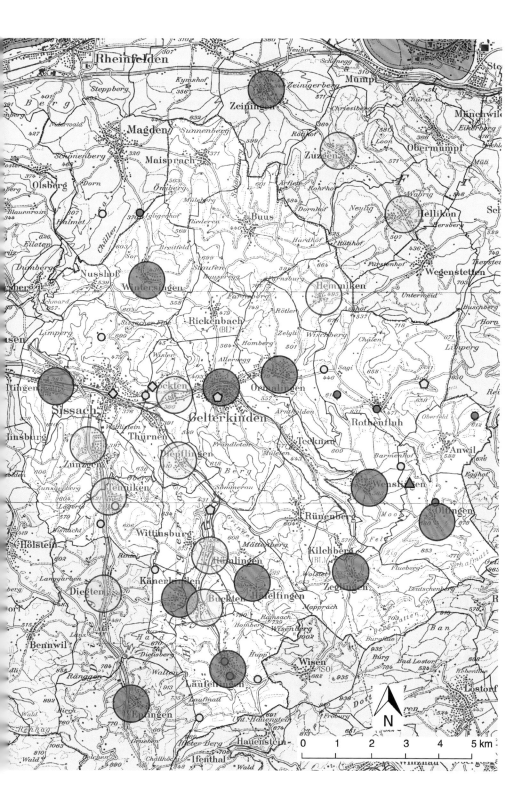

ziger Exponent der -wil-Namen in die Gegenwart hat retten können. Alle anderen Ansiedlungen wurden wieder aufgelassen. Dieses Fehlen von -wil-Namen stützt exemplarisch die Feststellung ZINSLIS, dass «die lange Zeit einflussreiche These O. BEHAGHELS, wonach die wil-Orte römischen Ursprungs wären, [...] heute als endgültig erledigt betrachtet werden [kann].»[1990] Zwar erstreckte sich die Romania weitläufig und konnte sich punktuell länger als an anderen Orten halten. Trotzdem ist nicht bei jedem der -wil-Orte, die über archäologische römerzeitliche Funde verfügen, von Siedlungskontinuität auszugehen. Gewisse sekundäre Zusammenhänge sind jedoch nicht ausgeschlossen.[1991]

Über die Stossrichtung dieser Besiedlungsphase sind dieser Karte keine Angaben zu entnehmen, da sich die -wil-Namen gleichermassen sowohl südlich als auch nördlich der Jurakette befinden. Ebenfalls muss offenbleiben, ob die Lage der Siedlungen das Resultat eines zusammenhängenden Vorstosses ist oder ob der noch freie Raum in zwei unabhängigen Vorgängen aus nördlicher und südlicher Richtung besiedelt worden ist.

Die Karte 12 zeigt die Verbreitung der -ingen-Namen (grün) im Verhältnis zu den -inghofen-Namen (gelb). Während Erstere der ältesten germanischen Besiedlungszeit entstammen, sind Letztere in einer wenig späteren, nur sehr kurzen Zeitspanne entstanden. Angenommen wird, dass die Siedlungen der ältesten germanischen Besiedlungszeit während des Landesausbaus noch vollständig vorhanden gewesen waren. Deutlich zeigt sich die räumliche Trennung zwischen den Gebieten mit -ingen-Namen und den neu erschlossenen Räumen, die von -inghofen-Namen durchsetzt sind. Im Untersuchungsgebiet dominieren die -ingen-Namen vor allem im südlichen Teil, die -inghofen-Namen konzentrieren sich im Homburger- und Diegertal.

Karte 12.1: Mögliche Stossrichtung der germanischstämmigen Besiedlung

Legende:
Grosse Kreise: Rezente Siedlungsnamen (grün), v. l. n. r. Itingen, Eptingen, Wintersingen, Känerkinden, Gelterkinden, Läufelfingen, Häfelfingen, Zeiningen AG, Ormalingen, Zeglingen, Wenslingen, Oltingen; (gelb), v. l. n. r. Zunzgen, Diegten, Tenniken, Böckten, Diepflingen, Buckten, Rümlingen, Hemmiken, Zuzgen AG, Hellikon AG **Kleine Kreise:** Mögliche Wüstungsnamen (grün), v. l. n. r. Iglingen, Eglingen, Russingen, Wärligen, Logligen, Bilisingen, Schwarzligen; (gelb) v. l. n. r. Dockten, Ikten, Deschliken AG, Hubicken, Grüenkten, Buesgen, Wirbligen, Adliken, Ängsten, Stückligen **Dreieck:** Tendenziell kein Wüstungsname (grün), Schwärzligen **Pentagone:** Tendenzielle Wüstungsnamen, v. l. n. r. Gisgen, Balken, Söllickhen **Rauten:** Archäologische Fundstellen (gelb), v. l. n. r. Hauptstrasse (Sissach), Jungholz (Böckten) **Rote Pfeile:** Mögliche erste Stossrichtung im Zusammenhang mit der -ingen-Namenschicht **Blaue Pfeile:** Mögliche Expansionsrichtungen im Zusammenhang mit der jüngeren -inghofen-Namenschicht **Hellblauer Pfeil:** Mögliche Stossrichtung aus dem Wegenstettertal in Zusammenhang mit der Expansion der -inghofen-Namen

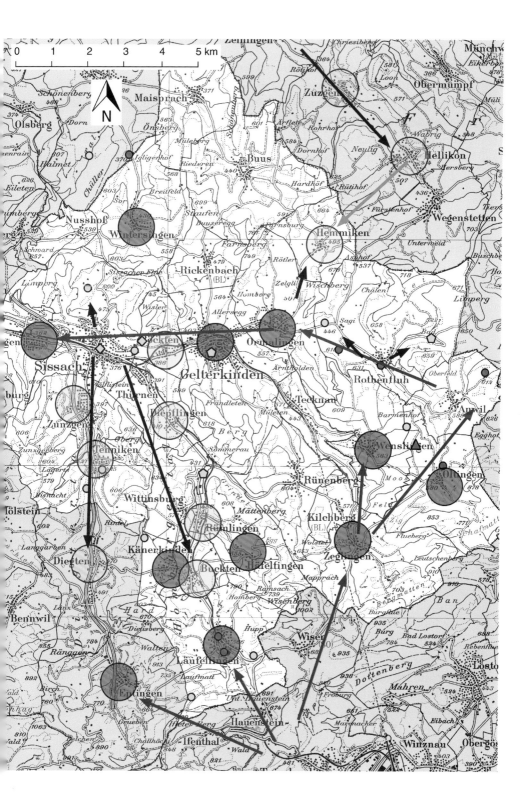

Zusammengenommen füllen die beiden Namengruppen den Grossteil des Untersuchungsraums aus. Kleinere Lücken liegen im Zentrum auf dem Rünenberger Plateau und ganz im Norden des Untersuchungsgebiets, im Gebiet der heutigen Gemeinden Maisprach und Buus. Durchmischungen finden sich an Schnittstellen, beispielsweise im Grossraum Rothenfluh oder auf dem Plateau zwischen Wenslingen und Oltingen, sowie auf dem weitläufigen und topographisch stark zergliederten Gebiet der heutigen Gemeinde Läufelfingen.

Die Karte 12.1 zeigt mögliche Stossrichtungen der germanischen Besiedlung. Sie ergeben sich aus der historisch-chronologischen Abfolge der Besiedlung, die auf der Analyse der Siedlungs- und Wüstungsnamen auf *-ingen* und *-inghofen* basiert.

These: Angenommen wird eine allgemeine Stossrichtung aus südöstlicher Richtung, die sich wohl auf mehreren Wegen vollzogen haben dürfte, was die drei roten Pfeile aus dem Raum Trimbach illustrieren. Einerseits führte die Expansion über den *Chall* – ein galloromanisches Reliktwort respektive Lehnwort, das auf Lateinisch *callis* ‹Fusssteig, Bergpfad, Viehsteig›[1992] zurückgeht und früher als allgemeine Gattungsbezeichnung für Pässe oder Übergänge gebraucht wurde. Andererseits führte ein Weg über den Unteren Hauenstein nach Läufelfingen und weiter auf die vorgelagerten Plateaus in die Räume Känerkinden und Häfelfingen. Mit diesem Vorstoss dürften auch die beiden nicht näher lokalisierbaren Wüstungen *Russingen* und *Eglingen* in Verbindung zu bringen sein. Ebenso muss ein Vorstoss über den bereits zur römischen Zeit begangenen Erlimoos-Übergang[1993] nach Nordosten in den Raum *Zeglingen* angenommen werden. Von dort aus erscheint eine Ausbreitung nach Wenslingen und Oltingen möglich, verbunden mit einer Konsolidierung auf diesem weitläufigen Plateau. Darauf verweisen die möglichen Wüstungsnamen *Schwarzligen* und *Bilisingen*. Es ist anzunehmen, dass es einfacher war, das Plateau zu besiedeln, als einen Weg nordwärts zu suchen, zumal die Wege entlang der Oberläufe der Ergolz und des Eibachs jeweils über ein topographisches Hindernis, über einen Felsabbruch, führen. Um diese Klippen zu umgehen, bot sich alternativ ein Vorstoss über das Wenslinger Plateau durch den Raum *Grossholz* nach Ormalingen und Gelterkinden an. Ebenso möglich erscheint ein Weg östlich der Ergolz über das Anwiler Plateau und hinunter nach Rothenfluh beziehungsweise Logligen. Weiter führte die Ausbreitung entlang der Ergolz nach Ormalingen und Gelterkinden bis in die Reichweite von Sissach, wo der Vorstoss zum Erliegen kam, als die germanischstämmigen Siedler mit der Romania in Kontakt kamen. Wahrscheinlich dürfte die Bewegung noch weiter nach Westen geführt haben. Dafür spricht der Siedlungsname *Itingen*. Er liegt am weitesten westlich aller *-ingen*-Namen im Untersuchungsgebiet. Weiter in westlicher Richtung liegt einzig Lupsingen, isoliert inmitten galloromanischer Siedlungsnamen, so dass zwischen der Lage Lupsingens und dem oben skizzierten Besiedlungsvorstoss kein Zusammenhang erkannt werden kann. Für Wintersingen und die Wüstung *Iglingen* kann eine aus nördlicher Richtung erfolgte Besiedlung angenommen werden. Dafür spricht, dass zwischen den *-ingen*-Siedlungen im Ergolztal und Wintersingen ein topographisches Hindernis in Form eines Hügelzugs liegt. Eine allfällige Stossrichtung von Süden aus dem Raum *Gelterkinden* hätte wohl zuerst eine Besiedlung der Geländekammer, in der heute Rickenbach liegt, zur Folge gehabt. Rickenbach weist jedoch keine frühmittelalterlichen Siedlungsspuren auf.[1994] Hingegen liegen Wintersingen und Iglingen am Ende eines nach Magden AG beziehungsweise Rheinfelden AG verlaufenden Tales. Möglich erscheint eine gestaffelte Expansion vom galloromanischen Magden ins nahe Umland.[1995] Für eine abschliessende Antwort fehlen jedoch verbindliche Daten aus dem angrenzenden aargauischen Fricktal.

Die vorliegende Arbeit zeigt mit der erstmaligen Wüstungsnamenanalyse kleinräumig und detailliert, was jüngste onomastische Thesen zur Besiedlungsrichtung bereits aufgrund der Siedlungsnamenanalyse in groben Zügen formuliert haben:[1996] Nämlich eine von Süden her einsetzende Stossrichtung. Die Häufigkeit und Lage der beiden Namengruppen *-ingen* und *-inghofen* entlang der Jurakette lässt zwei sich widersprechende Interpretationen zu:

1. Die Besiedlung erfolgte nach einem gezielten Muster, wobei primär strategische und nicht landwirtschaftliche Aspekte im Vordergrund gestanden haben müssen. Sonst wären nicht die karstigen, hochgelegenen Böden in den Mulden und auf den Plateaus der Juraketten, sondern nur die weiten Talebenen mit den fruchtbaren Lössböden besiedelt worden. Deutlich zeigt sich dies in der Lage von Eptingen, Läufelfingen oder Känerkinden. Ebenso wäre eine durchgehende Besiedlung des Diegter- und Homburgertals zu erwarten gewesen. Beide Täler sind aber konsequent mit jüngeren *-inghofen*-Siedlungsnamen durchsetzt.[1997]

2. Die erfolgte Besiedlung über die Jurakette ist die Folge einer Verknappung des Siedlungsraums entlang des Jurasüdfusses. Dorthin erstreckte sich die Ausbreitung der germanischstämmigen Siedler, die aus dem Hegau und Klettgau und entlang der Wutach an und über den Rhein gestossen sein dürften.[1998] Die weitere Ausbreitung erfolgte wohl entlang der einstigen römischen Routen und Zentren ins Mittelland.[1999] Auf einen möglichen Einfluss der fränkischen Verwaltung, die sich nach der Eingliederung der Nord-

schweiz ins fränkische Reich nach 537 n. Chr. etablierete, kann dabei nicht näher eingegangen werden: Die eingenommenen Gebiete liegen ausserhalb des Untersuchungsgebiets, und es konnten dazu keine Daten ausgewertet werden.[2000] Die nördlich der Jurakette liegenden Siedlungen sind keine strategisch besetzten Räume, sondern das Produkt einer aus der Not hervorgegangenen Ausbreitung in den nächsten freien Raum.

Die Deutung der Namen mit dem Grundwort -stal als ‹die Stelle des XY› wurde bereits im zweiten Teil dieser Arbeit festgelegt.[2001] Trotzdem ist eine sprachliche Nähe zu den -tal-Namen nicht vollständig auszuräumen. Die zeigt sich insbesondere in der Lage der beiden Namengruppen. Beide liegen mehrheitlich peripher in vorwiegend kleineren Seitentälern, wie beispielsweise *Aleten* (Tecknau) und *Atlisten* (Itingen). Ein gemeinsames Verbreitungsmuster ist jedoch nicht ersichtlich. Nur in den südlichsten und östlichsten Gebieten des Untersuchungsgebiets fehlen mögliche -stal- und -tal-Namen.

Mögliche Wüstungsnamen mit den Grundwörtern *-stal* und *-tal*

Karte 13: Mögliche Wüstungsnamen mit den Grundwörtern -stal und -tal

Legende:
Kleine Kreise: Mögliche Wüstungsnamen (orange), v. l. n. r. Atlisten, Wölflistein, Bulsten, Dagersten **Pentagone:** Tendenzielle Wüstungsnamen (orange), v. l. n. r. Ringlisten, Chindlesten, Fritlisten, Grimsten; (magenta) Trottleten, Hefleten, Aleten, Ödenthal
Dreiecke: Tendenziell keine Wüstungsnamen (orange) Gummlisten, Ohmenstein; (magenta) Frändleten **Quadrate:** Unsichere Faktenlage (orange), v. l. n. r. Güetlisten, Zerenstall

Namenkundliche Rückschlüsse zur Besiedlungsgeschichte

Basierend auf den Auswertungen der einzelnen und der kombinierten Karten, entstanden mehrere Interpretationen eines möglichen Besiedlungsvorgangs des Untersuchungsgebiets. Diese Erkenntnisse werden nachfolgend verschiedenen Forschungsansätzen gegenübergestellt und gegeneinander abgewogen.

Eine erste These ortet die Triebkraft der Besiedlung in den elsässischen Herzögen: «Die Germanisierung des Juras zwischen Basel und Leberberg war nicht das Werk der ‹Mittelland-Alemannen›, sondern ihrer Stammesgenossen aus der rheinischen Tiefebene.»[2002] Leider geht Haas dabei nicht näher auf das Untersuchungsgebiet ein. Auf einer Karte ist dieser Raum um 700 n. Chr. schlicht als unbesiedeltes Gebiet ausgewiesen, während tiefer liegende Gebiete entlang der Aare und des Rheins – Basel und Augst eingeschlossen – bereits alemannisches Sprachgebiet darstellen sollen.[2003] Diese Darstellung erweist sich als zu schematisch und bedarf einer Präzisierung: In der Region Basel dürfte sich die Romania im 8. Jahrhundert weiter nach Osten erstreckt haben. Dies lässt sich unmissverständlich anhand der unverschobenen Namen Pratteln und Giebenach und der Existenz des galloromanischen Sissach beweisen.[2004]

Eine ähnliche These geht von drei Vorstosslinien in Nord-Süd-Richtung aus.[2005] Der östlichste Vorstoss zieht sich entlang des Rheintals, östlich des Bodensees, der westlichste Vorstoss erfolgt westlich des Rheines vorbei an Basel hin zur Jurakette. Im Raum *Eglisau* ortet Zinsli den zentralsten und wichtigsten Vorstoss. Auch dieser schematischen Grobeinteilung ist mit Vorbehalten zu begegnen: Wenige Jahre zuvor wurde bereits auf die Verbreitung alemannischer Funde im Kanton Schaffhausen hingewiesen.[2006] Daher muss auch aus dieser Richtung ein zentraler, ältester Vorstoss angenommen werden.[2007] Eine dritte These lehnt die «Annahme einer Besiedlung aus dem Süden»[2008] ab. Die grundlegende Kritik richtet sich gegen die Vorstellung, die galloromanische Bevölkerung hätte sich den alemannischen Siedlern einer Barriere gleich entgegengestellt, so dass diese sich nicht rheinaufwärts hätten ausbreiten können. Vielmehr geht Boesch von einem verträglichen und erträglichen Durcheinandersiedeln aus.[2009]

Anders argumentieren Bickel und Bruckner.[2010] Bruckner formulierte bereits 1945 die These, dass für weite Teile des Untersuchungsgebiets und des restlichen Kantons Basel-Landschaft allgemein eine Besiedlung von Norden her nicht in Frage kommt. Dies legt er anhand von unverschobenen Namen dar, die er als Ausdruck einer intakten Romania interpretiert. Germanische Einflüsse und Siedlungsübernahmen hätten sich zwingend auch in den Schreibungen der Siedlungsnamen niederschlagen müssen. Die von BRUCKNER genannten Namen zeigen jedoch keine Anzeichen einer Lautverschiebung. BICKEL argumentiert differenziert. Er teilt die von ihm erfassten -ingen-Namen in einen westlichen und östlichen Teil ein, wobei der östliche Teil über weite Strecken dem Untersuchungsgebiet entspricht. Dabei nimmt er an, dass «eine Einwanderung von Süden her über den Unteren Hauenstein oder die Challhöchi wahrscheinlicher»[2011] sei, als eine Besiedlung aus nördlicher Richtung.

Für den westlichen Teil zwischen Basel, entlang des Birsecks, und dem Laufental nimmt er eine Besiedlung von Norden her an. Es ist dabei aus linguistischer Sicht unerheblich, ob dieser Vorstoss ein fränkisch kontrollierter Akt der Landnahme war oder als Folge einer freien Besiedlung verstanden werden muss. In der Namenlandschaft sind in den Bildungsmustern der einzelnen Siedlungsnamen keine Unterschiede feststellbar, die auf das eine oder andere zurückzuführen sind. Anhand der Ausbreitung der Siedlungs- und Wüstungsnamen lässt sich nur die Richtung belegen. Von Norden nach Süden liegen nahezu aneinandergereiht: Gundeldingen (Wüstung im südlichen Teil der Stadt Basel[2012]), Binningen, Bottmingen, Brüglingen (Wüstung südöstlich von Basel, Gemeinde Münchenstein[2013]), Geckingen (Wüstung an der Stelle des heutigen Münchensteins[2014]), Ettingen, Rinolfingen (Wüstung südwestlich von Ettingen[2015]), Pfeffingen, Duggingen und Grellingen. Weitere -ingen-Namen liegen oberhalb der Talebene.

Östlich daran angrenzend verraten galloromanische Siedlungsnamen wie Dornach SO, Reinach, Gempen SO, Muttenz, Pratteln die Gebiete der noch lebendigen Romania. Auf den heutigen Gemeindegebieten dieser Ortschaften finden sich keine abgegangenen -ingen-Namen, die mit einer Wüstung in Verbindung gebracht werden könnten. Ebenso fehlen solche im Umfeld der heutigen Gemeinden Frenkendorf, Füllinsdorf, Liestal, Arisdorf, Giebenach, Nusshof, Hersberg und Lausen – ebenfalls allesamt Siedlungen, die nicht auf einen -ingen-Namen zurückzuführen sind. Somit erstreckt sich südöstlich von Basel, entlang des Rheins und des Unterlaufs der Ergolz sowie auf den angrenzenden höher liegenden Gebieten ein weitläufiges Gebiet ohne Nachweis von -ingen-Namen. Es fällt daher schwer, einen Vorstoss entlang des Rheins und der Ergolz anzunehmen, da in diesen beiden Tälern über weite Strecken weder Wüstungs- noch Siedlungsnamen mit einem -ingen-Suffix zu finden sind. Die drei -dorf-Orte Füllinsdorf, Frenkendorf und Arisdorf, die zwischen Pratteln und Munzach beziehungsweise Liestal liegen, entstammen einer jüngeren Besiedlungsschicht.[2016] Im Gegensatz dazu finden sich die möglichen -*ingen*-Wüstungsnamen sowohl im Oberen Baselbiet (östlicher Teil) als auch im Raum Basel und Birseck (westlicher Teil) vorwiegend im Umkreis rezenter Siedlungsnamen mit -*ingen*-Suffix.[2017] Die Verbreitungsmuster der -*ingen*-Namen im Unteren und Oberen Baselbiet sind durchaus vergleichbar. Daraus kann geschlossen werden, dass sich der Besiedlungsvorgang in beiden Räumen ähnlich abgewickelt haben dürfte. BOESCHS Kritik ist damit in Frage zu stellen. Die galloromanische Bevölkerung scheint effektiv ein Hindernis für die alemannischen Siedler gewesen zu sein. Wie sonst liesse sich die Häufung der -*ingen*-Namen im westlichen und südlichen Umland von Basel erklären, während südöstlich der Stadt und dem Rhein entlang über weite Strecken nur galloromanische Namen zu finden sind? Aus verkehrsgeographischer Perspektive scheint eine Besiedlung des Ergolztales, als Eingang zur bedeutenden Handelsroute über die Hauensteinpässe, durchaus von Interesse. Es ist jedoch festzuhalten, dass sich durch das Birstal über den Pierre-Pertuis-Pass ebenfalls eine Handelsroute zog, die bereits von den Römern frequentiert worden war.

BICKELS These überzeugt auch aus archäologischer Perspektive. Nur so lässt sich der scheinbare Widerspruch klären, dass für den Raum Basel, nebst den schaffhausischen Gebieten, zwar die ältesten alemannischen Grabfunde belegt sind, sich gerade in diesem Gebiet aber die Romania länger als an anderen Orten hat halten können.[2018] Die Grenze zwischen den beiden von BICKEL angenommenen Besiedlungsstossrichtungen muss östlich von Liestal-Munzach beziehungsweise Lausen-Bettenach gezogen werden. Mit Itingen findet sich der westlichste -*ingen*-Name des Vorstosses, der über die Jurahöhen erfolgte. An der Lage von Itingen zeigt sich die Stärke der noch vorhandenen Romania im Vergleich zur Ausbreitung der neuen germanischstämmigen Siedler.

Die Verbindung über den Oberen Hauenstein ist frei von -*ingen*-Namen. Entlang der Strecke lassen sich bis nach Balsthal SO aber zahlreiche römerzeitliche Fundstellen nachweisen. Verbunden mit der Lage des galloromanischen Orts Titterten lässt sich interpretieren, dass diese Route auch nach dem Rückzug der Römer, bis weit hinein ins Frühmittelalter, als bedeutender Verbindungsweg der Romania genutzt und wohl auch durch die noch ansässige romanische Bevölkerung kontrolliert worden ist. Für eine Ansiedlung weiterer Neuankömmlinge fand sich hier vorhand kein Platz. Erst mit dem Zurückweichen oder der Vermischung und Akkulturation der Romania mit den neuen Siedlern relativierte sich auch die strategische Bedeutung dieser Verbindungsroute unter romanischer Kontrolle. Davon zeugt die Massierung an -*wil*-Namen, die eine direkte Folge des Landesausbaus ab dem 8. Jahrhundert sind.

Im Untersuchungsgebiet, entlang der Nordabdachung des Juras, finden sich sowohl in den Tälern als auch auf den Plateaus mehrere Ortschaften und Wüstungen mit -*ingen*-Namen.[2019] Diese Dichte ist als eindeutiges Zeichen eines konzentrierten Besiedlungsvorganges in einem begrenzten Raum zu interpretieren. Dies zeigen die Standorte der Wüstungen *Bilisingen*, *Stükligen*, *Schwärzligen*, *Schwarligen*, *Wirblingen* und möglicherweise auch *Hufligen*, *Behligen*, *Russingen* und *Eglingen* deutlich an. Als mögliche Ursache der Konsolidierung können topographische Hindernisse angenommen werden, wie sich im Untersuchungsgebiet gleich mehrere finden: Nördlich von Läufelfingen liegen gleich zwei Felsdurchbrüche des Homburgerbachs, die den Weg versperren. Der *Giessen*, der markante Geländeabbruch des Eibachs, liegt nördlich von Zeglingen und der Wasserfall der Ergolz nördlich von Oltingen. Dazwischen jedoch erstreckt sich das weite Wenslinger Plateau. Allerdings zeigt die Überwindung der Jurakette vom Mittelland her, dass ausschliesslich topographische Hindernisse einen Besiedlungsvorstoss nicht zu lenken vermögen. Schliesslich weitete sich der Besiedlungsvorstoss aus, erfasste das obere Ergolztal und stiess im Raum Sissach auf den südöstlichsten Ausläufer der Romania.

In diesem Gebiet mag die weiter oben formulierte These des «verträglichen Nebeneinanders»[2020] der ansässigen romanischen Bevölkerung und der ankommenden germanischstämmigen Siedler zutreffen. Spätestens westlich von Itingen, im Gebiet um Munzach beziehungsweise Liestal, muss der Vorstoss aber gestoppt worden sein. Hier erwies sich die Romania als ein noch intakter und daher undurchlässiger, von der ansässigen Bevölkerung gegliederter Raum mit dem bedeutenden Handelsweg über den Oberen Hauenstein. In der Folge dieses «Rückstaus» dürfte sich die Besiedlung aufs umliegende Land konzentriert haben. Deutliche Anzeichen dafür sind Siedlungs- und Wüstungsnamen auf -*inghofen*. Sie finden sich nördlich von Itingen in der Wüstung Ikten und südlich von Itingen und Sissach in grosser Anzahl im Diegter- und Homburgertal.

Dieses ‹verträgliche Nebeneinander› lässt sich anschaulich an der Siedlungsentwicklung rund um Liestal zeigen: Es ist davon auszugehen, dass sich das ursprünglich römische Munzach noch bis ins Mittelalter hat halten können und als urbanes Zentrum funktionierte. Unweit davon, auf dem Gebiet des heutigen Liestals, wo die heutige Stadtkirche steht, entstand wohl bereits im 1. Jahrhundert n. Chr. ein Siedlungsplatz, der in spätrömischer Zeit ausgebaut wurde. Wohl aber spätestens mit dem Bau eines frühmittelalterlichen Königshofs, eines sogenannten Freihofs, verlagerte sich die Zentrumsfunktion vom romanischen Munzach weg. Spätestens mit der Gründung und Befestigung Liestals durch die Froburger wurde Munzach im

Laufe des 13. Jahrhunderts wohl definitiv aufgegeben.[2021] Diese koexistenzielle Situation zweier Siedlungen mit ungleichen Voraussetzungen beeinflusste auch die Namengebung:

Liestal ist weder ein *-ingen*-Name der ältesten Besiedlungsepoche noch ein mit dem der zweiten Besiedlungszeit entstammenden *-inghofen*-Suffix gebildeter Name. Folglich entstand der Name zu einer späteren Zeit, als diese beiden Bildungsmuster nicht mehr produktiv waren, also frühestens ab dem 11. Jahrhundert. Mitunter dafür verantwortlich gewesen war die oben beschriebene Stärke der Romania, hier in der Form von Munzach, die nur langsam an Bedeutung einbüsste. Liestal ist ein sogenannter sekundärer Siedlungsname[2022]. Das heisst, er fusst auf einem älteren Flurnamen. Dies bedingt, dass die ansässige Bevölkerung die germanisch-romanische Akkulturation bereits vollzogen hatte und sich eine deutsche Sprache im Alltag etabliert hatte. Die landschaftliche Umgebung wurde folglich bereits mit deutschen Namen benannt, die romanischen Namen wurden als Reliktworte einfachheitshalber mitübernommen. Hätten sich die frühen germanischstämmigen Neuankömmlinge in Munzach etablieren, sich dort dauerhaft niederlassen und akkulturieren können, so wäre die Siedlungskontinuität gewährleistet gewesen. Dies hätte zur Folge gehabt, dass, wie im Falle von Sissach, der romanische Name Munzach beibehalten worden wäre. Ob es dann überhaupt zu einer weiteren Ortsgründung auf dem Gebiet des heutigen Liestals gekommen wäre und wie dieser Orte heute heissen würde, muss offengelassen werden.

Zusammenfassung

Das Ziel der diesem Buch vorliegenden Untersuchung ist es, eine Methode und Anwendung zu entwickeln, mit der mögliche Wüstungsnamen aufgespürt werden können. Basierend auf dem Datenmaterial der Stiftung für Orts- und Flurnamenforschung Baselland wurde der Bezirk Sissach als Untersuchungsgebiet festgelegt.[2023] Als Arbeitsmaterial dient die Menge aller Flurnamen dieses Bezirks. Anhand eines eigens ausgearbeiteten Schemas[2024] wurden in sechs Schritten alle möglichen Wüstungsnamen herausgefiltert. So entstand ein Korpus mit 94 möglichen Wüstungsnamen. Von diesen 94 diskutierten Namen erfasste im Jahr 2000 der Archäologe MARTI in seiner Dissertation bereits 41 Namen, ohne jedoch auf jeden einzelnen näher einzugehen. Bei der Besprechung der archäologischen Fundstellen des Kantons Basel-Landschaft listete er diese als mögliche spätantike oder frühmittelalterliche Siedlungsnamen auf. Einzelne Orte wurden auf Karten verortet, andere nur schriftlich erwähnt.[2025] Die Archäologie wies acht möglichen Wüstungsnamen entsprechende spätantike beziehungsweise frühmittelalterliche Funde zu. Damit konnten sprachwissenschaftliche und archäologische Ergebnisse miteinander in Verbindung gebracht werden.

Insgesamt konnte mit der vorliegenden Untersuchung die Sammlung an möglichen Wüstungsnamen mehr als verdoppelt werden. Erstmals wurde dadurch das Ausmass der Besiedlung im Bezirk Sissach in galloromanischer und frühmittelalterlicher Zeit erfasst und auf Karten in Verbindung mit den heutigen Siedlungsnamen übersichtlich dargestellt.[2026]

Zusätzlich zu den heutigen 29 Siedlungsnamen dürften weitere 25 Namen abgegangener Siedlungen dazuzuzählen sein. Dies entspricht nahezu einer Verdoppelung der Siedlungen. Weitere 9 Namen weisen als indirekte Wüstungsnamen ebenfalls auf eine Wüstung hin, und bei elf Namen kann tendenziell von einem Wüstungsnamen ausgegangen werden. Insgesamt sind dies 45 zusätzliche Namen, die auf eine einstige Siedlung hinweisen. Zusammengerechnet mit den heutigen Siedlungsnamen liegen somit 74 Namen vor, die auf die Existenz einer Siedlung beziehungsweise einer einstigen Siedlung hinweisen. Dass noch weitere einstige Siedlungen im Untersuchungsgebiet liegen, von denen weder die Archäologie noch die Namenforschung Kenntnis hat, ist nicht auszuschliessen. Insbesondere zeigt nur schon die grosse Anzahl römischer Fundstellen, dass eine Vielzahl an Villen und Ökonomiegebäuden den Raum durchsetzt haben. Nur in den wenigsten Fällen ist ein Name dazu überliefert. Die hohe Anzahl an möglichen Wüstungen zeugt von einer kleinräumigen Besiedlung. Nicht wenige dieser einstigen Siedlungen dürften nur aus einigen Höfen mit Umland

bestanden haben. Grössere Dörfer und Städte waren im Untersuchungsgebiet nicht anzutreffen. Über den jeweiligen Auflassungszeitpunkt besteht
keine Klarheit. Es ist von mehreren Prozessen der Siedlungsbereinigung
auszugehen. Eine erste markante Wüstungsperiode dürfte im Frühmittelalter mit dem Rückzug der Römer aus dem Untersuchungsgebiet eingeleitet worden sein. Es kann davon ausgegangen werden, dass nach Abschluss
der spätmittelalterlichen Wüstungsperiode von den 74 einstigen Siedlungen nur noch die heutigen 29 übrig geblieben sind. Dies entspricht einer
Reduktion von 61,4%, beziehungsweise nur ungefähr jede dritte Siedlung
existiert heute noch.

Werden die Siedlungs- und Wüstungsnamen nach ihren Grundwörtern und
Suffixen in Gruppen geordnet, so zeigen sich eindeutige Verbreitungsmuster.
Auffällig ist besonders die Konzentration einer Namengruppe in einem bestimmten Gebiet. So ist beispielsweise der Grossteil aller -inghofen-Namen im
Bereich des Diegters- und Homburgertals zu finden. Weitere Namen dieser
Gruppen verteilen sich lose über das Untersuchungsgebiet. Durch die historisch-chronologische Einordnung der einzelnen Namengruppen und anhand
ihrer Verbreitung können mögliche Besiedlungswege eruiert werden. Aufgrund der Dichte und Verbreitung der -ingen-Namen, die nach der Schicht
der galloromanischen Namen als älteste germanische Namenschicht betrachtet werden dürfte, und der jüngeren -inghofen-Namen entlang der Jurahöhen
zwischen Eptingen und Anwil kann herausgefunden werden, aus welcher
Richtung sich ein Besiedlungsvorstoss in dieses Gebiet erstreckt haben dürfte.
Viele Anzeichen deuten auf einen Vorstoss aus südlicher Richtung über die
Jurahöhen hin. Es ist anzunehmen, dass sich anschliessend eine Besiedlungsstossrichtung aus dem Gebiet des heutigen Oltingen über Anwil nach Rothenfluh ins Ergolztal ergab. Später erfolgte eine Ausbreitung ins Homburger- und
Diegtertal sowie eine dichtere Besiedlung des Ergolztals.

Darüber hinaus wird durch den Einbezug der Wüstungsnamen erstmals die Skizzierung eines Verlaufs der Besiedlung bis in kleinste Räume
möglich. Besonders für das hügelige und durch Täler und Hochplateaus
kleinräumig strukturierte Untersuchungsgebiet bedeuten die vorliegenden
Aussagen eine Präzisierung der bisher nur allgemein gehaltenen Aussagen
zur Besiedlungsstossrichtung.

Weitere onomatische Arbeiten in den angrenzenden Bezirken, in der
ganzen Nordwestschweiz und im grenznahen Elsass und Baden-Württemberg wären erhellend. Insbesondere könnte so die hoch anmutende Zahl
von 61,4% verschwundener Siedlungen in eine Relation gestellt werden.
Am hehren Ziel der vollständigen Enträtselung der Namenlandschaft hängt
auch die Hoffnung der präziseren Beantwortung der Franken-Frage.

Abkürzungsverzeichnis

AA	Altes Archiv
Adj.	Adjektiv
AG	Aargau; Kanton Aargau
ahd.	althochdeutsch
Ber.	Berein
BL	Baselland; Kanton Basel-Landschaft
BS	Basel-Stadt; Kanton Basel-Stadt
Dat.	Dativ
Dim.	Diminutiv
GA	Gemeindearchiv
HeK	Helvetisches Kataster
HK	Heimatkunde
IVS	Inventar historischer Verkehrswege der Schweiz
Jh.	Jahrhundert
KLA	Klosterarchiv
mhd.	mittelhochdeutsch
mdl.	mundartlich
nhd.	neuhochdeutsch
n. p.	nicht paginiert
o. ä.	oder ähnlich
schwzdt.	schweizerdeutsch
SO	Solothurn; Kanton Solothurn
Subst.	Substantiv
v. l. n. r.:	Von links nach rechts

Abbildungsverzeichnis

Christoph Bächtold	12, 18–19, 26–27, 37–38, 43–45, 47, 51–52, 55–59, 61–62, 64, 66–67, 69, 71–72, 74–77
Philippe Hofmann	1–11, 13–17, 20–25, 28–36, 39–42, 46, 48–50, 53–54, 60, 63, 65, 68, 70, 73

Kartenverzeichnis

Karten 1–12.1
Reproduziert mit der Bewilligung von swisstopo (BA170003), bearbeitet
von Philippe Hofmann

Glossar

Agglutination: Der Auslaut eines Worts wird durch Verwischen der Wortgrenze zum Anlaut des nachfolgenden Worts[2027], z. B. *Zenzach* aus *zu* beziehungsweise *ze Enzach*. Gegenteil von → **Deglutination**.

Alemannen, Alamannen: Die Sprachwissenschaft benutzt den Begriff *Alemannen*, während die Archäologie sich mit der Schreibung *Alamannen* behilft. In der Arbeit wird der sprachwissenschaftliche Begriff verwendet. Die Schreibung *Alamannen* erscheint in Zitaten und Werktiteln.

Althochdeutsch (ahd.): Form der deutschen Sprache ungefähr zwischen 750 und 1050 n. Chr.[2028] Wird in der Arbeit nur als Adjektiv abgekürzt.

Apokope: Weglassung. Wegfall von Lauten am Wortende, z. B. *ich geh'* statt *ich gehe*.

Appellativ: Sachwort, Gattungswort, das im Gegensatz zum Namen steht, also Wald, Berg, im Gegensatz zu den (konkreten) Namen *Allschwiler Wald* oder *Bettenberg*.[2029]

Auslaut: Laut am Ende des Worts oder Morphems.[2030]

Aussersprachliche Realität: Stellvertretende Formulierung für Aspekte der Geschichte, Archäologie und Geographie.

Bann: Hier: Herrschaftsgebiet.

Bestimmungswort: Der erste Teil eines zusammengesetzten Wortes, beispielsweise *Bach* im Namen *Bachgraben*. Besteht der erste Teil eines Namens aus einem Kompositum, lautet der Terminus **Bestimmungsteil**, z. B. *Margelacherbode*.

Deglutination: Bezeichnet den Vorgang der «falschen» Abtrennung eines Lautes, meistens eines Anlauts, z. B. Ätteholz aus ursprünglichem *Mätteholz*.

Diminutiv: Verkleinerungsform, z. B. mundartliches *Hüsli* zu *Hus*.

Ellipse: Auslassung. Ein Teil des ursprünglichen Worts wurde weggelassen, z. B. *Huflig* anstelle von *Hufligacker*.

Entrundung, entrundet: Verlust der Lippenrundung in der Aussprache eines üblicherweise mit gerundeten Lippen gesprochenen Lautes[2031], z. B. *Grienmatt* anstelle von *Grüenmatt*. Gegenteil zu → **Rundung**.

Etymologie: Lehre von der Herkunft und Entwicklung sowie der ursprünglichen Bedeutung eines Worts.[2032]

Exonym: Name für ein topographisches Objekt in einer Sprache, die nicht vor Ort gesprochen wird.[2033] Z. B. dt. *Münster* für frz. *Moutier* (BE) oder dt. *Delsberg* für frz. *Delémont* (JU).

Flurname: Namen, im strengsten Sinn eigentlich Namen für landwirtschaftlich bebautes Gebiet, in einem weiteren und hier verwendeten Sinn sind damit alle Namen gemeint, die ausdrücklich keine → **Siedlungsnamen** sind.[2034]

Fuge: Übergang zwischen zwei Wörtern.

Franken: Germanischstämmiges Volk – entstanden durch einen Zusammenschluss mehrerer siedelnder Gruppen am Niederrhein –, das im 3. Jahrhundert n. Chr. erstmals unter den Namen *Franci* in römischen Quellen erwähnt wird.

Galloromanisch: Die gesprochene Form des Lateins im ersten halben Jahrtausend n. Chr. auf dem Gebiet Galliens (Frankreich, Belgien, Schweiz).[2035] Mit *galloromanisch* bezeichnete Namen, Objekte und Ereignisse entstammen einer aus römischen und keltischen Teilen verschmolzenen Kulturschicht.

Gehöftgruppe: Ansammlung mehrerer Einzelhöfe zu einer Gruppe innerhalb eines bestimmten, meist kleinen Raums.

Grundwort: Der letzte Teil eines zusammengesetzten Wortes, beispielsweise *graben* in *Bachgraben*.

Hof: Einzelstehendes Haus, Gehöft, auch fürstlicher Wohnsitz im Sinne einer Besitzung eines Grundherrn und damit eingeschlossen auch mögliche weitere direkt oder indirekt dazugehörige Gebäude.[2036]

Homonym(ie): Aus dem Griechischen mit der Bedeutung ‹mit gleichem Namen›. Ein Homonym bezeichnet ein Wort mit verschiedenen Begriffen. Dabei wird unterschieden zwischen Wörtern mit gleicher Schreibweise und Aussprache, z. B. *der Ball* (rundes Spielgerät einerseits und Tanzveranstaltung andererseits), und Wörtern mit gleicher Schreibweise, aber unterschiedlicher Aussprache, z. B. *modern* (vergehen, verrotten) und *modern* im Sinne von der neusten Mode, dem neusten Stand entsprechend.

Homophonie: Aus dem Griechischen mit der Bedeutung ‹Gleichklang, gleichlautend›. Ein Homophon ist ein Wort, das die gleiche Aussprache wie ein zweites mit unterschiedlicher Bedeutung hat, z. B. *malen* und *mahlen*.

Hydronym: Gewässername.

Hyperkorrektur: Analog nach anderen Wörtern gebildete Form, die durch ihre Existenz Hinweise auf die Lautung ermöglicht[2037], z. B. *Gelterkinden* anstelle von *Gelterkingen*.

Indirekter Wüstungsname: Name, der auf eine einstige Siedlung verweist, jedoch den einstigen Namen nicht in die Gegenwart transportiert hat. Steht in Abgrenzung zu → **Wüstungsname**.

Infix: Eingeschobener Laut, der analog zu einem → **Präfix** oder → **Suffix** bedeutungstragend sein kann oder nur phonetisch bedingt erscheint.[2038]

Kollektivum: Durch ein → **Präfix** oder → **Suffix** gebildetes Wort, das eine Gruppe von Gegenständen zusammenfasst, z. B. *Gebüsch* zu *Busch*.[2039]

Kompositum: Aus zwei oder mehr Wörtern zusammengesetztes Wort.[2040]

Makrotoponym: Grossraumname, z. B. *Bettenberg*. Gegensatz zu → **Mikrotoponym**.

Metathese: Umstellung zweier Laute[2041], z. B. *Ikten* aus *Itken*.

Mikrotoponym: Kleinraumname, z. B. *Rotmatt* (Buus), *Gsteig* (Läufelfingen) etc. Gegensatz zu → **Makrotoponym**.

Mittelhochdeutsch (mhd.): Form der deutschen Sprache zwischen ca. 1150 und 1350.[2042] Wird im Buch nur als Adjektiv abgekürzt.

Neuhochdeutsch (nhd.): Form der deutschen Sprache seit ca. 1650.[2043] Wird im Buch nur als Adjektiv abgekürzt.

Neumotivierung, neumotiviert: Bewusste oder unbewusste Neuanbindung eines Namens an ein anklingendes → **Appellativ**, oftmals verbunden mit einer Änderung der Namenschreibung[2044], z. B. *Holzschwanz* anstelle von *Holzenschwank* (Läufelfingen).

Onomastik: Wissenschaft der Namen.

Onomastisch: Die Wissenschaft der Namen betreffend.

Ortsname: Wird nicht verwendet. Allfällige Nennungen entstammen Werktiteln oder Zitaten. → **Toponym.**

Patronymisch: Nach dem Namen des Vaters benannt. Wird für Namenbildungsmuster verwendet, die im ersten Teil, also im Bestimmungswort, einen Personennamen beziehungsweise eine Ableitung davon aufweisen.

Pejorativ: Abwertend. Z. B. kann das Namenelement *Hund* in Bezug zur Beschaffenheit oder Qualität eines Objekts beziehungsweise einer Flur eine negative Eigenschaft – geringer Ertrag, schlechte Wasserqualität etc. – beschreiben.

Präfix: Vor dem Wort stehendes lexikalisches oder grammatikalisches Element, z. B. *Ge-* in *Gerüt.*

Primärer Siedlungsname: Siedlungsname, der durch ein bestimmtes Element ausdrücklich auf menschliche Anwesenheit, insbesondere einer Wohnstätte, hinweist,[2045] z. B. durch die Elemente *Dorf, Wil, Hof* etc.

Rezent: Adjektivische Bezeichnung für heute noch lebendige, d. h. gebräuchliche Namen. Gegenteil zu abgegangenen Namen.

Romania: Das von der ursprünglich römischen Bevölkerung bewohnte Gebiet der Nordwestschweiz. Wird im Kontext vorwiegend verwendet, um im Zuge der germanischstämmigen Besiedlung die Restgebiete der romanischen Bevölkerung zu umreissen.

Rundung: Mit gerundeter Lippenform ausgesprochener Laut, z. B. *u* oder *ü*, und Lautveränderung, die zur Rundung führt, z. B. *Bützenen* anstelle von *Bitzenen* (Sissach, 1447 *Jn der bitzenen*). Gegenteil zu → **Entrundung.**

Sekundärer Siedlungsname: Siedlungsname ohne ausdrücklichen Hinweis auf eine menschliche Anwesenheit, der auf einen Flurnamen zurückgeht[2046], z. B. *Rickenbach* BL.

Siedlung: In einem engeren Sinn die Summe aller Bauten innerhalb eines bestimmten Raums, an dem sich eine bestimmte Anzahl Menschen niedergelassen hat; in einem weiteren Sinn ergänzt durch das umliegende und dazugenutzte Land.[2047]

Siedlungsname:[2048] Begriff für alle Namen von heute noch bewohnten Stätten. Ausgenommen sind Burg-, Schloss-, Hof- und Hausnamen sowie sakrale und gewerbliche Einrichtungen, die in der Arbeit nicht Gegenstand der Untersuchung sind.

Simplex: Einfaches, d. h. nicht zusammengesetztes Wort[2049], z. B. *Acher, Büel.*

Sprachliche Wirklichkeit: Stellvertretendes Syntagma für Aspekte der Namenforschung.

Sprosskonsonant: Konsonant, der aufgrund phonetischer Bedingungen im Wort neu entsteht, z. B. **Apfholter* aus **Apfalter.*

Sprossvokal: Vokal, der aufgrund phonetischer Bedingungen im Wort neu entsteht.[2050]

Stadt: Im Vergleich zu → **Hof,** Weiler und → **Dorf** die grösste Siedlungsform.

Spätantike: Zeitspanne zwischen dem 3. und 6. Jh. n. Chr. Bezieht sich auf die letzten Jahrzehnte beziehungsweise Jahrhunderte, bevor sich die Römer aus dem erweiterten Untersuchungsraum zurückgezogen haben.

Streusiedlung: Nicht in sich geschlossene Siedlung von auseinanderliegenden Höfen beziehungsweise Weiler ohne eigentlichen Ortskern.

Suffix: Grammatikalisches Element, das an den Stamm eines Wortes antritt[2051], z. B. *-ingen* in *Oltingen, Zeglingen* etc.

Synoikismus: Geplante beziehungsweise angelegte Zusammenlegung mehrerer Dörfer zu einer Stadt beziehungsweise mehrerer kleineren Siedlungsformen zu einer grösseren.

Syntagma: Aus dem Griechischen mit der Bedeutung ‹Zusammengesetztes›. Ein Syntagma bezeichnet eine Gruppe zusammenhängender Elemente, z. B. Wörter, in einer konkreten Ausserung. Als Syntagmen können Deutungen von Siedungs-, Orts- und Flurnamen verfasst sein, z. B. *Anwil* ‹beim Gehöft des Anno› oder *Brüel* ‹die Wässermatte›.

Toponym: Eigentlich Ortsname. Hier aber in einem weiteren Sinn verwendet als Name eines Orts, also sowohl Flur- als auch Siedlungsname.

Toponomastik: Ortsnamenkunde.

Type und **Token:** Von CHARLES S. PIERCE eingeführtes Begriffspaar, das Eingang in die strukturale Linguistik erlangte und zur Unterscheidung von *langue* und *parole* dient. *Token* wird als Begriff für eine konkrete sprachliche Äusserung verwendet, ein *Type* meint eine abstrakte Einheit der Metaebene. Z. B. beinhaltet die Menge des Analysekorpus des Bezirks Sissach 16 638 Flurnamen (*Tokens*), davon aber nur 11 549 unterschiedliche Normalnamen (*Types*).[2052] Die Differenz von 5089 Namen setzt sich aus Mehrfachnennungen zusammen, beispielsweise ist der Type *Bächli*[2053] im Bezirk Sissach 21 Mal belegt, weist also mehrere Token auf. Die Type-Token-Relation «zeigt in Texten das Verhältnis zwischen der Gesamtzahl der Wörter […] und der Anzahl der verschiedenen Wörter.»[2054]

Verdumpfung: Hebung und Rundung eines Vokals, z. B. *a* zu *o* in *Wolten* aus ursprünglich *Walten* (Läufelfingen) oder *Solz* aus *Salz*.

Verschleifung, verschliffen: Metaphorischer Sammelbegriff für die Bezeichnung lautlicher Vereinfachungen[2055], z. B. ist im Erstglied des Flurnamens *Heimeren* (Buus) ein einstiger Personenname *Heimart, Heilmar* zu suchen.

Volksetymologie: Inhaltliche Umdeutung und gegebenenfalls formale Umformung eines nicht mehr richtig verstandenen Worts nach dem Vorbild eines bekannten ähnlich lautenden Worts.

Wüstung: Begriff für eine nicht mehr bewohnte, aufgegebene einstige Siedlung. In einem weiteren Sinn ebenfalls mit dem dazugehörenden genutzten Land, da eine landwirtschaftlich geprägte Siedlung ohne Umland inexistent ist.[2056]

Wüstungsname: Name, der auf eine einstige Siedlung hinweist, die heute unbewohnt und verlassen ist.[2057] Steht in Abgrenzung zu → **Indirekter Wüstungsname**.

Literaturverzeichnis

Primärliteratur

Ungedruckte Quellen[2058]

Gemeindearchive (GA)

GA Buus: FertProt. 1834	Fertigungs-Protocoll der Gemeinde Buus, 1834.
GA Gelterkinden: GRProt.	Gemeinderatsprotokolle der Gemeinde Gelterkinden 1879–1882, 1882–1885, 1886–1888, 1888–1892, 1892–1895, 1896–1901.
GA Gelterkinden: KatAbschr. 1827	Kadaster Abschrift Gelterkinden 1827.
GA Häfelfingen: KatB. 1893	Katasterbuch der Gemeinde Häfelfingen, angefertigt im Jahr 1893.
GA Itingen: GRProt.	Gemeinderatsprotokolle der Gemeinde Itingen 1881–1889, 1890–1898, 1899–1910.
GA Läufelfingen: WürdProt. 1848–1866	Würdigungsprotokoll der Gemeinde Läufelfingen 1848–1866.
GA Liestal: AA 38	Altes Archiv, Nr. 38, Heugeld-Rotel, 1708–1733.
GA Liestal: AA 64.62	Altes Archiv, Nr. 64, Rütti-Rottel und Besichtigung, 1572, Darin Nr. 62 Rüttin Zinss So der Rattstuben Zuo Liechtstall Zugehoren.
GA Maisprach: GRProt.	Gemeinderatsprotokoll 1882–1888.
GA Rothenfluh: WürdProt. 1834	Würdigungs Protokoll Für Die Gemeinde Rothenflue 1834.
GA Rünenberg: GRProt.	Gemeinderatsprotokolle der Gemeinde Rünenberg 1873–1891, 1891–1908.
GA Sissach: Ocularkat. 1820	Alter Ocularkataster der Gemeinde Sissach von 1820.
GA Tenniken: WürdProt. 1847–1869	Würdigungsprotokohl der Gemeinde Tenniken vom 1. Januar 1847 bis 10. April 1869.
GA Tenniken: Ber. 1759	Tennecken berein 1759.
GA Thürnen: KatB 1828	Cadaster des Thürnen Banns nach der in dem Jahr 1828 gemachten Vermessung und Schatzung desselben.

GA WINTERSINGEN: GRProt. Gemeinderatsprotokolle der Gemeinde WINTER-SINGEN 1873–1888, 1888–1908.

GA WITTINSBURG: KatB 1890 Katasterbuch der Gemeinde WITTINSBURG 1890.

Staatsarchive, Bibliotheken

Bereine, Urbare, Bücher, Urkunden

Staatsarchiv Aargau, Aarau

AA 7468   Altes Archiv V, Fricktal, B Archiv der Kameralämter Laufenburg und Rheinfelden, VI, Stift Rheinfelden Nr. **7468** Urbar des Besitzes des Stifts [Rheinfelden] zu Arisdorf, Buus, Eiken, Frick Höflingen, Kilchberg, Magden, Möhlin, Ormalingen (Normendingen), Rheinfelden, Riburg, Riehen, Sissach, Zeiningen, Eichsel, Geidlikon, Grenzach, Hagenbach, Herten, Maulburg, Nollingen, Riedmatt (Säckingen), Tegerfelden, Warmbach, Wihlen 1478, 1484-1563 (spätere Hände).

AA 7476   Altes Archiv V, Fricktal, B Archiv der Kameralämter Laufenburg und Rheinfelden, VI, Stift Rheinfelden, Nr. **7476** Bereine über Aristorf (1509) und Kilchberg (1478).

AA 7498   Altes Archiv V, Fricktal, B Archiv der Kameralämter Laufenburg und Rheinfelden, VI, Stift Rheinfelden, Nr. **7498** Berein über Fruchtgefälle zu Kilchberg 1680.

AA 7563   Altes Archiv V, Fricktal, B Archiv der Kameralämter Laufenburg und Rheinfelden, VI, Stift Rheinfelden, Nr. **7563** Berein über Gelterkinden, Ormalingen, Buus und Maisprach 1593.

AA 7600   Altes Archiv V, Fricktal, C Johanniterkommende Rheinfelden, Nr. **7600** Berein über Tenniken 1600.

AA 7609   Altes Archiv V, Fricktal, C Johanniterkommende Rheinfelden, Nr. **7609**, Berein über die Bodenzinse des Johanniterhauses in alphabetischer Folge: Privilegien 1620–1625, Augst, Buus (Bauß!), Bartenheim, Blansingen, Bamlach, Bellingen (Bellikon), Brinkheim (Kr. Mülhausen) Eiken, Höflingen, Huttingen (Lörrach), Herthen, Hellikon, Inzlingen, Kilchberg, Karsau (Säckingen), Magden, Mumpf und Obermumpf, Maisprach (Meysepurg), Ormalingen (Nor-), Nollingen, Ötlingen (Öttlickhein, Lörrach), Oltingen (Kr. Altkirch), Rheinfelden, Rickenbach, Riehen, Riburg, Stetten, Sissach, Schupfart, Tecknau, Tenniken (Sissach), Degerfelden, Welmlingen (Lörrach), Wehr (Währr, Schopfheim), Wintersingen, Warmbach, Wihlen, Wegenstetten, Zeglingen, Olsberger Zehnt 1628.

AA 7711 Altes Archiv V, Fricktal, D Deutschordenskommende Beuggen, Schaffnei Rheinfelden, Nr. **7711**, Berein über des Ritterhauses Beuggen in den Bännen Gelterkinden, Ormalingen, Hemmiken, Buus und Maisprach (Grafschaft Farnsburg) 1703.

AA 8056 Altes Archiv V, Fricktal, F Kloster Olsberg, Nr. **8056** Berein für das Kloster Iglingen 1437-1495.

AA 8060 Altes Archiv V, Fricktal, F Kloster Olsberg, Nr. **8060** Urbar des Klosters Olsberg zu Magden, Ober-Olsberg, Möhlin, Füllinsdorf, Liestal usw., zu Rheinfelden und an anderen östr. Orten 1464.

AA 8061 Altes Archiv V, Fricktal, F Kloster Olsberg, Nr. **8061** Berein der Güter zu Gelterkinden 1480.

AA 8069 Altes Archiv V, Fricktal, F Kloster Olsberg, Nr. **8069** Berein über die Gefälle zu Diegten und Tenniken 1605.

AA 8079 Altes Archiv V, Fricktal, F Kloster Olsberg, Nr. **8079** Berein über die Güter zu Gelterkinden, Ormalingen, Hemmiken und Rickenbach 1702.

AA 8080 Altes Archiv V, Fricktal, F Kloster Olsberg, Nr. **8080** Berein über die Güter zu Hersberg, Nußhof, Wintersingen, Buus und Maisprach 1703.

AA 8086 Altes Archiv V, Fricktal, F Kloster Olsberg, Nr. **8086** Berein über die Güter zu Rümlingen, Buckten, Wittinsburg, Häfelfingen und Mettenberg (G. Rümlingen) 1731.

AA 8096 Altes Archiv V, Fricktal, F Kloster Olsberg, Nr. **8096** Berein über die Güter zu Rümlingen und Buckten 1766.

AA 8099 Altes Archiv V, Fricktal, F Kloster Olsberg, Nr. **8099** Berein über Sissach, Zunzgen, Diepflingen 1770, Hersberg und Nußhof 1774.

Staatsarchiv Basel-Landschaft, Liestal

AA 1001, Urkunden, 1 Urkundenbestand 1239–1789, Nr. **440**, 1457.11.09.

AA 1001, Urkunden, 1 Urkundenbestand 1239–1789, Nr. **538**, 1466.03.04.

AA 1001, Urkunden, 1 Urkundenbestand 1239–1789, Nr. **616**, 1479.04.01.

AA 1001, Urkunden, 1 Urkundenbestand 1239–1789, Nr. **692**, 1496.12.27.

AA 1001, Urkunden, 1 Urkundenbestand 1239–1789, Nr. **727**, 1504.12.16.

AA 1001, Urkunden, 1 Urkundenbestand 1239–1789, Nr. **750**, 1510.06.28.

AA 1001, Urkunden, 1 Urkundenbestand 1239–1789, Nr. **961a**, 1579. 07.13.

AA 1001, Urkunden, 1 Urkundenbestand 1239–1789, Nr. **1027**, 1612.11.11.

AA 1001 Urkunden, 2 Urkunden-Appendix 1, über 100 Aktenstücke zum Konflikt der Adeligen von Eptingen mit der Stadt Basel, 1460er Jahre bis 1535, Nr. **109**, 16. Jh.

AA 1001 Urkunden, 2 Urkunden-Appendix 1, über 100 Aktenstücke zum Konflikt der Adeligen von Eptingen mit der Stadt Basel, 1460er Jahre bis 1535, Nr. **111**, 1464.08.08.

AA 1002, 1. B, **Jzb 2**, 3. Jahrzeitbuch von Liestal, 14. Jh.

AA 1002, 1. B, **Jzb 3**, Jahrzeitbuch Läufelfingen, nach 1496.

AA 1002, 1. B, **Jzb 4**, Jahrzeitbuch Sissach, um 1500.

AA 1002, 1. B, **Jzb 6**, Jahrzeitbuch Kilchberg, Mitte 15. Jh.

AA 1003, Ber. 1, Urbar über die Gefälle der Gotteshäuser im Farnsburger und Homburgeramt 1530.

AA 1003, Ber. 11a, Farnsburger Bereinscorpus, Bd. IV, Teil III Nusshof, Hersberg, Rothenfluh, Augst, Arisdorf, Sissach, Böckten, Zunzgen, Wisen, Frick 1765.

AA 1003, Ber. 13, Farnsburger Schlossberein, Bd. I Gelterkinden 1762.

AA 1003, Ber. 17, Farnsburger Bereinscorpus, Bd. III Oltingen, Anwil 1764.

AA 1003, Ber. 18a, Farnsburger Bereinscorpus, Bd. I Ormalingen, Hemmiken 1763.

AA 1003, Ber. 20, Farnsburger Bereinscorpus, Bd. III Wintersingen 1763.

AA 1003, Ber. 22, Berein über die Zinse und Gefälle des Schlosses Farnsburg, erster Teil 1702.

AA 1003, Ber. 23, Berein über die Zinse und Gefälle des Schlosses Farnsburg, zweiter Teil 1702.

AA 1003, Ber. 24, Berein über die Zinse und Gefälle des Schlosses Farnsburg, dritter Teil 1702–1703.

AA 1003, Ber. 25, Berein über die Zinse und Gefälle des Schlosses Farnsburg, vierter Teil 1702–1704.

AA 1003, Ber. 26, Berein der Deutschordens-Commende Beuggen über Bodenzinse in Gelterkinden, Ormalingen, Hemmiken, Maisprach und Buus 1564.

AA 1003, Ber. 34, Berein der Domprobstei in Ormalingen, Zeglingen, Gelterkinden, Rünenberg, Wintersingen, Arisdorf und Itingen 1726.

AA 1003, Ber. 38, Berein über die Zinse und Güter des Gotteshauses Buus 1595.

AA 1003, Ber. 42, Berein über die Zinse und Güter des Gotteshauses Gelterkinden 1595.

AA 1003, Ber. 43, Berein des Gotteshauses Gelterkinden 1691.

AA 1003, **Ber. 44**, Berein des Gotteshauses Gelterkinden, um 1750.

AA 1003, **Ber. 53**, Berein des Gotteshauses Kilchberg über Güter in Läufelfingen 1615.

AA 1003, **Ber. 54**, Berein des Gotteshauses Kilchberg 1703.

AA 1003, **Ber. 56**, Kopie des Bereins des Gotteshauses Kilchberg und des Schlosses Homburg 1776.

AA 1003, **Ber. 58**, Berein über die Zinsen und Zehnten des Gotteshauses Läufelfingen im Amt Homburg sowie über die Zehnten zu Wisen und Lostorf 1615.

AA 1003, **Ber. 59**, Berein des Gotteshauses Liestal (St.-Katharina-Altar) zu Läufelfingen 1615.

AA 1003, **Ber. 60**, Berein des Gotteshauses Läufelfingen 1685.

AA 1003, **Ber. 63**, Berein des Gotteshauses Läufelfingen, samt Kopien von Dokumenten, welche den Zehnten zu Wisen betreffen 1731.

AA 1003, **Ber. 66a**, Berein des Gotteshauses Läufelfingen 1731.

AA 1003, **Ber. 67**, Einschlag- und Heuzehntenberein des Gotteshauses Läufelfingen (?) zu Läufelfingen, Hauenstein und Wisen 1811.

AA 1003, **Ber. 68**, Berein des Gotteshauses Läufelfingen 1818.

AA 1003, **Ber. 70**, Berein über die Zinse und Güter des Gotteshauses und Gwidems zu Maisprach 1595.

AA 1003, **Ber. 75**, Berein des Gotteshauses Oltingen 1702.

AA 1003, **Ber. 76**, Berein des Gotteshauses Oltingen 1702.

AA 1003, **Ber. 80**, Berein des Gotteshauses Ormalingen über Zinsen und Güter in Ormalingen 1595.

AA 1003, **Ber. 84**, Berein des Gotteshauses Rothenfluh 1560.

AA 1003, **Ber. 85**, Berein über die Zinsen und Güter der Kirche Rothenfluh zu Rothenfluh 1634–1635.

AA 1003, **Ber. 86**, Berein des Gotteshauses Rothenfluh 1583–1584.

AA 1003, **Ber. 87**, Berein der Domprobstei Basel (Kammerei auf Burg) zu Rothenfluh 1687.

AA 1003, **Ber. 89**, Berein der Domprobstei Basel (Kammerei auf Burg) zu Rothenfluh 1702–1704.

AA 1003, **Ber. 91**, Rothenflueh: Berains Haisch Rödull und Berain de Ao. 1759.

AA 1003, **Ber. 92**, Berein des Gotteshauses Rothenfluh 1768.

AA 1003, **Ber. 103a, H. 1**, Berein des Bischofs von Basel über Güter zu Rothenfluh und Wegenstetten 1768.

AA 1003, Ber. 105, Berein des Gotteshauses St. Georg zu Rümlingen 1615–1616.

AA 1003, Ber. 107, Berein des Gotteshauses St. Georg zu Rümlingen 1685.

AA 1003, Ber. 110, Berein des Gotteshauses Rümlingen über Güter zu Rickenbach, Itingen, Eptingen 1702.

AA 1003, Ber. 115, Berein des Gotteshauses Rümlingen 1766.

AA 1003, Ber. 116, Berein über die Gwidemgüter des Gotteshauses Rümlingen 1819.

AA 1003, Ber. 120, Berein des Gotteshauses St. Jakob zu Sissach über Bodenzinse und Gwidemgüter in Sissach, Itingen, Böckten, Zunzgen 1610. Nachtrag: Berein der verkauften und verpfändeten Widemgüter zu Böckten, Sissach von der Pfrund St. Jakob zu Sissach 1675.

AA 1003, Ber. 124, Sissacher Zehntenberein 1691–1692.

AA 1003, Ber. 130, Berein des Untervogts zu Sissach über Güter in Sissach, Itingen, Böckten 1703.

AA 1003, Ber. 133, Berein des Gotteshauses Rümlingen 1766.

AA 1003, Ber. 137b, Berein von Hochwaldgütern der Stadt Basel zu Sissach, Itingen, Böckten 1569.

AA 1003, Ber. 137c, Rütizinse des Schlosses Waldenburg in Sissach, Itingen 15. Jh.

AA 1003, Ber. 141, Berein des Gotteshauses Tenniken 1703.

AA 1003, Ber. 143, Urbar über das jährliche Einkommen des Gotteshauses Wintersingen 1606.

AA 1003, Ber. 145, Berein des Gotteshauses Wintersingen 1703.

AA 1003, Ber. 156, Berein der Familie Rippel in Zeglingen und Anwil 1837.

AA 1003, Ber. 159, Berein des Untervogts zu Zunzgen 1703–1704.

AA 1003, Ber. 161, Berein des Untervogts zu Zunzgen (2. Teil) 1760–1766.

AA 1003, Ber. 164, Berein des Schlosses Homburg 1559–1616.

AA 1003, Ber. 166, Berein des Schlosses Homburg 1680.

AA 1003, Ber. 167, Einkünfte des Schlosses Homburg, des Kornamts Liestal und des Predigers zu Rümlingen 1758.

AA 1003, Ber. 168, Berein des Schlosses Homburg 1758.

AA 1003, Ber. 170, Zinsabteilung des Schlosses Homburg 1801.

AA 1003, Ber. 175a, Berein über die Zinsen der Stadt Basel, der Domprobstei Basel und des Predigers zu Bubendorf, die der Kornmeister zu Liestal einzieht 1606–1616.

AA 1003, **Ber. 405a**, Berein des Klosters Schöntal über Güter in Reigoldswil, Wisen, Läufelfingen, Itingen, Sissach, Diegten, Lauwil, Titterten, Grenzach, Niederdorf, Waldenburg, Oberdorf, Bennwil, Lampenberg, Hölstein, Langenbruck, Bärenwil, Ziefen, Arboldswil, Mümliswil, Balsthal, Laupersdorf, Matzendorf, Bannwil, Waldkirchenfeld, Niederbipp und Olten 1447–1630.

AA 1003, **Ber. 409**, Berein des Schlosses Waldenburg («Zinsrodel zu Waldenburg») über Güter im Amt Waldenburg sowie in Sissach und Itingen 1532.

AA 1003, **Ber. 410**, Berein des Schlosses Waldenburg sowie der Stadt Basel und des grossen Spitals Basel über Güter im Amt Waldenburg sowie in Seewen, Nunningen, Itingen und Sissach 1605–1610.

AA 1003, **Ber. 414**, Berein des Schlosses Waldenburg in Sissach 1702–1703.

AA 1003, **Ber. 437**, Berein des Gotteshauses Diegten unter der Pfrund Eptingen über Güter in Diegten und Eptingen 1605.

AA 1003, **Ber. 438**, Berein der Stadt Basel (Untervogt und Kornhaus zu Diegten) über Güter in Diegten, Zunzgen, Diepflingen, Eptingen und Tenniken 1605.

AA 1003, **Ber. 462**, Berein der Stadt Basel (Untervögte zu Sissach und zu Zunzgen) sowie des Schlosses Farnsburg über Güter in Sissach, Itingen, Böckten, Tenniken, Eptingen, Zunzgen, Bennwil und Ifenthal 1605–1610.

AA 1003, **Ber. 500**, Strittige Bodenzinsen und Zehnten von Kollegiatstift zu Rheinfelden, Stadt Basel (Kornamt Diegten), Gotteshaus Liestal, Spital Basel (ehemals Leonhard Waldner), Gotteshaus Ziefen, Kloster Olsberg, Schloss Farnsburg, Deputatenamt Basel, Domprobstei Basel, Stadt Solothurn, Johanniterhaus Basel und Edle von Bärenfels, Schloss Homburg, Pfarrer zu Meltingen und Oberkirch, Deutschordens-Kommende Beuggen, Kirchmeier zu Oberdorf, Gotteshaus Büren (St. Martin), Gotteshäuser des Liestaler Amtes, Inspektoren des Waisenhauses Basel, Kornamt Liestal und Gotteshaus St. Pantaleon, Johann Zwinger, Kloster Schöntal, Altes Kapitel Sisgau, Kapelle und Schloss Waldenburg, Schloss Falkenstein, Schloss Dorneck, Gotteshaus Titterten und Kapelle Niederdorf, Schloss Ramstein, Pfrund Arisdorf, Pfarres zu Augst sowie Gotteshäuser Bubendorf und Beinwil über Güter in den Ämtern Farnsburg, Homburg, Waldenburg, Liestal und Dorneck sowie in Büren, Oberkirch, Hauenstein, in den Herrschaften Thierstein, Gösgen, Dornach und Gilgenberg, in Meltingen, Helliken sowie in Wehr 16.–18. Jh.

AA 1003, **Ber. 502**, Berein des Kollegiatsstifts St. Martin zu Rheinfelden über Güter in Gelterkinden, Ormalingen und Zeglingen 1702–1703.

AA 1003, **Ber. 504**, Berein der Johanniter-Kommende Rheinfelden über Güter in Ormalingen, Tecknau, Rickenbach, Kilchberg, Zeglingen, Maisprach, Wintersingen, Oltingen, Tenniken und Sissach 1739.

AA 1003, **Ber. 514a**, 12 Berein des Schlosses Waldenburg 1489.

AA 1003, Ber. 515, Berein der Schlösser Farnsburg und Waldenburg 1482–1485.

AA 1003, Ber. 515a, Zins-Verzeichnis Waldenburg, Homburg und Liestal 15. Jh.

AA 1003, Ber. 552, Berein zu Anwil 1779.08.23.

AA 1003, Ber 589.8, Bereine Bezirk Sissach, 8, Ormalingen, Hemmiken, Tecknau und Anwil: Konzept über das Berein des HANS WEIBEL von Itingen 1780.

AA 1003, Ber. 589.10, Bereine Bezirk Sissach, 10, Arisdorf, Buus: Konzept über das Berein des Herrn Schultheiss JOHANN FRIEDRICH WETTSTEIN in Basel selig Frau Witwe 1782.

AA 1003, Ber. 590.5, Bereine Bezirk Sissach, 5, Ormalingen, Gelterkinden, Zeglingen, Itingen, Arisdorf, Rünenberg und Wintersingen: Konzeptberein der Domprobstei Basel 1792.

AA 1010, L. 9 Farnsburger Amt, Nr. **119**, F Registratur des Schlosses, Nr. 9 Einschläge III 1751–1758.

AA 1010, L. 9 Farnsburger Amt, Nr. **127**, F Registratur des Schlosses, Nr. 10 Kaufbriefe über das Schloss und die Herrschaft Farnsburg, die Landgrafschaft Sisgau etc., Zinsrödel, Bereine zu Frick und Ifenthal 1412–1500.

AA 1010, L. 9 Farnsburger Amt, Nr. **195**, F Registratur des Schlosses, Berein von Rothenfluh über Güter des Farnsburger Obervogts Junker HANS PHILIPP OFFENBURG 1570.

AA 1010, L. 20 Rothenfluh, Nr. **242, A1** Kirche und Pfarrei 1397.

AA 1010, L. 21 Oltingen, Nr. **244, A** Zins und Berainsrödel 1579–1729, Nr. 2 Olltingen Berein Concept und Vergriff uber volgende Bodenzins angefangen 1613, 29. Juni.

AA 1010, L. 27 Diegten, Nr. **254**, Allgemeines Nr. 1–110, 1605–1793.

AA 1010, L. 93 Hochwälder, Nr. **537**, Allgemeines Nr. 1–29, 1612–1726.

AA 1010, L. 93 Hochwälder, Nr. **544**, R Akten der Waldkommission, Bezirk Waldenburg 1729–1832.

AA 1012, 2 B, Lade 200, Landeskollegium, Steuern und Abgaben, G 8 **Helvetischer Kataster**, 1801–1802:

AA 1012, HeK ANWIL	Helvetisches Kataster Anwil
AA 1012, HeK BUUS	Helvetisches Kataster Buus
AA 1012, HeK BÖCKTEN	Helvetisches Kataster Böckten
AA 1012, HeK DIEPFLINGEN	Helvetisches Kataster Diepflingen
AA 1012, HeK GELTERKINDEN	Helvetisches Kataster Gelterkinden
AA 1012, HeK HÄFELFINGEN	Helvetisches Kataster Häfelfingen
AA 1012, HeK KÄNERKINDEN	Helvetisches Kataster Känerkinden
AA 1012, HeK LAUSEN	Helvetisches Kataster Lausen
AA 1012, HeK LÄUFELFINGEN	Helvetisches Kataster Läufelfingen

AA 1012, HeK OLTINGEN	Helvetisches Kataster Oltingen
AA 1012, HeK ORMALINGEN	Helvetisches Kataster Ormalingen
AA 1012, HeK RICKENBACH	Helvetisches Kataster Rickenbach
AA 1012, HeK ROTHENFLUH	Helvetisches Kataster Rothenfluh
AA 1012, HeK SISSACH	Helvetisches Kataster Sissach
AA 1012, HeK WENSLINGEN	Helvetisches Kataster Wenslingen
AA 1012, HeK WINTERSINGEN	Helvetisches Kataster Wintersingen
AA 1012, HeK WITTINSBURG	Helvetisches Kataster Wittinsburg
AA 1012, HeK ZEGLINGEN	Helvetisches Kataster Zeglingen
AA 1012, HeK ZUNZGEN	Helvetisches Kataster Zunzgen

BS 4103 Liestal, **03.01** Gantrodel von Güter- und Fahrnisganten, Nr. **0763** Gantrodel Aemter Farnsburg, Homburg, Liestal, Ramstein, Waldenburg, 1596–1608.

BS 4103 Liestal, **03.01** Gantrodel von Güter- und Fahrnisganten, Nr. **0764** Gantrodel Aemter Farnsburg, Homburg, Liestal, Ramstein, Waldenburg, 1608–1611.

BS 4103 Liestal, **03.01** Gantrodel von Güter- und Fahrnisganten, Nr. **0765** Gantrodel Aemter Farnsburg, Homburg, Liestal, Ramstein, Waldenburg, 1612–1613.

BS 4103 Liestal, **03.01** Gantrodel von Güter- und Fahrnisganten, Nr. **0767** Gantrodel Aemter Farnsburg, Homburg, Liestal, Ramstein, Waldenburg, 1615–1617.

BS 4103 Liestal, **03.01** Gantrodel von Güter- und Fahrnisganten, Nr. **0770** Gantrodel Aemter Farnsburg, Homburg, Liestal, Ramstein, Waldenburg, 1622–1625.

BS 4104 Sissach, **02.01** Kaufbriefe, Fertigungen Nr. **0431** Kaufbriefe, 1638–1689.

BS 4104 Sissach, **02.01** Kaufbriefe, Fertigungen Nr. **0436** Fertigungen Distriktgericht Gelterkinden, 1798–1802.

BS 4104 Sissach, **02.04** Obligationenprotokolle, Nr. **0707** Obligationenprotokoll Gericht Sissach Register, 1723–1760.

BS 4104 Sissach, **02.04** Obligationenprotokolle, Nr. **0716**, Obligationenprotokoll Gericht Gelterkinden, 1697–1709.

BS 4104 Sissach, **02.04** Obligationenprotokolle, Nr. **0754** Obligationenprotokoll Gericht Maisprach, 1697–1713.

BS 4105 Waldenburg, **02.05** Hypothekenprotokolle, Obligationenprotokolle, Nr. **0492** Obligationen Diegten, Eptingen, Tenniken, 1697–1718.

SL 5250, **Handschriftensammlung**, Nr. 38.03.01, **H**eimat**k**unden von Baselland, **Bez**irk **Sissach 1**.

Staatsarchiv Basel-Stadt, Basel

Ältere Nebenarchive, **Klosterarchiv St. Maria Magdalena E**, Briefbuch 1441.

Ältere Nebenarchive, **Klosterarchiv Klingenthal, Urk**unde 2693a, 1566.03.13.

Ältere Nebenarchive, **Klosterarchiv Klingental C**, Zinsamtsregistratur 1546.

Ältere Nebenarchive, **Klosterarchiv Augustiner B**, Urbarbuch und Registratur 1572.

Ältere Nebenarchive, **Klosterarchiv St. Leonhard C**, Verzeichnis der Landzinse 1447, fortgeführt ca. 1500.

Ältere Nebenarchive, **Adelsarchiv T 2.1** Tierstein 1364–1460.

Ältere Nebenarchive, **Adelsarchiv M 3.3** Münch, Güter- und Zinsrodel 1489 und 1492.

Ältere Nebenarchive, **Universitätsarchiv** Bücher, **K 7**, Urbarium fisci rectoris (Guthaben des Fonds des Rektors) 1510–1710.

Ältere Nebenarchive, **Klosterarchiv Domstift**, WW Dompropstei, Nr. **46** Lausen (auch Bubendorf und Ramlinsburg) 1531–1763.

Ältere Nebenarchive, **Klosterarchiv Domstift**, WW Dompropstei, Nr. **57** Rothenfluh 17. Jh.–1798.

Ältere Nebenarchive, **Klosterarchiv Domstift J**, Berainbuch der Domprobstei und Präsenz, 15. Jh.–16. Jh.

Ältere Nebenarchive, **Klosterarchiv Domstift, Urk**undensammlung 1140–1747, **IV, 581, 1665.05.02.**

Ältere Nebenarchive, **Klosterarchiv Prediger A**, Registratur mit der braunen Deckin (!) vel Jahr-Zeit-Buech, 15. Jh.–16. Jh.

Ältere Nebenarchive, **Lehenarchiv Urkundensammlung**, Urkunde Nr. **84, 1530.10.07.**

SCHALLER Ber. Älteres Hauptarchiv. Zinsen und Zehnten. F 1. Berainbuch über die Zinse in den Ämtern, angelegt von Stadtschreiber KASPAR SCHALLER 1534.

ST. URK. Älteres Hauptarchiv, Urkunden, Städtische Urkunden Nr. **3089** 1546.12.13.

Ältere Nebenarchive, **Spitalarchiv, Urk**undensammlung 1276–1752, Urkunde Nr. **1056, 1601.11.15.**

Staatsarchiv Solothurn, Solothurn

Farnsburger Urb. 1372 Die farnsburgischen Urbarien von 1372–1461, hrsg. von CARL ROTH, in: BZGA 8, Basel 1909.

St. Leodegar Urb. 1294 Kollegiatstift St. Leodegar in Schönenwerd. Urbar von 1294, [3 Pergamentrödel], n. p., o. J.

Urb. Gösgen 1528 Urbar der Herrschaft Gösgen 1528, BB 197,2.

Urb. Gösgen 1548 Urbar der Herrschaft Gösgen 1548, BB 197,5.

Zinsrodel 1484 Zinsrodel der Herrschaften Gösgen und Wartenfels von 1484, n. p., BB 197, 1

KOCHER, AMBROS: Bedeutung der **Orts- und Flurnamen im Leberberg** für Siedlungs- und Kulturgeschichte, undatiertes Manuskript.

Zentralbibliothek Solothurn, Solothurn

Mitteilungen über kantonale Geschichte und Alterthümer (Antiquarische Korrespondenz), 1864. Original-Handschrift (S II 159), Typoskript (S II 159 A).

Karten, Pläne, Skizzen

StABL: **KP 5001**, A Grenzpläne, Nr. 25, [ohne Titel], Zeichner: JAKOB MEYER ca. 1660.

StABL: **KP 5001**, A Grenzpläne, Nr. 32, «Grundriß vnd verzeichnuß der March Lineen vnd Hochen Herlichkeit Steinen, Zwischen dem Hochlobl. Hauß Österreich vnd der Lobl. Statt Basell, von oben der Hofmatten vnd dem Kleffelberg an, biß nach Augst an die Bruckh», Zeichner: JAKOB MEYER 1662.

StABL: **KP 5001**, A Grenzpläne, Nr. 34, «Eigendlicher Grundriß des Districts oder Stück Landts, welches der hersperger vorgeben nach, vor Zeitten Zuo denselbigen Höffen solle gehört haben», Zeichner: JAKOB MEYER 1660.

StABL: **KP 5001**, A Grenzpläne, Nr. 58, Geometrische verzeichnus der Dorffschaften Augst, Arisdorf, Wintersingen, Maysprach, Buus und Hemmicken, sambt deroselben Landmarch und Bansgerechtigkeiten, Zeichner: GEORG FRIEDRICH MEYER 1680.

StABL: **KP 5002**, B Aemterkarten, Nr. 76, Ohne Titel, Amt Farnsburg, Zeichner: GEORG FRIEDRICH MEYER 1680.

StABL: **KP 5002**, B Aemterkarten, Nr. 77, «Die Homburger Vogtey», Zeichner: GEORG FRIEDRICH MEYER 1681.

StABL: KP 5002, B Aemterkarten, Nr. 78, Ohne Titel, Grenze zwischen den Kantonen Basel und Solothurn am Unteren Hauenstein, Zeichner: Emanuel Büchel 1765.

StABL: KP 5003, C Strassen- und Katasterpläne, Nr. 214, Ohne Titel, Grenze zwischen Oesterreich und Basel, Zeichner: vermutlich Hans Bock, Anfang 17. Jh.

StABL: KP 5003, C Strassen- und Katasterpläne, Nr. 352, Sissacher Bann, Hochwald, 4 Karten, 19. Jh.

StABL: SL 5250.52, Meyer-Skizzen, Entwürfe zu den Plänen der Basler Landschaft, Feldaufnahmen, Skizzen und Notizen, 3 Bde., ohne Ort, Zeichner: Georg Friedrich Meyer, 1678–1681.

Siegfriedkarte: Topographischer Atlas der Schweiz (TA). Veröffentlicht durch das Eidgenössische Stabsbureau unter der Direktion von Oberst Hermann Siegfried. Massstab 1:25000 für die Regionen Jura, Mittelland und Südtessin, Erstausgaben 1870–1922.

Gedruckte Quellen

UBAG   Aargauer Urkunden, hrsg. von der Historischen Gesellschaft des Kantons Aargau, 15 Bde., Aarau 1930–1965.

UBBL   Urkundenbuch der Landschaft Basel, 2. Teile, hrsg. von Heinrich Boos, Basel 1881.

UBBS   Urkundenbuch der Stadt Basel, 11 Bde., hrsg. von August Huber, Basel 1910.

UBSO   Solothurner Urkundenbuch, 3 Bde., bearb. von Ambros Kocher, Solothurn 1981.

Urkundio Beiträge zur vaterländischen Geschichtsforschung vornämlich aus der nordwestlichen Schweiz, hrsg. vom geschichtsforschenden Verein des Kantons Solothurn, Bd. 1, Solothurn 1857.

Sekundärliteratur

Schriftenreihen, Zeitschriften, Zeitungen

Abhandlung und Berichte des **Naturkundemuseum Görlitz**, hrsg. vom staatlichen Museum für Naturkunde, Fortsetzung der Abhandlung der Naturforschenden Gesellschaft zu Görlitz, Leipzig 1811-.

Alemannisches Jahrbuch, hrsg. vom Alemannischen Institut, Lahr (Schwarzwald) 1953–.

Alt-Thüringen, Arbeitshefte des Thüringischen Landesamtes für Denkmalpflege und Archäologie, hrsg. bis Bd. 26 (1991) vom Museum für Ur- und Frühgeschichte Thüringens (Weimar), Bd. 27 (1993)–36 (2003) vom Thüringischen Landesamt für archäologische Denkmalpflege, von Bd. 34 vom Thüringischen Landesamt für Archäologie, wechselnde Orte, 1953–.

Annalas Annalas de la Societa retorumantscha , Samedan 1886–.

Appenzellische Jahrbücher, hrsg. von der Appenzellischen gemeinnützigen Gesellschaft, Trogen 1854–.

Archäologie der Schweiz, Mitteilungsblatt der Schweizerischen Gesellschaft für Ur- und Frühgeschichte, siehe **JbSGUF**.

Archaeologia Geographica, Beiträge zur archäologisch-geographischen Methode in der Urgeschichtsforschung, Hamburg 1953–1964.

ARGOVIA Argovia, Jahreszeitschrift der Historischen Gesellschaft des Kantons Aargau, Baden 1860–.

Baselbieter Heimatblätter, Organ der Gesellschaft für regionale Kulturgeschichte Baselland (GRK BL) und der Gesellschaft der Raurachischen Geschichtsfreunde, Liestal 1936-.

BBUFG Basler Beiträge Ur- und Frühgeschichte, hrsg. von der Anthropologischen Abteilung des Naturhistorischen Museums Basel, Archäologische Bodenforschung des Kantons Basel-Stadt et al., Derendingen-Solothurn 1976–.

BDL Blätter für deutsche Landesgeschichte, hrsg. vom Gesamtverein der Deutschen Geschichts- und Altertumsvereine, Berlin 1937–.

BDLK Berichte zur deutschen Landeskunde, hrsg. von der deutschen Akademie für Landeskunde, Flensburg 1942–1974, fortgesetzt in: Neues Schrifttum zur deutschen Landeskunde, Trier 1977–1984.

BGA Badische Geographische Abhandlungen, hrsg. von JOHANN SÖLCH und HANS MORTENSEN, Freiburg i. Br. 1926–1938.

BHB Baselbieter Heimatbuch, hrsg. von der Kommission für das Baselbieter Heimatbuch (bis 1969 hrsg. von der Kommission zur Erhaltung von Altertümern des Kantons Basel-Landschaft), Liestal. 1942–.

BLN Blätter des Vereines für Landeskunde von Niederösterreich, Monatsblatt des Vereins für Landeskunde von Niederösterreich, Wien 1867–1927. Fortgeführt in: **Unsere Heimat**.

BNF Beiträge zur Namenforschung, Heidelberg 1949–.

BÖNF Beihefte zur Österreichischen Namenforschung, Wien 2000–.

BVH Blätter für Volkstum und Heimat, hrsg. von der Vereinigung für Volkstum und Heimat im Regierungsbezirk Hildesheim, Hildesheim 1937–1944.

BZGA Basler Zeitschrift für Geschichte und Altertumskunde, hrsg. von der Historischen und Antiquarischen Gesellschaft zu Basel, Basel 1901–.

Château Gaillard: Etudes de castellologie médiévale, Caen 1964–.

Das schöne Baselbiet, hrsg. vom Baselbieter Heimatschutz, Liestal 1954–.

Der **Geschichtsfreund**, Mitteilungen des Historischen Vereins Zentralschweiz, Altdorf 1843–.

DGB Deutsche Geschichtsblätter, Monatszeitschrift zur Förderung der landesgeschichtlichen Forschung, Gotha 1899–1923.

Dr **Schwarzbueb**, Jahr- und Heimatbuch, Breitenbach 1923–.

Erdkunde, Archiv für wissenschaftliche Geographie, hrsg. von Helmut Hahn, Wolfgang Kuls et al., Bonn 1947–.

EHS Europäische Hochschulschriften, Reihe I, Frankfurt a. m., Berlin, Bern, New York, Paris, Wien 1967–.

FOLG Forschungen zur oberrheinischen Landesgeschichte, München 1954–.

Frick, gestern und heute, hrsg. vom Arbeitskreis Dorfgeschichte der Gemeinde Frick, Frick 1985–.

Frühmittelalterliche Studien, Jahrbuch des Instituts für Frühmittelalterforschung der Universität Münster, in Zusammenarbeit mit Hans Belting et al., hrsg. von Karl Hauck, Berlin 1967–.

Geographica Helvetica, schweizerische Zeitschrift für Geographie, hrsg. vom Verband Geographie Schweiz und Geographisch-Ethnographischen Gesellschaft Zürich 1946–.

Geographische Zeitschrift, begründet von Alfred Hettner, hrsg. von Ernst Giese et al., Leipzig, Berlin, Wiesbaden 1895–.

Geographischer Anzeiger, Blätter für den geographischen Unterricht, Gotha 1899–1945.

GG Geschichte und Gesellschaft, Zeitschrift für historische Sozialwissenschaften, Göttingen 1975–.

GGA Göttingische gelehrte Anzeigen, unter Aufsicht der Akademie der Wissenschaften, hrsg. von Joachim Ringleben, Gustav Adolf Lehmann, Göttingen, 1739–.

GGeoA Göttinger Geographische Abhandlungen, hrsg. vom Vorstand des Geographischen Instituts der Universität Göttingen, Göttingen 1948–.

GLK Veröffentlichungen der Kommission für geschichtliche Landeskunde in Baden-Württemberg, Reihe B, Forschungen, Stuttgart 1958–.

JAS Jahrbuch Archäologie Schweiz, Basel 2006–, siehe: **JbSGUF**

Jahresbericht der Schweizerischen Gesellschaft für Urgeschichte, siehe: **JbSGUF**

JbSGUF Jahrbuch der Schweizerischen Gesellschaft für Ur- und Frühgeschichte, Basel 1908–2005. Seit 2006 fortgesetzt in: Jahrbuchbuch Archäologie Schweiz, Basel 2006–.

JFL Jahrbuch Fränkische Landesforschung, hrsg. vom Institut für Fränkische Landesforschung an der Universität Erlangen, Kallmünz-Opf, Neustadt, 1935–.

JGMO Jahrbuch für die Geschichte Mittel- und Ostdeutschlands, Tübingen, Berlin, München 1953–.

JbLN Jahrbuch für Landeskunde in Niederösterreich, Wien 1867–. Neue Folge in: **Unsere Heimat**.

KAL Berichte der Kommission für Archäologische Landesforschung in Hessen e. V., Büdingen 1992–.

Lueg nit verby, Solothurner Heimat- und Kulturkalender, gegründet 1925 von Albin Bracher, Derendingen 1926–2000.

MGGW Mitteilungen der Geographischen Gesellschaft Wien, Wien 1857–1958.

MVP Mitteilungen des historischen Vereins der Pfalz, Speyer 1870–.

NAW Nachrichten der Akademie der Wissenschaften in Göttingen, Philologisch-historische Klasse, Göttingen 1941–2006.

Namenkundliche Informationen, Leipzig, 1969–.

Rheinfelder Geschichtsblätter, hrsg. vom Verein Haus Salmegg e. V., Arbeitsgruppe Geschichte, Rheinfelden 1990–.

Rheinische Vierteljahrsblätter, Veröffentlichungen der Abteilung für Rheinische Landesgeschichte des Instituts für Geschichtswissenschaft der Universität Bonn, Bonn 1931–.

SAGG Siedlungsforschung, Archäologie – Geschichte – Geographie, hrsg. vom Arbeitskreis für Kulturlandschaftsforschung in Mitteleuropa, Bonn 1983–.

SGS Stuttgarter Geographische Studien, Stuttgart 1924–2009.

TA Tages-Anzeiger, die unabhängige schweizerische Zeitung, Zürich 1893–.

Unsere Heimat, Zeitschrift des Vereins für Landeskunde von Niederösterreich, Neue Folge, hrsg. vom Verein für Landeskunde und Heimatschutz von Niederösterreich, Wien 1928–2014.

Vom **Jura zum Schwarzwald**, Blätter für Heimatkunde und Heimatschutz, hrsg. von der Fricktalisch-Badischen Vereinigung für Heimatkunde, Möhlin 1884–.

ZAA Zeitschrift für Agrargeschichte und Agrarsoziologie, in Verbindung mit der Gesellschaft für Agrargeschichte und der Deutschen Landwirtschafts-Gesellschaft (Hrsg.), Frankfurt a. M. 1953–.

ZAM Zeitschrift für Archäologie des Mittelalters, Köln 1973–.

ZHGL Zeitschrift für hessische Geschichte und Landeskunde, hrsg. von Helmut Kramm, Kassel 1837–.

ZNF siehe ZONF.

ZONF Zeitschrift für Ortsnamenforschung, hrsg. von Josef Schnetz, Bde. 1–13, München 1925–1937 (Fortsetzung: Zeitschrift für Namenforschung (ZNF), Bde. 14–19, Berlin 1938–1943).

ZSG Zeitschrift für Schweizerische Geschichte, hrsg. von der Allgemeinen geschichtsforschenden Gesellschaft der Schweiz, Zürich 1946–.

Zürcher Chronik, Zeitschrift für zürcherische Geschichte und Landeskunde, Winterthur 1932–2000.

Literatur

Abel, Wilhelm: Die Wüstungen des ausgehenden Mittelalters, Stuttgart 1955.

Abel, Wilhelm: Geschichte der deutschen Landwirtschaft vom frühen Mittelalter bis zum 19. Jahrhundert, 3. Aufl. Stuttgart 1978.

Abel, Wilhelm: Strukturen und Krisen der spätmittelalterlichen Wirtschaft, Stuttgart, New York 1980.

Abel, Wilhelm: Agrarkrisen und Agrarkonjunktur, eine Geschichte der Land- und Ernährungswirtschaft Mitteleuropas seit dem hohen Mittelalter, Hamburg, Berlin **1966**.

Abel, Wilhelm: Agrarkrisen und Agrarkonjunktur, Hamburg und Berlin **1978**.

Achilles, Walter: Landwirtschaft in der frühen Neuzeit, in: EDG 10, München 1991, S. 1ff.

Altdeutsches Namenbuch, die Überlieferung der Ortsnamen in Österreich und Südtirol von den Anfängen bis 1200, hrsg. von der Kommission für Mundartkunde und Namenforschung, bearb. von Isolde Hausner und Elisabeth Schuster, Wien 1989–2004.

Ammann, Hektor: Die Bevölkerung von Stadt und Landschaft Basel am Ausgang des Mittelalters, Basel 1950.

Andersson, Thomas: Wüstungsnamen, in: RGA 34, Berlin, New York 2007, S. 307.

Arnberger, Erik; Jurczak, Hertha: Atlas von Niederösterreich, Wien 1951–1958.

Arnold, **Wilhelm**: **Ansiedlung und Wanderung** deutscher Stämme, zumeist nach hessischen Ortsnamen, Marburg 1875 und 1881. (Unveränderter Nachdruck, besorgt von **Ludwig Erich Schmitt**, 4 Bde., Köln 1983.)

Aubin, **Hermann**; **Zorn**, **Wolfgang**: **Handbuch** der deutschen Wirtschafts- und **Sozialgeschichte**, Stuttgart 1971.

Aus der Geschichte von **Herten**/Rheinfelden, Flurnamen Hertenberg und Rote Höhle, in: Rheinfelder Geschichtsblätter 9, hrsg. vom Verein Haus Salmegg e. V., Rheinfelden 1999.

Bäbler, **Johann Jakob**: Flurnamen aus dem **Schenkenbergeramt**, Aarau 1889.

Bach, Adolf: Deutsche Namenkunde, 3 Bde. in 5 Teilen, Bd. 1.1–2 Die deutschen Personennamen, 2. Auflage, Heidelberg 1952/1953; Bd. 2.1–2 Die **deutschen Ortsnamen**, Heidelberg 1953/1954; Bd. 3 Register, bearb. von Dieter **Berger**, Heidelberg 1956.

Bader, **Karl Siegfried**: Studien zur Rechtsgeschichte des mittelalterlichen Dorfes, vier Bde., Bd. 1: **Das mittelalterliche Dorf** als Friedens- und Rechtsbereich, Köln 1957.

Bandle, **Oskar**: **Wüstungsnamenforschung**, in: **RGA** 34, Berlin, New York 2007, S. 302.

Bandle, **Oskar**: Von **Thurgauischen Orts- und Flurnamen**, besonders in der Unterseegegend, Steckborn 1959.

Bandle, **Oskar**: Ortsname und Siedlungsgeschichte, zur **Schichtung** der thurgauischen Ortsnamen, in: **TGNB 1.1**, Frauenfeld, Stuttgart, Wien 2003, S. 101–126.

Bänteli, **Kurt**; **Höneisen**, **Markus**; **Zubler**, **Kurt**: **Berslingen** – ein verschwundenes Dorf bei Schaffhausen, mittelalterliche Besiedlung und Eisenverhüttung im Durachtal, Schaffhausen 2000.

Bassler, **Harald**; **Steger**, **Hugo**: Auf den **Spuren der Sprache**, ‹Alemannisch› als Teil des Althochdeutschen, in: **Die Alamannen**, Stuttgart 2001, S. 503–510.

Bauer, **Reinhard**: Zur **Bedeutung der Flurnamen** für die Siedlungs- und Kulturlandschaftsgeschichte, in: **SAGG** 6, Bonn 1983, S. 293–304.

Becker, **Anton**: Die geographische Wertung der **Wüstungen**, in: **MGGW** 11, Wien 1918, S. 146–181.

BENB I/4 **Schneider**, **Franz Thomas**; **Blatter**, **Erich**: Ortsnamenbuch des Kantons Bern, Dokumentation und Deutung, Vierter Teil: N-B/P, FA. Francke Verlag Basel und Tübingen 2011.

BENDER, HELMUT; WOLFF, HARTMUT (Hrsg.): Ländliche **Besiedlung und Landwirtschaft** in den Rhein-Donau-Provinzen des Römischen Reiches, Vorträge eine Internationalen Kolloquiums vom 16. bis 21. April 1991 in Passau, Espelkamp 1994.

BERGMANN, ROLF; TIEFENBACH, HEINRICH; VOETZ, LOTHAR (Hrsg.): **Althochdeutsch**, 2, Wörter und Namen, Forschungsgeschichte, bearbeitet von HERBERT KOLB, Heidelberg 1987.

BERGMANN, RUDOLF: **Wüstung**, in: RGA 34, Berlin, New York 2007, S. 272.

BESCH, WERNER et al. (Hrsg.): **Sprachgeschichte**, ein Handbuch zur Geschichte der deutschen Sprache und ihrer Erforschung, Bd. 4, Berlin, New York 2004.

BESCHORNER, HANS: **Wüstungsverzeichnisse**, in: DGB 6, Gotha 1905, S. 1–15.

BESCHORNER, HANS: **Historische Geographie**, in: KENDE-WIEN, OSKAR (Hrsg.): **Handbuch** der geographischen Wissenschaft, Berlin 1914–1921, S. 344–369.

BEUMANN, HELMUT: **Festschrift** für WALTER SCHLESINGER, Bd. 1, Köln, Wien 1973.

BICKEL, HANS: **Ortsnamen als Quellen** für die Siedlungsgeschichte am Beispiel der Nordwestschweiz, in: NICOLAISEN, WILHELM FRITZ HERMANN (Hrsg.): Proceedings of the XIXth International Congress of Onomastic Sciences, August 4–11 1996 Vol. 2, **Aberdeen** 1998, S. 31–39.

BLNB   RAMSEIER, MARKUS et al.: Baselbieter Namenbuch. Die Orts- und Flurnamen des Kantons Basel-Landschaft, 7 Bände, Liestal 2017.

BLNG AUGST RAMSEIER, MARKUS; KRIEG, DANIEL; WIGGENHAUSER, BÉATRICE: Namenbuch der Gemeinden des Kantons Basel-Landschaft, LIESTAL, Liestal 2004.

BLNG DIEGTEN RAMSEIER, MARKUS; KRIEG, DANIEL; WIGGENHAUSER, BÉATRICE: Namenbuch der Gemeinden des Kantons Basel-Landschaft, LIESTAL, Liestal 2007.

BLNG HÄFELFINGEN RAMSEIER, MARKUS; KRIEG, DANIEL; WIGGENHAUSER, BÉATRICE: Namenbuch der Gemeinden des Kantons Basel-Landschaft, LIESTAL, Liestal 2004.

BLNG KÄNERKINDEN RAMSEIER, MARKUS; KRIEG, DANIEL; WIGGENHAUSER, BÉATRICE: Namenbuch der Gemeinden des Kantons Basel-Landschaft, LIESTAL, Liestal 2007.

BLNG LÄUFELFINGEN RAMSEIER, MARKUS; KRIEG, DANIEL; WIGGENHAUSER, BÉATRICE: Namenbuch der Gemeinden des Kantons Basel-Landschaft, LIESTAL, Liestal 2004.

BLNG LIESTAL RAMSEIER, MARKUS; KRIEG, DANIEL; WIGGENHAUSER, BÉATRICE: Namenbuch der Gemeinden des Kantons Basel-Landschaft, LIESTAL, Liestal 2003.

BLNG MAISPRACH RAMSEIER, MARKUS; KRIEG, DANIEL; WIGGENHAUSER, BÉATRICE: Namenbuch der Gemeinden des Kantons Basel-Landschaft, LIESTAL, Liestal 2003.

BLNG ORMALINGEN RAMSEIER, MARKUS; KRIEG, DANIEL; WIGGENHAUSER, BÉATRICE: Namenbuch der Gemeinden des Kantons Basel-Landschaft, LIESTAL, Liestal 2007.

BLNG RÜNENBERG RAMSEIER, MARKUS; KRIEG, DANIEL; WIGGENHAUSER, BÉATRICE: Namenbuch der Gemeinden des Kantons Basel-Landschaft, LIESTAL, Liestal 2006.

BLNG TITTERTEN RAMSEIER, MARKUS; KRIEG, DANIEL; WIGGENHAUSER, BÉATRICE: Namenbuch der Gemeinden des Kantons Basel-Landschaft, LIESTAL, Liestal 2006.

BLNG WENSLINGEN RAMSEIER, MARKUS; KRIEG, DANIEL; WIGGENHAUSER, BÉATRICE: Namenbuch der Gemeinden des Kantons Basel-Landschaft, LIESTAL, Liestal 2006.

BMZ Mittelhochdeutsches Wörterbuch, mit Benutzung des Nachlasses von GEORG FRIEDRICH BENECKE ausgearbeitet von WILHELM MÜLLER und FRIEDRICH ZARNCKE, 3 Bde., Leipzig 1854–1866.

BOESCH, BRUNO: Das **Frühmittelalter im Ortsnamenbild** der Basler Region, in: DERS.: **Kleine Schriften** zur Namenforschung 1945–1981, Heidelberg 1981, S. 393–422.

BOESCH, BRUNO: **Kleine Schriften** zur Namenforschung 1945–1981, Heidelberg 1981.

BOESCH, BRUNO: Ortsnamen und Siedlungsgeschichte am Beispiel der **-ingen-Orte** der Schweiz, in: Alemannisches Jahrbuch 1958, Lahr 1958.

BOESCH, BRUNO: **Ortsnamenprobleme** am Oberrhein, in: Die Wissenschaft von deutscher Sprache und Dichtung, Festschrift für FRIEDRICH MAURER zum 65. Geburtstag, hrsg. von SIEGFRIED GUTENBRUNNER, HUGO MOSER, WALTHER REHM und HEINZ RUPP, Stuttgart 1963, S. 138–158.

BOESCH, BRUNO: Die **Schichtung der Ortsnamen** in der Schweiz im Frühmittelalter, in: JFL 20, Kallmünz-Opf, Neustadt 1960, S. 203–214.

BOESCH, BRUNO: Die **Gruppenbildung** in altalemannischen Ortsnamen, in: DERS.: **Kleine Schriften** zur Namenforschung 1945–1981, Heidelberg 1981, S. 71–101.

BOESCH, BRUNO: Schichten der als Ortsnamen verwendeten **Lehnwörter** am Beispiel der alemannischen Besiedlung der Ostschweiz, in: DERS.: **Kleine Schriften** zur Namenforschung 1945–1981, Heidelberg 1981, S. 210–225.

BOHM, EBERHARD: Zum Stand der **Wüstungsforschung in Brandenburg** zwischen Elbe und Oder, in: **JGMO** 18, München 1969, S. 289–318.

BÖNISCH, FRITZ: Der Stand der **Wüstungsforschung in der Niederlausitz**, in: Abhandlung und Berichte des **Naturkundemuseum Görlitz** 36, Görlitz 1960, S. 9–51.

BOOS, HEINRICH: **Urkundenbuch** der Landschaft Basel, 4 Bde., Basel 1881.

BORN, MARTIN: **Wüstungsschema und Wüstungsquotient**, in: **Erdkunde** 26, Bonn 1972, S. 208–218.

BOXLER, HEINRICH: Die **Burgnamengebung** in der Nordostschweiz und in Graubünden, Frauenfeld, Stuttgart 1976.

BRANDT, JOCHEN: Haus, Gehöft, Weiler, Dorf – **Siedlungsstrukturen** der Vorrömischen Eisenzeit aus sozialanthropologischer Sicht, in: MEYER, MICHAEL (Hrsg.): **Haus – Gehöft – Weiler – Dorf**, Internationale Tagung an der Freien Universität Berlin vom 20.–22. März 2009, Leidorf 2010, S. 17–30.

BRAUNE, WILHELM: **Althochdeutsche Grammatik**, 13. Auflage, bearbeitet von HANS EGGERS, Tübingen 1975.

BRECHENMACHER, JOSEF KARLMANN: Etymologisches Wörterbuch der Deutschen Familiennamen, 2., von Grund auf neugearbeitete Auflage der «Deutschen Sippennamen», 2 Bde., Limburg a. d. Lahn 1957–1963.

BRENDLER, ANDREA und SILVIO (Hrsg.): **Namenarten** und ihre Erforschung, ein Lehrbuch für das Studium der Onomastik, Hamburg 2004.

BRUCKNER, WILHELM: **Schweizerische Ortsnamenkunde**, eine Einführung, Basel 1945.

BRUCKNER, DANIEL: Versuch einer Beschreibung historischer und natürlicher **Merkwürdigkeiten** der Landschaft Basel, bibliophiler Faksimiledruck der Ausgabe Basel 1748–1763, Dietikon 1968.

BSNB MISCHKE, JÜRGEN; SIEGFRIED, INGA: Die Ortsnamen von Riehen und Bettingen, Basel 2013.

BUCHER, SILVIO: Die **Pest** in der Nordostschweiz, St. Gallen 1979.

BUCK, MICHAEL RICHARD: **Oberdeutsches Flurnamenbuch**, Ein alphabetisch geordneter Handweiser für Freunde deutscher Sprach- und Kulturgeschichte, namentlich auch für gebildete Forst- und Landwirthe, Stuttgart 1880.

BUJARD, JACQUES; **GLAENZER**, ANTOINE; **MOREROD**, JEAN-DANIEL; **TRIBOLET**, MAURICE de (Comité de rédaction): **Le Landeron**, Histoire d'une ville, Hautrive 2001.

BURCKHARDT-BIEDERMANN, THEOPHIL: Statistik keltischer, römischer, frühgermanischer **Altertümer im Kanton Basel** mit Ausschluss der Gebiete von Stadt Basel und von Augst, Basel 1910.

Burger, Harald, et al.: **Verbarum amor,** Studien zur Geschichte und Kunst der deutschen Sprache, Festschrift für Stefan Sonderegger zum 65. Geburtstag, Berlin, New York 1992.

Büttner, Heinrich; Feger, Otto; Meyer, Bruno: Aus **Verfassungs- und Landesgeschichte,** Festschrift zum 70. Geburtstag von Theodor Mayer, dargebracht von seinen Freunden und Schülern, 2 Bde., Lindau 1954.

Casemir, Kirstin; Menzel, Franziska; Ohainsli, Uwe: Die Ortsnamen des Landkreises **Helmstedt und** der Stadt **Wolfsburg,** Bielefeld 2011.

Čede, Peter: **Wüstungsperioden** und Wüstungsräume in Österreich, in: **SAGG** 12, Bonn 1994, S. 185–199.

Dahmen, Wolfgang; Holtus, Günter et al.: Zur Bedeutung der Namenkunde für die Romanistik, **Romanistisches Kolloquium XXII,** Tübingen 2008.

Dannheimer, Hermann; Dopsch, Heinz (Hrsg.): Die **Bajuwaren** von Severin bis Tassilo, Ausstellungskatalog Rosenheim/Mattsee, München, Salzburg 1988.

Debus, Friedhelm; Schmitz, Heinz-Günter: **Überblick** über Geschichte und Typen der deutschen Orts- und Landschaftsnamen, in: Besch et al. (Hrsg.): **Sprachgeschichte,** Berlin, New York 2004, S. 3468–3514.

Demandt, Alexander: **Geschichte der Spätantike,** das Römische Reich von Diocletian bis Justinian 284–565 n. Chr., München 1998.

Denecke, Dietrich: **Historische Siedlungsgeographie** und Siedlungsarchäologie des Mittelalters; Fragestellungen, Methoden und Ergebnisse unter dem Gesichtspunkt interdisziplinärer Zusammenarbeit, in: **ZAM** 3, Köln 1975, S. 7–36.

Denecke, Dieter: Die **historisch-geographische Landesaufnahme,** Aufgaben, Methoden und Ergebnisse, in: **GGA** 60, Göttingen 1974, S. 401–436.

Denecke, Dietrich: Interdisziplinäre historisch-geographische **Umweltforschung:** Klima, Gewässer und Böden im Mittelalter und in der frühen Neuzeit, in: **SAGG** 12, Bonn 1994, S. 235–263.

Derwein, Herbert (Hrsg.): **Beiträge zur Flurnamenforschung,** Eugen Fehrle zum 60. Geburtstag dargebracht, Karlsruhe 1941.

Die Alamannen, hrsg. vom Archäologischen Landesmuseum Baden-Württemberg, Stuttgart 2001.

Die **Kunstdenkmäler** des Kantons Basel-Landschaft, 3 Bd., Basel 1969, 1974, 1986.

Dinkel, Josef: Die **Flurnamen von Eiken,** in: Ders.: **Unser Dorf,** Bruchstücke aus der Geschichte von Eiken, Frick 1987, S. 148–169.

DITTLI, **BEAT**: **Orts- und Flurnamen** im Kanton **Zug**, Typologie, Chronologie, Siedlungsgeschichte, hrsg. vom Zuger Verein für Heimatgeschichte, Altdorf 1992.

DITTMAIER, **HEINRICH**: Das **Apa-Problem**, Untersuchung eines Westeuropäischen Flussnamentypus, Bonn 1955.

DNK   **BACH**, **ADOLF**: **Deutsche Namenkunde** I–III, 5 Bde., Heidelberg 1956.

DOB   Deutsches Ortsnamenbuch, hrsg. von **MANFRED NIEMEYER**, Berlin 2012.

DOLCH, **MARTIN**; **GREULE**, **ALBRECHT**: **Historisches Siedlungsnamenbuch der Pfalz**, Speyer 1991.

DOMENICONI, **AENEAS**: Passort **Oltingen**, in: Heimatkunde Oltingen, hrsg. von der Heimatkundekommission Oltingen, Liestal 2008.

DRACK, **WALTER**; **FELLMANN**, **RUDOLF**: Die **Römer in der Schweiz**, Stuttgart, Jona 1988.

DRACK, **WALTER** (Hrsg.): Ur- und frühgeschichtliche **Archäologie der Schweiz**, 6 Bände, Basel 1979.

DREYHAUPT, **JOHANN CHRISTIOPH VON**: **Pagus Neletizi et Nudzici**, oder ausführliche diplomatisch-historische Beschreibung des zum ehemaligen Primat und Ertz-Stifft, nunmehr aber durch den westphälischen Friedens-Schluß secularisirten Herzogthum Magdeburg gehörigen Saal-Kreyses und aller darinnen befindlichen Städte, Schlösser, Aemter, Rittergüter, adelichen Familien, Kirchen, Clöster, Pfarren und Dörffer, insonderheit der Städte Halle, Neumarckt, Glaucha, Wettin, Löbegün, Cönnern und Alsleben; aus Actis publicis und glaubwürdigen Nachrichten mit Fleiß zusammengetragen, mit vielen ungedruckten Documenten bestärcket, mit Kupferstichen und Abrissen gezieret, und mit den nöthigen Registern versehen, Halle 1749–1750.

DUDEN, Das grosse **Vornamenlexikon**, Herkunft und Bedeutung von über 8000 Namen, 4., völlig neu bearbeitete Auflage, Berlin, Mannheim, Zürich 2014.

EDG   Enzyklopädie deutscher Geschichte, hrsg. von **LOTHAR GALL** in Verbindung mit **PETER BLICKLE** et al., München 1991.

EICHLER, **ERNST** et al. (Hrsg.): **Völkernamen** – Ländernamen – Landschaftsnamen, Leipzig 2004.

EICHLER, **ERNST**; **HILTY**, **GEROLD**; **LÖFFLER**, **HEINRICH** et al.: Namenforschung, ein internationales **Handbuch der Onomastik**, 1. Teilband, Berlin, New York 1995.

FAHLBUSCH, **OTTO**: Der Stand und die **Bedeutung der Wüstungsforschung** mit Anwendung auf Südhannover, in: BVH 16, Hildesheim 1944, S. 130–141.

FEHN, KLAUS: Die **historisch-geographische Wüstungsforschung** in Mitteleuropa, in: FEIGL, HELMUTH; KUSTERNING, ANDREAS (Hrsg.): Mittelalterliche Wüstungen in Niederösterreich, Vorträge und Diskussionen des dritten Symposiums des Niederösterreichischen Institutes für Landeskunde, Bildungshaus Grossrussbach, 5.–7. 1982, Wien 1983.

FEIGL, HELMUTH; KUSTERNING, ANDREAS (Hrsg.): **Mittelalterliche Wüstungen** in Niederösterreich: Vorträge und Diskussionen des dritten Symposiums des Niederösterreichischen Institutes für Landeskunde, Bildungshaus Grossrussbach, 5.–7. Juli 1982, Wien 1983.

FEIGL, HELMUTH: Die **Ortsnamenbücher** der österreichischen Bundesländer, in: **SAGG** 6, Bonn 1988, S. 249–262.

FINGERLIN, GERHARD: **Siedlungen und Siedlungstypen** – Südwestdeutschland in Frühalamannischer Zeit, in: **Die Alamannen**, Stuttgart 2001, S. 125–134.

FLÖER, MICHAEL; **KORSMEIER**, CLAUDIA MARIA: Die Ortsnamen des Kreises Soest (**WOB 1**), Bielefeld 2009.

FLÖER, MICHAEL: Die Ortsnamen des Hochsauerlandkreises, (**WOB 6**), Bielefeld 2013.

FNB   Familiennamenbuch der Schweiz, Répetoire des noms de famille suisses, Repetorio dei nomi di famiglia svizzeri, bearbeitet im Auftrag der Schweizerischen Gesellschaft für Familienforschung von der Arbeitsgemeinschaft Schweizer Familiennamen von EMIL und CLOTHILDE MEIER, FRED. D. HÄNNI, STEPHAN und CLAUDIA MOHR. 2., erweiterte Auflage, 6 Bde., Zürich 1968.

FO   FÖRSTEMANN, ERNST: Althochdeutsches Namenbuch, zweiter Band **O**rts- und sonstige geographische Namen (Völker-, länder, siedlungs-, gewässer-, gebirgs-, berg-, wald-, flurnamen u. dgl.), dritte, völlig neu bearbeitete, und um 100 jahre (1100–1200) erweiterte auflage, hrsg. von HERMANN JELLINGHAUS, Bonn 1913.

FP   FÖRSTEMANN, ERNST: Althochdeutsches Namenbuch, erster Band, **P**ersonennamen, zweite, völlig umgearbeitete Auflage, Bonn 1900.

FRICKER, TRAUGOTT; **FRICKER**, FRANZ: **Flurnamen von Kaisten**, in: Vom **Jura zum Schwarzwald** 57, Frick 1983, S. 39–99.

FUCHSHUBER, ELISABETH: Ehemaliger **Landkreis Uffenheim**, München, 1982.

FURGER, ANDRES (Hrsg.): Die Schweiz zwischen **Antike und Mittelalter**, Archäologie und Geschichte des 4. bis 9. Jahrhunderts, Zürich 1996.

GAFFIOT, FELIX: **Gaffiot** Dictionnaire Latin français. Hachette, Paris 1934.

GASSER, MARKUS: Die **Hohe Winde**, Besiedlungsgeschichte des Beinwilertales im Solothurnischen Jura aus der Perspektive der Namenlandschaft, Münchenstein 2004.

GAUSS, KARL et al.: **Geschichte der Landschaft Basel** und des Kantons Basellandschaft, 2 Bde., hrsg. von der Regierung des Kantons Basellandschaft, Liestal 1932.

GEISER, WERNER: **Bergeten** ob Braunwald, ein archäologischer Beitrag zur Geschichte des alpinen Hirtentums, Basel 1973.

GERKING, WILLY: Die **Wüstungen des Kreises Lippe**, eine historisch-archäologische und geographische Studie zum Spätmittelalterlichen Wüstungsgeschehen in Lippe, Münster 1995.

GESSLER, WALTER: **Baselbieter Orts- und Flurnamen**, in: **Baselbieter Heimatblätter** 2, Liestal 1945, S. 49–54 und 57–72.

GEUNICH, DIETER: Die **Franken und die Alemannen** bis zur «Schlacht bei Zülpich» (496/97), Berlin, New York 1998.

GEUNICH, DIETER: **Widersacher der Franken**, Expansion und Konfrontation, in: **Die Alamannen**, Stuttgart 2001, S. 144–148.

GEUNICH, DIETER: Ein junges Volk macht Geschichte, Herkunft und ‹Landnahme› der **Alamannen**, in: **Die Alamannen**, Stuttgart 2001, S. 73–78.

GIESLER, ULRIKE: **Völker am Hochrhein**, das Basler Land im frühen Mittelalter, in: **Die Alamannen**, Stuttgart 2001, S. 209–218.

GILOMEN, HANS-JÖRG: Die Grundherrschaft des Basler Cluniazenser-Priorates **St. Alban** im Mittelalter, ein Beitrag zur Wirtschaftsgeschichte am Oberrhein, Dissertation, Basel 1976.

GLASER, RÜDIGER: **Klimageschichte** Mitteleuropas, 1000 Jahre Wetter, Klima, Katastrophen, 2., aktualisierte und erw. Aufl., Darmstadt 2008.

GOY, KARIN: Die Flurnamen der Gemeinde **Rothenfluh**, Basel und Frankfurt am Main, 1993.

GRAF, MARTIN HANNES: **Siedlungswüstungen im Kanton Thurgau** aus namenkundlicher Sicht, in: **TGNB 1.1**, Frauenfeld, Stuttgart, Wien, S. 127–161.

GRAF, MARTIN HANNES: Ahd. **tëgar** als Wortschatzproblem in der Toponymie, in: BNF 43 Heidelberg 2008, S. 381–395.

GRENDELMEIER, KONRAD; **KAISER**, TONY: **Buchs ZH** wie es einmal war, Waser Druck AG, Buchs ZH 1985.

GREULE, ALBRECHT: Vor- und frühgermanische **Flussnamen am Oberrhein**, ein Beitrag zur Gewässernamengebung im Elsass, der Nordschweiz und Südbaden, Heidelberg 1973.

GREULE, ALBRECHT: Flussnamen als **Gebiets- und Personengruppennamen**, in: EICHLER, ERNST et al. (Hrsg.): **Völkernamen** – Ländernamen – Landschaftsnamen, Leipzig 2004, S. 43–52.

GREULE, ALBRECHT: **Siedlungsnamen**, in: BRENDLER, ANDREA und SILVIO (Hrsg.): **Namenarten** und ihre Erforschung, ein Lehrbuch für das Studium der Onomastik, Hamburg 2004, S. 381–414.

GREULE, ALBRECHT; **HERRMANN**, HANS-WALTER; **RIDDER**, KLAUS und **SCHORR**, ANDREAS (Hrsg.): **Studien zu Literatur**, Sprache und Geschichte in Europa, WOLFGANG HAUBRICHS zum 65. Geburtstag gewidmet, Mörlenbach 2008.

GREULE, ALBRECHT: Die ältesten **Gewässernamen** der Regio Basiliensis, in: DERS.; KULLY, ROLF MAX; MÜLLER, WULF; ZOTZ, THOMAS (Hrsg.): Die **Regio Basiliensis** von der Antike zum Mittelalter – Land am Rheinknie im Spiegel der Namen, Stuttgart 2013, S. 7–20.

GREULE, ALBRECHT; **KULLY**, ROLF MAX; **MÜLLER**, WULF; **ZOTZ**, THOMAS (Hrsg.): Die **Regio Basiliensis** von der Antike zum Mittelalter – Land am Rheinknie im Spiegel der Namen, Stuttgart 2013.

GREULE, ALBRECHT: **Deutsches Gewässernamenbuch**, Etymologie der Gewässernamen und der zugehörigen Gebiets-, Siedlungs- und Flurnamen, Berlin, Bosten 2014.

GRIMM   GRIMM, JACOB und WILHELM: Deutsches Wörterbuch, 33 Bde, Fotomechanischer Nachdruck der Erstausgabe von Leipzig etc. 1854–1971, München 1999.

GROSSENBACHER KÜNZLER, BARBARA; **KULLY**, ROLF MAX: **Namenkundliche Spaziergänge**, in: **Lueg nit verby** 74, Derendingen 1999, S. 114–120.

GRUND, ALFRED: Die Veränderungen der Topographie im **Wiener Wald**e und Wiener Becken, Leipzig 1901.

GUNN-HAMBURGER, DAGMAR; **KULLY**, ROLF MAX: **Siedlungsgeschichte** des Schwarzbubenlandes, 3, jüngere deutsche Ortsnamen und Wüstungsnamen, in: Dr **Schwarzbueb** 75, Breitenbach 1997, S. 36–41.

GUTENBRUNNER, SIEGFRIED et al. (Hrsg.): Die Wissenschaft von deutscher **Sprache und Dichtung**, Festschrift für FRIEDRICH MAURER zum 65. Geburtstag, Stuttgart 1963.

GUYAN, WALTER ULRICH: Zur ländlichen **Wüstungsforschung in der Schweiz**, in: Geographica Helvetica 34, Heft 1, Zürich 1979, S. 1–8.

GUYAN, WALTER ULRICH: Die **ländliche Siedlung** des Mittelalters in der Nordostschweiz vom Blickpunkt der Siedlungsgeographie und Archäologie, in: **Geographica Helvetica** 23, Zürich 1968, S. 57–71.

GUYAN, WALTER ULRICH: Die **mittelalterlichen** Wüstlegungen als archäologisches und geographisches Problem, dargelegt an einigen Beispielen aus dem Kanton Schaffhausen, in: **ZSG** 26, Zürich 1946, S. 433–478.

GUYAN, WALTER ULRICH: **Frühgermanische Bodenfunde** im Kanton Schaffhausen, Schaffhausen 1968.

GUYAN, WALTER ULRICH; SCHNYDER, RUDOLF: **Mogeren**, ein wüstgelegter Adelssitz bei Schaffhausen, in: **ZAM** 4, Köln 1976, S. 49–67.

HAAS, WALTER: **Sprachgeschichtliche Grundlagen**, in: SCHLÄPFER, ROBERT; BICKEL, HANS (Hrsg.): Die **viersprachige Schweiz**, Aarau, Frankfurt a. M., Salzburg 2000, S. 17–57.

HAAS, WALTER: Die **deutschsprachige Schweiz**, in: SCHLÄPFER, ROBERT; BICKEL, HANS (Hrsg.): Die **viersprachige Schweiz**, Aarau, Frankfurt a. M., Salzburg 2000, S. 57–138.

HÄBERLE, DANIEL: Die **Wüstungen der Rheinpfalz** auf Grundlage der Besiedlungsdichte, in: **MVP** 39/42, Speyer 1919–1922, S. 1–246.

HÄGERMANN, DIETER (Hrsg.): Das Mittelalter, die Welt der **Bauern, Bürger, Ritter** und Mönche, Wien 2001.

HÄNGER, HEINER: **Baslerische Ortsnamen** bis 1400, in: **Baselbieter Heimatblätter** 32 Liestal 1967, S. 100–108 und S. 124–134.

HAUBRICHS, WOLFGANG: **Wüstungen und Flurnamen**, Überlegungen zum historischen und siedlungsgeschichtlichen Erkenntniswert von Flurnamen im lothringisch-saarländischen Raume, in: SCHÜTZEICHEL, RUDOLPH (Hrsg.): Giessener **Flurnamen-Kolloquium**, Heidelberg 1985, S. 481–527.

HEIERLI, JAKOB: Die archäologische **Karte des Kantons Aargau**, nebst allgemeinen Erläuterungen und Fundregister, in: **ARGOVIA** 27, Aarau 1898, S. 1–101.

HEIERLI, JAKOB: Die archäologische **Karte des Kantons Solothurn** nebst Erläuterungen und Fundregister, Solothurn 1905.

HEIZ, ARTHUR: Die **Flurnamen von Oeschgen**, in: Vom **Jura zum Schwarzwald** 43/48, Frick 1971.

HEIZ, ARTHUR: **Obermumpfer Flurnamen**, in: Vom **Jura zum Schwarzwald** 45/48, Frick 1974.

HIDBER, BASILIUS: Schweizerisches **Urkundenregister**, hrsg. von der Allgemeinen geschichtsforschenden Gesellschaft der Schweiz, 2 Bde. Bern 1863 und 1877.

HILTY, GEROLD: **Alemannisch und Romanisch** im obersten Toggenburg, zur Sprachgeschichte eines Grenzgebietes der althochdeutschen Schweiz, in: BURGER, HARALD, et al.: **Verbarum amor**, Studien zur Geschichte und Kunst der deutschen Sprache, Festschrift für STEFAN SONDEREGGER zum 65. Geburtstag, Berlin, New York 1992, S. 680–700.

HILTY, GEROLD: War **Romanshorn** eine romanische Siedlung? Ein Beitrag zur ‹Raetoromania submersa›, in: **Annalas** 106, Samedan 1993, S. 164–173.

HK SISSACH 1998 SIEGRIST-FREY, GEORG; BUSER-KARLEN, HANS; MANZ MATTHIAS: Heimatkunde Sissach, 2., überarbeitete Aufl., hrsg. von der Gemeinde Sissach, Liestal 1998.

HK ITINGEN 2002 Heimatkunde Itingen, Liestal 2002.

HK KÄNERKINDEN HÄRING, EUGEN et al.: Heimatkunde Känerkinden, Liestal 1991.

HK ROTHENFLUH Heimatkunde Rothenfluh, hrsg. von der Einwohnergemeinde Rothenfluh, Liestal 2001.

HOB   Historisches **O**rtsnamenbuch für **B**ayern, hrsg. von der Kommission für Bayrische Landesgeschichte bei der Bayrischen Akademie der Wissenschaften München, München 1951–.

HOFMANN, Philippe: **Wüstungsnamen** im Bezirk Sissach – ein onomastischer Beitrag zur Besiedlungsgeschichte des Oberen Baselbiets, Dissertation, Universität Basel, Basel 2014 (2017).

HOPFNER, ISIDOR: **Keltische Ortsnamen** der Schweiz, Bern 1930.

HÖSLI, JOST: Die Wüstung **Bergeten** und die «Heidenhüttchen» in der Glarner Geschichte, in: GEISER, WERNER: **Bergeten** ob Braunwald, ein archäologischer Beitrag zur Geschichte des alpinen Hirtentums, Basel 1973, S. 52–58.

HRG   **H**andwörterbuch zur deutschen **R**echts**g**eschichte, hrsg. von ADALBERT ERLER und EKKEHARD KAUFMANN; mitbegründet von WOLFGANG STAMMLER, Berlin 1971–1988.

HUCK, HANSJÖRG: Vor dem damaligen Riehen-Thor, die einstigen Wüstungen **Ober- und Nieder-Basel**, Basel 2007.

ID.   Schweizerisches **I**diotikon, Wörterbuch der schweizerdeutschen Sprache, Begonnen von FRIEDRICH STAUB und LUDWIG TOBLER und fortgesetzt unter der Leitung von ALBERT BACHMANN, OTTO GRÖGER, HANS WANNER, PETER DALCHER, PETER OTT und HANS-PETER SCHIFFERLE, Frauenfeld 1881ff. Quellen- und Abkürzungsverzeichnis, 3. Aufl., Frauenfeld 1980. Alphabetisches Wörterverzeichnis zu den Bänden I–XI, bearb. von NIKLAUS BIGLER, Frauenfeld 1990.

IHM, MAXIMILIAN: **Abnoba**, in: PAULYS Realencyclopädie der classischen Altertumswissenschaften, Erste Reihe, Bd. I, 1, Stuttgart 1893.

JÄGER, HELMUT: Das **Dorf als Siedlungsform** und seine wirtschaftliche Funktion, in: JANKUHN, HERBERT; SCHÜTZEICHEL, RUDOLF et al. (Hrsg.): Das Dorf in der **Eisenzeit** und des frühen Mittelalters, Göttingen 1977, S. 62–80.

JÄGER, HELMUT: Zur **Wüstungs- und Kulturlandschaftsforschung**, in: **Erdkunde** 8, Bonn, 1954, S. 302–309.

JÄGER, HELMUT: **Wüstungsforschung** in geographischer und historischer Sicht, in: JANKUHN, HERBERT; WENSKUS, REINHARD (Hrsg.): Geschichtswissenschaft und Archäologie, **Untersuchungen** zur Siedlungs-, Wirtschafts- und Kirchengeschichte, Sigmaringen 1979, S. 193–240.

JANKUHN, HERBERT: **Methoden** und Probleme siedlungsarchäologischer Forschung, in: **Archaeologia Geographica** 4, Hamburg 1955.

JANKUHN, HERBERT; SCHÜTZEICHEL, RUDOLF et al. (Hrsg.): Das Dorf der **Eisenzeit** und des frühen Mittelalters, Siedlungsform – wirtschaftliche Funktion – soziale Struktur, Bericht über die Kolloquien der Kommission für die Altertumskunde Mittel- und Nordeuropas in den Jahren 1973 und 1974, Göttingen 1977.

JANKUHN, HERBERT; WENSKUS, REINHARD (Hrsg.): Geschichtswissenschaft und Archäologie, **Untersuchungen** zur Siedlungs-, Wirtschafts- und Kirchengeschichte, Sigmaringen 1979.

JÄNICHEN, HANS: **Alemannen**, in: **RGA** 1, Berlin, New York 1973, S. 138–142.

JANSSEN, WALTER: Mittelalterliche **Dorfsiedlungen** als archäologisches Problem, in: **Frühmittelalterliche Studien** 2, Berlin 1968, S. 304–367.

JANSSEN, WALTER: **Dorf und Dorfformen** des 7. bis 12. Jahrhunderts im Lichte neuer Ausgrabungen in Mittel- und Nordeuropa, in: JANKUHN, HERBERT; SCHÜTZEICHEL, RUDOLF et al. (Hrsg.): Das Dorf der **Eisenzeit** und des frühen Mittelalters, Göttingen 1977, S. 285-356.

JANSSEN, WALTER: Methoden und Probleme der archäologischen **Siedlungsforschung**, in: JANKUHN, HERBERT; WENSKUS, REINHARD (Hrsg.): Geschichtswissenschaft und Archäologie, **Untersuchungen** zur Siedlungs-, Wirtschafts- und Kirchengeschichte, Sigmaringen 1979, S. 101–191.

JANSSEN, WALTER: **Methodische Probleme** archäologischer Wüstungsforschung, Göttingen 1968.

JOCHUM-SCHAFFNER, CHRISTINE: Die Flurnamen der Gemeinde **Wintersingen**, Basel 1999.

KASPERS, WILHELM: Die -acum-Ortsnamen in Elsass-Lothringen, in: **ZONF** 12, Berlin 1936, S. 193–229.

KAUFMANN, HENNING: **Rheinhessische Ortsnamen**, München 1976.

KEINATH, WALTER: Orts- und Flurnamen in **Württemberg**, Stuttgart 1951.

KELLER, HAGEN: Probleme der frühen Geschichte der **Alamannen** (alamannische Landnahme) **aus historischer Sicht**, in: Ausgewählte Probleme europäischer Landnahmen des Früh- und Hochmittelalters, hrsg. von MICHAEL MÜLLER-WILLE und REINHARD SCHNEIDER, Sigmaringen 1994, S. 83–102.

Kende-Wien, Oskar (Hrsg.): **Handbuch** der geographischen Wissenschaft, Berlin 1914–1921.

Klapste, Jan; **Sommer**, Petr (Hrsg.): Medieval Rural Settlement in Marginal Landscapes – Peuplement rural dans les territoires marginaux au Moyen Âge – Mittelalterliche Siedlungen in **ländlichen Randgebiete**n, Ruralia VII, 8th – 14th September 2007, Cardiff, o. O., 2009.

Kläui, Hans: **Wüstungsforschung** im Kanton **Zürich**, in: **Zürcher Chronik** 2, Zürich 1955, S. 34–45.

Kluge   Kluge, Friedrich: Etymologisches Wörterbuch der deutschen Sprache, 25. Aufl., Berlin, New York 2002.

Korsmeir, Claudia Maria: Die Ortsnamen der Stadt Münster und des Kreises Warendorf, (**WOB 3**), Bielefeld 2011.

Krahe, Hans: Unsere **älteste Flussnamen**, Wiesbaden 1964.

Kranzmayer, Eberhardt: Ortsnamenbuch von **Kärnten**, Klagenfurt 1956.

Kranzmayer, Eberhardt; **Bürger**, Karl: **Burgenländisches Siedlungsnamenbuch**, Eisenstadt 1957.

Krenn, Martin: **Wüstungsforschung** und Denkmalpflege **in Niederösterreich**, Anforderungen und Aufgaben der archäologischen Denkmalpflege am Beispiel mittelalterlicher Siedlungsstrukturen, Wien 2012.

Kretschmer, Ingrid; **Kriz**, Karel (Hrsg.): **Exonyme** und Kartographie, weltweites Register deutscher geographischer Namen, Wien 2001.

Kreyssig, Georg Christoph: **Eingegangene Dörfer** und Schlösser in der Grafschaft Barby und im Amte Gommern, Altenburg 1758.

Kriedte, Peter: **Spätmittelalterliche Agrarkrise** oder Krise des Feudalismus?, in: **GG** 7, Göttingen 1981, S. 42–68.

Kühlhorn, Erhard: Die **mittelalterlichen Wüstungen in Südniedersachsen**, Bd. 1, Bielefeld 1994–1996.

Kuhn, Hans: **Wüstungsnamen**, in: **BNF** 15, Heft 2, Heidelberg 1964, S. 156–179.

Kully, Rolf Max: **Solothurnische Siedlungsgeschichte** im Lichte der Namenforschung, in: **Namenkundliche Informationen** 75/76, Leipzig 1999, S. 11–55.

Kully, Rolf Max: **Namengebung** am und im Berg, in: Närhi, Eeva Maria (Hrsg.): Proceedings of the XVIIth International Congress of Onomastic Sciences, Bd. 2, **Helsinki** 1990, S. 63–70.

KULLY, ROLF MAX: Solothurn und andere *-duron*-Orte, in: TIEFENBACH, HEINRICH; LÖFFLER, HEINRICH: **Personenname und Ortsname**, Basler Symposium 6. und 7. Oktober 1997, Heidelberg 2000, S. 53–80.

KULLY, ROLF MAX: Der **Exonymenbaum**, in: BÖNF 3, Wien 2003, S. 61–86.

KULLY, ROLF MAX: Die Flussnamen **Lützel und Lüssel**, in: Akten des XXII. Kongresses ICOS, Pisa 2005, 28.8.–4.9.2005.

LAMB, HUBERT HORACE: Klima und Kulturgeschichte, der Einfluss des Wetters auf den Gang der Geschichte, Reinbek 1989.

LANDAU, GEORG: Historisch-topographische Beschreibung der **wüsten Ortschaften** im Kurfürstentum Hessen und in den grossherzoglichen hessischen Antheilen am Hessengaue, am Oberlahngaue und am Ittergaue, in: **ZHGL** 7, Kassel 1858, S. 1–388, insbesondere S. 381–392.

LAPPE, JOSEF: **Wüstungen der Provinz Westfalen**, Einleitung: Die Rechtsgeschichte der wüsten Marken, Münster/Westf., 1916.

LMA Lexikon des Mittelalters, 9 Bde., Studienausgabe, Stuttgart, Weimar 1999.

LÖFFLER, HEINRICH: **-ing-hova/-in-chova**, zu einem Ortsnamen-Doppelsuffix im Althochdeutschen, in: BERGMANN, ROLF; TIEFENBACH, HEINRICH; VOETZ, LOTHAR (Hrsg.): **Althochdeutsch** 2, Wörter und Namen, Forschungsgeschichte, bearbeitet von HERBERT KOLB, Heidelberg 1987.

LÖFFLER, HEINRICH: Die **Weilerorte** in Oberschwaben, eine namenkundliche Untersuchung, Stuttgart 1968.

LORCH, WALTER: Die Anwendung siedlungsstatischer Methoden zur Analyse früher **Siedlungsbilder**, in: **Geographische Zeitschrift** 46, Wiesbaden 1940, S. 1ff.

LORCH, WALTER: **Methodische Untersuchungen** zur Wüstungsforschung, Jena 1939.

LSG KRISTOL, ANDRES et al.: Lexikon der schweizerischen Gemeindenamen, Dictionnaire toponymique des communes suisses DTS, Dizionario toponomastico dei communi svizzeri DTS, hrsg. vom Centre de Dialectologie an der Universität Neuchâtel unter der Leitung von ANDRES KRISTOL, Frauenfeld 2005.

LÜTGE, FRIEDRICH: **Deutsche Sozial- und Wirtschaftsgeschichte**, Berlin (West) 1952.

MARTI A MARTI, RETO: Zwischen Römerzeit und Mittelalter, Forschungen zur frühmittelalterlichen Siedlungsgeschichte der Nordwestschweiz (4.–10. Jahrhundert), Bd. A, Liestal 2000.

MARTI B MARTI, RETO: Zwischen Römerzeit und Mittelalter, Forschungen zur frühmittelalterlichen Siedlungsgeschichte der Nordwestschweiz (4.–10. Jahrhundert), Bd. B, Liestal 2000.

MARTI, RETO: An der **Schwelle zum Mittelalter** – die Verwandlung der gallo-römischen Welt, in: **Nah dran, weit weg** 1, S. 155-176.

MARTI, RETO: **Land und Leute** im Frühmittelalter, in: **Nah dran, weit weg** 1, S. 177–204.

MARTI, RETO: Von der **Römerzeit** zu Karl dem Grossen: Das Frühmittelalter, in: TAUBER, JÜRG; EWALD, JÜRG: **Tatort Vergangenheit**, Ergebnisse aus der Archäologie heute, Basel 1998.

MARTI, RETO: Between *ager* and *silva*, Phases of the colonisation and the use of land in northern Switzerland from the second/third to the eight/ninth century, in: KLAPSTE JAN; SOMMER, PETR (Hrsg.): Medieval Rural Settlement in Marginal Landscapes – Peuplement rural dans les territoires marginaux au Moyen Âge – Mittelalterliche Siedlungen in **ländlichen Randgebiete**n, Ruralia VII, 8th – 14th September 2007, Cardiff, o. O., 2009, S. 291–307.

MARTI, RETO: **Frühmittelalter** 476–1000 n. Chr., in: **Unter uns**, Archäologie in Basel, hrsg. von der Archäologischen Bodenforschung Basel-Stadt, Basel 2008.

MARTIN, MAX: Das **Fortleben** der spätrömisch-romanischen Bevölkerung von Kaiseraugst und Umgebung im Frühmittelalter aufgrund der Orts- und Flurnamen, in: **Provincialia**, Festschrift für RUDOLF LAUR-BELART, hrsg. v. der Stiftung Pro Augusta Raurica, Redaktion ELISABETH SCHMID, LUDWIG BERGER, PAUL BÜRGIN, Basel, Stuttgart 1968, S. 133-150.

MARTIN, MAX: Die **Alamannen**, in: DANNHEIMER, HERMANN; DOPSCH, HEINZ (Hrsg.): Die **Bajuwaren** von Severin bis Tassilo, Ausstellungskatalog Rosenheim/Mattsee, München, Salzburg 1988, S. 79–86.

MARTIN, MAX: Das fränkische Gräberfeld von **Basel-Bernerring**, in: BBUFG 1, Basel 1976, S. 1–316.

MARTIN, MAX: Die alten **Kastellstädte** und die germanische Besiedlung, in: DRACK, WALTER (Hrsg.): Ur- und frühgeschichtliche **Archäologie der Schweiz**, Bd. 6, Basel 1979, S. 97–133.

MARTIN, MAX: Die spätrömisch-frühmittelalterliche **Besiedlung am Hochrhein** und im schweizerischen Jura und Mittelland, in: WERNER, JOACHIM; EWIG, EUGEN (Hrsg.): Von der **Spätantike** zum frühen Mittelalter: Aktuelle Probleme in historischer und archäologischer Sicht, Sigmaringen 1979, S. 441–446.

MARTIN, MAX: Von der römischen **Randprovinz** zu einer zentralen Region des Abendlandes, in: FURGER, ANDRES (Hrsg.): Die Schweiz zwischen **Antike und Mittelalter**, Archäologie und Geschichte des 4. bis 9. Jahrhunderts, Zürich 1996, S. 41–60.

MEINEKE, BIRGIT: Die Ortsnamen des Kreises Lippe (**WOB 2**), Bielefeld 2010.

MEINEKE, BIRGIT: Die Ortsnamen des Kreises Herford (**WOB 4**), Bielefeld, 2011.

MEINEKE, BIRGIT: Die Ortsnamen der Stadt Bielefeld (**WOB 5**), Bielefeld 2013.

MEINEKE, ECKHARD (Hrsg.): Perspektiven der **Thüringischen Flurnamenforschung**, Frankfurt a. M. u. a. 2003.

METZLER Lexikon Sprache, 2., überarbeitete und erweiterte Aufl., hrsg. von HELMUT GLÜCK, Stuttgart, Weimar, 2000.

MEYER, BRUNK: Der **Boden als Siedlungsfaktor** in historischer Betrachtung, in: JANKUHN, HERBERT; SCHÜTZEICHEL, RUDOLF et al. (Hrsg.): Das Dorf der **Eisenzeit** und des frühen Mittclalters, Göttingen 1977, S. 406–407.

MEYER, MICHAEL (Hrsg.): **Haus – Gehöft – Weiler – Dorf**, Internationale Tagung an der Freien Universität Berlin vom 20. bis 22. März 2009, Leidorf 2010.

MEYER, TRAUGOTT: **Baselbieterdütsch**, in: **Das schöne Baselbiet** 4, Liestal 1957.

MEYER, WERNER: Zur **Auflassung der Burgen** in der spätmittelalterlichen Schweiz, in: **Château Gaillard** 12, o. O. 1985.

MONTANARI, MASSIMO: **Hungerleben**, in: RIPPMANN, DOROTHEE; NEUMEISTER-TARONI, BRIGITTA: Gesellschaft und **Ernährung um 1000**, Vevey 2000, S. 18–24.

MOOSBRUGGER-LEU, RUDOLF: Die **Alemannen und Franken**, in: DRACK, WALTER (Hrsg.): Ur- und frühgeschichtliche **Archäologie der Schweiz** 6, Basel 1979, S. 39–52.

MOOSBRUGGER-LEU, RUDOLF: Die **frühmittelalterlichen** Gürtelbeschläge der Schweiz, ein Beitrag zur Geschichte der Besiedlung der Schweiz durch die Burgunder und Alamannen, Bonn 1967.

MOOSBRUGGER-LEU, RUDOLF: Die Schweiz zur **Merowingerzeit**, die archäologische Hinterlassenschaft der Romanen, Burgunder und Alamannen, 2 Bde, Bern, 1971.

MORTENSEN, HANS: Zur deutschen **Wüstungsforschung**, in: **GGA** 206, Göttingen 1944, S. 193-215.

MORTENSEN, HANS; SCHARLAU, KURT: Der siedlungskundliche Wert der **Kartierung** von Wüstungsfluren in: **NAW**, Göttingen 1949, S. 303–331.

MOTTEK, HANS: **Wirtschaftsgeschichte Deutschlands**, Bd. I, Berlin (Ost) 1976.

MUSTER, Hans Peter; **BÜRKLI FLAIG**, Beatrice: **Baselbieter Wörterbuch**, Basel 2001.

MÜLLER, AUGUST OTTO: **Flurnamen und Ortsgeschichte**, in: DERWEIN, HERBERT (Hrsg.): **Beiträge zur Flurnamenforschung**, EUGEN FEHRLE zum 60. Geburtstag dargebracht, Karlsruhe 1941, S. 77–85.

MÜLLER, CHRISTIAN ADOLF: Die **Burgen** in der Umgebung von Basel und das Erdbeben von 1356, in: **BZGA** 55, Basel 1956, S. 25–73.

MÜLLER-WILLE, MICHAEL; SCHNEIDER, REINHARD (Hrsg.): Ausgewählte Probleme **europäischer Landnahmen** des Früh- und Hochmittelalters, Sigmaringen 1993.

MÜLLER, WULF: Les **Lieux-dits du Landeron**: origine et histoire, in: Le Landeron, Histoire d'une ville, Hautrive 2001, S. 61–66.

NABHOLZ, HANS; BADER, KARL SIEGFRIED; FISCHER, RUDOLF VON; HÜBSCHER, BRUNO, HENGGELER, RUDOLF, et al.: **Archivalia et Historica**, Arbeiten aus dem Gebiet der Geschichte und des Archivwesens, Festschrift für Prof. Dr. ANTON LARGIADÈR zum 65. Geburtstag, hrsg. von DIETRICH SCHWARZ und WERNER SCHNYDER, Zürich 1958.

Nah dran, weit weg: Geschichte des Kantons Basel-Landschaft, 6 Bde., Liestal 2001.

NÄRHI, EEVA MARIA (Hrsg.): Proceedings of the XVIIth International Congress of Onomastic Sciences, Bd. 2, **Helsinki** 1990, S. 63-70.

NEILL, STEPHAN: Zur Geschichte der **abgekommenen Ortschaften** in Niederösterreich, in: **BLN** 15, Wien 1881, S. 122–129.

NEILL, STEPHAN: Versuch einer Topographie der verschollenen Ortschaften in **Niederösterreich**, zunächst der im ehemaligen Viertel unter dem Manhartsberg gelegenen, in: **BLN** 17, Wien, 1883, S. 145–218.

NEILL, STEPHAN: Versuch einer Topographie der verschollenen Ortschaften im Viertel unter dem **Wienerwald**, in: **BLN** 17, Wien 1883, S. 55–116.

NEUSS, ERICH: **Besiedlungsgeschichte** des Saalkreises und des Mansfelder Landes, Weimar 1995.

NICOLAISEN, WILHELM FRITZ HERMANN (Hrsg.): Proceedings of the XIXth International Congress of Onomastic Sciences, August 4–11 1996 Vol. 2, **Aberdeen** 1998.

NOB   Niedersächsisches Ortsnamenbuch, hrsg. vom Institut für historische Landesforschung der Universität Göttingen, 7 Bde., Bielefeld 1998–2011.

NUBER, HANS ULRICH: Zeitenwende rechts des Rheins – **Rom und Alamannen**, in: **Die Alamannen**, Stuttgart 2001, S. 59–68.

NÜBLING, DAMARIS: **Namen**, eine Einführung in die Onomastik, Tübingen 2012.

OHAINSLI, UWE et al.: Niedersächsisches Ortsnamenbuch (**NOB**), hrsg. vom Institut für historische Landesforschung der Universität Göttingen, 7 Bde., Bielefeld 1998–2011.

ORTMANN, WOLF DIETER: Landkreis **Scheinfeld**, München 1967.

OTHENIN-GIRARD, MIREILLE: Ländliche **Lebensweise und Lebensform** im Spätmittelalter, Liestal 1994.

PITZ, MARTINA: Der Frühbesitz der **Abtei Prüm** im lothringischen Salzgebiet, Philologisch-onomastische Überlegungen zu den Brevia 41–43 des Prümer Urbars, in: **Rheinische Vierteljahrsblätter** 70, Bonn 2006.

Pitz, MARTINA: Siedlungsnamen auf -**villare** (-weiler, -villers) zwischen Mosel, Hundsrück und Vogesen, Untersuchungen zu einem germanisch-romanischen Mischtypus der Jüngeren Merowinger- und Karolinger-zeit, Saarbrücken 1997.

POHLENDT, HEINZ: Die **Verbreitung** der mittelalterlichen Wüstungen in Deutschland, in: GGeoA 3, Göttingen 1950, S. 82–91.

Provincialia, Festschrift für RUDOLF LAUR-BELART, hrsg. von der Stiftung Pro Augusta Raurica, Redaktion ELISABETH SCHMID, LUDWIG BERGER, PAUL BÜRGIN, Basel, Stuttgart 1968.

QUIRIN, HEINZ: Ista **villa** iacet totaliter **desolata**, zum Wüstungsproblem in Forschung und Kartenbild, in: BEUMANN, HELMUT (Hrsg.): Festschrift für WALTER SCHLESINGER, Bd. 1, Köln, Wien 1973, S. 197–272.

RAMGE, HANS (Hrsg.): **Hessischer Flurnamenatlas**, nach den Sammlungen des Hessischen Flurnamenarchivs Giessen und des Hessischen Landesamts für Geschichtliche Landeskunde, unter Mitarbeit von SONJA HASSEL-SCHÜRG, ULRICH HÄNDLER und WOLFGANG PUTSCHKE, Darmstadt 1987.

RAMGE, HANS (Hrsg.): **Südhessisches Flurnamenbuch**, bearbeitet von JÖRG RIECKE, HERBERT SCHMIDT und GERD RICHTER, Darmstadt 2002.

RAMGE, HANS: **Bedeutende Wüstungsnamen**, zur Leistung der Semantik in der Namengenese für die Siedlungsforschung, in: GREULE, ALBRECHT; HERRMANN, HANS-WALTER; RIDDER, KLAUS und SCHORR, ANDREAS (Hrsg.): **Studien zu Literatur**, Sprache und Geschichte in Europa, WOLFGANG HAUBRICHS zum 65. Geburtstag gewidmet, Mörlenbach 2008, S. 465–476.

RAMSEIER, MARKUS: **Berg**, in: BLNB 2, S. 48.

RAMSEIER, MARKUS: **Bettenach**, in: BLNB 2, S. 49.

RAMSEIER, MARKUS: **Dorf**, in: BLNB 2, S. 121.

RAMSEIER, MARKUS: **Eglingen**, in: BLNB 2, S. 132.

Ramseier, Markus: **Einach**, in: BLNB 2, S. 133.

Ramseier, Markus: **Er/Ehr**, in: BLNB 2, S. 140.

Ramseier, Markus: **Firmach**, in: BLNB 2, S. 155.

Ramseier, Markus: **Iglige/Iglingen**, in: BLNB 2, S. 246.

Ramseier, Markus: **Räb/Reb**, in: BLNB 2, S. 359.

Ramseier, Markus: **Ringliche**, in: BLNB 2, S. 375.

Ramseier, Markus: **Schwärzlige/Schwarzlige**, in: BLNB 2, S. 420.

Ramseier, Markus: **Stei/Stein**, in: BLNB 2, S. 448.

Recker, Udo; Röder, Christoph; Tappert, Claudia: **Multikausale Erklärungsmuster** für mittelalterliche und frühneuzeitliche Be- und Entsiedlungsvorgänge im hessischen Mittelgebirgsraum, die Erforschung der Wüstung «Baumkirchen», Gemeinde Laubach, Landkreis Giessen in den Jahren 2004 und 2005, in: **KAL** 8, Rahden, 2006, S. 177–213.

Reichardt, Lutz: Ortsnamenbuch des **Rems-Murr**-Kreises, in: **GLK** 128, Stuttgart 1993.

RGA   Reallexikon der germanischen Altertumskunde, begründet von Johannes Hoops, 2., völlig neu bearbeitete und stark erweiterte Auflage unter Mitwirkung zahlreicher Fachgelehrter, Bd. 1ff, Berlin, New York 1973ff.

Richter, Erhard: Die Flurnamen von **Inzlingen**, Schopfheim 2004.

Richter, Erhard: Die Flurnamen von **Grenzach und Wyhlen** in ihrer sprachlichen, siedlungsgeschichtlichen und volkskundlichen Bedeutung, in: **FOLG** 11, Freiburg 1962.

Rippmann, Dorothee: **Bauern und Herren** – Rothenfluh im Mittelalter, Pratteln 1996.

Rippmann, Dorothee: **Bauern und Städter**, Stadt-Land-Beziehungen im 15. Jahrhundert, Das Beispiel Basel, Basel 1990.

Rippmann, Dorothee: Zur **Geschichte des Dorfes** im Mittelalter am Beispiel des Kantons Basel-Land, in: Tauber, Jürg (Hrsg.): Methoden und Perspektiven der Archäologie des Mittelalters, Tagungsberichte zum interdisziplinären Kolloquium vom 27. bis 30. September 1989, Liestal 1991, S. 31–56.

Rippmann, Dorothee; Neumeister-Taroni, Brigitta: Gesellschaft und **Ernährung um 1000**, Vevey 2000.

ROCHHOLZ, ERNST LUDWIG: Feltschen, Magden, Tegerfelden, rhätische, römische und deutsche Abkunft der **Aargauer Ortsnamen**, urkundlich und sprachgeschichtlich, in: ARGOVIA 1, Baden 1860, S. 94–112.

RÖSENER, WERNER: Agrarwirtschaft, **Agrarverfassung** und ländliche Gesellschaft im Mittelalter, München 1992.

RÖSENER, WERNER: Das **Wärmeoptimum** des Hochmittelalters, Beobachtungen zur Klima- und Agrarentwicklung des Hoch- und Spätmittelalters, in: **ZAA** 58, Heft 1, Frankfurt a. M., März 2010, S. 13–30.

RÖSNER, WERNER: **Landwirtschaft** im Mittelalter, in: HÄGERMANN, DIETER (Hrsg.): Das Mittelalter, die Welt der **Bauern, Bürger, Ritter** und Mönche, Wien 2001, S. 94–105.

ROTH-RUBI, KATRIN: Die **ländliche Besiedlung** und Landwirtschaft im Gebiet der Helvetier, in: BENDER, HELMUT; WOLFF, HARTMUT (Hrsg.): Ländliche **Besiedlung und Landwirtschaft** in den Rhein–Donau–Provinzen des Römischen Reiches, Vorträge eine Internationalen Kolloquiums vom 16. bis 21. April 1991 in Passau, Espelkamp 1994, S. 309–329.

ROTHWEILER, WERNER: Die **Magdener Flurnamen** im Laufe der Zeit, in: Vom **Jura zum Schwarzwald**, 75, Möhlin 2001.

RÜEGER, JOHANN JAKOB: Chronik der Stadt und Landschaft **Schaffhausen**, Schaffhausen 1606.

RUNDE, INGO: Die **Franken und Alemannen** vor 500, ein chronologischer Überblick, in: GEUNICH, DIETER (Hrsg.): Die **Franken und die Alemannen** bis zur «Schlacht bei Zülpich» (496/97), hrsg. von Berlin, New York 1998, S. 656–690.

SALVISBERG, ANDRÉ: Die **Basler Strassennamen**, Basel 1999.

SCHAFFNER, HANS: Die Flurnamen von **Anwil**, in: **Baselbieter Heimatblätter** 33, Liestal 1968, S. 214–221, 290–291, 317–318.

SCHARLAU, KURT: Beiträge zur geographischen Betrachtung der **Wüstungen**, in: **BGA** 10, Freiburg i. Br. 1933, S. 1–46.

SCHARLAU, KURT: ERGEBNISSE UND AUSBLICKE DER HEUTIGEN **Wüstungsforschung**, in: **BDL** 93, Berlin, Göttingen 1957, S. 43–101.

SCHARLAU, KURT: Die **hessische Wüstungsforschung** vor neuen Aufgaben, in: **ZGHL** 65/66, Kassel 1955, S. 72–90.

SCHAUB, WALTER: Die **Flurnamen von Sissach**, Liestal **1946**.

SCHAUB, WALTER: Die **Flurnamen von Sissach**, 2. Aufl., überarb. von BÉATRICE WIGGENHAUSER, Sissach **1998**.

SCHEUERMANN, ULRICH: Flurnamensammlung und Flurnamenforschung in **Niedersachsen**, Göttingen 2011.

SCHIB, KARL: Wandlungen im mittelalterlichen Siedlungsbild rund um **Schaffhausen,** Schaffhausen 1970.

SCHIESS, TRAUGOTT: Die St. Gallischen **Weilerorte**, in: Der **Geschichtsfreund** 83, Einsiedeln 1928, S. 28–63.

SCHLÄPFER, ROBERT; BICKEL, HANS (Hrsg.): Die **viersprachige Schweiz**, Aarau, Frankfurt a. M., Salzburg 2000.

SCHLÄPFER, ROBERT: Die **Mundart** des Kantons Baselland, Versuch einer Deutung der Sprachlandschaft der Nordwestschweiz, Frauenfeld 1956.

SCHLESINGER, WALTER: **Archäologie des Mittelalters** in der Sicht des Historikers, in: DERS.: Ausgewählte Aufsätze 1965–1979, Sigmaringen 1987, S. 615–646.

SCHLESINGER, WALTER: **Ausgewählte Aufsätze** 1965–1979, Sigmaringen 1987.

SCHLIMPERT, GERHARD: **Flurnamen des Teltow** und ihre Aussage für die Siedlungsgeschichte, in: SCHÜTZEICHEL, RUDOLF (Hrsg.): Giessener **Flurnamen-Kolloquium**, Heidelberg 1985, S. 251–255.

SCHLÜTER, OTTO: Die Siedlungen im nordöstlichen **Thüringen**, Berlin 1903.

SCHNEIDER, STEPHAN: Die Flurnamen der Gemeinde **Bubendorf**/BL, ein Beitrag zur Flurnamenforschung im Baselbiet, Liestal 1990.

SCHNETZ, JOSEPH: **Flurnamenkunde**, München 1952.

SCHÖNECK, WERNER: **Type-token-Relation**, in: **Metzler**, Stuttgart, Weimar, 2000, S. 755.

SCHRÖDER, EDWARD: **Deutsche Namenkunde**, gesammelte Aufsätze zur Kunde deutscher Personen- und Ortsnamen, 2., stark erw. Aufl. besorgt von LUDWIG WOLFF, Göttingen 1944.

SCHUBERT, ERNST: Einführung in die **Grundprobleme** der deutschen Geschichte im Spätmittelalter, Darmstadt 1998.

SCHUH, ROBERT: **Ortswüstungen** und Flurnamen, zu Tradition, Wandel und Schwund von Wüstungsnamen in Franken, in: SCHÜTZEICHEL, RUDOLF (Hrsg.): Giessener **Flurnamen-Kolloquium**, Heidelberg 1985, S. 330–342.

SCHUH, ROBERT: Ehemaliger Landkreis **Gunzenhausen**, München 1979.

SCHUSTER, ELISABETH: Die **Etymologie** der niederösterreichischen Ortsnamen, 3 Bde., Wien 1989–1994.

SCHÜTZEICHEL, RUDOLPH (Hrsg.): Giessener **Flurnamen-Kolloquium**, Heidelberg 1985.

SCHÜTZEICHEL, RUDOLF (HRSG.): **Bibliographie** der Ortsnamenbücher des deutschen Sprachgebiets in Mitteleuropa, Heidelberg 1988.

SCHWARZ, THOMAS: **Flurnamen von Frick**, in: **Frick**, gestern und heute 2, Frick 1987, S. 69–83.

SCHWARZ, WERNER: Das germanische **Kontinuitätsproblem**, in: BÜTTNER, HEINRICH; FEGER, OTTO; MEYER, BRUNO: Aus **Verfassungs- und Landesgeschichte**, Festschrift zum 70. Geburtstag von THEODOR MAYER, dargebracht von seinen Freunden und Schülern, redigiert von, Bd. 1, Lindau 1954, S. 17–47.

SCHWIND, FRED: Beobachtungen zur inneren **Struktur des Dorfes** in karolingischer Zeit, in: JANKUHN, HERBERT; SCHÜTZEICHEL, RUDOLF et al. (Hrsg.): Das Dorf der **Eisenzeit** und des frühen Mittelalters, Göttingen 1977, S. 444–493.

SDS   Sprachatlas der **d**eutschen Schweiz, 8 Bde., hrsg. von RUDOLF HOTZENKÖCHERLE et al., Bern 1962–2003.

SOCIN   Mittelhochdeutsches Namenbuch nach oberrheinischen Quellen des zwölften und dreizehnten Jahrhunderts, hrsg. von ADOLF SOCIN, Basel 1903. Unveränd. reprogr. Neudruck, Hildesheim 1966.

SONB 1   KULLY, ROLF MAX: Solothurnische Ortsnamen, die Namen des Kantons, der Bezirke und der Gemeinden, Solothurn 2003.

SONB 2   GASSER, MARKUS; SCHNEIDER, THOMAS FRANZ: Die Flur- und Siedlungsnamen der Amtei Dorneck-Thierstein, Basel 2010.

SONB 3   REBER, JACQUELINE: Die Flur- und Siedlungsnamen der Amtei Olten-Gösgen, Basel 2014.

SONDEREGGER, STEFAN: Die Orts- und Flurnamen des Landes **Appenzell**, Band I: Grammatische Darstellung, Frauenfeld 1958.

SONDEREGGER, STEFAN: Die **Ortsnamen**, in: DRACK, WALTER (Hrsg.): Ur- und Frühgeschichtliche **Archäologie der Schweiz** 6, Basel 1979, S. 75–96.

SONDEREGGER, STEFAN: Zu den althochdeutschen Sachwörtern in den lateinischen **Urkunden der Schweiz**, in: NABHOLZ, HANS; BADER, KARL SIEGFRIED; FISCHER, RUDOLF VON; HÜBSCHER, BRUNO, HENGGELER, RUDOLF, et al.: **Archivalia et Historica**, Arbeiten aus dem Gebiet der Geschichte und des Archivwesens, Festschrift für Prof. Dr. ANTON LARGIADÈR zum 65. Geburtstag, hrsg. von DIETRICH SCHWARZ und WERNER SCHNYDER, Zürich 1958, S. 203–218.

SONDEREGGER, STEFAN: Grundlegung einer **Siedlungsgeschichte** des Landes Appenzell anhand der Orts- und Flurnamen, in: **Appenzellische Jahrbücher** 85, Trogen 1957, S. 3–68.

Specker, Thomas: **Siedlungswüstungen im Thurgau**, in: **JbSGUF** 20, Basel 1997, S. 91–93.

Sprandel, Rolf: **Gewerbe und Handel** 1350–1500, in: **Aubin**, Hermann; Zorn, Wolfgang: **Handbuch** der deutschen Wirtschafts- und **Sozialgeschichte**, Stuttgart 1971, S. 334–357.

Staerk, Dieter: Die **Wüstungen des Saarlandes**, Saarbrücken 1976.

Starck/Wells Starck, Taylor: Althochdeutsches Glossenwörterbuch, mit Stellennachweis zu sämtlichen althochdeutschen und verwandten Glossen, zusammengetr., bearb. und herausgegeben von Taylor Starck und John C. Wells, Heidelberg 1971–1990.

Steinhauser, Walter: Zur Herkunft, Bildungsweise und siedlungsgeschichtlichen Bedeutung der **niederösterreichische**n **Orts- und Flurnamen**, in: **JbLN** 25, Wien 1933.

Stöcklin, Peter: **Flurnamen Tenniken**, Tenniken 1999. (unpubliziert)

Strohmeier, Peter: Der Kanton **Solothurn**, historisch, geographisch, statistisch geschildert, St. Gallen, Bern 1836.

Sturm, Joseph: **Buchbesprechung** zu Walter, Michael: Die abgegangenen **Siedlungen**, in: **ZONF** 4, München, Berlin 1928, S. 203.

Suter, Paul: Die **Einzelhöfe** von Baselland, Liestal 1969.

Suter, Paul: **Ausgewählte Schriften** zur Namenforschung, Liestal 1989.

Suter, Paul: G. F. **Meyer**s **Karte** des Homburger Amtes, Liestal 1933.

Tauber, Jürg (Hrsg.): Methoden und Perspektiven der **Archäologie des Mittelalters**, Tagungsberichte zum interdisziplinären Kolloquium vom 27. bis 30. September 1989, Liestal 1991.

Tauber, Jürg: Die **Nordwestschweiz** zur Zeit um 1000, in: Rippmann, Dorothee; Neumeister-Taroni, Brigitta: Gesellschaft und **Ernährung um 1000**, Vevey 2000, S. 84–103.

Tauber, Jürg; Ewald, Jürg: **Tatort Vergangenheit**, Ergebnisse aus der Archäologie heute, Basel 1998.

Tesdorpf, Jürgen Cyrill: Die Entstehung der **Kulturlandschaft** am westlichen Bodensee, Stuttgart 1972.

Tesdorpf, Jürgen Cyrill: Die Wüstungen im **Hegau** und ihre Bedeutung für die Siedlungsforschung, Hegau 1969.

TGNB 1.1 Nyffenegger, Eugen; Bandle Oskar: Die Siedlungsnamen des Kantons Thurgau, Frauenfeld, Stuttgart, Wien 2003.

TGNB 2.1 Nyffenegger, Eugen; Graf, Martin Hannes: Die Flurnamen des Kantons Thurgau, Frauenfeld, Stuttgart, Wien 2007.

TGNB 2.2 Nyffenegger, Eugen; Graf, Martin Hannes: Die Flurnamen des Kantons Thurgau, Frauenfeld, Stuttgart, Wien 2007.

TGNB 3.2 Nyffenegger, Eugen; Graf, Martin Hannes: Die Flurnamen des Kantons Thurgau, Frauenfeld, Stuttgart, Wien 2007.

Tiefenbach, Heinrich; Löffler, Heinrich: **Personenname und Ortsname**, Basler Symposium 6. und 7. Oktober 1997, Heidelberg 2000.

Tomaschett, Carli: **Orts- und Flurnamen** und siedlungsgeschichtliche Erkenntnisse, in: Dahmen, Wolfgang; Holtus, Günter et al. (Hrsg.): Zur Bedeutung der Namenkunde für die Romanistik, **Romanistisches Kolloquium XXII**, Tübingen 2008, S. 167–176.

Tribbelhorn, Erna: **Östergäu**, eine verschollene Siedlung, Flurnamen von Rünenberg u. Kilchberg im Umfeld von Natur u. Geschichte, Bd. III, Liestal 2002.

Trouillat Trouillat, Joseph; Vautrey Louis: Liber Marcarum veteris episcopatus Basileensis, État de l'ancien évêché de Bâle, dressé par ordre de Frédéric ze Rein, évêque de Bâle en 1441, Porrentruy 1866.

Trümpy, Hans: **Kontinuität – Diskontinuität** in den Geisteswissenschaften, Darmstadt 1973.

Vogelfänger, Tobias: Nordrheinische Flurnamen und digitale **Sprachgeographie**, sprachliche Vielfalt in räumlicher Verbreitung, Köln, Weimar, Wien 2010.

Wagner, Georg Wilhelm Justin: Die **Wüstungen** im Grossherzogtum Hessen, Darmstadt 1854–1865.

Walter, Gottfried: Die **Orts- und Flurnamen** des Kantons **Schaffhausen**, mit vergleichender Berücksichtigung von Namen der benachbarten badischen, zürcherischen und thurgauischen Gemeinden, Schaffhausen 1912.

Walter, Michael: Die abgegangenen **Siedlungen**, Karlsruhe 1927.

Walter, Michael: Vom Stand und den **Aufgaben der Wüstungsforschung**, in: **BDLK** 12, Stuttgart 1953, S. 114–124.

Wanner, Konrad: Siedlungen, **Kontinuität und Wüstungen** im nördlichen Kanton Zürich, Bern 1984.

Weber, Dietrich: Die **Wüstungen in Württemberg**, ein Beitrag zur historischen Siedlungs- und Wirtschaftsgeographie von Württemberg, Stuttgart 1927.

WEIGL, **HEINRICH**: **Historisches Ortsnamenbuch für Niederösterreich**, Wien 1964–1981.

WEINHOLD, **KARL**; **EHRISMANN**, **GUSTAV**; **MOSER**, **HUGO**: Kleine Mittelhochdeutsche **Grammatik**, 16., verbesserte Auflage, Wien 1972.

WENNINGER, **DOROTHEA**: Flurnamen im Kaiserstuhl, eine namenkundliche und sprachgeschichtliche Untersuchung der Vogtsburger Ortsteile Achkarren, Bickensohl, Bischoffingen, Burkheim, Oberbergen, Oberrotweil und Schelingen, in: **EHS** 1607, Frankfurt a. m., Berlin, Bern, New York, Paris, Wien 1997.

WENZEL, **HARTMUT**: Methodische Grundlagen der **Wüstungsforschung**, dargestellt am Beispiel der Wüstungsaufnahme im Gebiet des Stadt- und Landkreises Weimar, in: **Alt-Thüringen**, Bd. 25, Weimar 1990, S. 243–301.

WERNER, **JOACHIM**; **EWIG**, **EUGEN**: Von der **Spätantike** zum frühen Mittelalter: Aktuelle Probleme in historischer und archäologischer Sicht, Sigmaringen 1979.

WIDMER-DEAN, **MARKUS**; **RICHNER**, **RAOUL**: Dorf und Gemeinde **Buchs**, Suhr 2010.

WIESINGER, **PETER**: Probleme der **bairischen Frühzeit** in Niederösterreich aus namenkundlicher Sicht, in: **WOLFRAM**, **HERWIG**; **SCHWARCZ**, **ANDREAS** et al. (Hrsg.): Die **Bayern** und ihre Nachbarn, Berichte des Symposions der Kommission für Frühmittelalterforschung, 25. bis 28. Oktober 1982, Stift Zwettl, Niederösterreich, Wien 1985, S. 321–375.

WIESINGER, **PETER** (Hrsg.): **Ortsnamenbuch** des Landes **Oberösterreich**, Wien 1989-2003.

WIGGENHAUSER, **BÉATRICE**: Von Esche bis zinwigen, die **Ersterwähnungen** der Gemeinden des Kantons Basel-Landschaft, Liestal 2006.

WINDLER, **RENATE**: **Besiedlung** und Bevölkerung der Nordschweiz im 6. und 7. Jahrhundert, in: **Die Alemannen**, Stuttgart 2001, S. 261–268.

WISSOWA, Georg (Hrsg.): **PAULYS** Realencyclopädie der classischen Altertumswissenschaften, Erste Reihe, Bd. I, 1, Stuttgart 1893.

WITKOWSKI, **TEODOLIUS**: **Grundbegriffe** der Namenkunde, Berlin 1964.

WITTMER-BUTSCH, Maria: Die **etichonischen Beronen**, in: **Nah dran, weit weg** 1, S. 207–234.

WOB   Westfälisches Namenbuch, 19 Bde. (Stand Dez. 2014: 7 Bde.), Bielefeld 2009–.

WOB 1   **FLÖER**, **MICHAEL**; **KORSMEIER**, **CLAUDIA MARIA**: Die Ortsnamen des Kreises Soest, Bielefeld 2009.

WOB 2   **MEINEKE**, **BIRGIT**: Die Ortsnamen des Kreises Lippe, Bielefeld 2010.

WOB 3 KORSMEIR, CLAUDIA MARIA: Die Ortsnamen der Stadt Münster und des Kreises Warendorf, Bielefeld 2011.

WOB 4 MEINEKE, BIRGIT: Die Ortsnamen des Kreises Herford, Bielefeld, 2011.

WOB 5 MEINEKE, BIRGIT: Die Ortsnamen der Stadt Bielefeld, Bielefeld 2013.

WOB 6 FLÖER, MICHAEL: Die Ortsnamen des Hochsauerlandkreises, Bielefeld 2013.

WOB 8 FLÖER, MICHAEL: Die Ortsnamen des Kreises Olpe, Bielefeld 2014.

WOLFRAM, HERWIG; SCHWARCZ, ANDREAS et al. (Hrsg.): Die **Bayern** und ihre Nachbarn, Berichte des Symposions der Kommission für Frühmittelalterforschung, 25. bis 28. Oktober 1982, Stift Zwettl, Niederöstserreich, Wien 1985.

WÜLSER-HEIERLI, FRANZ: Gemeinde **Zeihen**: Flurnamen, Ortsname, Zeihen 1991.

ZEHNDER, BEAT: Die **Gemeindenamen** des Kantons **Aargau**, Aarau 1991.

ZINSLI, PAUL: **Ortsnamen**: Strukturen und Schichten in den Siedlungs- und Flurnamen der deutschen Schweiz, 2 . Aufl., Frauenfeld 1975.

ZINSLI, PAUL: Das Problem der **Kontinuität** in der Sicht der Ortsnamenkunde, in: TRÜMPY, HANS: **Kontinuität – Diskontinuität** in den Geisteswissenschaften, Darmstadt 1973, S. 213–242.

ZINSLI, PAUL: **Grund und Grat**, die Bergwelt im Spiegel der schweizerdeutschen Alpenmundarten, Bern 1945.

ZINSLI, PAUL: **Südwalser Namengut**, Bern 1985.

ZOPFI, FRITZ: Das **Glarnerland** war zweisprachig, Orts- und Flurnamen erinnern an das romanisch-alemannische Zusammenleben, in: **TA**, 27. August 1983, S. 51.

Digitale Quellen

JOCHUM-GODGLÜCK, CHRISTA; PUHL, ROLAND: Das Saarbrücker Forschungsprojekt «**Flurnamen und Wüstungen**», in: ANA ISABEL BOULLÒN AGRELO (Hrsg.): Actas do XX congresso internacional de ciencias onomásticas, La Coruna 2002 (CD-ROM).

BOULLÒN AGRELO, ANA ISABEL (Hrsg.): **Actas** do XX congresso internacional de ciencias **onomásticas**, La Coruna 2002. (CD-ROM).

RAMGE, HANS (Hrsg.): **Mittelhessisches Flurnamenbuch**, Darmstadt 2005, http://cgi-host.uni-marburg.de/~hlgl/mhfb/mhfb_rs.html, 04.12.14.

Internetquellen[2059]

http://www.fructus.ch/sorten/steinobst

GeoView BL (http://geoview.bl.ch/)

Hessisches Flurnamenbuch (http://www.lagis-hessen.de/lagis1/mhfb.html)

http://www.hls-dhs-dss.ch/textes/d/D11305.php

http://www.hls-dhs-dss.ch/textes/d/D7122.php

http://www.hls-dhs-dss.ch/textes/d/D8853.php

http://www.ag.ch/geoportal/agisviewer/viewer.aspx?PageWidth=1000&PageHeight=700&map=alg_bachkataster&Benutzergruppe=3

http://map.geo.admin.ch/?topic=ivs

IVS   http://ivs-gis.admin.ch/ivs2b.php#

MEINEKE, ECKHARD: **Flurnamenforschung in Thüringen** (http://www.sprachwissenschaft.uni-jena.de/Lehrberichte/Thüringsche+Flurnamen/Flurnamenforschung+in+Thüringen.html.

SOGIS (http://www.sogis1.so.ch/map/gs)

Mündliche Quellen

GP   Gewährspersonen mehrerer Gemeinden, deren Namen nicht mehr alle vollständig rekonstruierbar sind.

MARTI, RETO: Kantonsarchäologe Basel-Landschaft

REDING, CHRISTOPH: Kantonsarchäologe Aargau

Anmerkungen

1 HOFMANN, Wüstungsnamen.

2 Vgl. BLNB.

3 Merowingerzeitliche Kurzschwerter.

4 Vgl. MARTI B, S. 55; GeoView BL, Archäologie, Schutzzonen, Zonen-ID 2.23, 4.6.2014.

5 Vgl. MARTI B, S. 55; KSG-Nummer 13402, vgl. http://www.bevoelkerungsschutz.admin.ch/internet/bs/de/ home/themen/kgs/kgs_inventar/b-objekte.parsys.000110.download-List.11529.DownloadFile.tmp/bs2014.pdf, 15.12.2014..

6 MÜLLER, Flurnamen und Ortsgeschichte, in: DERWEIN (Hrsg.), Beiträge zur Flurnamenforschung, S. 78.

7 Vgl. SCHLIMPERT, Flurnamen des Teltow, in: SCHÜTZEICHEL (Hrsg.), Flurnamen-Kolloquium, S. 251.

8 Vgl. ebd.

9 Vgl. BOESCH, Kleine Schriften, S. 12ff.

10 SCHNETZ, Flurnamenkunde, S. 8.

11 System der Fruchtwechselfolge, bei dem das zur Verfügung stehende Ackerland in drei Teile geteilt wird. Ein Teil wird mit Sommerfrucht, ein weiterer mit Winterfrucht bestellt, während der dritte Teil brach liegt. Jedes Jahr wurde die Bestellung der einzelnen Flächen gewechselt. Diese Rotation dient zum Erhalt der Bodenfruchtbarkeit. Vgl. Nah dran, weit weg 3, S. 14ff.

12 Vgl. BAUER, Bedeutung der Flurnamen, S. 296 u. 301.

13 Vgl. MARTI B.

14 Vgl. SCHLIMPERT, Flurnamen des Teltow, in: SCHÜTZEICHEL (Hrsg.), Flurnamen-Kolloquium, S. 252.

15 BAUER, Bedeutung der Flurnamen, in: SAGG 6, S. 303.

16 HAUBRICHS, Wüstungen und Flurnamen, in: SCHÜTZEICHEL (Hrsg.), Flurnamen-Kolloquium, S. 482.

17 Vgl. BOESCH, Frühmittelalter im Ortsnamenbild, in: DERS., Kleine Schriften, S. 393ff. BOESCHS Begriff *Ortsname* entspricht dem in der Untersuchung verwendeten Begriff *Siedlungsname*.

18 Auch wenn JANSSEN dafür die primär die Geschichtswissenschaft beiziehen will, ist es doch die Sprachwissenschaft, die durch die textuelle Aufbereitung eines historischen Dokuments erste Erkenntnisse liefert, insbesondere im Fall der Zuordnung entstellter oder durch Lautwandel veränderter Schreibungen von Siedlungsnamen.

19 Vgl. JANSSEN, Siedlungsforschung, in: JANKUHN/WENSKUS (Hrsg.), Untersuchungen, S. 141ff.

19 Eine Auswahl an bedeutender und zeitgenössischer Literatur: MARTI A und B; MARTIN, Fortleben, in: Provincialia, S. 133–150; DERS., Basel-Bernerring, in: BBUFG, S. 170ff.; DERS., Kastellstädte, in: DRACK (Hrsg.), Archäologie der Schweiz 6, S. 97–133; DERS., Besiedlung am Hochrhein, in: WERNER/EWIG, Spätantike, S. 411–446; GRAF, Siedlungswüstungen im Kanton Thurgau, in: TGNB 1.1, S. 127ff.; WANNER, Kontinuität und Wüstungen.

20 JANSSEN, Methoden und Probleme in: JAHNKUHN/WENSKUS (Hrsg.), Untersuchungen, S. 119.

21 Bewusst wurde auf den Begriff ‹Übereinstimmung› verzichtet und stattdessen der geometrische Terminus gewählt. Damit sei auf MOOSBRUGGER-LEUS Vergleich mit dem Kongruenzensatz verwiesen, der auch im Zusammenspiel mit der Sprachwissenschaft nichts an Beispielhaftigkeit verliert, vgl. MOOSBRUGGER-LEU, Merowingerzeit B, S. 10, Anm. 3.

22 KLUGE, S. 847.

23 Für GRIMM impliziert *siedeln* sowohl dauerhaften als auch vorübergehenden Aufenthalt, vgl. GRIMM 16, Sp. 864ff.

24 Ebd., Sp. 866ff.

25 Zur Diskussion und Abgrenzung des Dorfbegriffs vgl. BADER, Das mittelalterliche Dorf, S. 21f.; SCHLESINGER, Archäologie des Mittelalters, in: DERS. Ausgewählte Aufsätze, S. 12; SCHWIND, Struktur des Dorfes, in: JANKUHN/SCHÜTZEICHEL et al. (Hrsg.), Eisenzeit, S. 444ff.; JANSSEN, Dorf und Dorfformen, in: Ebd., S. 285ff. und JÄGER, Dorf als Siedlungsform, in: Ebd., S. 62ff. Nicht näher berücksichtigt wird MÜLLER-WILLES Begriff «Drubbel». Er wird von der jüngeren Forschung abgelehnt. Für das Untersuchungsgebiet ohne Bedeutung bleibt ABEL, Landwirtschaft, S. 19f. Sein Bild bezieht sich auf Siedlungsformen in Nordwestdeutschland.

26 JÄGER, Dorf als Siedlungsform, in: JANKUHN/SCHÜTZEICHEL et al. (Hrsg.), Eisenzeit, S. 63.

27 Vgl. ebd.

28 Ebd.

29 JANSSEN, Dorfsiedlungen, in: Frühmittelalterliche Studien 2, S. 356.

30 JANSSEN, Dorf und Dorfformen, in: JANKUHN/SCHÜTZEICHEL et al. (Hrsg.), Eisenzeit, S. 322.

31 JANSSEN, Dorfsiedlungen, in: Frühmittelalterliche Studien 2, S. 312.

32 MARTI, Between *ager* and *silva*, in: KLAPSTE;
SOMMER (Hrsg.), ländliche Randgebiete, S. 297.

33 Der Begriff *germanischstämmig* wird hier zur
Abgrenzung von einer älteren, römisch geprägten Besiedlung verwendet. Er impliziert die
komplexe Abgrenzung zwischen Franken und
Alemannen in der Besiedlungsfrage und steht
gleichberechtigt mit der an anderer Stelle verwendeten Formulierung *fränkisch-alemannisch*.
Vgl. Kurzer Abriss zur *Franken-Frage* im Raum
Basel, S. 45.

34 Vgl. FINGERLIN, Siedlungen und Siedlungstypen,
in: Die Alamannen, S. 125.

35 ROTH-RUBI, ländliche Besiedlung, in: BENDER/
WOLFF (Hrsg.), Besiedlung und Landwirtschaft,
S. 314.

36 Vgl. MARTI, Land und Leute, in: Nah dran,
weit weg 1, S. 194 und 196.

37 Vgl. GUYAN, ländliche Siedlung, in: Geographica
Helvetica 23, S. 57–71.

38 Ein Weiler ist kleiner als ein Dorf, jedoch grösser
als eine Einzelhofsiedlung, vgl. dazu GRIMM 28,
Sp. 814ff.; http://www.duden.de/rechtschreibung/
Weiler, 18.3.2013 und für eine vorrömische
Zeit BRANDT, Siedlungsstrukturen, in: MEYER
(Hrsg.), Haus – Gehöft – Weiler – Dorf, S. 17–31.

39 Vgl. TESDORPF, Kulturlandschaft, S. 100f. und
BÄNTELI/HÖNEISEN/ZUBLER, Berslingen, S. 296,
Anm. 1056.

40 RÖSENER, Agrarverfassung, S. 53.

41 Herzlichen Dank an Reto Marti, der mir schriftlich mitteilte, dass es «in der Tat praktisch
unmöglich [ist], da auch nur annähernd zuverlässige Zahlen zu nennen.»

42 Vgl. JÄGER, Dorf als Siedlungsform, in:
JANKUHN/SCHÜTZEICHEL et al. (Hrsg.), Eisenzeit,
S. 64 und 77.

43 Vgl. JANSSEN, Dorf und Dorfformen, in:
JANKUHN/SCHÜTZEICHEL et al. (Hrsg.), Eisenzeit,
S. 335ff.

44 Vgl. JANSSEN, Dorf und Dorfformen, in:
JANKUHN/SCHÜTZEICHEL et al. (Hrsg.), Eisenzeit, S. 314.

45 Zum Villikationssystem vgl. RÖSENER, Agrarverfassung, S. 10ff. und 81ff. Eine Villikation
bezeichnet einen grossen Haupthof mit seinen
zugeordneten Familienbetrieben, vgl. JÄGER,
Dorf als Siedlungsform, in: JANKUHN/SCHÜTZEICHEL et al. (Hrsg.), Eisenzeit, S. 65.

46 Ebd., S. 62 und 77.

47 Zu einer möglichen alemannischen Siedlungsbauweise vgl. FINGERLIN, Siedlungen und
Siedlungstypen, in: Die Alamannen, S. 125ff.

48 Vgl. JANSSEN, Dorf und Dorfformen, in:
JANKUHN/SCHÜTZEICHEL et al. (Hrsg.), Eisenzeit, S. 289.

49 Während MEYER die Produktion landwirtschaftlicher Kulturpflanzen in den Vordergrund
stellt, ohne diese Landwirtschaftsform genau
historisch einzuordnen, datiert RÖSENER eine
auf einer einfachen Form der Feldgraswirtschaft
beruhende Viehhaltung ins Frühmittelalter.
Vgl. MEYER, Boden als Siedlungsfaktor, in:
JANKUHN/SCHÜTZEICHEL et al. (Hrsg.), Eisenzeit, S. 406 und RÖSENER, Agrarverfassung, S. 5.

50 Vgl. MARTI A, S. 315; ROTH-RUBI, ländliche
Besiedlung, in: BENDER/WOLFF (Hrsg.), Besiedlung und Landwirtschaft, S. 310.

51 So liegen mehrere Funde bei den beiden Hauenstein-Übergängen vor.

52 Vgl. MEYER, Boden als Siedlungsfaktor, in:
JANKUHN/SCHÜTZEICHEL et al. (Hrsg.), Eisenzeit, S. 406f.

53 Vgl. JANSSEN, Dorf und Dorfformen in:
JANKUHN/SCHÜTZEICHEL et al. (Hrsg.), Eisenzeit, S. 291ff.

54 Vgl. ebd. S. 293f.

55 Vgl. TAUBER/EWALD, Tatort Vergangenheit,
S. 211ff.

56 Hier stellen sich aus heutiger Sicht ähnliche Probleme wie beim Boden. Darf man davon ausgehen, dass eine Vielzahl der Quellen seit Jahrhunderten Wasser liefern, so entsprechen heutige
Bach- und Flussläufe nur noch in den wenigsten
Fällen dem historischen, verzweigten Verlauf.
Ebenso dürfte sich der Grundwasserspiegel in
vielen Gebieten merklich verändert haben.

57 Vgl. TAUBER/EWALD, Tatort Vergangenheit,
S. 29.

58 Zur Frage nach Ruinen- und Siedlungskontinuität vgl. Kontinuitätsprobleme, S. 41.

59 TAUBER/EWALD, Tatort Vergangenheit, S. 28.

60 Vgl. ebd.

61 Ebd.

62 Zur Bedeutung der Hauensteinpässe vgl. http://
www.hls-dhs-dss.ch/textes/d/D8853.php,
12.4.2013.

63 Vgl. TAUBER/EWALD, Tatort Vergangenheit,
S. 29.

64 FINGERLIN, Siedlungen und Siedlungstypen, in:
Die Alamannen, S. 128.

65 Vgl. MARTI A, S. 315 und Abb. 152, S. 314.

6 Im Untersuchungsgebiet liegen die Wege über den Unteren Hauenstein und die Schafmatt.

7 Die Platzkontinuität wird vorwiegend aus der Kombination römischer Siedlungsreste und frühmittelalterlicher Gräber abgeleitet.

8 JANSSEN, Dorf und Dorfformen in: JANKUHN/ SCHÜTZEICHEL et al. (Hrsg.), Eisenzeit, S. 299.

9 Dazu entwickelte LORCH die Siedlungsstrukturmethode, der die heutige Forschung keine grosse Bedeutung mehr zumisst.

0 Vgl. WANNER, Kontinuität und Wüstungen, S. 146ff. und 161ff.

1 JANSSEN, Dorf und Dorfformen, in: JANKUHN/ SCHÜTZEICHEL et al. (Hrsg.), Eisenzeit, S. 300. Inwieweit diese Aussage auf das Untersuchungsgebiet übertragbar ist, muss die Einzeldiskussion der Wüstungsnamen zeigen.

2 Vgl. JANSSEN, Dorfsiedlungen, in: Frühmittelalterliche Studien 2, S. 308; GRIMM 30, Sp. 2471 und 2474.

3 BESCHORNER, Wüstungsverzeichnisse, in: DGB 6, S. 4.

4 GUYAN, Wüstungsforschung in der Schweiz, in: Geographica Helvetica 34, Heft 1, S. 1.

5 KÜHLHORN, mittelalterliche Wüstungen in Südniedersachsen 1, S. 1.

5 BERGMANN, Wüstung, in: RGA 34, S. 272.

7 Vgl. Das Wüstungsschema nach SCHARLAU, S. 27; SCHARLAU, Wüstungen, in: BGA 10, S. 9.

8 Vgl. JANSSEN, Dorfsiedlungen, in: Frühmittelalterliche Studien 2, S. 347.

9 LMA 9, S. 384. Dem Ansatz entgegen steht JANSSEN, der für die archäologische Siedlungsforschung keine sachlichen und zeitlichen Einschränkungen verstehen will und jede aufgegebene Niederlassung vom Menschen als Wüstung betrachtet, «unabhängig davon, um welche Art von Niederlassung es sich handelt» (JANSSEN, Dorfsiedlungen, in: Frühmittelalterliche Studien 2, S. 308.).

0 LMA 9, S. 384.

1 Ebd.

2 Vgl. ebd.

3 Zur Erweiterung des Schemas vgl. BORN, Wüstungsschema und Wüstungsquotient, in: Erdkunde, S. 208ff.

4 Nach SCHARLAU, Wüstungen, in: BGA 10, S. 10.

5 Vgl. SCHARLAU, Wüstungsforschung, in: BDL 93, S. 70.

5 BORN, Wüstungsschema und Wüstungsquotient, in: Erdkunde 26, S. 211ff.

87 ABEL, Wüstungen, S. 13.

88 Vgl. ebd., S. 14.

89 Diese Unterscheidung lässt sich allerdings im Datenmaterial des Untersuchungsgebiets nicht nachweisen.

90 Vgl. ABEL, Wüstungen, S. 9.

91 Vgl. SCHARLAU, Wüstungen, in: BGA 10, S. 10.

92 Vgl. ebd. Bei der starken landwirtschaftlichen Ausrichtung der Bevölkerung – vier Fünftel aller Menschen arbeiten, um es in einem modernen Begriff zu fassen, im ersten Sektor – ist es schwer vorstellbar, dass eine Siedlung ohne Nutzung des Umlandes hätte existieren können.

93 Vgl. ebd.

94 Vgl. BESCHORNER, Historische Geographie, in: KENDE-WIEN, Handbuch, S. 356.

95 Vgl. ABEL, Wüstungen, S. 8. Dabei ist auch an die Eingemeindung von Weilern zu denken.

96 Vgl. Wüstungsquotient, S. 34.

97 Vgl. GUNN-HAMBURGER/KULLY, Siedlungsgeschichte 3, in: Dr Schwarzbueb 75, S. 36–41.

98 Ze nidren Rutenfluo ist bereits 1397 belegt und schon damals klar als Wohnplatz ersichtlich, vgl. AA 1010, L. 20, 242, 4v.

99 Einen kurzen, zusammenfassenden Abriss der Theorien liefern KRENN, Wüstungsforschung in Niederösterreich, S. 23ff. und RÖSENER, Agrarverfassung, S. 97ff.

100 Vgl. GRUND, Wiener Wald.

101 Vgl. SCHARLAU, Wüstungen, in: BGA 10, S. 1–46.

102 Vgl. ABEL, Wüstungen. ABELS Theorie polarisiert auch in Abgrenzung zur Feudaltheorie, auf die hier jedoch nicht näher eingegangen werden soll. Zur methodischen Verknüpfung vgl. KRIEDTE, Spätmittelalterliche Agrarkrise, in: GG 7, S. 42–68.

103 ABEL, Strukturen und Krisen, S. 7.

104 ABEL, Agrarkrisen, S. 57. Die Ursachen der spätmittelalterlichen Agrardepression, S. 99ff.

105 Vgl. GRUND, Wiener Wald, S. 121ff.

106 ABEL, Wüstungen, S. 103.

107 JÄGER, Wüstungsforschung, S. 198. Die Theorie ist jedoch umstritten, vgl. MOTTEK, Wirtschaftsgeschichte Deutschlands, 1, S. 166ff.; SPRANDEL, Gewerbe und Handel, in: Handbuch Sozialgeschichte, S. 335–357 oder LÜTGE, Deutsche Sozial- und Wirtschaftsgeschichte, S. 321ff. Zum Forschungstand zur Agrarkrisentheorie vgl. ACHILLES, Landwirtschaft, in: EDG 10, S. 1ff.

108 SCHUBERT, Grundprobleme, S. 6.

109 Vgl. RÖSNER, Landwirtschaft im Mittelalter, in: SCHULZ et al. (Hrsg.), Sozial- und Wirtschaftsgeschichte, S. 36.

110 Vgl. Lamb, Klima und Kulturgeschichte, S. 189–206. Lamb prägte den ursprünglich englischen Begriff *Medieval Warm Period* (MWP). Auch: Glaser, Klimageschichte, S. 249.

111 Abel, Agrarkrisen, S. 27–96.

112 Vgl. Nah dran, weit weg 2, S. 13, Meyer, Auflassung der Burgen, in: Château Gaillard 12, S. 11ff.

113 Bewusst wurde auf eine wertende Schreibung verzichtet und nicht der Begriff Klima*verschlechterung,* sondern Klima*veränderung* gewählt. Der Ausdruck der Klimaverschlechterung ist nur aus kurzfristiger Perspektive annehmbar. In Relation zur Zeit vor der erfolgten Erwärmung erscheint die klimatische Abkühlung weit weniger gravierend als blosse Rückkehr zur durchschnittlichen Normalität, so dass eine Verschlechterung erst dann gegeben ist, wenn der klimatische Zustand schlechter ist, als er zur Ausgangszeit war.

114 Vgl. Lamb, Klima und Kulturgeschichte, S. 224f.

115 Vgl. ebd., S. 196ff.

116 Rösener, Wärmeoptimum, in: ZAA 58, Heft 1, S. 18.

117 Meyer, Boden als Siedlungsfaktor, in: Jankuhn/Schützeichel et al. (Hrsg.), Eisenzeit, S. 407.

118 Damit sei auf die strategische Kolonialisierung weniger günstiger Gebiete zur Kontrolle und Sicherung grosser Räume einerseits und Wüstungen in Gebieten mit besten Bodenverhältnissen andererseits hingewiesen.

119 Vgl. Grund, Wiener Wald, S. 187.

120 Grunds These wird jedoch von Wanners Untersuchungen im Zürcher Weinland bestätigt. Vgl. Wanner, Kontinuität und Wüstungen.

121 Vgl. Othenin-Girard, Lebensweise und Lebensform, S. 278.

122 Vgl. ebd., S. 276ff.

123 Vgl. StABL: Ber. 515, 144v.

124 Vgl. Ramseier, Räb/Reb, in: BLNB 2, S. 359.

125 Othenin-Girard, Lebensweise und Lebensform, S. 278.

126 Vgl. Gilomen, St. Alban, S. 119.

127 Zu diesem Schluss kommen auch Wanner und Graf, in ihren Feststellungen zu den Kantonen Zürich und Thurgau. Vgl. Wanner, Kontinuität und Wüstungen und Graf, Siedlungswüstungen im Kanton Thurgau, in: TGNB 1.1, S. 127ff.

128 Vgl. Wagner, Wüstungen; Lappe, Wüstungen der Provinz Westfalen, S. 16.

129 Vgl. Lappe, Wüstungen der Provinz Westfalen, S. 18.

130 Vgl. Müller, Burgen, in: BZGA 55, S. 25ff., vgl. Karte S. 56f.; Gilomen, St. Alban, S. 116f.

131 Vgl. Ammann, Bevölkerung, S. 37.

132 Vgl. Jäger, Wüstungsforschung, S. 199; Pohlendt, Verbreitung, in: GGeoA 3, S. 5–77.

133 Vgl. Mortensen, Wüstungsforschung, in: GGA 206, S. 193–215.

134 Vgl. Abel, Wüstungen S. 37ff.

135 Vgl. Rösener, Agrarverfassung, S. 98.

136 Vgl. Abel, Wüstungen, S. 98; Grund, Wiener Wald, S. 123.

137 Vgl. Jäger, Wüstungsforschung, S. 202; Landau, wüste Ortschaften, in: ZHGL 7, S. 388.

138 Wenzel, Wüstungsforschung, S. 277.

139 Vgl. ebd.

140 Beschorner, Wüstungsverzeichnisse, in: DGB 6, S. 5ff.

141 Insbesondere weisen Scharlau und Mortensen auch auf eine frühmittelalterliche Wüstungsperiode hin, vgl. Scharlau, Wüstungsforschung, in: BDL 93, S. 43–101 und Mortensen, Wüstungsforschung, in: GGA 206, S. 193–215.

142 Vgl. Becker, Wüstungen, in: MGGW 11.

143 Vgl. Abel, Wüstungen, S. 92.

144 Vgl. ebd., S. 99ff.; Scharlau, Wüstungen, in: Geographischer Anzeiger 36.

145 Vgl. Jäger, Wüstungsforschung, S. 203.

146 Zu unterscheiden wären Namen, deren Bestandteile direkt auf die Bodenbeschaffenheit hinweisen, wie Dürr-, Nass-, Sand-, Stein- Leim-, Salz- und solche, die nur über deren Etymologie erschlossen werden können, wie Sor, Hor (im Sinne von mhd. *hor* ‹Sumpf›), Moos- und Diminutiv Mösli- beziehungsweise Müsli- sowie Ried (im Sinne von ahd. *riot,* *riod* ‹Schilf›).

147 Abel, Wüstungen, S. 9.

148 Scharlau, Wüstungsforschung, in: BDL 93, S. 47.

149 Vgl. Janssen, Dorfsiedlungen, in: Frühmittelalterliche Studien 2, S. 356.

150 Für Deutschland existieren über 200 Wüstungsquotienten verschiedener Regionen, dargestellt auf Karten. Vgl. Pohlendt, Verbreitung, in: GGeoA 3, S. 13.

151 Vgl. Nübling, Namen, S. 222.

152 In der Folge werden die Syntagmen «sprachliche Wirklichkeit» für Aspekte der Onomastik, «aussersprachliche Realität» für Aspekte der Geschichte, Archäologie und Geographie verwendet.

153 Bandle, Wüstungsnamenforschung, in: RGA 34, S. 302.

154 Vgl. Janssen, Dorfsiedlungen, in: Frühmittelalterliche Studien 2, S. 308.

155 StABL: AA 1002, Jzb 4.

156 Ber. 462, 34v.

157 Bandle, Wüstungsnamen, in: RGA 34, S. 301.

158 Nübling, Namen, S. 222.

159 Ebd.

160 So auch Bandle, Wüstungsnamen, in: RGA 34, S. 302.

161 Vgl. Schuh, Ortswüstungen, in: Schützeichel (Hrsg.), Flurnamen-Kolloquium, S. 330–342.

162 Ebd., S. 332.

163 Vgl. Glossar, Homophonie, S. 288.

164 Eine Ausnahme bilden Register oder Kataster.

165 Vgl. Glossar, Syntagma, S. 288.

166 Vgl. Schuh, Ortswüstungen, in: Schützeichel (Hrsg.), Flurnamen-Kolloquium, S. 333.

167 Ein patronymisches Bestimmungswort enthält einen Personennamen, vgl. Glossar, patronymisch, S. 288.

168 Vgl. Schuh, Ortswüstungen, in: Schützeichel (Hrsg.), Flurnamen-Kolloquium, S. 333.

169 Vgl. Wirbligen, S. 166.

170 Bezieht sich auf die römerzeitliche Siedlung *Bettenach* (Lausen, Bezirk Liestal).

171 Vgl. Schuh, Ortswüstungen, in: Schützeichel (Hrsg.), Flurnamen-Kolloquium, S. 335.

172 Schuh, Ortswüstungen, in: Schützeichel (Hrsg.), Flurnamen-Kolloquium, S. 337.

173 Ebd., S. 339.

174 Vgl. Östergäu, S. 256.

175 Id. 2, Sp. 37.

176 Vgl. Nübling, Namen, S. 211ff.

177 Vgl. BLNG Titterten, S. 5.

178 UBBL 1, S. 124.

179 Wisechen wird möglicherweise als ‹das Landgut des Visius› gedeutet, vgl. BLNG Diegten, S. 54.

180 Vgl. Bach, deutsche Ortsnamen, S. 160ff.; Sonderegger, Appenzell, S. 466.

181 Für Dornach SO trifft diese Deutung jedoch nicht zu, vgl. SONB 1, S. 258.

182 Vgl. Glossar, primäre Siedlungsnamen, S. 228.

183 Vgl. Nübling, Namen, S. 214f.

184 Vgl. Boesch, Frühmittelalter im Ortsnamenbild, S. 409.

185 Vgl. BLNG Augst, S. 5.

186 Unterschieden wird zwischen primären, sekundären und elliptischen Siedlungsnamen, wobei die primären Siedlungsnamen mit obigem Bildungsmuster zusammenfallen, vgl. SONB 1, S. 42ff.

187 Nübling, Namen, S. 215.

188 Vgl. Wolhusen, S. 177.

189 Vgl. Das Element *Hof* und das Grundwort *-hofen*, S. 174.

190 Gunn-Hamburger/Kully, Siedlungsgeschichte 3, in: Dr Schwarzbueb, S. 36–41.

191 Vgl. Atlisten, S. 208.

192 Vgl. Glossar, S. 288.

193 Vgl. Eingrenzungen im Untersuchungsgebiet, S. 64.

194 Vgl. Namenbildungsmuster nach Nübling, S. 38.

195 Vgl. Sechs Selektionsschritte zum Wüstungsnamenkorpus, S. 54.

196 Wird auch *Platzkontinuität* genannt, vgl. Marti B, S. 364.

197 Vgl. Das Wüstungsschema nach Scharlau, S. 27.

198 UBBL 1, S. 8f.

199 UBSO 1, S. 69f.

200 BLNG Titterten, S. 5.

201 Ebd.

202 Vgl. Marti B, S. 270.

203 Vgl. Marti A, S. 127. Belegt sind Siedlungsfunde von einer spätrömischen bis in eine karolingische Zeit.

204 Zinsli, Kontinuität, in: Trümpy, Kontinuität – Diskontinuität, S. 219.

205 Vgl. ebd, S. 220.

206 Vgl. Schuh, Ortswüstungen, in: Schützeichel (Hrsg.), Flurnamen-Kolloquium, S. 337.

207 Vgl. Zinsli, Kontinuität, in: Trümpy, Kontinuität – Diskontinuität, S. 224ff.

208 Schuh, Ortswüstungen, in: Schützeichel (Hrsg.), Flurnamen-Kolloquium, S. 337.

209 Ebd., S. 338.

210 Palimpsestieren bezeichnet den Vorgang des Wiederbeschreibens eines durch Schaben oder Waschen von der ersten Beschriftung «gereinigten» Pergaments.

211 HIDBER verweist auf eine Urkunde aus dem Jahr 1072. Darin bestätigt König Heinrich IV eine Schenkung der «Kirche zu Rimellingen». Ob erwähntes *Rimellingen* mit dem heutigen Rümlingen gleichzusetzen ist, bleibt allerdings fraglich, vgl. HIDBER, Urkundenregister 1, S. 373.

212 Vgl. ABEL, Wüstungen, S. 3. Er datiert eine erste Periode «um die Mitte des ersten Jahrtausends».

213 Vgl. MARTI A, S. 365.

214 Vgl. Ikten, S. 149.

215 Einen kurzen und allgemein zusammenfassenden Überblick zur Wüstungsforschung verschafft RÖSENER, Agrarverfassung, in: EDG 13, S. 95ff.

216 Vgl. GAUSS, Geschichte der Landschaft Basel.

217 Vgl. GESSLER, Baselbieter Orts- und Flurnamen, in: Baselbieter Heimatblätter 2, S. 49–54 und 57–72 und HÄNGER, Baslerische Ortsnamen, in: Baselbieter Heimatblätter 32, S. 100–108 und 124–134.

218 Vgl. SUTER, Ausgewählte Schriften.

219 Vgl. SCHNEIDER, Bubendorf.

220 Vgl. JOCHUM-SCHAFFNER, Wintersingen.

221 Vgl. GOY, Rothenfluh, S. 80 und 221.

222 Vgl. STÖCKLI, Flurnamen Tenniken (unpublizierte Sammlung).

223 Vgl. BSNB.

224 Vgl. HUCK, Ober- und Nieder-Basel.

225 Z. B. Magden: ROTHWEILER, Magdener Flurnamen, in: Jura zum Schwarzwald 75; Zeihen: WÜLSER-HEIERLI, Zeihen; Kaisten: FRICKER/FRICKER, Flurnamen von Kaisten, in: Jura zum Schwarzwald 57; Oeschgen: HEIZ, Flurnamen von Oeschgen, in: Jura zum Schwarzwald 43/48; Obermumpf: HEIZ, Obermumpfer Flurnamen, in: Jura zum Schwarzwald 45/48; Eiken: DINKEL, Flurnamen von Eiken, in: DERS. Unser Dorf, S. 148–169; Frick: SCHWARZ, Flurnamen von Frick; BÄBLER, Schenkenbergeramt; ROCHHOLZ, Aargauer Ortsnamen, in: ARGOVIA 1, S. 94–112.

226 Vgl. SONB 1.

227 Vgl. SONB 2.

228 Vgl. ebd., S. 123 mit Verweis auf HRG 5, S. 1583–1586.

229 Vgl. SONB 1, S. XXVII.

230 Vgl. SONB 3.

231 Vgl. GUNN-HAMBURGER/KULLY, Siedlungsgeschichte, in: Dr Schwarzbueb 75, S. 37ff. Zur Wüstung *Hächelkofen*, vgl. GROSSENBACHER KÜNZLER/KULLY, Namenkundliche Spaziergänge, in: Lueg nit verby 74, S. 114–120.

232 Vgl. GASSER, Hohe Winde.

233 Vgl. ebd., S. 77ff.

234 Vgl. KULLY, Exonymenbaum, in: BÖNF 3, S. 61–86.

235 Bereits die Frage nach der Ersterwähnung der Alemannen und Franken ist umstritten, vgl. RUNDE, Franken und Alemannen, in: GEUNICH, Franken und die Alemannen, S. 657; KELLER, Alamannen aus historischer Sicht, in: MÜLLER-WILLE/SCHNEIDER, europäische Landnahmen, S. 90, Anm. 22.

236 Vgl. MARTI A, S. 282. DRACK/FELLMANN datiert die erste Erwähnung der *alamanni* bereits in die Jahre um 213 n. Chr., vgl. DRACK/FELLMANN, Römer in der Schweiz, S. 71.

237 Vgl. Die Alamannen und MARTI A, S. 282.

238 Vgl. RUNDE, Franken und Alemannen, in: GEUNICH, Franken und die Alemannen, S. 657 und 661f.; MOOSBRUGGER-LEU, Alemannen und Franken, in: DRACK (Hrsg.), Archäologie der Schweiz 6, S. 39. Diese «späte» Erwähnung wird auch dadurch erklärt, dass die Ethnogenese der Alemannen sich erst ab der zweiten Hälfte des 3. Jahrhunderts abzuzeichnen begann, vgl. GEUNICH, Alamannen, in: Die Alamannen, S. 74; HAAS, Sprachgeschichtliche Grundlagen, in: SCHLÄPFER/BICKEL (Hrsg.), viersprachige Schweiz, S. 32.

239 Vgl. HAAS, Sprachgeschichtliche Grundlagen, in: SCHLÄPFER/BICKEL (Hrsg.), viersprachige Schweiz, S. 32.

240 MOOSBRUGGER-LEU, Alemannen und Franken, in: DRACK (Hrsg.), Archäologie der Schweiz 6, S. 39.

241 Vgl. MARTI A, S. 284; RUNDE, Franken und Alemannen, in: GEUNICH, Franken und die Alemannen, S. 676.

242 Vgl. SONDEREGGER, Ortsnamen, in: DRACK (Hrsg.), Archäologie der Schweiz 6, S. 86; MOOSBRUGGER-LEU, frühmittelalterliche Gürtelbeschläge S. 200f., insbesondere die Karten 13 und 14; BANDLE, Schichtung, in: TGNB 1.1, S. 108.

243 Vgl. MARTI A, S. 285 und KELLER, Alamannen aus historischer Sicht, in: MÜLLER-WILLE/SCHNEIDER (Hrsg.), europäische Landnahmen, S. 83–102.

244 Marti A, S. 285, ebenso Keller, Alamannen aus historischer Sicht, in: Müller-Wille/ Schneider (Hrsg.), europäische Landnahmen, S. 93: «Er [der Historiker] findet in seinen Quellen keine zuverlässigen Anhaltspunkte für die Annahme eines Grossstamms, der [...] den Limes überschritt, um Land für bäuerliche Siedlungen zu gewinnen, wie dies der Land-nahmevorstellung entspräche.» Und Geunich, Widersacher der Franken, in: Die Alamannen, S. 145.

245 Marti A, S. 286, basierend auf Martin, Alamannen, in: Dannheimer/Dopsch (Hrsg.), Bajuwaren, S. 81ff.

246 Marti, Schwelle zum Mittelalter, in: Nah dran, weit weg 1, S. 156.

247 Runde, Franken und Alamannen, in: Geunich, Die Franken und die Alamannen, S. 681.

248 Vgl. Moosbrugger-Leu, Alemannen und Franken, in: Drack (Hrsg.), Archäologie der Schweiz 6, S. 39.

249 Vgl. Haas, Sprachgeschichtliche Grundlagen, in: Schläpfer/Bickel (Hrsg.), viersprachige Schweiz, S. 39.

250 Vgl. Marti, Land und Leute, in: Nah dran, weit weg 1, S. 196.

251 Vgl. Marti A, S. 300.

252 Vgl. ebd.

253 Moosbrugger-Leu, Merowingerzeit B, S. 19.

254 Ebd.

255 Vgl. Giesler, Völker am Hochrhein, in: Die Alamannen, S. 211; Marti A, S. 327 und Haas, Sprachgeschichtliche Grundlagen, in: Schläpfer/Bickel (Hrsg.), viersprachige Schweiz, S. 38.

256 Giesler, Völker am Hochrhein, in: Die Alamannen, S. 217.

257 Vgl. Geunich, Alamannen, in: Die Alamannen, S. 75.

258 Vgl. Bassler/Steger, Spuren der Sprache, in: Die Alamannen, S. 506.

259 Bassler; Steger, Spuren der Sprache, in: Die Alamannen, S. 507. Ganz abgesehen davon, dass älteste Schriftstücke in Latein oder we-nigstens aus «Prestigegründen» stark latinisiert abgefasst waren und in erster Linie Rechtsakten darstellten, so dass zur allgemeinen Verstän-digung gewisse Termini normalisiert niederge-schrieben werden mussten, ganz im Gegensatz zu den meist näher an der lokalen gesproche-nen Mundart orientierten Vorakten.

260 Vgl. Haas, Sprachgeschichtliche Grundlagen, in: Schläpfer/Bickel (Hrsg.), viersprachige Schweiz, S. 40.

261 Vgl. Jänichen, Alamannen, in: RGA 1, S. 142.

262 Vgl. Marti A, S. 328.

263 Vgl. Glossar, Monophthongierung, S. 288.

264 Vgl. Zehnder, Gemeindenamen Aargau.

265 SONB 1, S. 49, 53ff.

266 Insbesondere bei einfachen Namen ist eine historische Einordnung nicht immer möglich.

267 Vgl. TGNB 1.1, S. 97.

268 Boesch, Schichtung der Ortsnamen, in: JFL 20, S. 213; vgl. Zinsli, Ortsnamen, S. 25 und 29ff.

269 Schlacht bei Zülpich 496/497 und Eingliede-rung der Alemannen ins Fränkische Reich beziehungsweise Zerschlagung des Herzogtums Alemannien durch die Karolinger 746 n. Chr.

270 Vgl. Scharlau, Wüstungen, in: BGA 10, S. 10.

271 Vgl. Scharlau, Wüstungsforschung, in: BDL 93.

272 Vgl. Abel, Wüstungen.

273 Die Datenbank ist so aufgebaut, dass zu jedem Namen Belegreihen gebildet werden, nach denen sowohl nach der jüngsten Schreibung als auch nach einzelnen Belegen gesucht werden kann, vgl. über die Daten – Aufbau der Daten-bank FLUNA, S. 61.

274 Vgl. Typologisierung nach Schuh, S. 36.

275 Vgl. Namenbildungsmuster nach Nübling, S. 38.

276 Vgl. Sonderegger, Appenzell.

277 Vgl. Id.

278 Vgl. SDS.

279 Vgl. Schläpfer, Mundart.

280 Vgl. SONB 1, S. 42ff.

281 Vgl. Marti A, S. 281ff.

282 Vgl. Marti A und B.

283 Vgl. Janssen, Dorfsiedlungen, in: Frühmittel-alterliche Studien 2, S. 312.

284 Ebd., S. 356.

285 Vgl. Marti B, S. 57ff.

286 Vgl. Glossar, diachron, S. 288.

287 Nicht alle in Flurnamen verborgenen Wüstungs-namen lassen sich so finden, weil deren Schreibung zum Teil so entstellt ist, dass das ursprüngliche Bildungsmuster nicht mehr erkannt werden kann. Um diese finden zu kön-nen, wurde ein spezielles Schema erarbeitet. Vgl. auch die Methode, S. 57 und Sechs Selektions-schritte zum Wüstungsnamenkorpus, S. 54.

288 Mit Types sind eine als *Normalname* benannte Sortiereinheit in der Datenbank FLUNA gemeint. Beispielsweise werden dem Normalnamen *Bodenacher* (Type) alle für den gesamten Untersuchungsraum belegten Flurnamen *Bodenacher* (Tokens) zugeordnet. Um also in Flurnamen versteckte Siedlungsnamen zu finden, kann daher grundsätzlich auf eine Einzeluntersuchung der Tokens verzichtet werden. Im Einzelfall, beispielsweise bei Homonymen, kann dieses Vorgehen problematisch sein und nach einem anderen, situativen Vorgehen verlangen.

289 Vgl. Sechs Selektionsschritte zum Wüstungsnamenkorpus, S. 54.

290 Vgl. Bulsten, S. 209 und Dagersten, S. 213.

291 Beispielsweise: *Jtem drey Viertel Ackher **in** Wollstel* (AA 1003, Ber. 23, 915) und *Jtem Ein Halb Jucharten Ackher **im** Wollstel* (AA 1003, Ber. 23, 924) oder *Jtem ein iuchrt **Jn** Wolfstall* (SCHALLER Ber., 123r) und *Jtem ein halb iuchrt **Jnn** Wollstal* (SCHALLER Ber. 122v.)

292 Vgl. Der interdisziplinäre Ansatz – der Bezug zur aussersprachlichen Realität, S. 59.

293 Vgl. Zur Bedeutung der Flurnamen im Kontext der Wüstungs- und Wüstungsnamenforschung, S. 14.

294 Vgl. Tendenziell mögliche Wüstungsnamen, S. 262.

295 Vgl. Tendenziell keine möglichen Wüstungsnamen, S. 262.

296 Vgl. Unsichere Faktenlage, S. 262.

297 Vgl. Keine Wüstungsnamen, S. 262.

298 Eine Ausnahme bildet dabei Nusshof. Die Ersterwähnung des Dorfs datiert erst aus dem Jahr 1504, vgl. WIGGENHAUSER, Ersterwähnungen, S. 124.

299 MARTI A, S. 365.

300 Stichtag war der 05.12.14.

301 Vgl. Glossar, S. 288.

302 Vgl. SONB 1, 64ff.

303 Vgl. Glossar, S. 288.

304 Vgl. SDS 6, S. 93.

305 UBBS 1, S. 10.

306 Vgl. Glossar, Metathese, S. 288.

307 AA 1010, L. 9, 127, p. 125.

308 AA 1003, Ber. 141, 17r.

309 Vgl. Typologisierung nach SCHUH, S. 36.

310 Vgl. ebd.

311 Zum Begriff *aussersprachliche Realität* vgl. Glossar, S. 288.

312 Hydrologie, meint die Wissenschaft, die sich mit dem Wasser befasst. Bei der Namendiskussion soll der Aspekt «Wasservorkommen als Lebensgrundlage» auf vorhandene Quellen, Bäche oder Flussläufe hin untersucht werden.

313 DENECKE, Umweltforschung, in: SAGG 12, S. 248.

314 Vgl. auch Lagetypen – die Beschaffenheit des Untersuchungsgebiets unter spezieller Betrachtung der Faktoren *Boden* und *Wasser*, S. 22.

315 Stichtag war der 09.12.14.

316 Vgl. ZINSLI, Kontinuität, in: TRÜMPY, Kontinuität – Diskontinuität, S. 213–242 oder SCHUH, Ortswüstungen, in: SCHÜTZEICHEL (Hrsg.), Flurnamen-Kolloquium, S. 337f.

317 Diese Einschränkung kann sowohl rezente als auch abgegangene Wüstungsnamen betreffen. Die gleichmässige Beeinträchtigung relativiert somit den möglichen «Schaden» und kann problemlos in Kauf genommen werden.

318 Dies liegt nicht zuletzt auch in der Natur der Quellen. Urbare, Bereine, Urkunden, Würdigungen, Fertigung und dergleichen sind vereinfacht zusammengefasst Bescheinigungen, die Auskunft darüber geben, inwiefern eine bestimmte Person auf einem bestimmten Grundstück oder Objekt ein Recht besitzt oder eine Pflicht auszuüben hat. Grundsätzlich besitzen diese Dokumente also primär einen rechtlichen Charakter.

319 Zwei Faktoren erschweren dabei die sprachwissenschaftliche Arbeit erheblich. Einerseits fehlte für die längste Zeit eine verbindliche Rechtschreibung. Dies hat zur Folge, dass die Schreibung der Namen willkürlich erfolgte. Diese Willkür wurde dadurch noch vergrössert, dass es sowohl für den Nutzer als auch den Träger ausreichend war, dass beide wussten, ab welchem Gebiet welche Leistung zu erbringen war. Über die Schreibung des Namens dieses Gebiets mussten sich beide theoretisch nur so viel Gedanken machen, als für beide die Gefahr einer Verwechslung der Flur ausgeschlossen werden konnte. Viel wichtiger war die Information zur Grösse und Art der Flur und zur Höhe der Abgabe beziehungsweise der damit verbundenen Einkunft.

320 Die Quellen wurden aber entsprechend gekennzeichnet. Für die Abbildung im Namenband hat diese Art von Quellenqualität keine Auswirkung. Ein *Vidimus* ist eine beglaubigte Kopie (Abschrift) einer Urkunde (Urschrift

beziehungsweise Original), während der
Begriff *Copia* für nicht beglaubigte Abschriften
verwendet wird.

321 Vgl. TAUBER/EWALD, Tatort Vergangenheit,
S. 287.

322 Vgl. ebd., S. 290.

323 Vgl. HK SISSACH 1998, S. 75.

324 Vgl. TAUBER/EWALD, Tatort Vergangenheit,
S. 334 und 341.

325 Vgl. HIDBER, Urkundenregister, 1, S. 309.

326 Vgl. LSG, S. 560f., 875f.; GREULE, Flussnamen
am Oberrhein, S. 115f.; BOESCH, Frühmittelalter im Ortsnamenbild, in: DERS. Kleine
Schriften, S. 396 und KRAHE, älteste Flussnamen,
Anm. 1, S. 53f.

327 Vgl. Glossar, S. 262.

328 NÜBLING, Namen, S. 222.

329 Vgl. ABEL, Wüstungen, S. 3.

330 Vgl. WIGGENHAUSER, Ersterwähnungen,
S. 124f.

331 Vgl. über die Daten – Aufbau der Datenbank
FLUNA, S. 61.

332 Parallel zur Arbeit entsteht das Baselbieter
Namenbuch. Der Verfasser ist Autor des Namenbands des Bezirks Sissach.

333 Vgl. http://commons.wikimedia.org/wiki/
File:Karte_Gemeinden_des_Bezirks_Sissach.
png, 29.04.14.

334 Während des Verfassens der vorliegenden
Untersuchung sind die Daten der weiteren
Bezirke des Kantons Basel-Landschaft noch in
Bearbeitung oder ausstehend. Daher konnte
nur marginal auf einzelne Daten aus den
anderen Bezirken zurückgegriffen werden.

335 Dem entgegen fasst SCHUH den Begriff weiter
und zählt Ökonomiegebäude dazu. Vgl. SCHUH,
Ortswüstungen, in: SCHÜTZEICHEL (Hrsg.),
Flurnamen-Kolloquium, S. 330–342.

336 Diese Trennung, was überhaupt als Wüstung
zu betrachten ist, behandelt auch die geographische Wüstungsforschung uneinheitlich.
Vgl. BORN, Wüstungsschema und Wüstungsquotient, in: Erdkunde 26, S. 213ff.

337 Beispielsweise ist die Bezeichnung «Müli
Maisprach» nur solange nötig, als auch im
benachbarten Buus die Mühle in Betrieb
ist, beziehungsweise um Missverständnisse zu
verhindern, wurden beide Mühlen mit dem
Ortsnamen als Apposition unterschieden.

338 TAUBER/EWALD, Tatort Vergangenheit, S. 460.

339 Vgl. ebd., S. 465.

340 SONB 3, der dritte Band der Forschungsstelle
Solothurn zur Amtei Olten-Gösgen erschien
wenige Tage vor der Fertigstellung der Dissertation, am 8. Dezember 2014. Die darin enthaltenen Daten konnten in die vorliegende Untersuchung nicht mehr eingearbeitet werden.

341 Insbesondere die Grabungsfunde Basel-Gas-
fabrik, Basel-Münsterhügel und Basel-Bernerring, vgl. MARTIN, Basel-Bernerring, in:
BBUFG 1, S. 170ff.

342 Vgl. SONB 1, S. 49; BOESCH, Schichtung
der Ortsnamen, S. 203ff.; SONDEREGGER, Siedlungsgeschichte, S. 3–68; TGNB 1.1, S. 97.

343 Vgl. SONDEREGGER, Ortsnamen, in: DRACK
(Hrsg.), Archäologie der Schweiz 6, S. 86;
MOOSBRUGGER-LEU, frühmittelalterliche Gürtel-
beschlage S. 200f., insbesondere Karten 13
und 14; BANDLE, Schichtung, in: TGNB 1.1,
S. 108; MARTI A, S. 285; KELLER, Alamannen
aus historischer Sicht, in: MÜLLER-WILLE/
SCHNEIDER (Hrsg.), europäische Landnahmen,
S. 83–102.

344 Vgl. MARTI, Schwelle zum Mittelalter, S. 156;
Das Suffix -*ingen*, S. 119.

345 Vgl. TGNB 1.1, S. 97; MARTI A, S. 399.

346 Vgl. BICKEL, Ortsnamen als Quellen, in:
NICOLAISEN (Hrsg.), ICOS Aberdeen, S. 38.

347 Vgl. TGNB 1.1, S. 97; SONB 1, S. 49.

348 Vgl. Die Methode, S. 57.

349 Ein gutes Beispiel ist der Name *Diepflingen*.
Die aktuelle Schreibung zeigt im Namen
ein erweitertes -*ingen*-Suffix, die Phonetik
macht aber deutlich, dass der Name als *Diepflicke*
[diəbvlikχə] ausgesprochen wird. Somit wird
ersichtlich, dass *Diepflingen* kein -*ingen*-Name,
sondern ein jüngerer -*inghofen*-Name ist,
weil sich das Suffix -*inghofen* zu -*ikon* beziehungsweise -*iken*, mundartlich -*icke* [ikχə]
entwickelte.

350 Liegt die Flur grenzübergreifend, so ist der
Name in mehreren Gemeinden belegt. In
diesem Fall werden alle involvierten Gemeinden genannt und die jeweils nach Gemeinde
getrennten Belegreihen aber zusammengefasst
behandelt.

351 Zu Gunsten der Lesbarkeit wird bei der Wiedergabe der Belege, die eigentlich als Zitate
erfolgen, auf Anführungs- und Schlusszeichen
verzichtet.

352 Namen, die sich nicht als Wüstungsnamen
erweisen, werden nicht abgebildet.

353 Zu Gunsten einer besseren Übersicht wird nur eine Auswahl der für die Arbeit wichtigsten Fundstellen abgebildet.

354 BOESCH führt wie KRAHE den Namen zurück auf *Argantia zu einer indogermanischen Wurzel *arg- ‹klar, glänzend, weiss›, vgl. BOESCH, Kleine Schriften, S. 396; KRAHE, älteste Flussnamen, S. 53f.

355 GREULE legt dar, dass aus lautlichen Gründen der Flussname Birs nicht keltisch sein kann. Zurückzuführen ist der Name auf vordeutsch Bersia, aus indoeuropäisch *bhers ‹schnell›, vgl. auch GREULE, Flussnamen am Oberrhein, S. 105ff. Ebenso argumentieren KRAHE, älteste Flussnamen, S. 43f. und BOESCH, Kleine Schrift, S. 396.

356 ZINSLI, BICKEL und BOESCH führen den Siedlungsnamen Titterten zurück auf ein keltisches -dunon-Suffix, latinisiert -dunum, als ‹befestigte Stadt› zu deuten, vgl. ZINSLI, Ortsnamen, S. 19; BICKEL, Ortsnamen als Quellen, in: NICOLAISEN (Hrsg.) ICOS Aberdeen, S. 33; BOESCH, Kleine Schriften, S. 402.

357 Zur Namendeutung von Sissach, vgl. u. a. BOESCH, Kleine Schriften, S. 267, 379, 405; LSG 837f.

358 Vgl. ZINSLI, Ortsnamen, Tafel I.

359 Die im Zitat verwendete Sigle ON (Ortsname) entspricht dem in der vorliegenden Arbeit verwendeten Begriff Siedlungsname.

360 BICKEL versteht das Suffix -ach als ursprüngliches Substantiv.

361 SONB 1, S. 50; vgl. ZINSLI, Ortsnamen, S. 22ff.; BACH 2.1, S. 220ff.; BRUCKNER, Schweizer Ortsnamenkunde, S. 18ff.; KASPERS, -acum-Ortsnamen, in: ZONF 12, S. 193ff.

362 Vgl. SONB 1, S. 50.

363 Vgl. TAUBER/EWALD, Tatort Vergangenheit, S. 198f.; Nah dran, weit weg 1, S. 91.

364 Über das Auflassungsdatum und die Frage der Kontinuität vgl. TAUBER/EWALD: Tatort Vergangenheit, S. 198ff., insbesondere S. 205.

365 Vgl. NUBER, Rom und Alamannen, in: Die Alamannen, S. 59ff.; DRACK/FELLMANN, Römer in der Schweiz, S. 74ff.

366 Vgl. WINDLER, Besiedlung, in: Die Alemannen, S. 261ff.

367 SONB 1, S. 51.

368 Zur Entwicklung von Augusta Raurica vgl. DRACK/FELLMANN, Römer in der Schweiz, S. 13–87.

369 Vgl. DRACK/FELLMANN, Römer in der Schweiz, S. 31, Abb.12, S. 94 und 97.

370 Vgl. ebd., S. 101.

371 Zur Bauweise der villa rustica vgl. DRACK/FELLMANN, Römer in der Schweiz, S. 133ff. und TAUBER/EWALD, Tatort Vergangenheit, S. 431.

372 BS 4104, 02.04, 0754, p. 165

373 AA 8080, p. 442.

374 Ebd., p. 493.

375 AA 1003, Ber. 589.10, n. p.

376 AA 8103, 91, 15.

377 AA 1012, HeK BUUS, f. 25.

378 GA BUUS: FertProt. 1835, Nr. 7, n.p.

379 Vgl. SCHULZE, Lateinische Eigennamen, S. 118, auch ist Alpinius belegt, ebd. S. 120.

380 Vgl. ID. 1, Sp. 193.

381 Vgl. ebd., Sp. 211.

382 Vgl. BACH 2.1, S. 160.

383 Vgl. ID. 1, Sp. 167; 170.

384 Vgl. ebd., Sp. 193.

385 Vgl. JEKER-FROIDEVAUX, Albech, in: BLNB 4, S. 41.

386 TAUBER/EWALD, Tatort Vergangenheit, S. 438; MARTI A, S. 315.

387 MARTI B, S. 96.

388 Vgl. GeoView BL, Archäologie, Schutzzonen, Zonen-ID 87.10, 29.3.2016.

389 Vgl. UBBL 2 970

390 ID. 4, Sp. 558. Der Flurname Mettlen ist sowohl im Untersuchungsgebiet in Häfelfingen (Einfiertell eines Mederthauwens Zmettlen, 1616) und im benachbarten Maisprach (Zwo Jucherten Ze metle, 1575) als auch im Kanton Basel-Landschaft mehrfach belegt.

391 Weid als Namenbestandteil ist im Untersuchungsgebiet 113 Mal, im Kanton Basel-Landschaft über 1000 Mal belegt.

392 Vgl. LEXER 1, Sp. 2125; BENB I/3, S. 282ff.; LUNB 1.2, S. 669; NWNB 2, S. 1497; SZNB 3, S. 478ff.; TGNB 2, S. 388; URNB 2, S. 793 und ZGNB 3, S. 297.

393 Als Simplex z. B. belegt in Läufelfingen (Alp, 1802), Arisdorf (Zehen Jucharten Ackhers im Dickh auff der Alpp, 1684), Anwil (auff der Alp, 1667), Sissach (Zwen Mederthauwen in der Alpp, 1616), Hauenstein-Ifenthal SO (Enckhenstein, Mittags halben Aber Ann ... Allpp, vnnd Ann deren vonn hegendorff Waldt, 1610) oder Kienberg SO (einer halben Jùcharten ackher vnder der holden, stoßt für fich an die alp, 1702), als Komposita in Läufelfingen

(*Alp Mur*, 1765) zur Bezeichnung der Bergweide im Gebiet *Mur* beziehungsweise der Sennerei im Gebiet *Reisen* (*aúff der Alpp Raÿsßen*, 1728), in Pratteln (*Alp im Grüssen*, 1671) als metaphorische Bezeichnung einer sanften Erhöhung in sonst flachem Gebiet oder in Sissach (*die gantze so genannte Alp-Jttleten*, 1692) als Bezeichnung einer Bergweide beziehungsweise Sennerei im Gebiet *Jttelten*.

394 Ein Hydronym *Alpbach* ist für Walterswil SO belegt. Dieses Gewässer fliesst durchs Gebiet *Alp*, das namenmotivierend wirkte. Weitere Nachweise sind in den Kantonen BE, SG, GR, UR und GL belegt.

395 Vgl. HOFMANN, Allen Grefften, in: BLNB 6, S. 44; DERS., Sallegrabe, in: ebd., S. 978.

396 BS 4104, 02.04, 0754, p. 165.

397 Vgl. ID. 4, Sp. 1401.

398 Vgl. LEXER 1, S. 289; ID. 4, Sp. 1401ff.; GRIMM 1, Sp. 1747f.; SONDEREGGER, Appenzell, S. 171; LUNB 1.1, S. 190; NWNB 1, S. 510; SZNB 2, S. 70f.; URNB 1, S. 726f.; ZGNB 3, S. 515.

399 Vgl. ID. 1, Sp. 193.

400 Z. B. in Böckten (*ein mannwerg am oltenbach*, 1467), Diepflingen (*Drey Viertel Tauen Matten in der Neümatt, einseits am Graben der Alt Bach genannt*, 1762) und Sissach (*ein matten nebend am altenbach*, 1456). Weitere 18 Nachweise sind auf www.ortsnamen.ch belegt.

401 AA 1010, L. 9, 127, 87.

402 Ebd., 92.

403 AA 1003, Ber. 515, 56v.

404 SCHALLER Ber., 148r.

405 Ebd., 157v.

406 AA 1003, Ber. 462, 239v.

407 AA 1003, Ber. 161, 16r.

408 Die Möglichkeit [Adjektiv *alt* + Suffix -*ach* aus ahd. -*ahi* im Sinne einer Stellenbezeichnung] scheint gemäss BACH 2.1, S.160ff. nicht vorzukommen und wird daher nicht diskutiert.

409 STARCK/WELLS, S. 17.

410 LEXER 1, Sp. 27.

411 AA 1010, L. 9, 127, 200.

412 AA 1003, Ber. 515, 82v.

413 Vgl. Solztel: 1485 *Jn sultz tal* (AA 1003, Ber. 515, 73r), 1802 *Solztel* (AA 1012, HeK HEMMIKEN, f. 31).

414 SOCIN, S. 178.

415 Vgl. *Grunach, S. 89.

416 Siedlungsnamen mit einem ursprünglichen Grundwort -*ach* zu ahd. *aha* sind im erweiterten Untersuchungsgebiet nicht belegt. Vielmehr tritt dieses Bildungsmuster bei Hydronymen auf, vgl. BACH 2.1, S. 154f.

417 AA 1003, Ber. 515, 56v.

418 SCHALLER Ber., 157v.

419 Vgl. MARTI B, S. 279, Koordinaten (626900/255400).

420 Vgl. GeoView BL, Archäologie, Schutzzonen, Zonen-ID 65.4 und 75.7, 30.4.2013.

421 Z. B. Wolhusen (Ormalingen), Mühlstett (Gelterkinden) oder Hübel (Maisprach). Vgl. TAUBER/EWALD, Tatort Vergangenheit, S. 436. Allerdings muss angefügt werden, dass sich im erweiterten Untersuchungsgebiet auch Standorte römischer Villen finden, die anderen topographischen Aspekten folgten, z. B. Hinterbohl, Ötschberg (Holstein) oder Klusmatt (Aesch). Nicht erwähnt sind Standorte in Talebenen (Munzach, Kirche Bennwil) oder strategische Bauten (Augst). Vgl. GeoView BL, Archäologie, Schutzzonen, 30.3.2016; TAUBER/EWALD, Tatort Vergangenheit, S. 436.

422 Vgl. GeoView BL, Grundwasser, Quellen, 79.22E und 79.23E, 30.4.2013.

423 Die Beleglage zeigt in der Mehrheit die Schreibungen *Wyden*. Nur selten existiert die Schreibung *Weiden*, die eine Deutung zu nhd. Weide ‹Gras-, Futterland für das Vieh› zulassen würde. Ein Bezug zur Baumart ist zu bevorzugen.

424 Vgl. StABS: KLA St. Leonhard A, 57r.

425 SCHALLER Ber., 141v.

426 Vgl. MARTI B, S. 255.

427 SOCIN, S. 178.

428 SCHALLER Ber., 140r.

429 Die Zuweisung zu Oltingen erfolgt aufgrund des jüngsten Beleges, der *Bettemach* mit anderen Flurnamen in der *Zelg gegen Küenberg* verortet, vgl. AA 1010, L. 21, 244 A. Ein Bezug zur in Lausen liegenden Flur *Bettenach* kann ausgeschlossen werden.

430 Die Quelle ist nicht eindeutig datierbar, jedoch dem ersten Jahrzehnt des 16. Jahrhunderts zuzurechnen.

431 UBBS: H I 27a, 17.

432 Ebd., 29.

433 Ebd., 31.

434 BS 4103, 03.01, Nr. 764 13r.

435 AA 1010, L. 21, 244, A2.

436 Vgl. RAMSEIER, *Bettenach* (Lausen, Bezirk Liestal), in: BLNB 2, S. 49f.

437 Marti B, S. 203.
438 Vgl. Marti A, S. 288; http://www.hls-dhs-dss. ch/textes/d/D16137.php, 14.6.2014.
439 Vgl. Id. 4, Sp.1810ff.; Lexer 1, S. 242; Starck/ Wells, S. 49; Duden, Herkunft, S. 165; Grimm 1, Sp. 1722ff.
440 Vgl. www.ortsnamen.ch, 11.4.2016.
441 FP, Sp. 225.
442 Vgl. *Grunach, S. 89; Greule, Deutsches Gewässernamenbuch.
443 Vgl. Bach 2.1, S. 160.
444 Vgl. ebd.
445 AA 1010, L. 9, 127, 124.
446 Ebd., 128.
447 AA 1003, Ber. 515, 83r.
448 Ebd., 85r.
449 Schaller Ber., 85r.
450 Ebd., 83v.
451 AA 1010, L. 27, 254, 1.
452 Ebd.
453 AA 1003, Ber. 437, 10r.
454 AA 8069, 15v.
455 AA 1003, Ber. 462, 163r.
456 AA 1003, Ber. 159, 166v.
457 GP.
458 Komposita mit dem Suffix ahd. -ahi im Sinne einer Kollektivstellenbezeichnung treten mehrheitlich bei Baum- und Pflanzennamen auf, vgl. Bach 2.1, S. 160; Sonderegger, Appenzell, S. 466. Da das Erstglied Bis(s) an keinen entsprechenden Namen der Mundart anknüpfen kann und für Bisnacht sächliches Geschlecht ebenfalls nicht belegt ist, darf diese Möglichkeit ausgeschlossen werden.
459 Schulze, Lateinische Eigennamen, S. 133, 211.
460 Marti B, S. 255.
461 Lexer 2 Sp. 22; Starck/Wells, S. 430.
462 Vgl. www.ortsnamen.ch, 29.3.2016. Diese Bildung bestätigt auch Sonderegger, Appenzell, S. 469.
463 Vgl. GeoView BL, Archäologie, Schutzzonen, Zonen-ID 19.5, 29.3.2016; Marti B, S. 100f.
464 Vgl. StABL: KP 5002 0076.
465 Vgl. GeoView BL, Grundwasser, Quellen, 23.3.2016
466 Vgl. Marti A, S. 315; Tauber/Ewald, Tatort Vergangenheit, S. 438.
467 Vgl. dazu Bilste (Langenbruck), Wielstein (Nunningen SO), Wiel-Stein (Bretzwil), Bilsten (Beinwil SO) und Eriss Wielsten (Buus).
468 Lexer 1, Sp. 27; Starck/Wells, S. 17.

469 Vgl. Sonderegger, Appenzell, S. 465; Bach 2.1, S. 154.
470 Vgl. Greule, Gewässernamen, in: Ders./ Kully/Müller/Zotz (Hrsg.), Regio Basiliensis, S. 9ff.
471 Eine Deutung findet sich bei: Greule, Gewässernamen, in: Ders./Kully/Müller/ Zotz (Hrsg.), Regio Basiliensis, S. 17.
472 Ob sich der Name Fer tatsächlich auf mhd. vërre, ahd. fer bezieht, muss offenbleiben, vgl. Hofmann, Fer, in: BLNB 6, S. 412.
473 Eine Deutung findet sich bei: Greule, Gewässernamen, in: Ders./Kully/Müller/Zotz (Hrsg.), Regio Basiliensis, S. 13f.; Kully, Lützel und Lüssel, S. 270.
474 Vgl. Greule, Gewässernamen, in: Ders./Kully/ Müller/Zotz (Hrsg.), Regio Basiliensis, S. 10.
475 Vgl. ebd., S. 17.
476 Vgl. ebd., S. 14; LSG, S. 600f.
477 Ungefähre Distanz Luftlinie zwischen der archäolog. Fundstelle Langgarbe-Wiseche und dem Kern der heutigen Flur Bisnacht.
478 UBBL 1, S. 85.
479 Klosterarchiv St. Leonhard C, 124v.
480 Schaller Ber., 67v.
481 AA 7563, S. 50.
482 AA 1003, Ber. 143, 26r.
483 AA 7711, S. 246.
484 AA 1003, Ber. 25, S. 117.
485 Siegfriedkarte, Bl. 29, 1880.
486 GP.
487 Vgl. UBBL1, S. 85; Schaller Ber., 45r.
488 Komposita mit dem Suffix ahd. -ahi im Sinne einer Kollektivstellenbezeichnung treten mehrheitlich bei Baum- und Pflanzennamen auf, vgl. Bach 2.1, S. 160; Sonderegger, S. 466. Da das Erstglied Ein an keinen entsprechenden Namen der Mundart anknüpfen kann, darf diese Möglichkeit ausgeschlossen werden.
489 Vgl. Schulze, Lateinische Eigennamen, S. 315.
490 Vgl. Heitz, Grenzen, S. 52; Marti B, S. 273f.; GeoView BL, Archäologie, Schutzzonen, Zonen-ID 18.6.
491 Vgl. Tauber/Ewald, Tatort Vergangenheit, S. 438; Marti A, S. 315.
492 GeoView BL, Grundwasser, Quellen, 54.19G, 4.4.2016.
493 StABL: KP 5001 25; Siegfriedkarte, Bl. 29, 1880.
494 Lexer 1, S. 27; Starck/Wells, S. 17.
495 Vgl. GeoView BL, Boden, 24.3.2016

496　Vgl. Bach 2.1, S. 154f.
497　Vgl. Id. 1, Sp. 269.
498　AA 8056, 43.
499　AA 1003, Ber. 515, 35r.
500　Ebd., 37r.
501　Schaller Ber., 65r.
502　AA 7609, 443.
503　AA 8080, 231.
504　AA 1003, Ber. 24, 105.
505　AA 1003, Ber. 145, 4v.
506　AA 1012, HeK Wintersingen, f. 8.
507　GA Wintersingen: FertProt. 1834, S. 157.
508　GP.
509　*Eines halben Mädetawen matten under der Feren* (1681). Weitere Belege datieren aus dem 20. Jahrhundert.
510　Vgl. Lexer 3, S. 197; Starck/Wells, S. 147; Ramseier, Firmach, in: BLNB 2, S. 413f.
511　Vgl. ebd.
512　Reber deutet *Ferrach* fälschlicherweise als schwzdt. *Pfärrich, Pfärch* ‹durch einen Stangen- oder Lattenzaun eingefriedeter Platz für Vieh, Pferch, Gehege›, vgl. SONB 3, S. 820.
513　Lexer 1, S. 27; Starck/Wells, S. 17.
514　Vgl. TGNB 3.2, S. 1414.
515　Vgl. Bach 2.1, S. 155.
516　Vgl. Boesch, Kleine Schriften, S. 476.
517　Schulze, Lateinische Eigennamen, S. 167, 356.
518　Vgl. Leinach, S. 95.
519　Vgl. IVS BL 316.
520　Z. B. Erzmatt (Wenslingen), Zenzach (Wintersingen), Buchsmet (Anwil), Kirche Kilchberg oder Bisnacht (Tenniken).
521　AA 1003, Ber. 405a, 13r.
522　AA 1003, Ber. 515, 146r.
523　Ebd., 144r.
524　AA 1001, Urk. 692, 1496.12.27.
525　AA 1003, Ber. 120, 9r.
526　AA 1003, Ber. 124, p. 12.
527　AA 1003, Ber. 133, p. 28.
528　Vgl. Typologisierung nach Schuh, S. 36.
529　Vgl. Haas, Sprachgeschichtliche Grundlagen, in: Schläpfer/Bickel (Hrsg.), viersprachige Schweiz, S. 41; Bickel, Ortsnamen als Quellen, in: Nicolaisen, ICOS Aberdeen, S. 34. Gleiches darf für die Siedlungsnamen *Giebenach* und *Gempen* SO angenommen werden.
530　Vgl. Tauber/Ewald, Tatort Vergangenheit, S. 438.
531　Vgl. Ikten, S. 149.
532　Vgl. Marti B, S. 244ff.; GeoView BL, Archäologie, Schutzzonen 11.7.2013.
533　Vgl. Ikten, S. 149.
534　Vgl. Grimm 9, Sp. 640ff.; Id. 2, Sp. 749ff.; Lexer 1, Sp. 1097.
535　Vgl. Lexer 1, Sp. 27; Starck/Wells, S. 17.
536　Vgl. Boesch, Kleine Schriften, S. 476.
537　Vgl. FO, Sp. 966.
538　Vgl. TGNB 3.2, S. 1414.
539　Vgl. Greule, Deutsches Gewässernamenbuch, S. 192.
540　Vgl. Bach 2.1, S. 154.
541　FP, Sp. 675.
542　Kaufmann, *Altdeutsches Namenbuch*, S. 155.
543　Vgl. Greule, Deutsches Gewässernamenbuch.
544　Vgl. LSG, S. 116, 908 und 316.
545　Vgl. Bach 2.1, S. 161.
546　Ebd.
547　Vgl. ebd.
548　Z. B. Sisgau, Frickgau, Buchsgau, Breisgau, Sundgau oder Östergäu.
549　Allgemein ist das Element *gruen* häufig in der Flurnamenbildung anzutreffen, z. B. in *Gruenacher, Gruenholz, Gruenmatt* etc., vgl. Id. 2, Sp. 752.
550　Vgl. Id. 2, Sp. 747.
551　*Grûnacher* ist eine alte Apfelsorte, vgl. Id. 1, Sp. 396.
552　Vgl. Id. 4, Sp. 1484, 1495.
553　AA 1001, Appendix 1, Urk. 111.
554　AA 1001, Urk. 538.
555　AA 1001, Urk. 616.
556　Klosterarchiv Domstift, 46, 5.
557　Schaller Ber., 164v.
558　Ebd., 31v.
559　GA Liestal: AA 64.62, p. 21.
560　AA 1003, Ber. 462, 81r.
561　GA Liestal: AA 38, 69v.
562　AA 1012, HeK Lausen, f. 77.
563　GA Itingen: KatB 1824, S. 101.
564　GP.
565　Id. 2, Sp. 1065ff. Sehr wahrscheinlich steht *häg* im Plural.
566　Id. 4, Sp. 947–953 mit einer ausführlichen Übersicht über mögliche Komposita in Flurnamen ist das Element *Bach* stark verbreitet.
567　Vgl. BSNB, S. 197.
568　Vgl. SONB 1, S. 96ff.
569　Vgl. SONB 2, S. 263, 373 und 576.
570　Vgl. Marti B, S. 120.
571　UBBL 2, S. 534.

572 SCHALLER Ber., p. 50.

573 Ebd., 44.

574 Ebd., 49v.

575 Ebd., 49r.

576 AA 7563, 42.

577 AA 1003, Ber. 70, 20r.

578 AA 7609, p. 441.

579 AA 8080, p. 623.

580 GA MAISPRACH: GRProt. (1882–1888), p. 136.

581 GP.

582 Vgl. StABS: SCHALLER Berein, 50r, 49v, 44v, 46r.

583 Vgl. HOFMANN, Laig, in: BLNB 6, S. 704; RAMSEIER, Laig, in: BLNB 2, S. 272.

584 Vgl. BLNG MAISPRACH S. 19. Ein galloromanischer Personenname *Leonius* ist allerdings nicht belegt, nur die weibl. Form *Leonia*, vgl. SCHULZE, Lateinische Eigennamen, S. 313.

585 Ähnliche Etymologisierungsprobleme bereitet inlautendes *w* in den Flurnamen *Gastwingen* (Rothenfluh, *Jn gast wingen*, 1492; *im Gastwingen*, 1768) und *Holingen* (Rothenfluh, *Jn Halwingen*, 1489; *Jn Haldwingen*, 1489; *Jnn Holwengen*, 1570; *in Hollwingen*, 1765; *Holingen*, 1988). Ausfall des inlautenden *w* zeigt auch die Belegreihe zu *Laig* (Buus): *Jn Leweg*, 1534; *Jnn lewig*, 1564; *Jn Leüwig*, 1593; *im Löwig*, 1698; *Reeben in Löwig*, 1702; *Laig hat Laubholtz*, 1742, *Reben in Leück*, 1794; *Laig*, 1880.

586 TAUBER/EWALD, Tatort Vergangenheit, S. 438; MARTI A, S. 315.

587 Vgl. GeoView BL, Archäologie, Schutzzonen, Zonen-ID 42.3, 9.5.2014; MARTI B, S. 180f.

588 Vgl. GeoView BL, Archäologie, Schutzzonen, Zonen-ID 42.4, 24.3.2016.

589 Vgl. LSG, S. 212.

590 Vgl. MARTI B, S. 180ff.

591 Obwohl an der Lesung kein Zweifel besteht, kann nicht ausgeschlossen werden, dass es sich bei der Schreibung um einen Verschrieb zu *Leuwach* handelt, da in alten Handschriften *u* und *n* zuweilen eine graphologische Ähnlichkeit aufweisen können. Entsprechende Nachweise sind im 16. Jahrhundert belegt, vgl. *Leüwach* (1593).

592 ID. 3, Sp. 1544

593 LEXER 1, Sp. 1845, 1895; s. Lee.

594 Ebd. Sp. 27; STARCK/WELLS, S. 17.

595 BLNG MAISPRACH, S. 21; StABL: KP 5001 0058.

596 Vgl. GeoView BL, Grundwasser, Quellen, 63.9A, 63.10A, 63.11A, 24.3.2016.

597 Vgl. BACH 2.1, S. 154, spricht von Hauptbächen; SONDEREGGER, Appenzell, S. 466.

598 Vgl. auch ID. 3, Sp. 1544 für weitere Schreibungen.

599 Vgl. ID. 3, Sp. 1267. Untersucht wurden 345 Namen aus dem Kt. BL, diese beinhalten 3122 Belege, nur wenige zeigen die Schreibung *Leu*.

600 Vgl. ID. 3, Sp. 1267. *Leu* ist vorwiegend in Gebieten östlich der Aare belegt, vgl. www.ortsnamen.ch, 8.4.2016.

601 Vgl. *Leime* (Langenbruck, *In der Leimen*, 1575); *Leime* (Buus, *in der Leymen*, 1702); *Leime* (Bennwil, *Jn leimen*, 1468).

602 Vgl. GeoView BL, Boden, Böden Landwirtschaft, 8.4.2016.

603 Vgl. BACH 2.1, S. 160; SONDEREGGER, Appenzell, 466.

604 ID. 15, Sp. 103; LEXER 1, Sp. 1923.

605 Vgl. SONB 3, S. 418. Aufgrund der genannten Anstösser ergeben sich die Koordinaten (632920/246620).

606 Unweit von *Leinach* liegt eine bronzezeitliche archäologische Fundstelle, Koordinaten (633188/246512.

607 Vgl. SONB 1, S. 640.

608 Der Flurnamen *Meiherhof* ist zwar erstmals 1884 belegt, da der FN *Meier* aber kein altes Trimbacher Bürgergeschlecht ist (vgl. e-FNB, *Meier*, 5.4.2016), kann davon ausgegangen werden, dass sich das Bestimmungswort *Meier* von ahd. *meior, meiur* ‹Meier, Wirtschaftsverwalter, Vogt› (vgl. STARCK/WELLS, S. 405) ableitet. Dies lässt darauf schliessen, dass in dieser vom restlichen Gemeindegebiet durch einen nur schmal durchbrochenen Hügelzug abgegrenzten Geländekammer eine einstige Siedlung zu vermuten ist, deren Alter jedoch nicht näher bestimmt werden kann.

609 Vgl. IVS SO 671 und IVS SO 8, 8.1.1.

610 Vgl. SOGIS, Gewässerschutz- und Grundwasserkarte, 5.4.2016. Alle Flurnamen weisen auf ein Wasservorkommen oder Bodenfeuchte hin: *Ei, Eimatten* ‹Das (Matt-)Land am Wasser, die Aue›; *Duntelen* aufgrund der ältesten Belege ‹Das Tal mit den Wasserleitungen›, *Graben* als Synonym für Bach und *Mieseren* ‹Der mit reichlich Moos bedeckte Ort›.

611 Vgl. www.ortsnamen.ch, 5.4.2016.

512 Vgl. GeoView BL, Boden, Böden Landwirtschaft und Grundwasser, Quellen, 5.4.2016.

513 Z. B. *Flachsland, Hanfgarte* (Sissach) und *Zartgarten* (*Zhargarten*, 1616, Häfelfingen).

514 BACH 2.1, S. 160.

515 Vgl. GRIMM 20, Sp. 1044.

516 Vgl. BACH 2.1, S. 160.

517 AA 8056, p. 37.

518 AA 1003, Ber. 515, 37r.

519 Ebd., 35v.

520 SCHALLER Ber., 58v.

521 Ebd., 63v.

522 StABL: SL 5250.52, MEYER-SKIZZEN, 543v.

523 AA 1012, HeK WINTERSINGEN, f. 165.

524 GP.

525 Auch bietet sich kein Anschluss an ein Wort einer anderen Deutschschweizer Mundart an. Ein Bezug zu *Zänzi*, einer Koseform zum PN *Vincenz*, kann aufgrund der möglichen Bildungsmuster mit dem Suffix *-ach* ausgeschlossen werden, vgl. ID. 1, Sp. 877.

526 AA 1010, L. 9, 117.

527 AA 8080, p. 197.

528 AA 1003, Ber. 24, p. 88.

529 AA 1003, Ber. 20, p. 617.

530 AA 8056, p. 37.

531 AA 1003, Ber. 515, 35v.

532 StABS: KLA St. Leonhard C, 124r.

533 Vgl. TAUBER/EWALD, Tatort Vergangenheit, S. 438; MARTI A, S. 315.

534 Vgl. Einach, S. 85. Vergleiche dazu die Lage von *Einach* (Maisprach), die Fundstelle *Erzmatt* (Wenslingen) oder *Buchs* (Anwil), die alle in einem feinen Sattel und oberhalb des heutigen Siedlungskerns liegen.

535 Vgl. GeoView BL, Archäologie, Schutzzonen, 24.3.2016.

536 Vgl. BACH 2.1, S. 160; SONDEREGGER, Appenzell, S. 466, selten auch weitere Kollektiva zu einem gewohnheitsmässigen Geschehnis beziehungsweise einem markanten Vorkommnis an einem bestimmten Ort.

537 Vgl. *Zänzi* in ID. 1, Sp. 877.

538 Vgl. ID. 7, Sp. 1220f. Inlautendes *z*, entstanden aus ursprünglichem *ts* kann auf der homophonen Aussprache von *ts* und *z* beruhen. Dabei wäre das *s* von *ts* als Genitiv eines Substantivs oder Personennamens zu verstehen.

539 Vgl. ID. 7, Sp. 1116.

540 Vgl. ebd., Sp. 1219.

541 Vgl. ebd. 1, Sp. 316.

642 Vgl. BACH 2.1, S. 160.

643 Vgl. LEXER 3, Sp. 1112f.; STARCK/WELLS, S. 762.

644 Vgl. ID. 4, Sp. 388ff.; LEXER 1, Sp. 2048; SONB 2, S. 547f.; STARCK/WELLS, S. 402, vgl. *Zilacher* (Oltingen), *Zil* (Gelterkinden), *Mareloch* (Anwil) oder *Mare* (Gelterkinden).

645 AA 1003, Ber. 227, 43v.

646 Vgl. ebd., Sp. 358, möglicherweise enthalten im FlN *Enzwiese* (Hemishofen SH), vgl. www.ortsnamen.ch, 7.4.2016.

647 Vgl. ID. 1, Sp. 358.

648 Vgl. ID. 1, Sp. 358f. Ausführlich diskutiert in: LUNB 1.1, S. 68f.

649 LUNB 1.1, S. 69.

650 Vgl. ebd. Zu den Siedlungsnamen *Arni* AG und BE, vgl. LSG, S. 97f.

651 Vgl. BACH 2.1, S. 160f.; SONDEREGGER, Appenzell, S. 466.

652 AA 1010, L. 20, 242, 5r.

653 ID. 1, Sp. 358; ebd. 3, Sp. 1020.

654 Vgl. ebd. 1, Sp. 358.

655 Vgl. ebd.; ebd. 3, Sp. 743.

656 Ebd., Sp. 358.

657 Vgl. JbSGUF 15, S. 120; HK BUUS 1972, S. 9.

658 Vgl. GeoView BL, Gewässer, Gewässernetz und Grundwasser, Quellen, 7.4.2016.

659 Vgl. BACH 2.1, S. 154; SONDEREGGER, Appenzell, S. 465 spricht von grösseren (und mittleren) Gewässern.

660 Vgl. ID. 7, Sp. 1220f.

661 Vgl. FP, S. 1297.

662 BACH 2.1, S. 155.

663 Rünenberg wird hier entsprechend der aktuellen Forschungslage als Name mit vordeutschem Ursprung behandelt, vgl. LSG, S. 770. Allerdings kann ein deutscher Name nicht ausgeschlossen werden, so dass Rünenberg ebenfalls auf der Karte der Namen mit dem Grundwort *-berg* abgebildet ist, vgl. Karte 5: Siedlungsnamen mit den Grundwörtern *-dorf* und *-berg*, S. 86.

664 Vgl. BICKEL, Ortsnamen als Quellen, in: NICOLAISEN, ICOS Aberdeen, S. 33; LSG, S. 564; BLNG MAISPRACH, S. 5. Über die Deutung besteht Uneinigkeit; möglich ist sowohl ein vordeutscher als auch ein deutscher Ansatz.

665 Zu Gunsten einer besseren Übersicht wurde nur eine Auswahl der für die Arbeit wichtigsten Fundstellen abgebildet.

666 Vgl. MARTI A, S. 288.

667 Vgl. MARTI B, S. 203. Der mögliche Wüstungsname *Bettemach* kann nicht exakt lokalisiert

werden. In der Arbeit wurden alle nicht exakt lokalisierbaren Namen im Zentrum der jeweiligen Gemeinde lokalisiert.

668 Vgl. IVS BL 13.1. So auch DOMENICONI, Oltingen, in: Heimatkunde Oltingen, S. 49ff.
669 Vgl. MARTI A, S. 288.
670 MARTI B, S. 203.
671 Vgl. Glossar, Romania, S. 288.
672 Vgl. MARTIN, Kastellstädte, S. 114.
673 Zum Zusammenhang zwischen Rheinfelden und Magden (beide AG) vgl. ZEHNDER, Gemeindenamen Aargau, S. 260, 352ff. Zur möglichen Streckenführung im Kanton Aargau vgl. IVS AG 1631.
674 IVS AG 1661.
675 Vgl. Gliederung und Aufbau der Namenartikel, S. 70.
676 Vgl. BLNG HÄFELFINGEN; LSG, S. 425; BRUCKNER, Schweizerische Ortsnamenkunde, S. 106; GESSLER, Baselbieter Orts- und Flurnamen, in: Baselbieter Heimatblätter, S. 50; HÄNGER, Baslerische Ortsnamen, in: Baselbieter Heimatblätter, S. 127.
677 Vgl. BLNG BUCKTEN; LSG, S. 199; BRUCKNER, Schweizerische Ortsnamenkunde, S. 110; GESSLER, Baselbieter Orts- und Flurnamen, in: Baselbieter Heimatblätter, S. 49; HÄNGER, Baslerische Ortsnamen, in: Baselbieter Heimatblätter, S. 126.
678 Vgl. BLNG ANWIL; LSG, S. 90f.; GESSLER, Baselbieter Orts- und Flurnamen, in: Baselbieter Heimatblätter, S. 51; HÄNGER, Baslerische Ortsnamen, in: Baselbieter Heimatblätter, S. 124.
679 Vgl. BLNG ROTHENFLUH; LSG, S. 761f.; BRUCKNER, Schweizerische Ortsnamenkunde, S. 97, 126, 131, 134, 158, 181; GESSLER, Baselbieter Orts- und Flurnamen, in: Baselbieter Heimatblätter, S. 53; GOY, Rothenfluh, S. 1ff.; HÄNGER, Baslerische Ortsnamen, in: Baselbieter Heimatblätter, S. 132f.
680 Vgl. Das Grundwort -stal, S. 201.
681 KULLY spricht von einer ‹alemannischen Landnahme›, vgl. SONB 1, S. 53. Vgl. auch BANDLE, Schichtungen, in: TGNB 1.1, S. 110. Einer solchen Landnahme steht MARTI aus archäologischer Perspektive kritisch gegenüber, da jeglicher Nachweis dafür fehlt, vgl. MARTI A, S. 282ff. Zur zeitlichen Einordnung, vgl. WINDLER, Besiedlung, in: Die Alemannen, S. 268.
682 Vgl. Namenbildungsmuster nach NÜBLING, S. 38.
683 Vgl. SONDEREGGER, Appenzell, S. 506 und BACH 2.1, S. 171ff.
684 ZINSLI, Ortsnamen, S. 31.
685 FO, 1567.
686 SONB 1, S. 53.
687 Vgl. ebd., S. 54.
688 Ebd.
689 BOESCH, Gruppenbildung, in: DERS., Kleine Schriften, S. 74.
690 HAAS, Sprachgeschichtliche Grundlagen, in: SCHLÄPFER/BICKEL (Hrsg.), viersprachige Schweiz, S. 38.
691 AA 1010, L. 21, 244 A, 1613.06.29.
692 Universitätsarchiv K 7, f. 87, 1622.03.01.
693 AA 1003, Ber. 481, 35v.
694 AA 1003, Ber. 75, 15v.
695 AA 1003, Ber. 92, p. 27.
696 AA 1003, Ber. 78, 55v.
697 AA 1003, ebd., 47v.
698 AA 1012, HeK OLTINGEN, f. 8.
699 GP.
700 Vgl. FP, Sp. 256, 304.
701 www.ortsnamen.ch, 12.4.2016.
702 In der Belegreihe zu Ringlichen finden sich mehrheitlich Schreibungen, die auf ein Femininum schliessen lassen. Allerdings erscheint der Name heute als Neutrum, vgl. Ringlichen, S. 153.
703 Vgl. GeoView BL, Boden, Böden Landwirtschaft, 15.7.2014.
704 Vgl. BACH 2.1, S. 162ff.
705 Vgl. ID. 4, S. 912, 1167, 1169.
706 AA 1002, Jzb 3, 32v.
707 AA 1003, Ber. 515a, 8r.
708 AA 1003, Ber. 1, 215v.
709 AA 1003, Ber. 164, 63v.
710 FP, Sp. 27ff.; FO 1, Sp. 25f. Da der Berein 515a nicht genau datiert werden kann, gilt das Jzb 3 als ältester Beleg. Ansonsten müsste eine alternative Namensform *Dagilo o. ä. in Betracht gezogen werden.
711 Vgl. RAMSEIER, Eglingen, in: BLNB 2, S. 132.
712 AA 1003, Ber. 86, 22v. GOY liest Füeßli aus dem Ber. 86a, einer Abschrift des Ber. 86. Allerdings ist die Lesung umstritten, es ist unsicher ob Furßli oder Fueßli zu lesen ist, vgl. GOY, Rothenfluh, S. 86.
713 AA 1003, Ber. 74, 4r.
714 AA 1003, Ber. 75, 63r.
715 AA 1003, Ber. 92, p. 331.
716 AA 1003, Ber. 552, 37v.

717 Ebd., 6v.

718 Ebd., 26v.

719 AA 1003, Ber. 156, 32r.

720 Ebd., 34v.

721 GP.

722 Vgl. MARTI B, S. 57.

723 Aufgrund der Beleglage und der Kontexte kann nicht ausgeschlossen werden, dass *Gastwingen* ausserhalb des Untersuchungsgebiets liegt.

724 Adelsarchiv M3.3, 53v.

725 AA 1003, Ber. 103a, H.1, 13v.

726 FP, Sp. 606.

727 Vgl. KAUFMANN, Altdeutsche Personennamen, S. 141.

728 Weitere Personennamen zum Stamm *Gasti* zeigen allesamt Zusammensetzungen, in denen das Namenelement als Grundwort vorkommt, vgl. FP, Sp. 604ff.

729 Vgl. Holingen, S. 116.

730 Vgl. HOFMANN, Bettwer, in: BLNB 6, S. 133; RAMSEIER, Bettewer, in: BLNB 2, S. 50.

731 Vgl. RIPPMANN, Bauern und Herren, S. 18.

732 AA 1003, Ber. 164, 48v.

733 AA 1003, Ber. 166, 153r.

734 AA 1003, Ber. 168, p. 738.

735 AA 1012, HeK HÄFELFINGEN, f. 41.

736 GP.

737 Vgl. SONDEREGGER, Appenzell, 503ff.; BACH 2.1, S. 162ff.

738 ID. 2, Sp. 930.

739 Vgl. Nah dran, weit weg 2, S. 140; ebd. 3, S. 12ff.

740 Vgl. BLNG HÄFELFINGEN, S. 14.

741 Vgl. FNB III, S. 14f.

742 Adelsarchiv M 3.3, 7v.

743 Ebd., 8r.

744 Adelsarchiv M 3.3, 31r.

745 AA 1010, L. 9, 195, 6v.

746 AA 1010, L. 93, 537, 11.

747 AA 1003, Ber. 87, p.18.

748 Klosterarchiv Domstift, 57, p.1 Die angegebene Datierung 1699 ist ungenau. Das Dokument kann lediglich ins 17. Jahrhundert datiert werden.

749 AA 1003, Ber. 25, p. 300.

750 AA 1003, Ber. 89, 15v.

751 GA ROTHENFLUH: WürdProt. 1834, p. 11.

752 SIEGFRIEDKARTE, Bl. 31, 1880.

753 GP.

754 Vgl. Gastwingen, S. 113

755 Vgl. JEKER-FROIDEVAUX, Morwingen, in: BLNB 4, S. 766.

756 Alternativ ist *Marwingen* in die Bestandteile *Marw* und *-ingen* zu teilen. Bei einem Wüstungsnamen müsste die Schreibung *Marw* in Bezug zu einem Personennamen stehen. Angenommen, das *w* ist auf ursprünglich doppeltes *v* beziehungsweise *u* zurückzuführen, lässt sich ein Personenname zum Stamm *Maru* konstruieren, vgl. FP, Sp. 1102.

757 Vgl. www.ortsnamen.ch, 18.4.2016.

758 *Hürwingen* fehlt im TGNB; ein ZHNB ist in Arbeit (Stand April 2016). GRAF schlägt nach einer mündlichen Auskunft für *Hürwingen* ein Bildungsmuster mit *-ingen*-Suffix im Sinne einer Stellenbezeichnung vor.

759 Vgl. ID. 16, Sp. 650ff.

760 Vgl. STARCK/WELLS, S. 283, 695.

761 Vgl. ID. 2, Sp. 117/4ff.

762 Vgl. STARCK/WELLS, S. 249.

763 Vgl. FO, Sp. 1207 zeigt die Belege *Halberstad*, *Halverstede*, *Haluerstedensis*. Allerdings verweist KAUFMANN, Altdeutsche Personennamen, S. 169, auf SCHRÖDER, Deutsche Namenkunde, der den Ortsnamen *Halberstat* auf einen Gewässernamen zurückführt.

764 Vgl. FO, Sp. 1206.

765 Vgl. SONDEREGGER, Appenzell, S. 506; BACH 2.1, S. 162.

766 Ebd., S. 171.

767 Vgl. GRIMM 3, Sp. 1723; ebd. 12, Sp. 187; LEXER 1, Sp. 1821; STARCK/WELLS, S. 360.

768 Vgl. FP, Sp. 737.

769 Ein Stamm *Alfi*, wie in FP, Sp. 64 vorgeschlagen, wird von KAUFMANN, Altdeutsche Personennamen, S. 31, abgelehnt und kommt daher nicht in Frage.

770 Vgl. MUSTER/BÜRKLI FLAIG, Baselbieter Wörterbuch, S. 234.

771 http://www.fructus.ch/sorten/steinobst/, 19.4.2016.

772 Vgl. RIPPMANN, Bauern und Herren, S. 18f. RIPPMANN nimmt kommentarlos eine Wüstung an.

773 Vgl. BOESCH, Kleine Schriften, S. 178.

774 Heute liegt Iglingen vorwiegend auf Magdener Boden. Bis zur Grenzregulierung im Jahr 1894 gehörten Iglingen und das Umland noch zu Wintersingen und somit zum Kanton Basel-Landschaft, vgl. JOCHUM-SCHAFFNER, Wintersingen, 128.

775 ROTHWEILER, Magdener Flurnamen, in: Jura zum Schwarzwald 75, S. 68.

776 Ebd.

777 UBBL 2, S. 583.

778 Ebd, S. 814.

779 UBBS 9, S. 268.

780 AA 1010, L. 93, 544, 1, 541.

781 AA 1003, Ber. 20, 506.

782 AA 1012, HeK Wintersingen, f. 15.

783 GA Wintersingen: FertProt. 1834, S. 1.

784 FP, Sp. 947.

785 Vgl. Ramseier, Iglingen, in: BLNB 2, S. 246.

786 Herzlichen Dank dem Kantonsarchäologen des Kantons Aargau, Herrn Christoph Reding, für seine umfassenden Auskünfte, 14.5.14. Vgl. auch: Vom Jura zum Schwarzwald 2, Möhlin 1927, S. 6.

787 Adelsarchiv M 3.3, 51r.

788 Klosterarchiv Domstift Urk. IV, 581, 1665.05.02.

789 AA 1010, L. 93, 537, p. 11.

790 StABL: SL 5250.52, Meyer-Skizzen, 169v.

791 AA 1003, Ber. 89, 35v.

792 AA 1003, Ber. 103a, H. 1, 15v.

793 GA Rothenfluh: WürdProt. 1834, S. 8.

794 Vgl. FP, S. 848ff.

795 Vgl. Kaufmann, Altdeutsches Namenbuch, S. 228, 238.

796 Vgl. Marti B, S. 240f., allerdings mit einem Fragezeichen versehen.

797 Goy, Rothenfluh, S. 159. Goys Ansatz ist jedoch abzulehnen. Wenn überhaupt, dann ist im Namen *Ringenflue* ein möglicher Siedlungsname zu einem Personennamen *Ingold* zu suchen.

798 Die Zuordnung zur Gemeinde Wisen SO im SONB 1, S. 54, ist falsch. Reber weist im SONB 3 keine entsprechenden Belege aus.

799 AA 1003, Ber. 515, 104v.

800 AA 1002, Jzb 3, 32v.

801 Ebd., 20v.

802 AA 1003, Ber. 515a, 8r.

803 Ebd., 73r.

804 BSUB: H I 27a, 29.

805 Vgl. FP, Sp. 890; Kaufmann, Altdeutsches Namenbuch, S. 202f.

806 Bereits Gauss, Geschichte der Landschaft Basel 1, S. 114, und Suter, Meyer Karte, S. 193, nehmen für Russingen eine Wüstung an.

807 Zum Siedlungsnamen *Rüssingen* (Rheinland-Pfalz, Deutschland) kann kein Bezug hergestellt werden. Der Ort liegt sehr weit von der Schweiz entfernt.

808 www.ortsnamen.ch, 15.4.2016.

809 Vgl. Id. 6, Sp. 1142ff.

810 Vgl. Lexer 2, S. 540; Starck/Wells, S. 597.

811 In den ältesten Belegen findet sich auch eine Schreibung mit einem *-ligen*-Suffix, so dass auch ein *-inghofen*-Suffix anzunehmen wäre. Da die Mehrheit der Schreibungen ein *-ingen*-Suffix zeigt, erfolgte die Zuweisung zu den *-ingen*-Namen.

812 Zu *Schwärzligen* (Oltingen) besteht kein räumlicher Bezug.

813 AA 1003, Ber. 74, 5r.

814 AA 1003, Ber. 75, 83r.

815 AA 1003, Ber. 24, p. 65.

816 AA 1003, Ber. 17, p. 2654

817 AA 1003, Ber. 552, 21r.

818 Ebd., 60v.

819 AA 1003, Ber. 156, 19v.

820 Siegfriedkarte, Bl. 34, 1877.

821 GP.

822 Vgl. FP, Sp. 1378. Allerdings werden *Swartze* und *Swartzo* als Übernamen aufgeführt, die erst im Mittelhochdeutschen nachgewiesen sind. Für die Annahme einer frühmittelalterlichen Siedlung müsste der Name allerdings ins Althochdeutsche zurückzuführen sein, vgl. Socin, S. 443.

823 Vgl. Id. 9, Sp. 2204.

824 Vgl. FP, Sp. 1378.

825 Vgl. FO, Sp. 965ff.

826 Für Anwil lässt sich beobachten, dass die meisten Belegreihen erst im ausgehenden 17. oder im 18. Jahrhundert einsetzen. Anwil fiel erst 1534 vollständig an die Stadt Basel. Der einzige Berein aus diesem Jahr, der Schaller Berein, enthält jedoch keine Einträge zu Anwil. Diese junge Beleglage erschwert die Namendeutung und relativiert deren Aussagekraft. Eine ältere Belegschicht existiert nicht.

827 Tiefere Werte sind im Untersuchungsgebiet die absolute Ausnahme und finden sich nur in der jungen Gemeinde Nusshof, deren Ersterwähnung ins Jahr 1504 datiert. Viele andere Orte zeigen markante höhere Werte: z. B. Oltingen 36%, Zeglingen 44%, Wintersingen 47%, Sissach 48%, Känerkinden 56% oder Rothenfluh 61%. Ähnlich tiefe Zahlen zeigen Orte ebenfalls von Kriegen und Plünderungen gezeichneten Laufental, z. B. Liesberg 25%, Wahlen 31% oder Laufen 32%.

828 Im Mittelalter gehörte Anwil zuerst zur Herrschaft Alt-Homburg, später zu Habsburg-Laufenburg und dann zu Habsburg-Österreich. Bis ins 14. Jahrhundert waren die Kienberger und die Petermann von Heideck Lehensträger. 1400 kam Anwil teilweise, 1534 vollständig zu Basel und bildete eine Zollstätte des Amts Farnsburg. Anwil erlitt 1592 einen grossen Dorfbrand, 1634, im Dreissigjährigen Krieg, Plünderungen durch kaiserliche Truppen und 1653, im Bauernkrieg, erneut Verheerungen, vgl. e-HLS, Anwil, 16.4.2016.

829 Vgl. Marti B, S. 57 und JbSGUF 23, S. 88.

830 Vgl. GeoView BL, Grundwasser, Quellen, 3.4.2013.

831 Vgl. Im Hof, S. 175.

832 Vgl. Buchs, S. 257.

833 Vgl. Siedlungs- und mögliche Wüstungsnamen mit -ingen-Suffix, S. 130.

834 Vgl. FO, Sp. 965ff.

835 Id. 9, Sp. 2171.

836 Vgl. Ramseier, Schwärzligen/Schwarzligen, in: BLNB 2, S. 420.

837 Vgl. Sonderegger, Appenzell, S. 506 und TGNB 2.2, S. 319.

838 StABL: SL 5250.52, Meyer-Skizzen, 176r. In Klammern ist jeweils die älteste Schreibung mit dem entsprechenden Jahresnachweis abgebildet.

839 Id. 4, Sp. 884.

840 AA 1003, Ber. 589.8, n. p.

841 Id. 6, Sp. 191.

842 Vgl. GeoView BL, Boden, Böden Landwirtschaft, 3.4.2013.

843 Id. 1, Sp. 569; Lexer 1, Sp. 720.

844 Die Deutung von Äschert (Oltingen, von einer Juchert lit Jm Äschert, 1530) ist nicht abschliessend geklärt. Ebenso möglich ist ein Bezug zu Saatfeld und zum Baumnamen Esche.

845 AA 1003, Ber. 24, p. 64.

846 AA 1003, Ber. 75, 73v.

847 Vgl. Huflig, S. 146.

848 Die Belegreihe zeigt deutlich auf, dass die jüngste Schreibung Aufgent eine Ellipse ist: vffgend aker (1485, AA 1003, Ber. 515, 27v.), vffgehenden Ackher (1595, AA 1003, Ber. 42, 37r.), Auffgehend (1702, AA 1003, Ber. 23, p. 510) und Aufgent (1802, AA 1012, HeK Rünenberg, f. 44).

849 Vgl. Leinach, S. 95.

850 In den ältesten Belegen sind ebenfalls Schreibungen mit einem -ligen-Suffix dokumentiert, so dass ein -inghofen-Suffix nicht grundsätzlich ausgeschlossen werden kann.

851 Zu Schwarzligen (Anwil) besteht kein räumlicher Bezug.

852 BS 4103, 03.01, 763 89r.

853 BS 4103, 03.01, 770, 95v.

854 StABL: SL 5250.52, Meyer-Skizzen, 8r.

855 Ebd., 705r.

856 AA 1003, Ber. 75, 23v.

857 AA 1003, Ber. 23, p. 745.

858 Ebd., p. 763.

859 AA 7644, p. 130.

860 AA 1003, Ber. 504, 84r.

861 AA 1012, HeK Oltingen, f. 2.

862 GP.

863 FP, Sp. 1378. Allerdings werden hier Swartze und Swartzo als Übernamen aufgeführt, die erst im Mittelhochdeutschen nachgewiesen sind. Für die Annahme einer frühmittelalterlichen Siedlung müsste der Name allerdings ins Althochdeutsche zurückzuführen sein, vgl. Socin, S. 443.

864 Vgl. GeoView BL, Archäologie, Schutzzonen, Zonen-ID 10.9, 16.7.2013.

865 Kombinationspaare finden sich im Ortszentrum der ebenfalls mit dem -ingen-Suffix gebildeten Siedlungsnamen Gelterkinden, Läufelfingen und Ormalingen sowie in der Verbindung der Flurnamen Schwarzligen-Buchsmet oder des Siedlungsnamens Zeglingen zur römischen Fundstelle Egg, vgl. GeoView BL, Archäologie, Schutzzonen, 16.4.2016.

866 Vgl. Stückligen, S. 160.

867 Vgl. Id. 9, Sp. 2210; Lexer 2, Sp. 1344,

868 Vgl. GeoView BL, Boden, Böden Landwirtschaft, 16.7.2013.

869 Vgl. Boesch, Kleine Schriften, S. 464: «Die hochgelegenen Nadelwälder des Allgäus und der bairischen Alpen hiessen Hoch- oder Schwarzwälder.» Wobei Schwarzwald ein relativ junger Name sein dürfte. In der Spätantike wird für diesen und den gesamten nordwärts verlaufenden Hügelzug auch der Begriff marciana silva ‹Grenzwald› verwendet, vgl. Ihm, Abnoba, in: Pauly 1.1, Sp. 104.

870 AA 1003, Ber. 24, p. 59.

871 AA 1012, HeK Anwil, f. 49.

872 GA Anwil: WürdProt. 1854, p. 247.

873 GP.

874 Vgl. Id. 10, 1297f.
875 Vgl. HK Anwil 1976, S. 19; Schaffner, Anwil, in: Baselbieter Heimatblätter 33, S. 215 und IVS BL14.2.1.
876 Vgl. Sonderegger, Appenzell, 503ff.
877 Vgl. Rüchlig, S. 156 und Neuligen, S. 157.
878 Adelsarchiv M 3.3, 52r.
879 AA 1003, Ber. 86, 7v.
880 AA 1003, Ber. 80, 31v.
881 Universitätsarchiv, K7, f. 197.
882 AA 1003, Ber. 87, p. 22.
883 AA 1003, Ber. 92, p. 176.
884 AA 1012, HeK Rothenfluh, f. 165.
885 Ebd., f. 41.
886 GP.
887 Vgl. Id. 16, Sp. 1299f.
888 Vgl. FP, Sp. 1538f., 1539f.
889 Marti B, S. 241.
890 Beispielsweise Zwingen, Nenzlingen, Grellingen, Duggingen und Pfeffingen.
891 Von Westen nach Osten sind dies Oensingen, Egerkingen, Härkingen, Boningen und Stüsslingen, vgl. SONB 1, S. 216ff., 263ff., 349ff. und 547ff.
892 Vgl. SONB 1, S. 55; TGNB 1.1, S. 111; Braune, Althochdeutsche Grammatik, § 193. Eine andere These vertritt Löffler, der in den -inghofen-Namen nur eine Spielart der reinen -hofen-Namen und keine jüngere Erweiterung der -ingen-Namen sieht, vgl. Löffler, -inghova/-in-chova, in: Bergmann/Tiefenbach/Voetz, Althochdeutsch, 2, S. 1342ff.
893 TGNB 1.1, S. 111.
894 Dies wird besonders deutlich, wenn man sich die Lage der heutigen Siedlungen vergegenwärtigt. Einer Perlenkette gleich ziehen sie sich in regelmässigen Abständen durchs Homburger- und Diegtertal. Zu kleinräumig konzipierte Siedlungen wie Grüenkten, Dockten oder auch Söllickhen konnten sich nicht behaupten und sind daher nur noch als Wüstungsnamen überliefert.
895 Vgl. BLNG Diepflingen, S. 5; BLNG Rümlingen, S. 5; Id. 2, Sp. 1025.
896 Farnsburger Urb. 1372, 26v.
897 Zinsrodel 1484, n. p.
898 AA 1002, Jzb 3, 19r.
899 Ebd., 6v.
900 AA 1003, Ber. 164, 53r.
901 Ebd., 54r.
902 AA 1003, Ber. 166, 1r.
903 AA 1003, Ber. 170, p. 111.
904 AA 1012, HeK Läufelfingen, f. 48.
905 Ebd., f. 61.
906 GA Läufelfingen: GRProt. 1881–1895, p.15.
907 GP.
908 Vgl. FP. Sp. 158ff.
909 BLNG Läufelfingen, S. 6.
910 Vgl. LSG, S. 75; www.ortsnamen.ch, 18.4.2016.
911 Koordinaten (632400/249000).
912 Die Flur liegt heute überwiegend in Rothenfluh.
913 AA 1010, L. 20, 242, A1, 3r.
914 AA 1010, L. 20, 242, A1, 3v.
915 UBBL 2, S. 886f.
916 AA 1003, Ber. 515, 73v.
917 AA 1003, Ber. 84, 2v.
918 AA 1003, Ber. 86, 13r.
919 AA 1003, Ber. 42, 26r.
920 AA 1003, Ber. 80, 34r.
921 AA 1012, SL 5250.52, Meyer-Skizzen, 173v.
922 AA 1003, Ber. 18a, 290v.
923 AA 1003, Ber. 11a, 87v.
924 AA 1012, HeK Rohenfluh, f. 135.
925 AA 1003, HeK Ormalingen, f. 107.
926 GP.
927 FP, Sp. 56. Eine ausführliche Besprechung möglicher Personennamen liefert Zehnder, Gemeindenamen Aargau, S. 191.
928 Vgl. BLNG Ormalingen, S. 6.
929 Vgl. Zehnder, Gemeindenamen Aargau, S. 191.
930 Marti B, S. 241.
931 Vgl. ebd.
932 Vgl. ebd.
933 Vgl. GeoView BL, Grundwasser, Quellen, 3.4.2013.
934 AA 1003, Ber. 42, 43v.
935 Klosterarchiv Domstift J, 71v. Die Datierung ist fraglich, das 16. Jahrhundert ist anzunehmen
936 Spitalarchiv Urk. 1056, 1601.11.15.
937 AA 1003, Ber. 43, 51v.
938 AA 1003, Ber. 45, 32r.
939 GA Gelterkinden: KatB 1827, f. 20.
940 GP.
941 Vgl. Id. 4, Sp. 1188.
942 Vgl. FNB I, S. 222ff.
943 Vgl. Id. 4, Sp. 1170ff.
944 FP, Sp. 243, 326.
945 Vgl. SDS 1, S. 61ff.
946 Der Beleg entstammt einem nicht exakt datierten, im Jahr 1885 neugebundenen Bereinbuch.

Dessen 112 Folii wurden von verschiedenen Händen beschrieben. Aufgrund der Handschriften kann der Berein nur ungenau dem 16. Jahrhundert zugeordnet werden.

947 Vgl. SONB 1, S. 213.
948 Vgl. GeoView BL, Archäologie, Schutzzonen, Zonen-ID 25.17, 9.8.2013.
949 Ebd., Zonen-ID, 25.20, 9.8.2013.
950 Vgl. Grüenkten, S. 143.
951 UBBL 1, S. 332.
952 Ebd., 2, S. 418.
953 St. Urk. 3089, 1546.12.13.
954 AA 1003, Ber. 164, 30r.
955 AA 1003, Ber. 105, 6r.
956 AA 1003, Ber. 107, 15v.
957 AA 1003, Ber. 196, p. 503.
958 AA 1003, Ber. 220, 11r.
959 SIEGFRIEDKARTE, Bl. 147, 1884.
960 GP.
961 Vgl. HK KÄNERKINDEN, S. 77.
962 Vgl. MARTI B, S. 121.
963 Vgl. GAUSS, Geschichte der Landschaft Basel 1, S. 115.
964 Vgl. BLNG KÄNERKINDEN, S. 7.
965 Vgl. FP, Sp. 330. KAUFMANN, Altdeutsche Personennamen, S. 68f., korrigiert den Stamm zu *Bausja*. Er führt *Buso* als Nebenform auf.
966 Wie grossflächig das Land zu dieser Besiedlungszeit bereits gerodet war, ist nicht nachzuweisen. Es kann jedoch angenommen werden, dass das Plateau von Süden nach Norden gerodet worden ist, da der Ortsname *Känerkinden* älter ist als die beiden jüngeren Namen *Buesgen* und *Wittinsburg*.
967 AA 1003, Ber. 11a, 89v.
968 Vgl. FP, Sp. 331; www.ortsnamen.ch, 26.4.2016. Zwei weitere Weiler namens *Bütschwil* liegen im Kanton Bern bei Walkringen und Schüpfen.
969 Vgl. BENB I/4, S. 769f.
970 AA 1010, L. 9, 127, p. 125.
971 Ebd., p. 123. Lesung unsicher, alternativ auch *Tottiken* lesbar.
972 AA 1003, Ber. 515, 63v.
973 AA 8069, 44v.
974 AA 1001, 1027, 1612.11.11.
975 BS 4105, 02.05, 492.
976 AA 1003, Ber. 141, 3r.
977 GA TENNIKEN: WürdProt. 1847–1869, 349.
978 GP.
979 Vgl. Adliken, S. 133 und Buesgen, S. 138.
980 Vgl. FP, Sp. 412.
981 Vgl. ZEHNDER, Gemeindenamen Aargau, S. 130f.
982 Vgl. www.ortsnamen.ch, 19.4.2016.
983 Vgl. GeoView BL, Böden Landwirtschaft, 19.5.2014.
984 AA 1003, Ber. 175a, 193v.
985 AA 1003, Ber. 500, p. 543.
986 AA 1003, Ber. 107, 9v.
987 AA 1003, Ber. 220, 10r.
988 GA WITTINSBURG: FertProt. 1855–1906, 53v.
989 GP.
990 Vgl. FP, Sp. 644.
991 Vgl. GeoView BL, Boden, Böden Landwirtschaft, 19.5.2014.
992 Vgl. MARTI B, S. 275.
993 AA 1010, L. 9, 127, p. 200.
994 SCHALLER Ber., 175v.
995 Ebd., 173v.
996 AA 1003, Ber. 462, 128v.
997 AA 1003, Ber. 120, 3v.
998 AA 1003, Ber. 171c, 351e.
999 AA 1003, Ber. 175a, 159r.
1000 StABL: KP 5003 0349a.
1001 AA 1003, Ber. 130, p. 378.
1002 AA 1003, Ber. 133, p. 7.
1003 GA BÖCKTEN: KatB 1825, p. 30.
1004 GA BÖCKTEN: Fert. 1894, p. 280.
1005 GP.
1006 Vgl. UBBL 1, S. 19.
1007 Vgl. ebd., S. 35.
1008 Vgl. ebd., S. 41.
1009 Vgl. ebd., S. 47.
1010 Vgl. ebd., S. 118.
1011 Vgl. ebd., S. 18, 53f.
1012 In der Einleitung des Bereins findet sich die Passage: «Durch den Erbaren Kaspar schaller von Straßburg der Zyt stattschriber all hy Zuo Basell vff montag noch sant Johans des gotzteuffers angefengt […]», vgl. SCHALLER Ber.
1013 Vgl. UBBL 1, S. 19, 35 und 47.
1014 Vgl. BACH 2.1, S. 223f.
1015 Vgl. FP, Sp. 675.
1016 FÖRSTEMANN lehnt in den Nachweisen zu *Grüningen, Gröningen* jeweils einen Bezug zu einem Personennamen *Grun* ab, vgl. FO, Sp. 1114.
1017 Vgl. FO, Sp. 1111ff.
1018 Vgl. ID. 2, Sp. 747f.
1019 Vgl. MARTI B, S. 91; GeoView BL, Archäologie, Schutzzonen, Zonen-ID 13.2. Hier ist

allerdings von zeitlich nicht näher bestimm-
baren Gräbern die Rede.

1020 Vgl. GeoView BL, Archäologie, Schutzzonen,
Zonen-ID 63.2, Koordinaten (627460/257130).

1021 Vgl. IVS BL 4.

1022 AA 1010, L. 9, 127, 124.

1023 AA 1003, Ber. 515, 83v.

1024 SCHALLER Ber., 81v.

1025 Vgl. FP, Sp. 922.

1026 Vgl. ebd., Sp. 923.

1027 Vgl. ID. 2, Sp. 957ff.

1028 Vgl. SONB 1, S. 56.

1029 Abgesehen von Eptingen sind alle anderen
Siedlungsnamen auf eine Bildung mit ursprünglichem -inghofen-Suffix zurückzuführen.

1030 GA HÄFELFINGEN: KatB 1893, 16r. Möglicherweise ist Huflig gar kein Simplex, sondern
eine Schwundform zu Hufligenacher. In Katas-
terbüchern wurde nicht selten das Grundwort
-acker, -matt u.a. im Namen weggelassen,
wenn die Nutzung mit dem Grundwort des
Flurnamens zusammenfällt.

1031 GA HÄFELFINGEN: KatB 1893, 43b r.

1032 AA 1003, Ber. 105, 39r.

1033 AA 1003, Ber. 107, 52v.

1034 AA 1003, Ber. 115, p. 126.

1035 GA HÄFELFINGEN: KatB 1893, 25b r; AA 1012,
HeK HÄFELFINGEN, f. 6.

1036 GP.

1037 Vgl. Typologisierung nach SCHUH, S. 36.

1038 Vgl. FP, Sp. 922; FO, Sp. 1482.

1039 Vgl. FP, Sp. 1474; KAUFMANN, Altdeutsche
Personennamen, S. 364.

1040 Aspiration in Flurnamen, die auf ein Besitzverhältnis verweisen, zeigt sich in den Schreibungen Helchten Grund (Therwil) oder Heinach,
Heynach o. ä. zum Wüstungsnamen Einach.

1041 Vgl. FP, Sp. 922.

1042 Vgl. GAUSS, Geschichte der Landschaft Basel
1, S. 114.

1043 Vgl. GeoView BL, Archäologie, Schutzzonen,
Zonen-ID 27.4, 12.7.2013; MARTI B, S. 118.

1044 SONEREGGER, Appenzell, S. 506f.;
BACH 2.1, S. 162ff.

1045 Vgl. ID. 2, Sp. 1043ff.

1046 Vgl. ebd, Sp. 1051; MUSTER/BÜRKLI FLAIG,
Baselbieter Wörterbuch, S. 109.

1047 UBBL 1, S. 19. Boos schreibt ein v über dem o,
das wohl als u zu verstehen ist und als solches
in die Schreibung integriert wurde. Dies
gilt auch für mehrere weitere Schreibungen.

1048 Ebd., S. 62.

1049 Ebd., S. 84. Das UBSO 2, S. 251 zeigt die
Schreibung Ytkon.

1050 Ebd., S. 86.

1051 Ebd., S. 118.

1052 Ebd., S. 172f.

1053 Ebd., S. 518.

1054 AA 1010, L. 9, 127, 246ff.

1055 AA 1003, Ber. 515, 145.

1056 AA 1003, Ber. 515a, 59.

1057 AA 1002, Jzb 4, 17.

1058 AA 1003, Ber. 120, 9.

1059 AA 1003, Ber. 124, 155.

1060 AA 1003, Ber. 414, 12.

1061 Ebd., 19.

1062 AA 1012, HeK SISSACH, f. 16.

1063 GP.

1064 FP, Sp. 943.

1065 Vgl. dazu auch die Personennamen Wernherus
miles de Itchon (vgl. UBBL, 1, 40)
und Rudictus de Itkon, SOCIN, S. 640.

1066 Vgl. BLNG Itingen, S. 5.

1067 Vgl. SCHAUB, Flurnamen von Sissach 1998,
S. 65.

1068 AA 1003, Ber. 124, p. 193.

1069 Vgl. FP, Sp. 1018.

1070 Vgl. ID. 3, Sp. 1267ff.

1071 Vgl. TGNB 2.2, S. 319.

1072 AA 1003, Ber. 87, p. 47.

1073 Vgl. ID. 3, Sp. 1276.

1074 Vgl. SONEREGGER, Appenzell, S. 506f.

1075 StABL: SL 5250.52, MEYER-SKIZZEN, 176r.

1076 AA 1003, Ber. 589.8, n. p.

1077 GA OLTINGEN: GeschProt., p. 17.

1078 GP.

1079 Vgl. SONEREGGER, Appenzell, S. 506f.

1080 Vgl. ebd.; ID. 4, Sp. 884; www.ortsnamen.ch,
26.4.2016.

1081 AA 8080, p. 272.

1082 AA 1003, Ber. 20, p. 860.

1083 AA 1012, HeK WINTERSINGEN, f. 70.

1084 GP.

1085 AA 8060, p. 293.

1086 Ebd., p. 296.

1087 BS 4104, 02.01, 0431, 1682.03.07.

1088 AA 8086, p. 6.

1089 Ebd., p. 17.

1090 AA 8096, Nr. 4.

1091 Ebd., Nr. 48.

1092 GA WITTINSBURG: GRProt. 1879–1892, p. 111.

1093 GP.

094 Beispielsweise finden sich in allen drei Quellen die inhaltlich kongruenten Schreibungen: *14 juchartt akers an der breitten vff mettenberg vff der höchy* (AA 8060, 294, 9), *Vier Jucharten Ackhers an der Breiten auf Mettenberg* [...] (AA 8086, p. 19), *Vierzehen Jucharten Ackers an der Breiten, auf Mettenberg, auf der Höchi* (AA 8096, Nr. 54); *2 juchartt am ergessler stosset obsich an das gemein gutt vnd nittsich ab an die almend* (AA 8060, 294, 10), *Zwo Jucharten am Ergaßler, stossen obsich an der Gemein Guth, nidsich an der Allmentt, ist nicht funden* (AA 8086, p. 19; der Zusatz, dass die Flur nicht gefunden werden kann, zeigt deutlich die Verbindung zwischen der Quelle AA 8060 und AA 8086 auf), *Zwo Jucharten am Ergeßler* [...] (AA 8096, Nr. 55).

095 Vgl. Lexer 1, S. 27; Starck/Wells, S. 17

096 Vgl. LSG 133, 147f., 188f. Angaben zu Bamlach (Ortsteil von Bad Bellingen D) fehlen ebenso wie die Deutung zu Rotlach (Schelten BE).

097 Vgl. Id. 15, Sp. 662ff.; Lexer 3, Sp. 623f.; Starck/Wells, S. 688f.

098 Vgl. Id. 6, Sp. 1099.

099 Vgl. Bach 2.1, S. 160; Sonderegger, Appenzell, S. 466, als Beispiel wird der Siedlungsname *Haslach* genannt.

100 Vgl. Schulze, Lateinische Eigennamen; Marti B, S. 242.

101 Vgl. Id. 6, Sp. 1071; Grimm 14, Sp. 1012f.

102 Das Gebiet ist heute mehrheitlich überbaut. Aussagen zur Bodenqualität können keine gemacht werden.

103 AA 1003, Ber. 589.8, n. p.

104 AA 1003, Ber. 156, 26v.

105 GP.

106 BS 4104, 02.04, 0707, S. 267.

107 GA Itingen: GRProt. 1899–1910, p. 502.

108 AA 1010, L. 93, 544, 1, 508.

109 AA 1012, HeK Oltingen, f. 61.

110 GP.

111 AA 1012, HeK Wintersingen, f. 168.

112 Ebd., f. 171.

113 GP.

114 Vgl. Id. 6, Sp. 174ff., insbesondere Sp. 177, zur Verbreitung in Flurnamen, Sp. 186.

115 Vgl. Sonderegger, Appenzell, 506f.

116 Vgl. www.ortsnamen.ch, 27.4.2016.

117 Vgl. GeoView BL, Boden, Böden Landwirtschaft, 25.11.2014.

118 Adelsarchiv M 3.3, 51v.

1119 AA 1003, Ber. 87, p. 19.

1120 AA 1003, Ber. 91, 197v.

1121 Vgl. FP, Sp. 1400.

1122 Vgl. FO, Sp. 1469; www.ortsnamen.ch, 20.4.2016.

1123 Vgl. Ödenthal, S. 249.

1124 Vgl. GeoView BL, Archäologie, Schutzzonen, Zonen-ID 58.2, 16.7.2013.

1125 AA 1003, Ber. 515, 10r.

1126 Schaller Ber., 138v.

1127 Ebd., 131v.

1128 BS 4103, 03.01, 767, 29v.

1129 AA 1003, Ber. 23, p. 677.

1130 Ebd., p. 805.

1131 AA 1003, Ber. 17, p. 240.

1132 AA 1012, HeK Wenslingen, f. 22.

1133 Siegfriedkarte, Bl. 147, 1884.

1134 GP.

1135 Vgl. BLNG Wenslingen, S. 35.

1136 Marti B, S. 203; GeoView BL, Archäologie, Schutzzonen, Zonen-ID 70.7, 16.12.2014.

1137 Vgl. GeoView BL, Archäologie, Schutzzonen, Zonen-ID 70.8, 21.4.2016.

1138 Vgl. GeoView BL, Verkehr, historische Verkehrswege, BL 13.1, 17.12.2014.

1139 Vgl. Schwärzligen, S. 125.

1140 Vgl. FP, Sp. 1367.

1141 Vgl. Id. 10, Sp. 1786, insbesondere 1792f.

1142 Vgl. Sonderegger, Appenzell, S. 506.

1143 AA 1002, Jzb 4, 13r.

1144 UBBS 9, p. 286.

1145 Schaller Ber., 55r.

1146 AA 1003, Ber. 26, 14v.

1147 Ebd., 18v.

1148 Klosterarchiv Klingenthal, Urk. 2693a.

1149 AA 1003, Ber. 80, 9v.

1150 Klosterarchiv Klingenthal C, 33r.

1151 AA 8080, p. 422.

1152 StABL: KP 5001 0022.

1153 Vgl. GA Buus: GRProt. 1878–1888, S. 92.

1154 Vgl. ebd., S. 254.

1155 GP.

1156 Vgl. StABL: KP 5001 0058.

1157 Vgl. Siegfriedkarte, Bl. 29, 1880.

1158 Vgl. Id. 15, Sp. 662ff.; Lexer 3, S. 623f.; Grimm 27, Sp. 331ff.

1159 Vgl. Siegfriedkarte, Bl. 29, 1880.

1160 AA 1003, Ber. 1, 145r.

1161 Schaller Ber., 53v.

1162 Ebd., 55v.

1163 AA 1003, Ber. 26, 15r.

1164 AA 1003, Ber. 38, 3r.
1165 StABL: KP 5001 0058.
1166 AA 1003, Ber. 40, p. 6.
1167 SIEGFRIEDKARTE, Bl. 29, 1880.
1168 GP.
1169 Vgl. MARTI B, S. 97.
1170 Vgl. ID. 16, Sp. 650.
1171 Vgl. GeoView BL, Grundwasser, Quellen, 25.11.2014.
1172 Die Schreibungen des Suffixes lassen keine eindeutige Zuordnung zu. Nicht ganz auszuschliessen ist ein ursprüngliches *-ingen-* Suffix.
1173 AA 1003, Ber. 515, 104r.
1174 AA 1002, Jzb 3, 28v.
1175 SCHALLER Ber., 238v.
1176 AA 1003, Ber. 164, 62v.
1177 AA 1003, Ber. 58, 20v.
1178 StABL: KP 5002 0076.
1179 AA 1003, Ber. 60, p.25.
1180 AA 1003, Ber. 63, p. 17.
1181 AA 1003, Ber. 66a, p. 41.
1182 StABL: KP 5002 0078.
1183 AA 1003, Ber. 68, p. 32.
1184 SIEGFRIEDKARTE, Bl. 149, 1884.
1185 GP.
1186 Vgl. FP, Sp. 1579.
1187 Vgl. FP, Sp. 1561; FO, Sp. 1296.
1188 Vgl. KAUFMANN, Altdeutsches Namenbuch, S. 396.
1189 GeoView BL, Archäologie, Schutzzonen, Zonen-ID 36.2, 21.5.2014.
1190 Vgl. ID. 15, Sp. 174f.; GRIMM 29, Sp. 804.
1191 Mündliche Auskunft von Herrn Christoph REDING, Kantonsarchäologe Aargau: Fundstelle von frühmittelalterlichen Steinkistengräber ohne Beigaben im Raum *Zelglihof* (627625/262100), 14.5.2014. Genauere Angaben können nicht gemacht werden, da Resultate aus dem Kt. AG noch nicht aufbereitet sind.
1192 Ebenso abgegangen sind die möglichen Wüstungen *Dockten* im Diegtertal und *Gisgen* im Homburgertal. Auch in Tallage, an der Mündung des Homburgerbachs in die Ergolz, liegt die Wüstung *Grüenkten*.
1193 Vgl. RIPPMANN, Bauern und Herren, S. 18.
1194 Vgl. STARCK/WELLS, Sp. 263; ID. 2, Sp. 1277.
1195 Vgl. GRIMM 10, Sp. 855.
1196 Vgl. ID. 2, Sp. 1276; ZEHNDER, Gemeindenamen Aargau, S. 447.
1197 DITTLI, Orts- und Flurnamen Zug, S. 146f; ZEHNDER, Gemeindenamen Aargau, S. 502.
1198 Passübergang zwischen Sonceboz BE und Tavannes BE der Quelle der Birs.
1199 Schweiz: Kt. BL, BS, JU, Teile von SO und BE, Kt. AG bis zur Aare; Teile der Departemente Doubs, Haute-Saône, Haut-Rhin, Territoire d Belfort; südlichster Teil Baden-Württembergs vgl. MARTI A, S. 13ff.
1200 MARTI A, S. 341.
1201 Vgl. KEINATH, Württemberg, S. 25.
1202 Vgl. MARTI A, S. 339. Zu den Namen mit dem Element *Dorf*, vgl. Das Grundwort *-dorf*, S. 184.
1203 Vgl. BOESCH, Frühmittelalter im Ortsnamenbild, in: DERS; Kleine Schriften, S. 420f.
1204 Vgl. LSG, S. 96.
1205 Vgl. BSNB, S. 258f.
1206 BICKEL, Ortsnamen als Quellen, in: NICOLAISEN (Hrsg.), ICOS Aberdeen, S. 37.
1207 Vgl. MARTI A, S. 341. Auf die grosse Anzahl mit einem Grundwort *-heim* gebildeter Siedlungsnamen verweist GRIMM 10, Sp. 856.
1208 Vgl. BICKEL, Ortsnamen als Quellen, in: NICOLAISEN (Hrsg.), ICOS Aberdeen, S. 37.
1209 Vgl. BSNB, S. 258.
1210 Vgl. HK ARLESHEIM, S. 327.
1211 Vgl. BOESCH, Frühmittelalter im Ortsnamenbild, in: DERS; Kleine Schriften, S. 420f.; BOESCH, Ortsnamenprobleme, in: GUTENBRUNNER et al. (Hrsg.), Sprache und Dichtung, S. 138ff.
1212 AA 8060, p. 118.
1213 Ebd., 302, 10.
1214 AA 1003, Ber. 515, 1r.
1215 Ebd., 1v.
1216 Ebd., 2r.
1217 SCHALLER Ber., 91v.
1218 Ebd.
1219 Universitätsarchiv K7, f. 57.
1220 StABL: SL 5250.52, MEYER-SKIZZEN, 694r.
1221 AA 1003, Ber. 166, 91v.
1222 AA 8079, 255.
1223 AA 1003, Ber. 168, p. 899.
1224 AA 1012, HeK DIEPFLINGEN, f. 1.
1225 AA 1012, HeK WITTINSBURG, f. 68.
1226 GP.
1227 Vgl. FP, S. 1173f.
1228 Vgl. BRECHENMACHER 2, S. 336, 350.
1229 Vgl. ebd. 1, S. 501.

1230 Vgl. http://www.hls-dhs-dss.ch/textes/d/ D21745.php, 27.4.2016.

1231 Vgl. BRECHENMACHER 1, S. 628.

1232 Vgl. e-HLS, Habs, 27.4.2016.

1233 Vgl. ID. 2, Sp. 936.

1234 Vgl. BUCK, Oberdeutsches Flurnamenbuch, S. 96.

1235 Vgl. LEXER 1, Sp. 1130; STARCK/WELLS, S. 246.

1236 Vgl. LEXER 2, Sp. 137; ID. 1, Sp. 26.

1237 Vgl. ID. 1, Sp. 63.

1238 Vgl. www.ortsnamen.ch, 27.4.2016.

1239 Vgl. MARTI B, S. 104.

1240 Vgl. Das UBBS 1, S. 29 zeigt die Schreibung *Rieheim*, ebenso im LSG, S. 742.

1241 Vgl. FP, S. 1173f.

1242 Vgl. MARTI A, S. 341.

1243 AA 1002, Jzb 3, 9v.

1244 Vgl. http://hls-dhs-dss.ch/textes/d/D11305. php, 5.6.2012.

1245 AA 1002, Jzb 3, 28v.

1246 TGNB 1.1, S. 113.

1247 Vgl. BOESCH, -ingen-Orte, S. 11.

1248 TGNB 1.1, S. 113.

1249 Vgl. ID. 2, Sp. 1021.

1250 Vgl. ebd., Sp. 1024; GRIMM 10, Sp. 1655ff.

1251 Vgl. GRIMM 10, Sp. 1655 («und donnerte durch hof und haus»); ID. 2, Sp. 1700 («dass ein dorfmann sein Haus und Hof verkaufte»); ebd., Sp. 1020 («sie von Haus und Hof treiben»).

1252 Das Suffix -inghusen ist im Untersuchungs-gebiet nicht belegt.

1253 Vgl. TGNB 1.1, S. 97.

1254 ID. 2, Sp. 1024; ARNOLD, Ansiedlung und Wanderung 2, S. 366.

1255 Vgl. FO, Sp. 1387ff.

1256 Vgl. ID. 2, Sp. 1024.

1257 Vgl. Das Suffix -inghofen, S. 132.

1258 Vgl. Die Grundwörter -statt/-stetten, S. 179.

1259 StABL: SL 5250.52, MEYER-SKIZZEN, 175v.

1260 AA 1003, Ber. 74, 5r.

1261 AA 1003, Ber. 552, 9v.

1262 SIEGFRIEDKARTE, Bl. 34, 1877.

1263 GP.

1264 Vgl. MARTI B, S. 57.

1265 AA 1010, L. 20, 242, 1r.

1266 Adelsarchiv M 3.3, 3v.

1267 UBBS 9, 381.

1268 Lehenarchiv Urk. 84, 1530.10.07.

1269 AA 1003, Ber. 84, 3r.

1270 AA 1003, Ber. 92, p. 243.

1271 AA 1003, Ber. 103a, H. 8, 2r.

1272 GRIMM 30, Sp. 830ff.; ID. 14, Sp. 581ff.; LEXER 3, Sp. 821f.; LUNB 1.2, S. 1157.

1273 Vgl. ZEHNDER, Gemeindenamen Aargau, S. 505; SONDEREGGER, Ortsnamen, S. 86; TGNB 1.1, S. 97.

1274 Vgl. ZINSLI, Ortsnamen, S. 42.

1275 Vgl. DITTLI, Orts- und Flurnamen Zug, S. 139. DITTLI nimmt für die -h(a)usen-Namen im Jura und in den Alpen jedoch ein jüngeres Alter an; TGNB 1.1, S. 123.

1276 Vgl. LEXER 1, Sp. 1399f.; STARCK/WELLS, S. 295.

1277 Vgl. GRIMM 10, Sp. 641f.; Das Element *Hof* und das Grundwort -hofen, S. 174.

1278 Vgl. TGNB 1.1, S. 122; DITTLI, Orts- und Flur-namen Zug, S. 139.

1279 Vgl. ID. 2, Sp. 1739.

1280 Vgl. ZINSLI, Ortsnamen, S. 40f. Die einzelnen Namen werden dabei nicht genannt. Ebenso ist nicht bekannt, auf welcher Quelle diese Zählung basiert. Eine eigene Zählung ergab die Namen *Holzhüsere, Schwarzhäusern, Ruefshusen* (Aarwangen BE), *Rappertshüsere* (Möhlin AG), *Lütihuse* (Zeihen AG), *Gehren-husen* (Effingen AG), *Walhüsere* (Wegen-stetten AG), *Wolhusen* (Ormalingen BL), *Bossen-haus* (Leibstadt AG).

1281 Die Namenschreibungen können zwischen den Grundwörtern -h(a)usen und -hüsere(n) variieren. Der mögliche Wüstungsname *Rappertshüsere* (Möhlin AG) erscheint auf der SIEGFRIEDKARTE noch in der Schreibung *Rappershausen*. Eine Unterscheidung ist daher nicht sinnvoll.

1282 AA 1003, Ber. 515, 77v.

1283 SCHALLER Ber., 113v.

1284 Ebd., 111r.

1285 AA 7609, p. 248.

1286 AA 8079, p. 188, 45.

1287 AA 1003, Ber. 18a, 105r.

1288 GA ORMALINGEN: KatB 1894, p. 6.

1289 GP.

1290 Vgl. FP, Sp. 1631.

1291 Vgl. LSG, S. 977f.

1292 Vgl. ID. 15, Sp. 1422ff.; TGNB 2.2, S. 641.

1293 Vgl. MARTI B, S. 204f.

1294 Vgl. ebd.

1295 Vgl. MARTI, Land und Leute in: Nah dran, weit weg 1, S. 198.

1296 Vgl. SONB 1, S. 58; BACH 2.2, S. 344; LEXER 2, Sp. 1143f.; STARCK/WELLS, S. 587; GRIMM 17, Sp. 953ff.

1297 Vgl. BACH 2.2, S. 344.

1298 SONB 1, S. 59.

1299 Zur Verbreitung und Zusammensetzungen vgl. ID. 11, Sp. 1713ff.

1300 Vgl. LSG, S. 172, 488 und 593. Bonstetten ist auf das Bestimmungswort *Baum*, Mettmenstetten auf das Adjektiv *mittel, mittler* zurückzuführen.

1301 Ebenso möglich ist eine alternative Deutung zu einem ahd. Personennamen im Bestimmungswort, vgl. LSG, S. 449; SONB 1, S. 377.

1302 Bildungen mit den Elementen *Mühle-, Richt-* oder auch *Kirch-/Chirch-* beziehungsweise *Chilch-/Kilch-* weisen eindeutig auf Sekundärbauten hin und sind nicht Teil des Untersuchungsgegenstands. Das Element *Hof* kann jedoch sowohl Siedlungs- als auch Flurname sein und verweist direkt auf ein Gehöft, also eine Siedlung.

1303 Vgl. ID. 11, Sp. 1728ff.

1304 Vgl. TGNB 1.1, S. 115.

1305 AA 1003, Ber. 405a, 10v.

1306 SCHALLER Ber., 164v.

1307 AA 1003, Ber. 119, 92v.

1308 AA 1003, Ber. 130, 185.

1309 AA 1010, L. 9, 124, 269.

1310 Vgl. SONB 1, S. 377.

1311 Vgl. ID. 11, Sp. 1728ff. und 1741ff.

1312 Vgl. GRIMM 10, Sp. 1700f.; ID. 11, Sp. 1728ff.; LEXER 1, Sp. 1369; SONDEREGGER, Appenzell, S. 309; TGNB 2.2, S. 296f.

1313 AA 1003, Ber. 515, 47r.

1314 SCHALLER Ber., 129v.

1315 AA 1003, Ber. 500, p. 16.

1316 AA 1003, Ber. 54, 16r.

1317 GA RÜNENBERG: GRProt. 1873–1881, p. 196.

1318 GP.

1319 Vgl. Lingental, S. 247.

1320 MARTI bringt Hofstetten mit Östergäu in Verbindung, vgl. MARTI B, S. 242.

1321 Vgl. LEXER 1, S. 366; ID. 5, Sp. 653; STARCK/WELLS, S. 80f.; GRIMM 2, Sp. 433.

1322 Zum möglichen Wüstungsnamen *Brunniswil*, vgl. Brunniswil, S. 190.

1323 Zu Verbreitung und Vorkommen in Orts- und Flurnamen, vgl. ID. 5, Sp. 660.

1324 Vgl. www.ortsnamen.ch, 1.7.2014.

1325 Vgl. SONB 1, S. 64.

1326 AA 1003, Ber. 515, 46r.

1327 SCHALLER Ber., 129r.

1328 AA 1003, Ber. 500, p. 14.

1329 AA 1003, Ber. 56, p. 102.

1330 GA RÜNENBERG: WürdProt. 1852–1866, p. 69.

1331 GP.

1332 FP, Sp. 928f. und 931.

1333 Siedlungsnamen mit dem Grundwort *-brunn* und einem qualifizierenden Bestimmungswort finden sich nur wenige in der ganzen Schweiz, beispielsweise Kaltbrunnen SG, Lauterbrunnen BE und Rothenbrunnen GR, vgl. LSG, S. 474, 512, 761; GeoView BL, Grundwasser, Quellen, 70.11 F, 26.5.2014.

1334 Zur Fundstelle vgl. GeoView BL, Archäologie, Schutzzonen, Zonen-ID 60.3, 25.7.2013.

1335 Vgl. MARTI B, S. 120.

1336 Vgl. LEXER 1, Sp. 449; STARCK/WELLS, S. 104; KLUGE, S. 211; GRIMM 2, Sp. 1276f.

1337 Vgl. RAMSEIER, Dorf, in: BLNB 2, S. 121; ID. 13, Sp. 1472ff.

1338 Vgl. ID. 13, Sp. 1487.

1339 Vgl. MARTI A, S. 339, basierend auf BRUCKNER, Schweizerische Ortsnamenkunde, S. 33 und MARTIN, Kastellstädte, in: DRACK (Hrsg.), Archäologie der Schweiz 6, S. 115; ebenso ID. 13, Sp. 1487.

1340 SONB 1, S. 57; ZEHNDER, Gemeindenamen Aargau, S. 503.

1341 Vgl. MARTI A, S. 339.

1342 Vgl. SONB 1, S. 573.

1343 Vgl. BRUCKNER, Schweizerische Ortsnamenkunde, S. 32ff.

1344 Vgl. MARTI A, S. 339 und Abbildungen der S. 328 und 329.

1345 Vgl. MARTI, Römerzeit, in: TAUBER/EWALD, Tatort Vergangenheit, S. 460.

1346 Vgl. BICKEL, Ortsnamen als Quellen, in: NICOLAISEN (Hrsg.), ICOS Aberdeen, S. 38.

1347 Z. B. Pratteln, Gempen SO oder Giebenach.

1348 Vgl. LSG, S. 535.

1349 Um einen komplexen Exkurs zu verhindern, kann an dieser Stelle nicht auf das Verhältnis und die zeitlichen Entwicklungsabläufe zwischen Munzach und Liestal eingegangen werden. Zur Namengeschichte vgl. BLNB 2, S. 285 und 319; zur Stadtgeschichte vgl. e-HLS, *Munzach*, 12.7.2017 und ebd., *Liestal*, 12.7.2017.

1350 Vgl. MARTI B, S. 58 und 112.

1351 Vgl. SONB 1, S. 65.

1352 Vgl. I‌D. 4, Sp. 1550; G‌RIMM 1, Sp. 1503ff.; L‌EXER 1, 184f.; S‌TARCK/W‌ELLS, S. 47

1353 Vgl. I‌D. 4, Sp. 1551ff.

1354 Vgl. ebd., Sp. 1561.

1355 Zur Verbreitung und Namenbildung, vgl. I‌D. 4, Sp. 1554.

1356 Vgl. R‌AMSEIER, Berg, in: BLNB 2, S. 48; SONB 1, S. 65.

1357 Vgl. I‌D. 4, Sp. 1550f.; vgl. Z‌INSLI, Grund und Grat, S. 312; D‌ERS., Südwalser Namengut, S. 557.

1358 Vgl. B‌ICKEL, Ortsnamen als Quellen, in: N‌ICOLAISEN (Hrsg.) ICOS Aberdeen, S. 38.

1359 Vgl. SONB 1, S. 64.

1360 UBBL 1, S. 310. Im 17. Jahrhundert wandelte sich das Grundwort von -berg zu -burg.

1361 Auf der Karte ist auch Rünenberg eingezeichnet, jedoch ist in der aktuellen Forschung unsicher, ob der Name auf einen deutschen Ursprung zurückzuführen ist, vgl. LSG, S. 770.

1362 Vgl. SONB 1, S. 57.

1363 Vgl. B‌ICKEL, Ortsnamen als Quellen, in: N‌ICOLAISEN, ICOS Aberdeen, S. 38.

1364 Z‌EHNDER datiert die produktive Zeitspanne vom 8. bis zum 11. Jahrhundert und damit auch in eine zweite Ausbauphase, vgl. Z‌EHNDER, Gemeindenamen Aargau, S. 507; Z‌INSLI nimmt eine Zeitspanne vom 8. bis 9. Jahrhundert an, vgl. Z‌INSLI, Ortsnamen, S. 43; eine Zeitspanne vom 7./8. Jahrhundert bis ins 10./11. Jahrhundert legt das I‌DIOTIKON nahe, vgl. I‌D. 15, Sp. 1260; in eine Periode zwischen 600 bis 800 datiert B‌OESCH die ersten -wil-Namen, vgl. B‌OESCH, Schichtung der Ortsnamen in der Schweiz im Frühmittelalter, in: JFL 20, S. 213.

1365 TGNB 1.1, S. 120.

1366 Vgl. I‌D. 15, Sp. 1259; B‌ACH 2.2, S. 361ff.; L‌ÖFFLER, Weilerorte, S. 33ff.; G‌RIMM 28, Sp. 814.

1367 Vgl. S‌ONDEREGGER, Urkunden der Schweiz, in: N‌ABHOLZ et al., Archivalia et Historica, S. 218; I‌D. 15, Sp. 1259.

1368 TGNB 1.1, S. 120; vgl. auch L‌ÖFFLER, Weilerorte, S. 23ff. und S‌ONDEREGGER, Urkunden der Schweiz, in: N‌ABHOLZ et al., Archivalia et Historica, S. 218.

1369 Vgl. I‌D. 15, Sp. 1259.

1370 Vgl. Ebd., Sp. 1260.

1371 Vgl. Z‌INSLI, Ortsnamen, Tafel IX.

1372 Vgl. I‌D. 15, 1260; Z‌INSLI, Ortsnamen, Tafel IX.

1373 Auf dem heute aargauischen Gebiet im erweiterten Untersuchungsgebiet liegt einzig Wölflinswil, ungefähr fünf Kilometer östlich von Anwil.

1374 U‌RKUNDIO, S. 224.

1375 FP, Sp. 152.

1376 In Gelterkinden ist der abgegangene Name Mengen Bühel belegt. Dieser Belegreihe wird auch die Schreibung Hennenbül zugesprochen. Mehrere Belege sind auch Ormalingen zugeteilt. Möglicherweise bezieht sich der Name auf eine grenzübergreifende Flur zwischen den beiden Gemeinden.

1377 AA 1003, Ber. 515, 104r.

1378 AA 1023, Jzb 3, 32v.

1379 AA 1003, Ber. 515a, 8r.

1380 Ebd., 5r.

1381 S‌CHALLER Ber., 236r.

1382 AA 1003, Ber. 58, 16r.

1383 AA 1003, Ber. 56, p. 226.

1384 AA 1003, Ber. 170, 113.

1385 GP.

1386 L‌EXER 1, Sp. 366.

1387 Vgl. FP, Sp. 338.

1388 Vgl. SONB 1, S. 444.

1389 Vgl. FP, Sp. 340.

1390 Vgl. SONB 1, S. 484.

1391 Vgl. FP, Sp. 338

1392 Vgl. Die Grundformen zu den weiteren oben genannten Personennamen sind analog zu den formulierten Beispielen zu bilden.

1393 T‌ROUILLAT 4, S. 195f.

1394 UBBL 2, p. 583.

1395 UBBS 9, S. 286.

1396 AA 1001, 0750, 1510.06.28.

1397 AA 1001 Appendix 1, 109, 16. Jahrhundert (?).

1398 Vgl. FP, S. 780.

1399 Vgl. SONB 1, S. 484.

1400 Vgl. LSG, S. 329.

1401 M‌ARTI A, S. 342.

1402 Die Deutung von Buus ist nicht eindeutig. Auszugehen ist von einer lateinisch-romanischen Grundform *apud buxum ‹beim Buchsbaum›, vgl. LSG, S. 212. Ebenso nimmt M‌ARTI Buus als vorgermanischen Namen an, vgl. M‌ARTI A, S. 342. Dabei ist Buus der einzige Buchs-Name der Deutschschweiz, der eine Erleichterung des Dreierkonsonanten zeigt, wie es vermutlich im 8./9. Jahrhundert in einer altfrankoprovinzialischen Lautverschiebung von xs zu s üblich war, vgl. LSG,

S. 212. Es stellt sich dabei die Frage der Namen-motivation. Die Baumart *Buchs* (lat. *buxus buxus*, *buxus sempervivus*) wurde von den Römern aus dem Mittelmeerraum in unsere Gegend gebracht und dürfte verglichen mit einheimischen Pflanzen vergleichsweise selten anzutreffen gewesen sein. In der Schweiz liegen mehrere Ortschaften mit dem Namen-element *Buchs*: Buchs AG, Buchs LU (seit 2006 Gde. Dagmersellen), Buchs ZH, Ober- und Niederbuchsiten SO, Herzogen- und München-buchsee BE, Buix JU, Bussy FR, Bussy-Chardonnay VD, Bussy-sur-Moudon VD, um nur einige zu nennen. Im Baselbiet finden sich 17 Komposita und drei Simplicia zum Element *Buchs*. Im Raum *Buchsmet* (Anwil) und *Buchs* (Ormalingen) sind römische Funde gemacht worden; die Ortschaften *Buchs* in den Kantonen AG weisen alle römische Fundstellen auf, vgl. Widmer-Dean/Richner, Buchs, S. 49, LU und ZH, vgl. Grendelmeier/Kaiser, Buchs ZH, S. 69ff. Für Buus fehlt zwar bis heute der direkte Nachweis eines römischen Gutshofs, jedoch sind Streufunde im Umkreis der Kirche belegt, vgl. Marti B, S. 96.

1403 Vgl. Wabigen, S. 163.
1404 Vgl. FP, 760ff.
1405 Vgl. Id. 6, Sp. 1150.
1406 Vgl. ebd.
1407 Vgl. ebd. 1, Sp. 6.
1408 Vgl. ebd. 6, Sp. 1144ff.
1409 BSNB, S. 144, vgl. auch Bader, Das mittelalterliche Dorf, S. 37.
1410 Vgl. Id. 11, Sp. 908.
1411 Vgl. Starck/Wells, S. 727.
1412 SONB 2, S. 1123.
1413 Vgl. Siegfriedkarte, Bl. 29, 1880. Buus hatte somit sowohl im Kanton Basel-Landschaft als auch im benachbarten Kanton Aargau Land.
1414 AA 1003, Ber. 159, 180v.
1415 AA 1003, Ber. 161, 464r.
1416 Vgl. FP, Sp. 921 und 1473.
1417 Vgl. Id. 1, Sp. 368. Uttwyler ist eine alte Apfelsorte; https://www.prospecierara.ch/de/sortenfinder/ob-35210, 29.4.2016.
1418 Vgl. https://www.prospecierara.ch/de/sortenfinder/ob-35210, 29.4.2016.
1419 Vgl. https://www.prospecierara.ch/de/sortenfinder/ob-11705, 24.5.2016.
1420 St. Leodegar Urb. 1294 n. p.
1421 AA 1003, Ber. 405a, 9r.

1422 AA 1002, Jzb 3, f. 32.
1423 Urb. Gösgen 1548, p. 145.
1424 Koordinaten (634880/249740). Reber stellt die Namen *Zwillmatt* und *Wiler*, dort *ze Wil*, ohne nähere Begründung in einen direkten Bezug zueinander, vgl. SONB 3, S. 914. Leider fehlt eine vertiefte Diskussion des Namens beziehungsweise der explizite Hinweis auf einen möglichen Wüstungsnamen. In der Umgebung der *Zwillmatt* liegen die Fluren: *Zwilfohren, Zwilforenacker, Zwilmattgraben* und wohl auch *Zwiboden*. Letzterer ist in der historischen Schreibung *Zwilibodenn* (Urb. Gösgen 1528, 145) überliefert, so dass der Name zweifelsfrei eine mit dem Element *Wil* gebildete Form darstellt.
1425 Vgl. StABL: KP 5002 0076.
1426 Vgl. Lexer 3, Sp. 888; TGNB 2.2, S. 659; LSG, S. 968.
1427 Die Flur zwischen Oberdorf BL und Eptingen liegt grenzübergreifend; es ist nur von einer möglichen Wüstung auszugehen. Zur Wüstung *Onoldswil*, die ebenfalls in Oberdorf BL liegt, besteht kein Bezug.
1428 Vgl. www.ortsnamen.ch, 29.4.2016.
1429 AA 1003, Ber. 515, 144v.
1430 AA 8060, p. 314.
1431 AA 1003, Ber. 137 c, 4r.
1432 Schaller Ber., 179v.
1433 AA 1003, Ber. 410, 383r.
1434 AA 1003, Ber. 130, p. 31.
1435 AA 1012, HeK Sissach, f. 24.
1436 GP.
1437 Vgl. Lexer 3, Sp. 888.
1438 Vgl. SONB 1, S. 60.
1439 Vgl. Kunstdenkmäler BL 3, S. 282.
1440 Vgl. GeoView BL, Archäologie, Schutzzonen, Zonen-ID 63.7, 27.5.2014; Marti B, S. 342.
1441 Vgl. Schuh, Ortswüstungen, in: Schützeichel (Hrsg.), Flurnamen-Kolloquium, S. 330–342. Gleiches gilt für den Flurnamen *Willhalden*, vgl. Willhalden, S. 200.
1442 AA 1003, Ber. 515, 66v.
1443 Schaller Ber., 150v.
1444 AA 1003, Ber. 462, 215r.
1445 AA 1003, Ber. 159, 43r.
1446 Vgl. Id. 2, 1174f.
1447 Schuh, Ortswüstungen, in: Schützeichel (Hrsg.), Flurnamen-Kolloquium, S. 330–342.
1448 Vgl. Marti B, S. 279.

1449 Im Raum *Schwarzligen* liegen frühmittelalterliche Gräber, im angrenzenden
Raum *Buchsmet* liegen die Reste einer römischen *villa rustica*, vgl. MARTI B, S. 57.

1450 Vgl. www.ortsnamen.ch, 10.6.2016.

1451 Vgl. MARTI B, S. 106 und 193.

1452 Vgl. http://www.hls-dhs-dss.ch/textes/d/
D1256.php, 16.1.2013. Teile von Onoldswil
wurden 1295 durch einen gewaltigen
Erdrutsch zerstört, verschont blieben der
obere und der untere Teil des Dorfs, die
sich zu den Ortschaften Ober- und Niederdorf
entwickelten.

1453 Vgl. Siedlungs- und mögliche Wüstungsnamen mit *-ingen*-Suffix, S. 130 und Siedlungs-
und mögliche Wüstungsnamen mit *-inghofen*-
Suffix, S. 168.

1454 Vgl. Zur Bedeutung der Flurnamen im
Kontext der Wüstungs- und Wüstungsnamenforschung, S. 14.

1455 Eine Ausnahme bildet SONDEREGGER,
Appenzell, S. 23ff., ohne jedoch das Bildungsmuster [Personenname + Grundwort *-stal*]
nachzuweisen.

1456 Vgl. MARTI A, S. 339.

1457 Ebd.

1458 Vgl. ebd.

1459 Vgl. FO 2, Sp. 874; FO 1, Sp. 618.

1460 Ebd.

1461 Die Ausnahme bildet Atlisten. MARTI
erwähnt ein möglicherweise karolingisches
Grab. Ob allerdings ein konkreter Zusammenhang zum möglichen Wüstungsnamen
besteht, ist unklar.

1462 Vgl. LSG, S. 118 und 535; DOB, S. 366; SONB
1, S. 137 und BLNG LIESTAL, S. 5.

1463 Vgl. ID. 11, Sp. 4, 13. Die Bedeutung von *Stall*
im Sinne von «alleinstehendes Gebäude
mit Räumlichkeiten für Heu, Korn und Vieh»
ist davon abzugrenzen und für die vorliegende
Untersuchung ohne Bedeutung.

1464 Vgl. LEXER 2, Sp. 1130; BMZ 3, Sp. 557b;
GRIMM 17, Sp. 594ff.; KLUGE, S. 874; FO 2, Sp.
874.

1465 Vgl. STARCK/WELLS, S. 584.

1466 Vgl. ID. 12, Sp. 1304ff.

1467 Vgl. ebd. 11, Sp. 53ff.

1468 Vgl. LEXER 2, Sp. 1130.

1469 GRIMM 17, Sp. 596.

1470 Vgl. ID. 11, Sp.13.

1471 So auch per E-Mail bestätigt durch
Dr. Martin H. GRAF vom Schweizerischen
Idiotikon, 3.6.14.

1472 Vgl. LEXER 2, Sp. 597ff.

1473 In Bezug auf die der Arbeit zugrunde
liegenden Fragestellung musste der Untersuchungsgegenstand so eingeschränkt
werden, dass Namen von einzelnen landwirtschaftlichen Ökonomiegebäuden nicht
darunter fallen, vgl. Eingrenzungen im Untersuchungsgebiet, S. 64.

1474 Vgl. MARTI, Land und Leute, in: Nah dran,
weit weg 1, S. 190.

1475 Ebd.

1476 TAUBER, Nordwestschweiz, in: RIPPMANN/
NEUMEISTER-TARONI, Gesellschaft und
Ernahrung, S. 97.

1477 JANSSEN, Dorfsiedlungen, in: Frühmittelalterliche Studien 2, S. 356.

1478 JANSSEN, Dorf und Dorfformen, in: JANKUHN/
SCHÜTZEICHEL et al. (Hrsg.), Eisenzeit, S. 322.

1479 Vgl. MONTANARI, Hungerleben, in:
RIPPMANN/NEUMEISTER-TARONI, Gesellschaft
und Ernährung, S.18ff.

1480 Vgl. JANSSEN, Dorfsiedlungen, in: Frühmittelalterliche Studien 2, S. 363 und LORCH,
Methodische Untersuchungen.

1481 Vgl. LEXER 1, Sp. 393.

1482 Zur allgemeinen Namenbildung, vgl. SONB 1,
S. 71ff.; BACH 1.1, S. 43ff. und 79ff.

1483 Vgl. BACH 1.1, S. 41. Ebenso möglich sind
flexionslose Namen. FLEISCHER, deutsche
Personennamen, S. 30ff.

1484 Vgl. WEINHOLD et al., Grammatik, §106, 107,
S. 71f.

1485 SONB 2, S. 940.

1486 Vgl. ebd., S. 542.

1487 Vgl. ebd. 3, S. 896. Einzelne Eigennamen
werden auch ohne Flexionsmorpheme dekliniert, vgl. BACH 1.1, S. 47.

1488 Der Namenbestandteil *mut(h)* erscheint in
vielen Zusammensetzungen allerdings
nur als Zweitglied, vgl. FP, Sp. 1134, ausser
Mutolf, Mutolht, Sp. 1131; KAUFMANN,
Altdeutsche Personennamen, S. 259f.

1489 Vgl. SONB 1, S. 64ff.; SONB 2, S. 940.

1490 Die Deutung im SONB 3, S. 885, ist eindeutig
falsch, vgl. GRIMM 16 und ID. 16, Sp. 551.
Beide zeigen keine historischen Belege.
Vielmehr ist im Bestimmungswort ein Personenname festzustellen, wohl Wiggo o. ä.

1491 Vgl. BSNB, S. 206, 254.
1492 Vgl. FP, Sp. 1002ff.
1493 Vgl. BSNB, S. 206.
1494 Vgl. ebd., S. 254.
1495 Vgl. ebd., S. 271.
1496 Vgl. JEKER-FROIDEVAUX, Ärstel, in: BLNB 4, S. 81.
1497 Vgl. BACH 1.1, S. 79.
1498 In Rothenfluh liegt die Flur dicht an der Grenze zu Wegenstetten AG, in Hemmiken bezeichnet *Albersten* den obersten Teil eines schmalen Tälchens, das sich in den Wegenstetter Bann erstreckt. Es ist daher anzunehmen, dass sich der Geltungsbereich von diesem Tälchen ausgehend stark bis zur Grenze zu Rothenfluh ausdehnte. Der Flurnamen *Alberste* ist ebenfalls in Wegenstetten AG belegt (Koordinaten 636500/258820). Er bezeichnet zudem ein kleines Bächlein, vgl. http://www.ag.ch/geoportal/agisviewer/viewer.aspx?PageWidth=1000&PageHeight=700&map= alg_bachkataster&Benutzergruppe=3, 25.4.2013.
1499 Adelsarchiv M 3.3, 21v.
1500 Ebd., 33r.
1501 Ebd., 49r.
1502 AA 1001, Urk. 955, 1528.
1503 AA 1003, Ber. 98, 16r.
1504 AA 1003, Ber. 103a, H. 1, 24.
1505 AA 1012, HeK HEMMIKEN, f. 5.
1506 GP.
1507 GP.
1508 Vgl. FP, Sp. 163; GOY, ROTHENFLUH, S. 35f.
1509 Vgl. SL 5250, Handschriftensammlung, HK Bez. Sissach 1, S. 334.
1510 Vgl. ID. 1, Sp. 186.
1511 UBBL 1, S. 349ff.
1512 AA 1010, L. 9, 127, p. 179.
1513 AA 1003, Ber. 515, f.81.
1514 SCHALLER Ber., 31v.
1515 AA 1003, Ber. 137b, 5r.
1516 AA 1003, Ber. 462, 98v.
1517 StABL: KP 5003 0214.
1518 StABL: KP 5001 0034.
1519 AA 1003, Ber. 128, 46v.
1520 AA 1003, Ber. 129, p. 618.
1521 GA ITINGEN: KatB 1824, p. 4.
1522 GP.
1523 Vgl. FP, Sp. 152.
1524 Vgl. KAUFMANN, Altdeutsche Personennamen, S.41, 43.
1525 Vgl. MARTI B, S. 120; HK ITINGEN 2002, S. 27. Von MARTI mit einem Fragezeichen versehen, so dass Vorbehalte bestehen.
1526 IVS BL 4, S. 1.
1527 Ebd., S. 4; MARTI A, S. 288, Abb. 150.
1528 Vgl. GeoView BL, Boden, Böden Landwirtschaft, 16.7.2014.
1529 AA 1002, Jzb 3, 12r.
1530 SCHALLER Ber., 238r.
1531 AA 1003, Ber. 164, 67v.
1532 Klosterarchiv Augustiner B, p. 108.
1533 AA 1003, Ber. 53, 5r.
1534 AA 1003, Ber. 58, 19r.
1535 Ebd., 26v.
1536 AA 1003, Ber. 164, 102r.
1537 AA 1003, Ber. 54, 93v.
1538 AA 1003, Ber. 63, p. 28.
1539 Ebd., p. 15.
1540 AA 1003, Ber. 56, p. 212.
1541 AA 1003, Ber. 68, p. 52.
1542 GP.
1543 Vgl. FP, Sp. 326.
1544 Vgl. Das Grundwort *-stal*, S. 201.
1545 FP, Sp. 326; www.ortsnamen.ch, 5.5.2016.
1546 Vgl. Ringlisten, S. 230.
1547 Koordinaten (630900/248600).
1548 Vgl. SIEGFRIEDKARTE, Bl. 147, 1884.
1549 StABL: KP 5002 0077.
1550 AA 1003, Ber. 164, 102r.
1551 AA 8060, p. 298.
1552 AA 1003, Ber. 105, 20v.
1553 AA 1003, Ber. 175a, 194v.
1554 AA 1003, Ber. 107, 24r.
1555 AA 1003, Ber. 115, p. 59.
1556 AA 1003, Ber. 116, p. 5.
1557 GA WITTINSBURG: KatB 1890, 57r.
1558 GP.
1559 Vgl. FP, Sp. 365; KAUFMANN, Altdeutsche Personennamen, S. 81.
1560 Vgl. www.ortsnamen.ch, 2.5.2016.
1561 Vgl. MARTI B, S. 275; GeoView BL, Grundwasser, Quellen, 3.5.2013.
1562 Vgl. StABL: KP 5002 0077. In unmittelbarer Nähe zum Dorf ist eine Quelle eingezeichnet.
1563 In Rothenfluh bricht die Belegreihe im 18. Jahrhundert ab, in Ormalingen ist der Name rezent.
1564 AA 1010, L. 20, 242, 3v.
1565 AA 8056, p. 27.
1566 AA 1003, Ber. 515, 77r.
1567 SCHALLER Ber., f. 110.

1568 AA 1003, Ber. 84, 2v.
1569 AA 1003, Ber. 80, 8r.
1570 Ebd., 36r.
1571 AA 1003, Ber. 85, 6r.
1572 AA 1003, Ber. 502, p. 169.
1573 AA 1012, HeK Ormalingen, f. 23.
1574 GP.
1575 Vgl. FP, Sp. 391, 393.
1576 Vgl. Id. 12, Sp. 1109.
1577 Vgl. ebd.: 11, Sp. 801; Starck/Wells, S. 623.
1578 Vgl. Lexer 1, S. 415; Graf, tegar, S. 381.
1579 Ebd.
1580 Vgl. www.ortsnamen.ch, 29.4.2016. Weitere
      Beispiele zeigt Id. 12, Sp. 1109. Vorbehalte sind
      gegenüber Dägenauer (Grellingen, Degenauer,
      1821; Degernawer gueth, 1649; Dägenäwers
      Waldtlın, 1681) angebracht. Hier ist der Her-
      kunftsname von Tegernau namenmotivierend
      gewesen.
1581 Vgl. GeoView BL, Boden, Böden Landwirt-
      schaft, 1.5.2016.
1582 Vgl. GeoView BL, Verkehr, historische
      Verkehrswege, 5.6.2014.
1583 Schaller Ber., 144v.
1584 BS 4103, 03.01, 763, 112v.
1585 BS 4104, 02.04, 716, p. 171.
1586 AA 1003, Ber. 110, 3v.
1587 AA 1003, Ber. 511, 27v.
1588 AA 1003, Ber. 15a, 43v.
1589 AA 1003, Ber. 15a, f. 5.
1590 GA Rickenbach: WürdProt. 1840–1861, f. 31.
1591 Vgl. FP, Sp. 528.
1592 Vgl. Id. 1, Sp. 1285; TGNB 2.2, S. 204.
1593 Ursprüngliches Maskulinum kann
      zu Femininum wechseln, vgl. dazu: Misten
      (Dittingen, bey den misten, 1693).
1594 Vgl. Ödental, S. 249.
1595 UBBL 1, S. 62.
1596 Ebd., S. 131.
1597 AA 1003, Ber. 405a, 13r.
1598 Ebd., 13v.
1599 AA 1003, Ber. 514a, 12, 25r.
1600 AA 1003, Ber. 409, 20r.
1601 AA 1003, Ber. 410, 392.
1602 AA 1003, Ber. 25, p. 279.
1603 AA 1012, HeK Sissach, f. 13.
1604 GP.
1605 Vgl. FP, Sp. 670ff.; Kaufmann, Altdeutsche
      Personennamen, 154f.
1606 Im Gegensatz zu UBBL zeigt UBSO 3, S. 214 die
      Schreibung Grimolstal. Das Original aus dem

1607 Staatsarchiv Basel, St. Urk. Nr. 95 (A), konnte
      zur Überprüfung nicht herangezogen werden.
1607 Vgl. Siegfriedkarte, Bl. 30,1877, Koordi-
      naten (626810/259460).
1608 Vgl. GeoView BL, Archäologie, Schutzzonen,
      Zonen-ID 46.1, 16.07.13.
1609 Vgl. Schaub, Flurnamen Sissach, S. 70. Auf
      der Siegfriedkarte, Bl. 30, 1877, sind
      sowohl der Hof als auch das Kulturland
      noch deutlich zu erkennen.
1610 AA 8061, p. 8.
1611 Schaller Ber., 102r.
1612 AA 1003, Ber. 42, 50v.
1613 BS 4103, 03.01, 770, 16r.
1614 AA 1003, Ber. 43, 15v.
1615 AA 8079, 67, Nr. 49.
1616 AA 1003, Ber. 34, p. 82.
1617 AA 1003, Ber. 590.5, n.p.
1618 GA Gelterkinden: KatAbschr. 1827.
1619 Vgl. FP, Sp. 670.
1620 Koordinaten (632875/256550).
1621 Vgl. Marti B, S. 117f.
1622 AA 1003, Ber. 515, 36v.
1623 Ebd., 38r.
1624 Schaller Ber., 67v.
1625 AA 7609, p. 444.
1626 StABL: SL 5250.52, Meyer-Skizzen, 544r.
1627 AA 1010, L. 9, 117, 1699.11.11.
1628 AA 1003, Ber. 24, p. 189.
1629 AA 8080, 350.
1630 AA 1003, Ber. 24. p. 391.
1631 AA 1012, HeK Wintersingen, f. 125.
1632 GA Wintersingen: GRProt. 1874–1902,
      p. 110.
1633 Vgl. FP, Sp. 69.
1634 Vgl. Id. 2, Sp. 1157.
1635 Vgl. Vgl. GeoView BL, Grundwasser,
      Quellen und Boden, Böden Landwirtschaft,
      7.5.2016.
1636 Vgl. FP, Sp. 692.
1637 Vgl. SONB 1, S. 40.
1638 Vgl. Grimsten, S. 216.
1639 AA 1003, Ber. 515, 35v.
1640 Ebd., 37r.
1641 Schaller Ber., 64v.
1642 Ebd., 652v.
1643 BS 4103, 03.01, 763, 321v.
1644 BS 4103, 03.01, 765, 136r.
1645 StABL: SL 5250.52, Meyer-Skizzen, 546r.
1646 StABL: KP 5001 0058.
1647 AA 8080, p. 259.

1648 AA 1003, Ber. 145, 20r.
1649 AA 1003, Ber. 20, p. 396.
1650 GA Wintersingen: GRProt. 1888–1908, p. 92.
1651 GP.
1652 Zur Provenienzgeschichte Meyers, vgl. SL 5250.52, Meyer-Skizzen.
1653 Vgl. FP, Sp. 660, 662.
1654 Vgl. SONB 1, S. 40.
1655 Vgl. Grimsten, S. 216.
1656 Vgl. Gummlisten, S. 219.
1657 Vgl. Grimm 9, Sp. 1225ff.; Id. 2, Sp. 535ff; Lexer 1, Sp. 1121f.
1658 Vgl. Id. 2, Sp. 532ff.
1659 Vgl. Id. 4, Sp. 1911f.
1660 UBBL 2, S. 534.
1661 AA 8056, p. 48.
1662 UBBS 9, p. 263.
1663 Ebd., p. 259f.
1664 Schaller Ber., 48.
1665 AA 1001, Urk. 961a, 1579.07.13.
1666 StABL: KP 5001 0032.
1667 AA 8080, p. 547.
1668 AA 1012, HeK Maisprach, f. 55.
1669 GP.
1670 Vgl. FP, Sp. 932.
1671 Vgl. Rothweiler, Magdener Flurnamen, in: Jura zum Schwarzwald 75, S. 62.
1672 Ebd., S. 62.
1673 FP, Sp. 774; Kaufmann, Altdeutsche Personennamen, S. 174. Siedlungsnamen mit einem Personennamen Hermann S. 176.
1674 Vgl. Rothweiler, Magdener Flurnamen, in: Jura zum Schwarzwald 75, S. 62.
1675 AA 1003, Ber. 164, 7r.
1676 Ebd., 9v.
1677 AA 1003, Ber. 166, 118r.
1678 Ebd., 123v.
1679 AA 1003, Ber. 167, 179r.
1680 Ebd., 164r.
1681 AA 1003, Ber. 170, 189.
1682 Vgl. Socin, S. 469; FP, Sp. 96.
1683 Vgl. FP, Sp. 87.
1684 Rümlingen, Koordinaten (631310/252525).
1685 Vgl. SONB 2, S. 998; TGNB 2.2, S. 602. Kadaver wurden meistens in feuchten Böden entsorgt, vgl. Wasen ‹Schindanger›, vgl. Grimm 27, Sp. 2276–2284, aus ahd. waso ‹Rasen, feuchter Erdboden›, vgl. Starck/Wells, S. 699. Flurnamen mit dem Bestimmungswort Tier sind im Baselbiet verbreitet. Ein Lagemuster der Fluren ist bis heute jedoch ausstehend.
1686 Der Flurname Hasenloch (631110/252560) erscheint erst im 19. Jahrhundert.
1687 Adelsarchiv M 3.3, 24r.
1688 Ebd., 53r.
1689 AA 1003, Ber. 86, 27v.
1690 Klosterarchiv Domstift Urk. IV, Nr. 581, 1665.05.02.
1691 AA 1003, Ber. 89, 65r.
1692 AA 1003, Ber. 92, p. 220
1693 AA 1012, HeK Rothenfluh, f. 29.
1694 GP.
1695 Id. 6, Sp. 955f.
1696 Vgl. FP, Sp. 1246.
1697 Vgl. LSG, S. 318.
1698 Vgl. FP, Sp. 883.
1699 Vgl. Id. 6, Sp. 955.
1700 Lexer 2, Sp. 335.
1701 Vgl. Id. 11, Sp. 1209; Lexer 2, Sp. 1177; TGNB 2.2, S. 570.
1702 Vgl. SONB 2, S. 785f.
1703 Vgl. ebd., S. 785.
1704 Vgl. ebd.
1705 Vgl. ebd., S. 784.
1706 Vgl. Hänger, Ramstel, in: BLNB 7, S. 448f.
1707 Die Schreibung Ramly Stahl ist ein Verschrieb und typisch für die Quelle des Helvetischen Katasters.
1708 Vgl. FP, Sp. 1147, 1002, 1246 und 1243.
1709 AA 1003, Ber. 137c, 7r.
1710 AA 1003, Ber. 409, 19v.
1711 Schaller Ber., 183v.
1712 AA 1003, Ber. 410, 387r.
1713 StABL: KP 5001 0034.
1714 Vgl. FP, Sp. 918, 1639ff.
1715 Der Grenzplan wurde vom Kartographen und Basler Lohnherrn Jakob Meyer (1614–1678), Vater des Geodäten Georg Friedrich Meyer, gezeichnet.
1716 UBBL 2, S. 810.
1717 AA 1001, Urk. 440 1457.11.09.
1718 AA 1010, L. 9, 127, 200.
1719 AA 8060, 319, Nr. 37.
1720 Schaller Ber., 173r.
1721 Ebd., 94r.
1722 AA 1003, Ber. 462, 63v.
1723 AA 1003, Ber. 130, p.152.
1724 AA 1003, Ber. 170, p. 232.
1725 GA Thürnen: KatB 1828, 2r.
1726 GP.
1727 Vgl. FP, Sp. 964.
1728 Vgl. Duden, Vornamenlexikon, S. 213.

729 Vgl. GeoView BL, Grundwasser, Quellen, 5.6.2014.

730 Vgl. GeoView BL, Archäologie, Schutzzonen, Zonen-ID 63.11, 5.6.2014.

731 Aufgrund der genannten Anstösser *Chilchmatt* und *Eichhalden* ergeben sich ungefähr die Koordinaten (631670/250110).

732 AA 1003, Ber. 515, f. 104.

733 SCHALLER Ber. 236r.

734 AA 1003, Ber. 166, 23v.

735 AA 1003, Ber. 168, p. 124.

736 AA 1012, HeK LÄUFELFINGEN, f. 35.

737 GA LÄUFELFINGEN: WürdProt. 1848–1866, p.108.

738 Vgl. FP, Sp. 548.

739 Vgl. LSG, S. 939f.; www.ortsnamen.ch, 6.5.2016.

740 Vgl. RAMSEIER, Volken, in: BLNB 2, S. 487.

741 SONB 1, S. 67.

742 Vgl. GeoView BL, Boden, Böden Landwirtschaft, 6.5.2016.

743 AA 7468, 69r.

744 Ebd., 70v.

745 Ebd., 70r.

746 AA 1003, Ber. 515, 21v.

747 Ebd., 24v.

748 AA 7476, 98v.

749 Ebd., 100r.

750 AA 7476, 99v.

751 SCHALLER Ber., 117v.

752 Ebd., 117r.

753 Ebd., 122v.

754 StABL: SL 5250.52, MEYER-SKIZZEN, 27v.

755 AA 1003, Ber. 54, 69v.

756 Ebd., 56v.

757 AA 1012, HeK ZEGLINGEN, f. 8.

758 GP.

759 Vgl. SONDEREGGER, Appenzell, S. 542.

760 Vgl. RAMSEIER, Gölder, in BLNB 2, S. 189.

761 Vgl. ID. 4, Sp. 1011ff.

762 Vgl. ebd. 15, Sp. 1570.

763 Vgl. ebd., ebenfalls stammen die aufgeführten Belege allesamt aus dem 20. Jahrhundert und sind für einen Vergleich mit historischen Belegen nicht geeignet.

764 Vgl. ID. 11, Sp. 14.

765 FP, Sp. 1643.

766 AA 7468, 69r.

767 AA 1003, Ber. 154, 13r.

768 StABS: SCHALLER Ber., 119v.

769 Ebd., 123r.

1770 Vgl. GeoView BL, Archäologie, Schutzzonen, Zonen-ID 33.5, 33.8, 33.9, 73.2, 10.6.2014.

1771 Vgl. ID. 15, Sp. 1422ff.; FP, Sp. 1514; BOESCH Gruppenbildung, in: DERS., Kleine Schriften, S. 90.

1772 LEXER 3, Sp. 649.

1773 UBBL 2, S. 810.

1774 AA 1010, L. 9, 127, 282.

1775 AA 1003, Ber. 515, 72r.

1776 AA 8060, 316, Nr. 20.

1777 AA 1002, Jzb 4, 22r.

1778 SCHALLER Ber., 73v.

1779 Ebd., 94r.

1780 AA 1003, Ber. 137b, 2v.

1781 AA 1003, Ber. 462, 38v.

1782 AA 1003, Ber. 129, p. 418.

1783 AA 1002, HeK Zunzgen, f. 113.

1784 GP.

1785 Vgl. SONB 1, S. 40. Sumiswald ist ein sekundärer Siedlungsname, vgl. LSG, S. 860.

1786 Vgl. FP, Sp. 1643f.

1787 UBBL 2, S. 810.

1788 Koordinaten (628410/255960).

1789 SCHAUB sieht nicht den Berg, sondern den heutigen Standort als möglichen einstigen Siedlungsplatz, vgl. SCHAUB, Flurnamen von Sissach 1998, S. 39f.

1790 WITTMER-BUTSCH, etichonische Beronen, in: Nah dran, weit weg 1, S. 224. MARTI datiert die Siedlung in eine karolingische Zeit, vgl. MARTI B, S. 245.

1791 AA 8060, p. 203.

1792 AA 1003, Ber. 1, 146r.

1793 AA 1003, Ber. 38, 31v.

1794 AA 1003, Ber. 80, 29r.

1795 Ebd., 22v.

1796 BS 4103, 03.01, 763, 238v.

1797 FP, Sp. 453.

1798 Vgl. GRIMM 10, Sp. 1124ff.; ID. 2, Sp. 1521ff.; LEXER 1, Sp. 1259; TGNB 2.2, S. 277f.

1799 Vgl. GRIMM 10, Sp. 761f.; ID. 2, Sp. 1555ff.; ebd. 15, Sp. 828; LEXER 1, Sp. 1250f., 1269.

1800 Vgl. ID. 2, Sp. 1555ff.

1801 Vgl. ebd. 8, Sp. 1642.

1802 Vgl. ebd. 3, Sp. 506.

1803 Vgl. ebd. 2, Sp. 1373.

1804 Vgl. ebd. 11, Sp. 53ff., insbesondere 63.

1805 Vgl. RAMSEIER, Er/Ehr, in: BLNB 2, S. 140.

1806 Vgl. ID. 11, Sp. 53ff.

1807 Vgl. LSG, S. 535. Balsthal wird anderes gedeutet, vgl. LSG, S. 118.

1808 Vgl. Marti B, S. 120.
1809 Vgl. Zehnder, Gemeindenamen Aargau,
     S. 515.
1810 SONB 1, S. 67; Id. 12, Sp. 1303–1326; Lexer 2,
     Sp. 1397; Starck/Wells, S. 621f.; Grimm 21,
     Sp. 296ff. Die von Kully beschriebene
     altertümliche Schreibung ist in Baselbieter
     Siedlungsnamen unbekannt.
1811 Schröder, Deutsche Namenkunde, S. 220.
1812 Müller, Lieux-dits du Landeron, in:
     Bujard et al. (Comité de rédaction), Le Lan-
     deron, S. 62.
1813 Vgl. Nübling, Namen, S. 211; Greule,
     Gebiets- und Personengruppennamen, in:
     Eichler, Völkernamen, S. 45; Debus/
     Schmitz, Überblick, in: Besch, Sprach-
     geschichte, S. 3507.
1814 Vgl. SONB 1, S. 67.
1815 Zu den weiteren Bildungen im schweizeri-
     schen Namengut, vgl. Id. 4, Sp. 1310ff.
1816 Vgl. SONB 1, S. 64, insbesondere S. 68.
1817 Vgl. LSG. Betrachtet wurden nur die disku-
     tierten Namen.
1818 Vgl. Das Grundwort -stal, S. 201.
1819 Adelsarchiv T 2.1, 14r.
1820 AA 1003, Ber. 42, 20r.
1821 AA 1003, Ber. 43, 19r.
1822 AA 1003, Ber. 15a, 357v.
1823 GA Gelterkinden: GRProt. 1892–1895,
     p. 286.
1824 GP.
1825 Vgl. FP, Sp. 52.
1826 Vgl. Hänger, Alet, in: BLNB 7, S. 29.
1827 Vgl. Id. 1, Sp. 173.
1828 Vgl. IVS BL 13.2.1.
1829 Vgl. GeoView BL, Grundwasser, Quellen,
     18.7.2013.
1830 AA 1010, L. 9, 127, 122.
1831 Ebd.,127.
1832 AA 1003, Ber. 515, 85r.
1833 Schaller Ber., 81v.
1834 AA 1003, Ber. 139, 41r.
1835 GA Tenniken: Ber. 1759, p. 1058.
1836 GA Tenniken: WürdProt. 1847–1869, p. 2.
1837 GP.
1838 Vgl. FP, Sp. 79.
1839 Vgl. GeoView BL, Archäologie, Schutzzonen,
     Zonen-ID 65.2, 24.7.2013 und Marti B, S. 255
1840 Das gleiche Benennungsmotiv dürfte
     auch in Ehlmatten (Dittingen) und Ellen Matt
     (Zeglingen) vorliegen.

1841 AA 8061, p. 26.
1842 AA 1001, Urk. 727, 1504.12.16.
1843 Schaller Ber. 103v.
1844 AA 1003, Ber. 26, 3v.
1845 Ebd., 4v.
1846 AA 1003, Ber. 42, 21v.
1847 AA 1003, Ber. 43, 26v.
1848 AA 1003, Ber. 22, p. 10.
1849 AA 7711, 27.
1850 AA 1003, Ber. 44, p. 29.
1851 AA 1003, Ber. 13, p. 648.
1852 GA Gelterkinden: GRProt. 1882–1885,
     p. 111.
1853 GP.
1854 Vgl. FP, Sp. 516f.
1855 Vgl. FP, Sp. 515. Ein möglicher Name zum
     Stamm Fran ist nicht belegt.
1856 Die Heilige Verena ist neben St. Urs und
     St. Viktor eine Heilige des Bistums Basel und
     war im Volksglauben weit verbreitet.
1857 Vgl. GeoView BL, Verkehr, historische
     Verkehrswege, 24.7.2013.
1858 AA 1010, L. 9, 127, 85.
1859 AA 1003, Ber. 515, 51r.
1860 Schaller Ber. 84.
1861 AA 7600, 15, Nr. 40.
1862 AA 1003, Ber. 438, 46r.
1863 AA 1003, Ber. 159, 173r.
1864 AA 1003, Ber. 161, 78r.
1865 AA 1012, HeK Zunzgen, f. 19f.
1866 GP.
1867 Vgl. FP, Sp. 803, 814.
1868 Vgl. LSG, S. 118, 371f.
1869 Vgl. Aleten, S. 241 und Trottleten, S. 251.
1870 Vgl. GeoView BL, Archäologie, Schutzzonen,
     Zonen-ID 65.4, 75.7, 16.6.2014.
1871 Vgl. Wolhusen, S. 177. Wolhusen verweist auf
     eine einstige Siedlung von Walen (Romanen),
     ist jedoch mit sehr hoher Wahrscheinlichkeit
     kein Wüstungsname mit einem -husen-
     Grundwort.
1872 UBAG 5, S. 93.
1873 AA 1003, Ber. 515, 46v.
1874 Schaller Ber., 130r.
1875 AA 1003, Ber. 500, p. 16.
1876 AA 7498, 4v.
1877 GA Rünenberg: GRProt. 1873–1891, p. 347.
     Die Schreibung bezieht sich wohl auf
     das Kloster Klingental in Basel, das u. a. in
     Rünenberg Besitzungen hatte.
1878 GP.

879 FP, Sp. 960.

880 Vgl. ID. 3, Sp. 1319f.

881 Vgl. StABL: SL 5250.52, MEYER-SKIZZEN, 27v, 28v.

882 Vgl. SIEGFRIEDKARTE, Bl. 147, 1884.

883 Vgl. Hofstetten, S. 179 und Östergäu, S. 256.

884 Adelsarchiv M 3.3, 5r.

885 Ebd., 9r.

886 Adelsarchiv M 3.3, 51v.

887 AA 1003, Ber. 86, 23r.

888 AA 1003, Ber. 98, 13r.

889 StABL: SL 5250.52, MEYER-SKIZZEN, 162r.

890 AA 1003, Ber. 87, p. 28.

891 AA 1003, Ber. 25, p. 308.

892 AA 1003, Ber. 89, 9v, 10r.

893 AA 1003, Ber. 92, p. 332.

894 AA 1003, Ber. 103a, H. 7, 29r.

895 GA ROTHENFLUH: WürdProt. 1834, p. 27.

896 GP.

897 Vgl. FP, Sp. 186, 1183.

898 Vgl. ebd.

899 Vgl. MARTI B, S. 240.

900 Vgl. GeoView BL, Grundwasser, Quellen, 30.5.2014.

901 Vgl. GeoView BL, Archäologie, Schutzzonen, Zonen-ID 58.2, 30.5.2014.

902 Vgl. Söllickhen, S. 159.

903 Die Belegreihe für Logligen, ein -inghofen-Name, der sprachwissenschaftlich als älter denn Rothenfluh eingeschätzt wird, setzt gut 300 Jahre später ein. Die Belegreihen von Söllickhen und Ödenthal beginnen beinahe zeitgleich in den Jahren 1492 beziehungsweise 1489.

904 AA 1003, Ber. 405a, 14r.

905 AA 1010, L. 9, 127, 277.

906 AA 8060, 321, Nr. 54.

907 SCHALLER Ber., 71v.

908 AA 1003, Ber. 124, p. 101.

909 AA 8099, 28, Nr. 21.

910 BS 4104, 02.01, 436, 404.

911 GA SISSACH: Ocularkat. 1820, 14.

912 Vgl. FP, Sp. 186.

913 Vgl. GeoView BL, Archäologie, Schutzzonen, Zonen-ID 63.8, 26.7.2013.

914 Vgl. ebd., Zonen-ID 63.9, 26.7.2013.

915 SCHALLER Ber., 53r.

916 BS 4104, 02.04, 754, 35.

917 AA 8080, p. 378.

918 AA 7711, p. 161.

919 AA 1010, L. 9, 119, 217.

1920 SIEGFRIEDKARTE, Bl. 29, 1880.

1921 GP.

1922 Vgl. FP, Sp. 1561.

1923 Vgl. ID. 15, Sp. 174f.

1924 Vgl. LEXER 3, Sp. 813.

1925 Vgl. www.ortsnamen.ch, 6.5.2016.

1926 Per E-Mail, Dr. MARTIN H. GRAF vom Schweizerischen Idiotikon, 2.6.2014

1927 Einziger Siedlungsname mit einem Grundwort -tal ist Liestal. Hier liegt ein sekundärer Siedlungsname ohne patronymisches Bestimmungswort vor.

1928 Vgl. GeoView BL, Archäologie, Schutzzonen, Zonen-ID 18.7, 18.8, 26.7.2013.

1929 Vgl. SONB 1, S. 67; BACH 2.2, S. 229; ID. 11, Sp. 757f.; BOXLER, Burgnamengebung, S. 91ff.; GRIMM 18, Sp. 1964ff.; LEXER 2, Sp. 1161ff.; STARCK/WELLS, S. 588.

1930 Vgl. RAMSEIER, Stei/Stein, in: BLNB 2, S. 448.

1931 AA 1002, Jzb 3, 12r.

1932 Adelsarchiv T 2.1., 12v.

1933 AA 1003, Ber. 515, 48r.

1934 AA 1002, Jzb 6, 11r.

1935 SCHALLER Ber., 129r.

1936 AA 1003, Ber. 500, p.12.

1937 AA 1003, Ber. 23, p. 543.

1938 SIEGFRIEDKARTE, Bl. 147, 1884.

1939 GP.

1940 Vgl. www.ortsnamen.ch, 8.5.2016.

1941 Vgl. FP, Sp. 212ff.; SOCIN, S. 212; STARCK/WELLS, S. 453.

1942 Entsprechend ist der im Elsass liegende Name *Sundgau* gebildet, der ein weites Gebiet umfasst. «Heute wird die hügelige Landschaft südlich von Mülhausen zwischen dem staatl. Hardtwald im Osten und der Rhein-Rhone-Wasserscheide im Westen S. genannt […] Man unterscheidet zwischen dem […] oberen S. im Westen, dem unteren S. im Osten und den dazwischen liegenden Tälern der Ill und ihres Zuflusses Thalbach» (SALVISBERG, Basler Strassennamen, S. 397; http://www.hls-dhs-dss.ch/textes/d/D7122.php *Sundgau*, 16.6.2014).

1943 ID. 2, Sp. 38ff.

1944 Vgl. BLNG RÜNENBERG, S. 28f.

1945 Vgl. GeoView BL, Archäologie, Schutzzonen, Zonen-ID 60.2, 25.7.2013 und MARTI B, S. 242f.

1946 MARTI B, S. 242.

1947 Vgl. Hofstetten, S. 179.

1948 UBBL 2, S. 776.

1949 AA 1003, Ber. 80, 4r.

1950 AA 7609, p. 250.

1951 BS 4104, 02.04, 716, p. 124.

1952 AA 1003, Ber. 44, p. 429.

1953 AA 1012, HeK ORMALINGEN, f. 4.

1954 GP.

1955 Vgl. GRIMM 2, Sp. 476; ID. 4, Sp. 999f.; LEXER 1, S. 379; STARCK/WELLS, S. 83.

1956 Vgl. ID. 4, Sp. 1000.

1957 Vgl. www.ortsnamen.ch, 8.5.2016.

1958 Vgl. GeoView BL, Archäologie, Schutzzonen, Zonen-ID 51.1, 24.7.2013.

1959 Die Ortschaften *Buchs* in den Kantonen AG, LU und ZH weisen alle römische Fundstellen auf, vgl. WIDMER-DEAN/RICHNER, Buchs, S. 49; GRENDELMEIER/KAISER, Buchs ZH, S. 69ff.

1960 Zweifellos können die rezenten und lokalisierbaren Flurnamen *Buchsmet* und *Buchsholz* als Komposita zu *Buchs* angenommen werden. Die Flur *Buchs* ist in unmittelbarer Nähe anzusiedeln.

1961 UBBS 10, 183.

1962 StABL: KP 5001 0027.

1963 AA 1003, Ber. 77, f. 8.

1964 GA ANWIL: KatAus. 1892, f. 61.

1965 Vgl. GeoView BL, Archäologie, Schutzzonen, Zonen-ID 3.5, 24.7.2013.

1966 Homophone (gleichlautende) Namen wurden zwar jeweils unter einem Titel behandelt. Es wird aber jeder einzelne Name gezählt, da die Qualität auch bei gleichlautenden Namen unterschiedlich sein kann. Im Klammern ist die Anzahl abzüglich der gleichlautenden Namen angegeben.

1967 Im Klammern ist die Anzahl abzüglich der gleichlautenden Namen angegeben.

1968 Vgl. Siedlungs- und mögliche Wüstungsnamen mit dem Element *Wil*, S. 198.

1969 Indirekte Wüstungsnamen sind in kursiver Schreibung abgebildet.

1970 Vgl. S. 56 der vorliegenden Untersuchung.

1971 Nicht exakt chronologisieren lässt sich die Karte der *-stal-* und *-tal*-Namen. Einerseits können *-tal*-Namen als sekundäre Siedlungsnamen zu jeder Zeit entstanden sein, andererseits ist die exakte Einordnung der *-stal*-Namen bis heute schwierig. Die Karte erscheint deshalb im Anschluss an die fünf anderen.

1972 Vgl. Aufbau der kartographischen Abbildungen, S. 72.

1973 Vgl. BICKEL, Ortsnamen als Quellen, in: NICOLAISEN, ICOS Aberdeen, S. 33; LSG, S. 564; BLNG MAISPRACH, S. 5.

1974 Vgl. Galloromanische Fundstellen, Siedlungs- und mögliche Wüstungsnamen mit dem Suffix *-akos*, S. 106.

1975 Vgl. MARTI B, S. 120.

1976 Vgl. ebd., S. 113.

1977 Vgl. MARTI B, S. 204ff.

1978 Vgl. Galloromanische Fundstellen, Siedlungs- und mögliche Wüstungsnamen mit dem Suffix *-akos*, S. 106.

1979 Unverschoben meint, dass die Namen die zweite deutsche Lautverschiebung nicht mitgemacht haben, beispielsweise sich anlautendes *g* nicht zu *c* verschoben hat, so dass es heute *Giebenach* heisst, nicht *Chiebenach* oder ähnlich.

1980 Aus den vorliegenden Daten sind weder Auflassungszeitpunkt noch Auflassungsgrund eruierbar. In einzelnen Fällen dürfte diese Faustregel daher nicht zutreffen.

1981 Vgl. BOESCH datiert die Verschiebung *d* zu *t* bereits ins 8. Jahrhundert, vgl. BOESCH, Das Frühmittelalter im Ortsnamenbild, in: DERS., Kleine Schriften, S. 399.

1982 Vgl. HAAS, Sprachgeschichtliche Grundlagen, in: SCHLÄPFER/BICKEL (Hrsg.), viersprachige Schweiz, S. 41 und BICKEL, Ortsnamen als Quellen, in: NICOLAISEN, ICOS Aberdeen, S. 34.

1983 Ebenso möglich ist eine kontinuierliche «sanfte» Germanisierung über eine lange Zeitspanne.

1984 Vgl. BOESCH, Frühmittelalter im Ortsnamenbild, in: DERS., Kleine Schriften, S. 402.

1985 Vgl. Archäologische Fundstellen, Siedlungs- und mögliche Wüstungsnamen mit *-akos*-Suffix und dem Element *Wil*, S. 270.

1986 Vgl. MARTI B, S. 270. Möglicherweise scheint dadurch auch die Faustregel bestätigt, dass die Römer Gebiete über 600 m ü. M. nicht besiedelten. Titterten liegt auf 668 m ü. M. Dem widerspricht MARTIN. Er nimmt an, dass dafür ein von der romanischen Bevölkerung getragener Landesausbau ursächlich gewesen ist, und verweist dabei auf das ebenfalls über 600 m ü. M. liegende Gempen SO, vgl. MARTIN, Kastellstädte in: DRACK (Hrsg.), Archäologie der Schweiz, S. 127.

1987 Vgl. Archäologische Fundstellen, Siedlungs- und mögliche Wüstungsnamen mit *-akos- und -ingen-Suffix, S. 265.

1988 Vgl. DRACK/FELLMANN, Römer in der Schweiz, S. 420.

1989 Vgl. BICKEL, Ortsnamen als Quellen, in: NICOLAISEN, ICOS Aberdeen, S. 33; LSG, S. 564; BLNG MAISPRACH, S. 5.

1990 TGNB 1.1, S. 119.

1991 Vgl. BOESCH, Schichtung der Ortsnamen, in: JFL 20, S. 211 und TGNB 1.1, S. 119.

1992 Vgl. BOESCH, Kleine Schriften, S. 414; SONB 2, S. 395ff.

1993 Vgl. IVS SO 671.

1994 Vgl. MARTI B, S. 240.

1995 Dafür spricht auch die Lage der jüngeren möglichen Wustung *Deschliken* im kleineren Seitental, westlich von Iglingen.

1996 Vgl. 281ff. Namenkundliche Rückschlüsse zur Besiedlungsgeschichte insbesondere BICKELS Argumentation, S. 130.

1997 Vgl. Siedlungs- und mögliche Wüstungsnamen mit -ingen-Suffix, S. 130.

1998 Vgl. BOESCH, Lehnwörter, in: DERS., Kleine Schriften, S. 212; ZINSLI, Ortsnamen, S. 49, Abb. 6.

1999 Vgl. MARTI A, Abb. auf S. 314 und Abb. auf S. 344; ZINSLI, Ortsnamen, S. 49, Abb. 6.

2000 Verwiesen sei u. a. auf MARTIN, der einen klaren fränkischen Einfluss geltend machen will und diesen in Zusammenhang mit der Verbreitung der -dorf- und -stal-Namen nördlich und südlich des Juras bringt. Vgl. MARTIN, Kastellstädte in: DRACK (Hrsg.), Archäologie der Schweiz, S. 128. Seiner Meinung sei entgegengestellt, dass weder Balsthal SO noch Liestal BL als mögliche -stal-Namen in Frage kommen und die drei Siedlungen mit -dorf-Namen (Arisdorf, Frenkendorf und Füllinsdorf) wohl einer jüngeren Besiedlungsschicht zuzuschreiben sind, so wie dies auch BICKEL vertritt. Vgl. BICKEL, Ortsnamen als Quellen, in: NICOLAISEN, ICOS Aberdeen, S. 31ff.; Das Grundwort -dorf, S. 184; Das Grundwort -stal, S. 201.

2001 Vgl. Das Grundwort -stal, S. 201.

2002 HAAS, Sprachgeschichtliche Grundlagen, in: SCHLÄPFER/BICKEL (Hrsg.), viersprachige Schweiz, S. 44.

2003 Vgl. ebd., S. 43.

2004 Vgl. Archäologische Fundstellen, Siedlungs- und mögliche Wüstungsnamen mit *-akos- und -ingen-Suffix, S. 265.

2005 Vgl. ZINSLI, Ortsnamen, S. 49.

2006 Vgl. MOOSBRUGGER-LEU, frühmittelalterliche Gürtelbeschläge, S. 200f., insbesondere Streuungskarten 13 und 14.

2007 Vgl. auch MARTIN, Randprovinz, in: FURGER, Antike und Mittelalter, S. 41ff.

2008 BOESCH, Frühmittelalter im Ortsnamenbild, in: DERS., Kleine Schriften, S. 421f.

2009 Vgl. ebd., S. 422.

2010 Vgl. BRUCKNER, Schweizerische Ortsnamenkunde, S. 30ff.

2011 BICKEL, Ortsnamen als Quellen, in: NICOLAISEN, ICOS Aberdeen, S. 35.

2012 Koordinaten (611770/265590), vgl. MARTI, Frühmittelalter, in: Unter uns, S. 240 und 257.

2013 Koordinaten (613200/264900).

2014 Koordinaten (613770/262440), vgl. WIGGENHAUSER, Ersterwähnungen, S. 116.

2015 Koordinaten (607248/ 257780).

2016 Vgl. BICKEL, Ortsnamen als Quellen, in: NICOLAISEN, ICOS Aberdeen, S. 38.

2017 Vgl. Siedlungs- und mögliche Wüstungsnamen mit -ingen-Suffix, S. 130.

2018 So auch SONDEREGGER, Ortsnamen, in: Archäologie der Schweiz 6, S. 94.

2019 Vgl. Siedlungs- und mögliche Wüstungsnamen mit -ingen- und -inghofen-Suffix, S. 272.

2020 BOESCH, Frühmittelalter im Ortsnamenbild, in: DERS., Kleine Schriften, S. 422.

2021 Vgl. RAMSEIER, Liestal, in: BLNB 2, S. 285.

2022 Vgl. Glossar, Sekundärer Siedlungsname, S. 288.

2023 Der Verfasser dieses Buchs ist ebenso Autor des Namenbands über den Bezirk Sissach, vgl. BLNB 6.

2024 Vgl. Sechs Selektionsschritte zum Wüstungsnamenkorpus, S. 54.

2025 Vgl. MARTI A.

2026 Das Ausmass der Besiedlung ist nur in Bezug auf die vorliegenden Daten als vollständig zu betrachten. Weiterhin muss in Betracht gezogen werden, dass weitere Wüstungen noch nicht entdeckt wurden und fehlende Schriftstücke verhindern, dass zusätzliche Wüstungsnamen aufgespürt oder bekannte Namen gedeutet werden können.

2027 Vgl. SONB 2, S. 111.

2028 Vgl. ebd.

2029 Vgl. ebd.

2030 Vgl. ebd.

2031 Vgl. ebd.

2032 Vgl. ebd.

2033 Vgl. Kretschmer; Kriz (Hrsg.): Exonyme, S. 17.

2034 Vgl. SONB 1, XVI und XVIII.

2035 Vgl. ebd. 2, S. 113.

2036 Vgl. ebd., S. 331; TGNB 2.2, S. 296; Grimm 10, Sp. 1654–1659; Id. 2, Sp. 1020ff. Zum spätmittelalterlichen Hofbegriff im Baselbiet, vgl. Nah dran, weit weg 2, S. 10ff.

2037 Vgl. SONB 2, S. 114.

2038 Vgl. ebd.

2039 Vgl. ebd.

2040 Vgl. ebd.

2041 Vgl. ebd., S. 115.

2042 Vgl. ebd.

2043 Vgl. ebd., S. 116.

2044 Vgl. ebd.

2045 Vgl. ebd., S. 117.

2046 Vgl. ebd., S. 118.

2047 Vgl. Wüstungsforschung – von der Siedlung zur Wüstung, S. 18.

2048 Zu einer allgemeinen Terminologie vgl. Greule, Siedlungsnamen, in: Brendler, Namenarten, S. 381.

2049 Vgl. SONB 2, S. 118.

2050 Vgl. ebd., S. 119.

2051 Vgl. ebd.

2052 Arbeitsstand März 2013.

2053 Eingerechnet sind alle Simplicia, aber keine Komposita.

2054 Schöneck, Type-Token-Relation, in: Metzler, S. 755.

2055 Vgl. SONB 2, S. 120.

2056 Vgl. Wüstungen, S. 25.

2057 Vgl. Nübling, Namen, S. 222 und Was ist ein Wüstungsname? Ein Definitionsversuch, S. 36

2058 Bei der Wiedergabe der vollständigen Quellentitel wurde nach Möglichkeit die Originalschreibung beibehalten. War diese aus unterschiedlichen Gründen nicht vollständig verfügbar, so wurde der Regestentitel übernommen, wie er in den jeweiligen Archivkatalogen aufgeführt wird.

2059 Alle digitalen Quellen wurden am 4.12.2014 auf ihre Aktualität hin überprüft.